BEITRÄGE ZUR HISTORISCHEN THEOLOGIE

HERAUSGEGEBEN VON JOHANNES WALLMANN

91

Meditation und Kirchenreform in der lutherischen Kirche des 17. Jahrhunderts

von

Udo Sträter

J. C. B. Mohr (Paul Siebeck) Tübingen

Die Deutsche Bibliothek – CIP-Einheitsaufnahme

Sträter, Udo:
Meditation und Kirchenreform in der lutherischen Kirche des 17. Jahrhunderts / von
Udo Sträter. – Tübingen: Mohr, 1995
  (Beiträge zur historischen Theologie; 91)
  ISBN 3-16-146299-8
NE: GT

© 1995 J. C. B. Mohr (Paul Siebeck) Tübingen.

Das Buch wurde von Gulde-Druck in Tübingen aus der Bembo Antiqua belichtet, auf alte-
rungsbeständiges Werkdruckpapier der Papierfabrik Weissenstein in Pforzheim gedruckt und
von der Großbuchbinderei Heinr. Koch in Tübingen gebunden.

ISSN 0340-6741

Für
Johannes Wallmann
zum 21. Mai 1995

*„Ein Hammer treibt den Nagel biß zum Kopffe
hinein; und die Meditation und Betrachtung treibt
das Wort GOttes biß zum Hertzen"*

*(Adam Bernd, Die Betrachtung Des Leidens
Christi, Leipzig 1719, S. 358)*

Vorwort

Diese Arbeit wurde im Wintersemester 1990/91 von der Evangelisch-Theologischen Fakultät der Ruhr-Universität Bochum als Habilitationsschrift angenommen. Durch meine Berufung an die Martin-Luther-Universität Halle-Wittenberg im Herbst 1991, durch die Gründung des Interdisziplinären Zentrums für Pietismusforschung und schließlich durch die Übernahme des Dekanats hat sich die Drucklegung verzögert. Der Text der Arbeit ist gegenüber der ursprünglichen Fassung nur unwesentlich gekürzt und um einige Literaturhinweise ergänzt.

Herzlich danke ich allen, die meine Arbeit unterstützt und gefördert haben: den Bochumer Kirchenhistorikern Johannes Wallmann und Martin Tetz, zunächst für ihre Gutachten, darüber hinaus aber vor allem für die lehrreiche Zeit der gemeinsamen Bochumer Jahre, in welchem Zusammenhang auch Günter Brakelmann nicht unerwähnt bleiben darf. Die Deutsche Forschungsgemeinschaft hat mir ein 15-monatiges Habilitationsstipendium gewährt, während dessen Laufzeit diese Arbeit entstand. Korrekturen und Register verdanke ich Christel Butterweck. Daß diese »technischen« Arbeiten in überschaubarem Zeitraum abgeschlossen werden konnten, ist nicht zuletzt Friederike Sträter zu verdanken.
Widmen möchte ich diese Arbeit Johannes Wallmann zu seinem 65. Geburtstag.

Halle (Saale), im März 1995   Udo Sträter

Inhalt

1. Einführung in Thematik, Forschungslage und Zielsetzung

„Wie bringen wir den Kopff in das Hertz?" Diese Frage, die durch eine Anekdote aus dem Leben Philipp Jakob Speners Verbreitung erhielt[1], kennzeichnet die Spannung zwischen einer intellektuell durch das gehörte oder gelesene Wort vermittelten Lehre und dem als Folge dieser Lehre erwarteten lebendigen, sich in das tägliche Leben hinein spürbar auswirkenden Glauben. Im 17. Jahrhundert wird das Verhältnis von „Kopf" und „Herz" zur drängenden Frage der innerlutherischen Kirchenkritik und Reformbewegung, die seit Johann Arndt das Jahrhundert prägt[2]. Hintergrund dieser Frage ist der kritische Blick lutherischer Theologen auf das kirchliche Leben ihrer Zeit. Sie konstatierten ein erschreckendes Auseinanderklaffen von kirchlichem Anspruch und kirchlicher Wirklichkeit. Die große Kirchgängerschar, die regelmäßig die Predigt hörte und das Abendmahl empfing, zeigte in ihrem Alltag kaum Spuren christlichen Lebens. Wo waren die Früchte des allüberall reichlich gepredigten Wortes Gottes? Wo war das „lebendig, schäfftig Ding", der Glaube, den dieses Wort in den Herzen erwecken sollte? Die erschreckte Erkenntnis war: es ist ein Predigen in den Wind. Zwar waren die Kirchen voll – nicht zuletzt dank obrigkeitlicher Edikte –, doch die Herzen blieben leer – und nicht selten auch die Köpfe. Das reichlich gepredigte Wort ging offenbar zum einen Ohr der Gemeinde, die doch als die „Zuhörer" apostrophiert wurde[3], hinein und zum anderen gleich wieder hinaus. Es berührte den Kopf und beschäftigte den Intellekt, hinterließ Spuren im Gedächtnis, bei vielen oberflächlich genug, im günstigen Fall abfragbares Wissen, aber es fand nicht den Weg in das Herz, in den Sitz von Willen und Affekten, wo der heilbringende Glaube sein Fundament haben und wo er seine Wirkung tun sollte. Wie also, war die konsequent erhobene Frage, wie kann die offenbar fehlende Kraftübertragung hergestellt werden zwischen Intellekt und Affekt, zwischen Verstehen und Wollen, zwischen Lehre und Leben: wie bringen wir den Kopf in das Herz? Diese Problemstellung durchzieht die Schriften lutherischer Theologen des 17. Jahrhunderts, formuliert als Frage, als Klage oder als Forderung.

Schon die Terminologie dieser Problemstellung weist aus, in welcher Richtung eine Lösung gesucht wurde. Sie beruht auf der augustinischen Seelenlehre

---

[1] S. dazu unten, S. 121.

[2] Zur Kirchenkritik und Reformliteratur des 17. Jahrhunderts s. H. LEUBE, Die Reformideen in der deutschen lutherischen Kirche zur Zeit der Orthodoxie. Leipzig 1924. – Ferner: A. SCHLEIFF, Selbstkritik der lutherischen Kirchen im 17. Jahrhundert. Berlin 1937.

[3] Vgl. dazu unten, S. 74.

mit ihrer Unterscheidung der drei Seelenkräfte *intellectus, memoria* und *voluntas*. Ihr sachlicher Hintergrund ist das Verständnis methodischer Meditation, wie es sich im Verlauf des 16. und 17. Jahrhunderts herausbildete als funktionale Möglichkeit zur individuellen Applikation von Texten und Heilswahrheiten.

Formen und Modelle der Meditation sind im deutschen Luthertum zumindest seit der Mitte des 16. Jahrhunderts bekannt und verbreitet. Es ist mehrfach beschrieben und von Paul Althaus d. Ä.[4] in akribischen Quellenstudien zu lutherischen Gebetbüchern belegt worden, wie vor allem durch die Werke von Andreas Musculus (gest. 1581), Martin Moller (1547–1606) und Philipp Kegel (gest. nach 1611) ein breiter Strom meditativer Texte aus den Quellen der augustinisch-bernhardinischen Mystik, aber auch aus zeitgenössischen katholischen, vor allem jesuitischen, sogar aus in strikt gegenreformatorischer Absicht kompilierten Gebetbüchern aufgenommen und weitergeleitet wurde[5]. Zugleich fanden die (pseud-)augustinischen *Meditationes*, die *Soliloquia* und das *Manuale* weiteste Verbreitung[6], immer wieder als Quellen und Exempla verwendete Kerntexte der christlichen Meditationsliteratur, in der oftmals aufgelegten Ausgabe des Jesuiten Henricus Sommalius vereint mit klassischen Meditationstexten von Anselm von Canterbury und Bernhard von Clairvaux[7]. Der schlesische Lutheraner Heinrich Rätel besorgte seit 1589 deutsche Übersetzungen[8], die im 17. Jahrhundert Neuausgaben[9] erlebten. Die anhaltende Präsenz dieser Samm-

---

[4] P. ALTHAUS D. Ä., Forschungen zur Evangelischen Gebetsliteratur. Gütersloh 1927.

[5] ALTHAUS, 59 ff.; vor allem S. 98–103 (zu Musculus), S. 134 f. (zu Moller), S. 135–141 (zu Kegel); ferner die Zusammenfassung seiner Ergebnisse S. 59–66 und S. 141 f.

[6] Zu diesen Ausgaben vgl. den *Preußischen Gesamtkatalog* (PrGK) s. n. „Augustinus".

[7] Divi Aurelii Augustini Hipponensis Episcopi Meditationes, Soliloquia & Manuale. Meditationes B. Anselmi, cum tractatu de humani generis redemptione, Divi Bernardi. Idiotae viri Docti, de amore divino. [...]. Douai 1608. – Eine Vielzahl von Ausgaben ist aufgelistet im Art. „Sommalius", in: Sommervogel 7, 1375–1382. 9, 856. Vgl. ferner die im *Preußischen Gesamtkatalog* (PrGK) aufgeführten Ausgaben. – Speziell zu Bernhard von Clairvaux s. L. JANAUSCHEK, Bibliographia Bernhardina. Wien 1891 (Ndr. Hildesheim 1959).

[8] Manuale D. Augustini. Handtbüchlein / S. Augustini [...] Vom Wort Gottes / oder von der Beschawligkeit Christi [...]. Görlitz 1589. – Die liebe Alte andacht. S. AVGVSTINI Bischoffs zu Hyppon [...] Buch: SOLILOQVIORVM ANIMAE AD DEVM. Das ist / Geheime andechtige Gesprech / vnd innige vnterredungen Christlicher Seelen mit Gott. [...] Verdeudschet: Durch Heinrich Räteln zu Sagan / in NiederSchlesien. Wittenberg 1589. – Meditationes, Soliloquia und Manuale S. Augustini [...]. Allen frommen Christen, jederzeit nützlich und dienstlich zugebrauchen, durch Heinrich Rätell, kurtz für seinem seligen ende, übers. und verb. Frankfurt a. O. 1600. – Zu Rätel (1529–1594) vgl. ADB 27, 343. – Neben den Übersetzungen Rätels gab es auch von katholischer Seite deutsche Übersetzungen der (pseud-) augustinischen Meditationsschriften durch Johannes Schwayger.

[9] Ein wichtiges Dokument für die Rezeption dieser Sammlung gerade in Kreisen der lutherischen Reformer ist die Ausgabe: MEDITATIONES SOLILOQUIA Vnd MANUAL S. AUGUSTINI Das ist: Andächtige Geist= vn[d] Trostreiche Gebet S. AUGUSTINI, Darin begriffen: I. Allerley Gottselige Erinnerungen von Gott vn[d] göttlichen Dingen. II. Heimlich Gespräch der Seelen mit Gott. III. Handbüchlein / Vom Wort GOttes oder Anschawung des HERRN Christi. Vor Jahren aus dem Latein in gut Deutsch bracht / Durch Heinrich Rätell von Sagan. Jetzt aber aus guter Wolmeynung zu dieser jämmerlichen betrübte[n] Zeit / zu Befoderung wahrer Busse vnd Gottseligkeit hervor gesucht. Lüneburg: Stern 1630. – Ich verdanke die

lungen im deutschen Luthertum beweist auch die Neuübersetzung durch Johann Gottfried Olearius[10].

Die Tatsache also, daß das deutsche Luthertum seit der Mitte des 16. Jahrhunderts in großem Umfang altkirchliche, mittelalterliche und zeitgenössische katholische Meditationsliteratur aufgenommen und verbreitet hat, ist längst bekannt. Dieses Phänomen wurde jedoch zunächst nicht unter dem Stichwort der Meditation verhandelt, sondern unter dem der „Mystik"[11]. Die so konstatierte „Renaissance der Mystik im Luthertum" wurde allerdings nicht nur kirchenhistorisch erforscht, sondern vor allem unter systematisch-theologischen Vorgaben eines reinen Luthertums als Fremdkörper im lutherischen Frömmigkeitsleben und als Rückfall in Katholizismus und Mystizismus verurteilt[12]. In den sechziger Jahren dieses Jahrhunderts begann eine Veränderung der Wertung und eine differenzierte Betrachtungsweise. Winfried Zeller wertete die Aufnahme „mystischer" Elemente in die lutherische Erbauungsliteratur positiv, da er in diesem Verfahren die Überwindung einer Frömmigkeitskrise begründet sah, die in der dritten nachreformatorischen Generation ausgebrochen sei und die Suche nach Wegen zu Vertiefung und Verinnerlichung der reformatorischen Frömmigkeit erzwungen habe[13]. Die Notwendigkeit zu differenzierterer Betrachtung des funktionalen Einsatzes mystischer Texte wies die quellenkritische Untersuchung von Edmund Weber zu Johann Arndts Büchern vom *Wahren Christentum* auf[14]; es zeigte sich als erforderlich, über den Nachweis rezipierter Quellen „mystischer" Frömmigkeit hinaus auch Formen der dogmatisch orientierten Bearbeitung und Adaptation der übernommenen Texte in einen durchaus lutherisch geprägten Rahmen aufzuzeigen. Damit war die Behauptung einer Übernahme theologisch fremder und dem Luthertum unverträglicher Texte überwunden zugunsten der Frage nach der jeweiligen Funktion der rezipierten Texte im Gesamtrahmen eines Werkes[15].

Kenntnis dieser Ausgabe J.-U. FECHNER. Der *Preußische Gesamtkatalog* (PrGK) kennt nur eine spätere Ausgabe Lüneburg 1670.

[10] J. G. Olearius, Augustinische Andachts=Flamme / Das ist: MANUALE, Oder Hand= Buch / Des uralten heiligen Kirchen=Lehrers Augustini / Nebst dem Lateinischen Text und dessen Deutscher Ubersetzung / mit 37. Sinnbildern gezieret / wie auch mit beygefügter Erklährung und gezeigten Christlichen Brauch und Anwendung [...]. Nürnberg 1666.

[11] Vgl. ALTHAUS, 142: „Die Geschichte der Entwicklung der evangelischen Gebetsliteratur in der zweiten Hälfte des Reformationsjahrhunderts bezeichnet den organischen Prozeß eines immer stärkeren Einströmens mittelalterlicher Mystik, unter zunehmender Abhängigkeit von der römischen Gebetsliteratur und fortgesetzter Zurückdrängung evangelischen Sonderguts".

[12] Zu nennen sind hier in erster Linie ALBRECHT RITSCHL (Geschichte des Pietismus. Bd. 2: Der Pietismus in der lutherischen Kirche des 17. und 18. Jahrhunderts. 1. Abt. Bonn 1884 [Ndr. Berlin 1966], 1–93), PAUL ALTHAUS d. Ä. (s. oben, Anm. 4) und WILHELM KOEPP (Johann Arndt. Eine Untersuchung über die Mystik im Luthertum. Berlin 1912 [Ndr. Aalen 1973]).

[13] Vgl. die unten, S. 11 Anm. 7 genannte Literatur.

[14] E. WEBER, Johann Arndts Vier Bücher vom wahren Christentum als Beitrag zur protestantischen Irenik des 17. Jahrhunderts. Eine quellenkritische Untersuchung. [Marburg 1969] Hildesheim ³1978.

[15] Vgl. J. WALLMANN, Johann Arndt und die protestantische Frömmigkeit. Zur Rezeption der mittelalterlichen Mystik im Luthertum. In: Chloe. Beihefte zum Daphnis. Bd. 2: Frömmig-

Inzwischen hat die Meditation in der frühen Neuzeit – als Übung und Methode praktizierter Frömmigkeit wie als literarische Struktur und als Gattung – verstärkt wissenschaftliches Interesse auf sich gezogen. Dieses Interesse ist höchst unterschiedlich motiviert und nicht auf _eine_ wissenschaftliche Disziplin beschränkt. Es ist erkannt worden, daß die Meditation in erstaunlichem Maße eine internationale, überkonfessionelle, auch Literatur und Künste prägende Kraft des frühneuzeitlichen europäischen Geisteslebens war. Ihre Erforschung wird derzeit unter literaturhistorischen, komparatistischen, frömmigkeits- und mentalitätsgeschichtlichen Aspekten in Angriff genommen. Das Schwergewicht der Forschungen konzentriert sich bislang auf das 16. Jahrhundert.

Zu berücksichtigen ist die überkonfessionell und komparatistisch angelegte literaturwissenschaftliche Arbeit von Klára Erdei[16]. Ausgehend von bibliographischen Erhebungen, die für die Jahre 1560–1630 ein starkes Anwachsen literarischer Meditationen im Bereich aller drei großen Konfessionen aufweisen, strebt Erdei eine „Verknüpfung von Gattungspoetik und Mentalitätsgeschichte" an[17] in der Absicht, die Hintergründe für diese zunehmende Verbreitung der Meditation aufzuweisen und zugleich die jeweils konfessionsbedingten Differenzierungen innerhalb des funktionalen Einsatzes der Gattung darzustellen. Da Erdei in ihren zeitlichen Rahmen Johann Arndt einschließt und auch Johann Gerhard noch mit in den Blick nimmt, sind ihre Thesen, jedenfalls soweit sie die Meditation im deutschen Luthertum betreffen, im folgenden mit einzubeziehen.

Zum 17. Jahrhundert liegen vergleichbare literatur- und gattungsgeschichtliche Arbeiten bisher nicht vor. Jedoch hat in der Nachfolge der bahnbrechenden Arbeiten von Louis Martz zur meditativen Struktur englischer Lyrik des 17. Jahrhunderts[18] auch für die deutsche Barockliteratur der Versuch einge-

keit in der Frühen Neuzeit. Amsterdam 1984, 50–74. – DERS.: Johann Arndt und die protestantische Frömmigkeit. In memoriam Winfried Zeller. In: JHKGV 35, 1985, 371–379.

[16] K. ERDEI, Auf dem Wege zu sich selbst: Die Meditation im 16. Jahrhundert. Eine funktionsanalytische Gattungsbeschreibung. Wiesbaden 1990 [Ich danke der Verfasserin, daß sie mir in freundlicher Großzügigkeit schon vor Abschluß des Drucks ihr Manuskript zur Einsicht überlassen hat]. – Eine Kurzfassung der Thesen und eine Bibliographie von Meditationen der Jahre 1560–1630, untergliedert nach Konfessionen (I. Calvinistische, II. Katholische [A. Frankreich; B. Deutschland], II. Lutheranische [sic!] Meditationen) und Typen der Meditation (1. Bußpsalmenmeditationen, 2. Psalmenmeditationen, 3. Meditationen über einen biblischen Text, 4. Passionsmeditationen, 5. Sonstige Meditationen) enthält der vorab veröffentlichte Vortrag: K. ERDEI, Die Meditation – mentalitätsgeschichtliche Deutungen einer Gattung. In: Das Ende der Renaissance: Europäische Kultur um 1600. Vorträge hg. v. A. BUCK u. T. KLANICZAY. Wiesbaden 1987, 81–107. – Speziell zu den calvinistischen Psalmmeditationen s. K. ERDEI, Méditations calvinistes sur les psaumes dans la littérature française du XVIe siècle. In: Acta Litteraria Academiae Scientiarum Hungaricae 24, 1982, 117–155.

[17] ERDEI, Auf dem Wege, 5.

[18] L. L. MARTZ, The Poetry of Meditation. A Study in English Religious Literature of the Seventeenth Century. New Haven – London ²1962. – DERS., The Meditative Poem. An Anthology of Seventeenth-Century Verse. New York 1963. – DERS.: The Paradise Within. Studies in Vaughan, Traherne and Milton. New Haven – London 1964.

setzt, in Gedichten protestantischer Autoren wie Andreas Gryphius[19] oder Catharina Regina von Greiffenberg[20] meditative Elemente zu identifizieren[21]. Auch die evangelische Theologie hat inzwischen die Meditation der frühen Neuzeit als Thema entdeckt. Dieses Interesse ist aber bislang nicht kirchengeschichtlich motiviert, sondern geht aus von gegenwärtigen Fragestellungen der Praktischen und der Systematischen Theologie nach einer „evangelischen Spiritualität" und nach dem „Wesen protestantischer Frömmigkeit"[22].

In seiner praktisch-theologischen Dissertation hat Martin Nicol[23] aufzuspüren versucht, in welche Traditionen und Methoden der Meditation Martin Luther während seiner Mönchszeit bei den Augustiner-Eremiten eingeführt worden sein mag, und hat aus Texten Luthers selbst dessen lebenslange Wertschätzung und Übung der Meditation aufgezeigt, insbesondere auch die lutherische Umprägung der kontemplativen Stufenleiter *lectio–meditatio–oratio–contemplatio* zu der von der Anfechtung als zentraler Erfahrungskategorie bestimmten Trias *oratio – meditatio – tentatio* nachgewiesen[24].

Elke Axmacher hat in einer systematisch-theologischen Arbeit die Bedeutung Martin Mollers als eines der wichtigsten Vermittler meditativer Texte und Methodik an das deutsche Luthertum gewürdigt[25]. In Abgrenzung gegen ältere Auffassungen stellt sie fest: „Nicht Arndt oder Joh. Gerhard haben der evange-

---

[19] M. S. SCHINDLER, The Sonnets of Andreas Gryphius. Use of Poetic Word in the Seventeenth Century. Gainesville 1971; s. vor allem Kap. 9: Gryphius as a Meditative Poet (S. 140–167).

[20] P. M. DALY, Dichtung und Emblematik bei Catharina Regina von Greiffenberg. Bonn 1976; s. vor allem Kap. V: Emblematische Meditation (S. 114–143).

[21] Allgemein: F. G. COHEN, The structures of German meditative poetry of the seventeenth century: an analysis of representative models. In: Michigan Germanic Studies 12, 1986, 34–51.

[22] Dies gilt auch für den kurzen geschichtlichen Überblick des Kirchenhistorikers G. RUHBACH: Meditation als Meditation der Heiligen Schrift. Ein Gang durch die Kirchengeschichte. In: Theologische Beiträge 9, 1978, 97–109. – Vgl. ferner H. SCHÄR, Protestantische Haltung und Meditation. In: Meditation in Religion und Psychotherapie. Ein Tagungsbericht, hg. v. W. BITTER. Stuttgart ²1973, 194–212.

[23] M. NICOL, Meditation bei Luther. Göttingen 1984. – Ziel der Arbeit von NICOL ist es, angesichts eines vielfältigen Angebots von Meditationsformen unterschiedlicher Provenienz durch Besinnung auf die Tradition Kriterien zur Beurteilung zu finden und selbst über die Frage nach dem praktischen Vollzug des Meditierens bei Luther Meditationsformen ins Gespräch zu bringen (S. 11 f.). NICOLS Arbeit versteht sich damit „als historischer Beitrag zu einem aktuellen Problem der Praktischen Theologie" (S. 5).

[24] NICOL, 91 ff.

[25] E. AXMACHER, Praxis Evangeliorum. Theologie und Frömmigkeit bei Martin Moller (1547–1606). Göttingen 1989, 326. – Diese systematisch-theologische Arbeit entstand aus der aktuellen Diskussion um die Klärung des Wesens und der Kriterien protestantischer Frömmigkeit. Moller wird hier in den Blick genommen als Exempel „für heutiges Nachdenken über das problemreiche Verhältnis von Theologie und Frömmigkeit" (S. 5). AXMACHER führt die Interpretation der Schriften Mollers weiter zu einer systematischen Strukturanalyse seiner Frömmigkeit, die sie einem von ihr systematisch-theologisch entwickelten „Frömmigkeitstyp" zuordnet. Im Gegensatz zu PAUL ALTHAUS D. Ä., der zuvor die zentrale Rolle Mollers für den Import augustinisch-bernhardinischer Mystik in das Luthertum benannt, diesen aber als Fehlentwicklung verurteilt hatte, beschreibt AXMACHER den dogmatisch-kritischen Umgang Mol-

lischen Kirche die Meditation zur Vertiefung ihrer Frömmigkeit erschlossen, sondern Moller"[26]. Seine unter dem Titel „Meditationes sanctorum Patrum" in zwei Bänden herausgegebenen Übersetzungen altkirchlicher und mittelalterlicher Gebete und Meditationen[27] bedeuteten für Mollers literarisches Werk einen Wendepunkt. Hatte er bis dahin seine literarische Aufgabe als Übersetzer und Vermittler patristischer Schriften an die Gemeinde gesehen, so brachte er seit 1587 eigene, durch die *Meditationes* formal und inhaltlich geprägte meditative Werke heraus. Unter diesen fanden die „Soliloquia de passione Christi"[28], das „Manuale de praeparatione ad mortem[29]" und die „Praxis Evangeliorum"[30] die weiteste Verbreitung[31]. Die in seinen Schriften verarbeitete augustinisch-bernhardinische Mystik habe Moller in spezifischer Weise eingesetzt zur Einübung in die Frömmigkeit und als „Sprachschule des Glaubens": „Eingeübt werden soll dabei die dem reformatorischen Glauben entsprechende innere Haltung als Überzeugung und Empfindung des Herzens und als selbstverständliches Tun des Guten"[32]. Zur Realisierung seiner seelsorgerlich-pädagogischen Intention, die Gemeinde zur Frömmigkeit anzuleiten, fand Moller in der Meditation

---

lers mit seinen Quellen und die funktionale Einbindung meditativer Elemente in den Rahmen seiner Theologie. Ihr zufolge zeigen Moller und der von ihm repräsentierte Frömmigkeitstyp kein Abweichen von der reformatorischen Rechtfertigungslehre, sondern gehen unter bestimmten Bedingungen konsequent aus ihr hervor (vgl. dazu unten, S. 24 ff).

[26] AXMACHER, 326.

[27] Martin Moller, Meditationes sanctorum Patrum. Schöne / Andechtige Gebet / Tröstliche Sprüche / Gottselige Gedancken / Trewe Bußvermanungen / Hertzliche Dancksagungen / vnd allerley nützliche vbungen des Glaubens. Aus den heyligen Altvätern Augustino, Bernhardo, Taulero vnd andern / fleissig vnd ordentlich zusammen getragen vnd verdeutschet [...]. [zuerst Görlitz 1584] Görlitz 1590. [Teil II:] Altera Pars Meditationum ex sanctis Patribus. Ander Theyl Andechtiger schöner Gebet [...] Aus den heyligen Altvätern Cypriano, Hieronymo, Augustino, Bernhardo, vnd andern [...] Allen andechtigen Hertzen / zum Christlichen Leben vnd seligen Sterben / gantz nützlich zubrauchen. Görlitz 1591.

[28] M. Moller, Soliloquia de passione Jesu Christi. Wie ein jeder Christen Mensch das allerheyligste Leyden vnd Sterben vnsers HERRN Jesu Christi / in seinem Hertzen bey sich selbst betrachten / Allerley schöne Lehren / vnd heylsamen Trost darauß schöpffen / vnd zu einem christlichen Leben / vnd seligen Sterben / in täglichem Gebet vnd Seufftzen / nützlich gebrauchen sol. Aus heiliger Göttlicher Schrifft / vnd den alten Vätern / mit fleiß zusam[m]en getragen [...]. Görlitz 1587. – Ausführlich zu den *Soliloquia*: AXMACHER, 168–189.

[29] M. Moller, Manuale De Praeparatione ad mortem. Heylsame vnd sehr Nützliche Betrachtung, wie ein Mensch Christlich leben vnd Seliglich sterben sol [...]. Görlitz 1593. – AXMACHER, 199–211.

[30] M. Moller, Praxis Euangeliorum. Einfeltige erklerung vnd nützliche betrachtung der Euangelien / so auff alle Sontage vnd vornemesten Fest Jährlich zu predigen verordnet sind. Für alle frome Hertzen / die sich in jetzigen letzten Zeiten vom Sündlichen Welt Laufft absondern / vnd auff die Erscheinung vnsers HErrn Jesu mit Frewden warten [...]. Görlitz 1601. – AXMACHER, 232–270.

[31] AXMACHER veranschlagt auf der Grundlage älterer Forschungen von WILHELM BODEMANN je 42 Ausgaben für diese drei Werke und will Mollers literarischen Erfolg damit in die Nähe des Siegeszuges von Johann Arndts *Wahrem Christentum* rücken (aaO., 16 f.).

[32] AXMACHER, 327.

das geeignete Medium, die Glaubenslehre zu einer lebendigen Kraft zu verinnerlichen[33].

Gegenüber den vielfältigen Forschungsinteressen und methodischen Zugriffen auf das Thema der Meditation ist die Intention der hier vorgelegten Arbeit zu präzisieren. Sie ist ein Beitrag aus der Disziplin der Kirchengeschichte. Ihr Thema ist die Meditation im deutschen Luthertum des 17. Jahrhunderts. Dabei ist der Begriff der *Meditation* nicht auf die literarische Gattung der Meditation beschränkt, sondern wird verstanden als eine sich an bestimmten Regeln und Techniken methodisch orientierende Übung praktizierter Frömmigkeit[34]. Im Mittelpunkt der folgenden Untersuchung steht also nicht die Meditation, soweit sie als literarisch fixiertes Ergebnis meditativer Übung überliefert vorliegt, sondern die Rolle und Funktion, die der Meditation als praktischer Übung von lutherischen Theologen des 17. Jahrhunderts zugedacht wird. In den Blick kommt die Meditation also nicht nur, insoweit sie realisiert worden ist, sondern auch, insoweit sie empfohlen wird, gefordert wird oder ihre mangelnde Ausübung beklagt wird. Damit beansprucht die vorgelegte Arbeit nicht, das Thema der Meditation im 17. Jahrhundert erschöpfend zu behandeln[35].

Angestrebt ist weder eine Bibliographie der Meditation im 17. Jahrhundert noch die Darstellung ihrer gattungs- oder literaturgeschichtlichen Entwicklung. Diese Arbeit behandelt das Thema vielmehr anhand einer These, die im Verlauf der folgenden Kapitel explizierend entfaltet wird. Diese These besagt, daß die Meditation im Luthertum des 17. Jahrhunderts diskutiert und propagiert worden ist im Zuge der innerlutherischen Kirchenkritik und Reformdiskussion als ein Mittel der Kirchenreform. Hintergrund dieser Diskussion und Propagierung der Meditation ist die oben kurz skizzierte Erkenntnis lutherischer Theologen, daß der Predigt nur begrenzte Reichweite und Wirkung beschieden war[36]. Insofern ist die folgende Darstellung auch ein Beitrag zur Geschichte der lutherischen Predigt des 17. Jahrhunderts; diese aber steht so im Mittelpunkt, wie das Zentrum eines Taifuns: nicht ihr selbst gilt die vornehmste Aufmerksamkeit, sondern dem Wirbel, den sie um sich herum entfaltet: der sich eben deshalb entfaltet, weil die Erfahrung von Windstille dort, wo das Zentrum der geistbrausenden Kraft liegen sollte, nach bahnbrechenden Stimulis für das ersehnte Wirksamwerden, die Entfaltung der Kraft des Wortes suchen ließ.

Mit dieser These sucht die hier vorgelegte Arbeit zugleich aus kirchenhistori-

---

[33] AXMACHER, 319: „Als *Grundbestimmung* von Mollers erbaulicher Schriftstellerei hat sich ergeben: Sie will die Einfältigen zur Frömmigkeit anleiten, d. h. dazu, *die überlieferten (durch Lehre vermittelten) Glaubensinhalte durch deren Meditation für die christliche Existenz im Leben und Sterben fruchtbar zu machen*" (Kursive im Original).

[34] Näherhin: Meditation ist im 17. Jahrhundert der methodisch geprägte intellektuelle Umgang mit einem Text, einem Bild oder einem Sachverhalt mit dem Ziel, die affektive Dimension dieses Gegenstandes zu erschließen.

[35] Ein wesentlicher Bereich praktizierter literarischer Meditation, die geistliche Dichtung, stellt eine so umfangreiche eigene Thematik dar, daß er in dieser Untersuchung ausgeklammert und eigenen Arbeiten vorbehalten bleiben muß.

[36] S. dazu ausführlich Kapitel 4.1.

scher Perspektive die Diskussion mit den bisher aus frömmigkeits- und mentalitätsgeschichtlichen Ansätzen heraus entwickelten Krisentheorien, die als Interpretationsrahmen erbaulicher Literatur, insbesondere aber der meditativen
Werke der *neuen Frömmigkeit* des 17. Jahrhunderts entwickelt worden sind[37].

---

[37] S. dazu vor allem Kap. 2.1 und 2.2.

2. Zum mentalitäts-, frömmigkeits- und kirchengeschichtlichen Hintergrund der Meditation im deutschen Luthertum des 17. Jahrhunderts

2.1 Neue Frömmigkeit, Meditation und „Krise"

In den historischen Disziplinen scheint sich derzeit durchzusetzen, die historischen Phänomene des 17. Jahrhunderts nach dem Paradigma[1] einer „allgemeinen Krise des 17. Jahrhunderts" beschreiben, ordnen und verstehen zu wollen, die sämtliche Bereiche von Wirtschaft, Gesellschaft, Politik, Kultur und Geistesleben erfaßte und prägte. Ursprünglich als Hypothese in der englischen Wirtschafts- und Sozialgeschichtsschreibung formuliert, hat die Krisentheorie nach zum Teil gegensätzlichen Inhaltsbestimmungen nunmehr in allgemeiner Form eine so weitgehende Akzeptanz gefunden, daß sie auch zur Strukturierung und Interpretation kirchenhistorischer Phänomene herangezogen wird. Insbesondere in Verbindung mit mentalitätsgeschichtlichen Theorien, in denen die jeweils als vorherrschend postulierte „Mentalität" der Gesellschaft bzw. ihrer Schichten als Reaktion auf eine zuvor beschriebene Krise verstanden wird, bildet die Annahme einer Krise in neueren kirchen- und frömmigkeitsgeschichtlichen Darstellungen den Hintergrund zur Interpretation von Erbauungsliteratur und Formen praktizierter Frömmigkeit[2].

Einen ersten Versuch, die Krisentheorie zur Darstellung und Deutung kirchengeschichtlicher, vor allem frömmigkeits- und theologiegeschichtlicher Erscheinungen des 17. Jahrhunderts fruchtbar zu machen, hat Hartmut Lehmann unternommen[3]. Lehmann versteht dabei unter der „Krise des 17. Jahrhunderts"

---

[1] Paradigma wird verstanden als „diejenige exemplarische Problemlösung", die jeweils zu einem gegebenen Zeitpunkt „das Wissen in bestimmten Bereichen um einige Schwerpunkte herum einleuchtend organisiert und die für erklärungswürdig gehaltenen Probleme hinreichend erklärt, bis neue Fragen und Kenntnisse eine Krise des etablierten Paradigmas auslösen, die schließlich dazu führt, daß es durch ein anderes Paradigma ersetzt wird" (H.-U. WEHLER, Deutsche Gesellschaftsgeschichte. Bd. 1. München 1987, 28).

[2] Vgl. den erst nach Abschluß meines Manuskripts erschienenen Band: Krisenbewußtsein und Krisenbewältigung in der Frühen Neuzeit – Crisis in Early Modern Europe. Festschrift für HANS-CHRISTOPH RUBLACK. Hg. v. M. HAGENMAIER u. S. HOLTZ. Frankfurt a. M. 1992.

[3] H. LEHMANN, Das Zeitalter des Absolutismus. Gottesgnadentum und Kriegsnot. Stuttgart u. a. 1980 (Christentum und Gesellschaft, Bd. 9). – LEHMANN stellt allerdings nicht die gesamte Darstellung unter die Herrschaft der Krisentheorie, sondern orientiert sich zunächst am herkömmlichen Paradigma des „Absolutismus" (Kap. II: Staatskirche, Gemeindekirche, Religionsfreiheit. Die Kirche als Teil und politisch-religiöse Gruppen als Gegner des absolutisti-

eine sich über rund vier Generationen hin erstreckende gesamteuropäische, Gesellschaft und Kultur erfassende Strukturkrise. Diese Krise sieht Lehmann verursacht durch eine Vielzahl kontingenter wie auch miteinander verflochtener quantitativ erfaßbarer, in einem deutlichen Bevölkerungsrückgang manifestierter Faktoren, die von einer langfristigen Klimaverschlechterung über den Rückgang der wirtschaftlichen und landwirtschaftlichen Produktion, Ernährungskrisen und erhöhte Mortalität, wiederkehrende Epidemien der Pest und anderer Seuchen zu den fast das gesamte Jahrhundert durchziehenden Kriegen, Revolten und Bürgerkriegen mit ihren ökonomischen und sozialen Folgen reichen[4]. Diesen objektiven, quantitativen Faktoren der Krise des 17. Jahrhunderts entspricht qualitativ, als Reaktion der Bevölkerung auf die Erfahrung ständiger Unsicherheit und jede innerweltliche Sicherheit raubender Bedrohtheit ihrer Existenz und Lebensgrundlage, die Angst als zentrale Komponente ihrer Mentalität[5]. Daraus ergibt sich für Lehmann ein Schlüssel zum Verständnis von Theologie und Frömmigkeit dieses Zeitalters. Die Kirche, die im 17. Jahrhundert noch weithin konkurrenzlos und unangefochten als Institution des Trostes und der Sinnstiftung fungierte, war durch die Krise und ihre mentalen Auswirkungen herausgefordert, theologische Konzepte und religiöse Praktiken zur Verarbeitung und Überwindung der Angst und das Angebot neuer Hoffnung bereitzustellen[6]. In eindrücklicher Weise sieht Lehmann die Trostfunktion von Kirche und Theologie in der reichhaltigen Erbauungsliteratur des 17. Jahrhunderts und der mit ihr einhergehenden *neuen Frömmigkeit* repräsentiert. Um die Trostfunktion der Erbauungsliteratur als Antwort auf die Krise des 17. Jahrhun-

---

schen Herrschaftssystems), bevor er in einem zweiten Hauptteil „neben dem Absolutismus auch die ‚Krise des 17. Jahrhunderts‘ als eine zweite, Theologie und Frömmigkeit jener Epoche zutiefst prägende Erscheinung" (S. 17) berücksichtigt (Kap. III: Not, Angst, Hoffnung. Die Krise des Glaubens im 17. Jahrhundert). – Vgl. neuerdings H. LEHMANN, Zur Erforschung der Religiosität im 17. Jahrhundert. In: Krisenbewußtsein und Krisenbewältigung [s. oben, Anm. 2], 3–11.

[4] LEHMANN, 105 ff.

[5] LEHMANN, 111: „Der im 16. Jahrhundert dominierende Glaube an den Fortschritt war im 17. Jahrhundert offensichtlich gebrochen, die Selbstsicherheit der Europäer dahin; jetzt, im neuen Säkulum, dominierten nicht mehr Zuversicht und Hoffnung, sondern Sorge und Angst, jetzt dominierte nicht mehr das Leben, sondern der Tod." – LEHMANN selbst verwendet den Begriff der „Mentalität" nicht, sondern spricht von den „qualitativen Kriterien" bzw. Aspekten der Krise; der Sache nach ist dies aber identisch mit der Hypothese mentalitätsgeschichtlich orientierter Studien, daß die „Angst" als beherrschende Dimension der „Mentalität" des 17. Jahrhunderts anzusehen sei; vgl. unten, S. 13 ff. (zu K. ERDEI).

[6] LEHMANN, 112 f. – Fünf Reaktionen des Christentums auf die Krise des 17. Jahrhunderts zieht LEHMANN als charakteristisch zu näherer Darstellung heran: „Zunächst die Hinwendung zu erbaulicher Literatur, die in der Not Trost versprach, dann die Erneuerung der Eschatologie, ferner die Unterdrückung jener Kräfte, bei denen man die Schuld für das ganze Übel suchte, dann die Absicht, durch besondere Leistungen das Elend zu bannen, und schließlich der Versuch, durch neue philosophische und wissenschaftliche Einsichten die grundlegenden Elemente der Weltordnung zu erkennen und dadurch das Chaos zu überwinden" (113). – Für unseren Zusammenhang ist hier lediglich der erste Aspekt, die Interpretation der Erbauungsliteratur des 17. Jahrhunderts von ihrer Trostfunktion her, von Interesse.

derts zu illustrieren, bemüht sich Lehmann um die Integration von Forschungs-
ergebnissen, die einer anderen „Krisentheorie" entstammen: er greift zurück auf
die zuerst von Winfried Zeller postulierte „neue Frömmigkeit", die seit Beginn
des 17. Jahrhunderts entstanden sei als Reaktion auf eine „Frömmigkeitskrise"
im deutschen Luthertum der letzten Jahrzehnte des Reformationsjahrhunderts.

Zeller zufolge hinterließ die einseitig auf Bewahrung, Ausbau und Verteidigung der reformatorischen Lehre bedachte lutherische Orthodoxie ein immer
stärker sich bewußt machendes Defizit an Lehre und Leben verbindender Frömmigkeit, in der die reformatorische Heilsbotschaft nicht nur bejahte Wahrheit,
sondern persönlich angeeignete, lebensprägende Kraft ist[7]. Diese Frömmigkeitskrise sah Zeller überwunden durch eine seit der Jahrhundertwende aufbre-
chende *neue Frömmigkeit*, die vor allem in den Werken von Philipp Nicolai,
Johann Arndt und Valerius Herberger begründet, in der folgenden Generation
dann von Männern wie Johann Gerhard, Valentin Wudrian, Johann Heermann,
Johann Matthäus Meyfart und Georg Neumark fortgeführt und weiter ausgebil-
det wurde[8]. Die inhaltliche Charakterisierung dieser *neuen Frömmigkeit* bleibt bei
Zeller einigermaßen diffus. Charakteristisch zu eigen ist ihr jedenfalls die vor
allem von Johann Arndt vorgeführte Öffnung für die spirituellen Traditionen
der Christentumsgeschichte, soweit sie Wege zur individuellen Aneignung der
Heilsbotschaft, zur persönlichen Glaubenserfahrung und zur Umsetzung des
Glaubens in christliches Leben anboten.

Lehmann übernimmt die These von der *neuen Frömmigkeit* und paßt sie seinem
Modell von der allgemeinen Krise des 17. Jahrhunderts ein. Dazu modifiziert er
Zellers These in charakteristischer Weise: er extendiert die von Zeller beobachtete zeitliche Ausdehnung der *neuen Frömmigkeit*, die er quantitativ an der Produktion und Verbreitung von Erbauungsliteratur bemißt, auf den gesamten Verlauf
des 17. Jahrhunderts, er betont ihre keineswegs auf das deutsche Luthertum oder
den protestantischen Bereich beschränkte Über- und Interkonfessionalität, und
er interpretiert sie als die kirchlich-seelsorgerliche Antwort auf die Krise des
Jahrhunderts: „Die eigentliche Attraktivität der neuen Frömmigkeitsliteratur
lag darin, daß sie in der Krise des 17. Jahrhunderts notleidenden Christen Trost

---

[7] „Es ist eine geschichtlich nicht außer acht zu lassende Tatsache, daß das Reformationsjahrhundert während seines letzten Drittels in eine umfassende Frömmigkeitskrise ausmündet.
[...] Im Grunde ist es die Krise der dritten nachreformatorischen Generation. Ihr sind die tiefen
religiösen Erlebnisse und theologischen Erkenntnisse der Reformatoren nicht mehr selbst
errungene und selbst gedachte Wahrheit gewesen. Ihr ist die Reformation mit ihrer Verkündigung vielmehr eine im Grunde fertige und damit selbstverständlich gewordene Größe. Im
allgemeinen zweifelt man keineswegs grundsätzlich an der protestantischen Position. Aber
man ist unsicher, ob und wie einem die kirchlich verkündigte Wahrheit zu eigen werden könne.
Das ist der frömmigkeitsgeschichtliche Befund, von dem jedes Verstehen des 17. Jahrhunderts
abhängt." (W. ZELLER, Einleitung, in: Ders. [Hg.], Der Protestantismus des 17. Jahrhunderts.
Bremen 1962 [Klassiker des Protestantismus, Bd. 5], XVII. – Vgl. DERS., Die „alternde Welt"
und die „Morgenröte im Aufgang". Zum Begriff der „Frömmigkeitskrise" in der Kirchengeschichte, in: DERS., Theologie und Frömmigkeit. Gesammelte Aufsätze, hg. v. B. JASPERT.
Bd. 2. Marburg 1978, [1–13] 7).
[8] ZELLER, 1962, XXIII–XXX.

spendete und um ihr Seelenheil besorgten Christen erbauliche Ratschläge gab. "[9]
Für das deutsche Luthertum exemplifiziert Lehmann die Trostfunktion der
Erbauungsliteratur an Johann Arndts *Vier Büchern vom wahren Christentum*.
Mit seiner klaren Unterscheidung zwischen der Welt und dem natürlichen Menschen
einerseits, dem sich nach der Ewigkeit ausstreckenden, aus Geist und Glauben
lebenden wahren Christen andererseits habe Arndt dem unter Not und Verzweiflung leidenden Menschen eine unzerstörbare Lebensperspektive gewiesen:
„Wie schlecht die äußeren Verhältnisse in ihrer Zeit und in ihrem Leben auch
werden mochten, wenn Christen dem von Arndt beschriebenen Weg zum
wahren Christentum folgten, dann gewannen sie das ewige Leben. "[10]

Es ist deutlich zu sehen, daß Lehmann die von Zeller beschriebene *neue
Frömmigkeit* auf eine völlig andere Art von Krise antworten läßt, als Zeller dies
selbst vorgesehen hat. Denn nicht primär als Trost für Menschen, die von
äußeren Unbilden heimgesucht und verschreckt werden, sondern als Reaktion
auf eine Verflachung und Veräußerlichung des reformatorischen Glaubens erhob sich Zeller zufolge der Protest eines Valentin Weigel und zeigte sich die
Entwicklung einer protestantischen Innerlichkeit bei Nicolai, Arndt und Herberger[11].

In eigentümlicher Weise hat schon vor Lehmann Erich Beyreuther in seiner
Geschichte des Pietismus die Frömmigkeitskrise Zellers und die allgemeine Notsi-
tuation des 17. Jahrhunderts beschworen, um das Vorfeld des Pietismus zu
charakterisieren[12]. Die Frömmigkeitskrise spitzt er deutlicher als Zeller zu als
eine Verflachung der reformatorischen Rechtfertigungsbotschaft zur routine-
mäßig zuerkannten billigen Gnade[13]. Vor Weigel zählt er Kaspar Schwenckfeld
von Ossig (1489–1561) als einen der ersten Kritiker der Krise auf, der unermüdlich geklagt habe, „wie wenig echte Glaubensfrüchte in der Reformationszeit
überall zu sehen waren"[14]. Mit seiner Schilderung der Not des Jahrhunderts

---

[9] LEHMANN, 114.

[10] LEHMANN, 119.

[11] Richtig interpretiert von B. HAMM, Johann Arndts Wortverständnis. Ein Beitrag zu den
Anfängen des Pietismus. In: PuN 8, 1982, [43–73] 45 f.

[12] E. BEYREUTHER, Geschichte des Pietismus. Stuttgart 1978. Kap. I: Wegbereiter des Pietismus im 17. Jahrhundert.

[13] „War nicht die Reformation einst wie ein Sturmwind durch die Lande gebraust? [...] Was
jedoch an der Wende vom 16. zum 17. Jahrhundert erschreckend deutlich wurde, waren
Zeichen einer Gewöhnung und einer Verbürgerlichung der reformatorischen Anliegen, die
einst eine ganze Generation in der Tiefe aufgewühlt hatten. Ein ‚trivialer Moralismus' breitete
sich aus. Die Dynamik der Reformation verlor sich. Glaube und Moral verquickten sich. Man
hatte sich an die ‚billige Gnade' gewöhnt. Rechtgläubigkeit wurde nur zu oft zu einem
Deckmantel eines ganz unchristlichen Lebens" (BEYREUTHER, 15). BEYREUTHER konkretisiert
folgends die innerkirchliche Problematik: „Rächte es sich, daß die Orthodoxie die Beichte zu
einem Wissensverhör abgleiten ließ [...]? Verwechselte man nicht das Gotteshaus mit einem
Hörsaal? Die Gottesdienstbesucher wurden auf die reine Lehre eingeschworen, zu oft im
Herzen aber kalt gelassen. War Luther so völlig vergessen, der unermüdlich darauf hingestoßen
hatte, daß die letzten Entscheidungen nicht im Intellekt, sondern in viel tieferen Bereichen
fallen?" (ebd.).

[14] BEYREUTHER, 16. – Mehr als ein „Aufzählen" ist es bei BEYREUTHER nicht; für ihn ist

entwirft Beyreuther ähnlich wie Lehmann eine durch die existentielle Angst bestimmte mentale Grundsituation der Adressaten von Johann Arndts *Büchern vom wahren Christentum*[15]. Anders als Lehmann hat Beyreuther jedoch diese beiden Krisentheorien nicht einander zu subsumieren versucht, sondern stellt sie erzählend unverbunden nebeneinander.

Auch Klára Erdei nutzt als Rahmen für ihre mentalitätsgeschichtliche und funktionsanalytische Deutung der Meditation eine Krisentheorie. Dabei entwirft sie den Zusammenhang einer umfassenden Glaubenskrise, die seit dem 15. Jahrhundert Europa beherrschte. Diese Glaubenskrise ist Folge des im Spätmittelalter sich herauskristallisierenden individualisierten Selbstbewußtseins, das den Menschen in eine von keiner kirchlich-sakramentalen Institution mehr zu heilende Isolation des einsamen schuldbewußten Sünders vor einem fernen, unzugänglichen, strafdrohenden Gott stellte[16]. Was die Menschen in die Suche nach neuen Formen subjektivierter Frömmigkeit trieb, sie im einsamen Seelendialog der Meditation nach Heilsgewißheit forschen ließ, war die Angst; hier nicht in erster Linie die Angst vor den Unwägbarkeiten des äußeren Lebens, vor Not und Krieg, sondern die quälende Angst um das eigene Seelenheil: „Wie krieg ICH einen gnädigen Gott"[17]. Aber nicht der subjektive und affektive Zugriff auf die alten Heilswahrheiten konnte einer unzeitgemäßen Theologie innerhalb einer vielfach diskreditierten Kirche die Befreiung von den Seelenängsten abringen, auch nicht die meditativ geprägte Erneuerung des geistlichen Lebens in der *Devotio moderna*, sondern erst die „prophetisch-enthusiastische Antwort"[18] der Reformation; erst im reformatorischen *sola fide* sei der frühneuzeitliche Mensch in seiner erwachten Individualität ernstgenommen und zur Überwindung der Heilsangst im zupackenden Glauben angeleitet worden. Für die Jahre der reformatorischen Blüte war die Glaubenskrise gestoppt, hatte das prophetische Gebet die Meditation verdrängt[19]. Erdei liest diese Tatsache aus

---

Schwenckfeld der „erste in dieser Reihe, der dabei immer genannt wird" (aaO., 15); ob er selbst sich dieser Nennung anschließt, bleibt offen.

[15] „Bei Johann Arnd wußten sich die leidgeprüften Menschen vor und dann im Dreißigjährigen Krieg verstanden, daß eben Selbst- und Gotteserkenntnis nur aus Leiderfahrung kommt. Sie schickt Gott. Das einfach nur belehrende Wort genügt nicht. Die täglich neue Erfahrung, daß Menschen, die Christen sein könnten, unchristlich leben und ihr ewiges Heil verspielen, bewirkte Ängste. Bei Johann Arnd und in der stillen Welt, in die sein Erbauungsbuch führte, konnte man diese Kümmernisse hinter sich lassen. Noch Jahrzehnte nach dem Dreißgjährigen Krieg stetig bedroht durch Brand, Mord, Wassersnot, Pestilenz und Krieg, nachts und wenn man morgens aufwachte, zitterte diese Angst nach. Wachend oder schlafend waren Tod und Krankheit nahe. Hungersnöte ohne Zahl quälten die Bevölkerung. [...] Diese Menschen sah Johann Arnd vor Augen." (BEYREUTHER, 34 f.).

[16] ERDEI, Auf dem Wege, 9 ff. – Den exemplarischen literarischen Ausdruck dieser existentiellen Situation sieht Erdei in den auch von Luther geschätzten und mit einem Vorwort versehenen Meditationen Savonarolas.

[17] ERDEI (aaO., 75) sieht in dieser Frage Luthers die „aus seiner Heilsangst heraus gestellte existentielle Frage des Menschen am Ende des Mittelalters". – Vgl. auch aaO., 216 f.

[18] AaO., 216.

[19] AaO., 75 f. – Von ERDEI formuliert in Anlehnung an die Gebetstypologie von FRIEDRICH HEILER (vgl. aaO. 66 f.).

dem bibliographischen Nachweis eines charakteristischen Rückgangs der Produktion von Meditationen während der Jahre 1520–1560[20]. Doch schon um die
Mitte des 16. Jahrhunderts sei die reformatorische Antwort auf die Glaubenskrise des 15. Jahrhunderts ihrerseits in die Krise geraten, seien die alten Ängste um
das Seelenheil erneut virulent geworden und die zugesprochene Heilsgewißheit
verlorengegangen[21]. Gegenüber einer sich in allen Konfessionen zunehmend
lehrhaft gebärdenden und aus disziplinarischen Gründen die Angst eher schü-
renden als beseitigenden Orthodoxie habe das Verlangen nach persönlich emp-
fundener Heilsgewißheit starke Bedeutung wiedergewonnen; und erneut habe
sich die Meditation als das Medium angeboten, mit dessen Hilfe man die Krise
zu überwinden hoffte. Erbauungsliteratur wird für Erdei geradezu zur kriti-
schen Instanz und Alternative gegenüber den Orthodoxien, die, auf Lehrsyste-
me konzentriert, das Verlangen nach erfahrbarem Heil ignorierten[22]. Die Meditationsliteratur des 16. Jahrhunderts entstand unter konfessionell unterschiede-
nen theologischen Rahmenbedingungen, die Erdei in der jeweiligen Bußlehre
verankert sieht und von daher funktionsanalytisch in konfessionsspezifische
Typen zu differenzieren versucht. Entsprechend ihrer Generallinie, die von der
existentiellen Heilsangst als der mentalen Grundsituation des frühneuzeitlichen
Menschen ausgeht, schildert Erdei auch die Frömmigkeitskrise des nachreformatorischen Luthertums als „Schwinden der Heilszuversicht" und „Verstärkung der Heilszweifel"[23]. Konsequent mißt sie der Meditation die Funktion der
consolatio, die Trostfunktion bei. Darin berührt sie sich mit Lehmann, der
ebenfalls Erbauungsliteratur generell und devotionale Praxis von ihrer Trostfunktion her verstehen will. Im Gegensatz zu Lehmann jedoch sieht Erdei die
Trostbedürftigkeit nicht in der äußeren Not begründet; vielmehr sind ihr die
Rekurse erbaulicher Schriften auf äußere Phänomene nur Indiz für die Mentalität
der Heilskrise[24].

Auch in Erdeis Konzeption fällt Zellers Arbeiten zur Frömmigkeitskrise des
ausgehenden Reformationsjahrhunderts Autorität zu. Sie beansprucht ihn zum
Nachweis der allgemeinen nachreformatorischen Frömmigkeitskrise[25]. Speziell

---

[20] AaO., 2.

[21] AaO., Kap. 3: Die Krise der Antwort (S. 112ff.).

[22] „Die Gläubigen aller Konfessionen suchten ‚Andacht' statt ‚Lehre'. [...] Die trockene,
rationale Orthodoxie war weder in der Lage, dieses Bedürfnis zu befriedigen, noch die Frömmigkeitskrise zu überwinden. Aber was die Dogmen nicht mehr ermöglichten, war, trotz
konfessioneller Unterschiede, durch das Gefühle und Emotionen immer noch möglich – in der
religiösen Literatur." (ERDEI aaO., 118).

[23] ERDEI aaO., 221; vgl. aaO., 219.

[24] „Das Elend der Zeit, der Kriege, der Pestilenz, die Strafen Gottes, all diese immer
wiederkehrenden Motive der Erbauungsliteratur des Jahrhundertendes sind Zeichen für das
Krisenbewußtsein. Aber noch wichtiger als das Motiv des Elends war das des Trostes, das zum
Leitmotiv wurde, so daß es nicht allzu übertrieben ist, zu behaupten, daß die gesamte Erbau-
ungsliteratur am Ende des 16. Jahrhunderts unter dem Zeichen der ‚consolatio' entstand."
(ERDEI, 216).

[25] ERDEI, 113.

zum Luthertum beruft sie sich eher auf Beyreuther[26] und auf Althaus d. Ä.[27]. Von ihnen übernimmt sie den Verweis auf Schwenckfeld und Weigel als die frühesten Vermittler „mystischer" Texte an das Luthertum. Ihre Schriften sind – wie diejenigen Jakob Böhmes – für Erdei gleichsam der Warnschuß vor den Bug der lutherischen Orthodoxie, der veränderten frömmigkeitsgeschichtlichen Lage nun auch Rechnung zu tragen.

Mit ihrer These, daß die Frömmigkeitskrise im Luthertum des ausgehenden Reformationsjahrhunderts Ausdruck einer wiederauflebenden fundamentalen Heilsunsicherheit sei, hat Erdei eine weitere, eigenständige Variante der Krisentheorie vorgelegt. Es ist deutlich, daß sie sich dafür im Gegensatz zu ihren ausführlichen Zitaten gerade nicht auf Zeller und schon gar nicht auf Beyreuther berufen kann, der mit dem Wort von der „billigen Gnade"[28] gerade das Gegenteil andeutet: die Verflachung des Bußernstes und die Ersetzung von Heils*gewißheit* (certitudo) durch die unbekümmerte und gefährliche Heils*sicherheit* (securitas).

Dieser kurze Überblick zeigt, daß in der gegenwärtigen frömmigkeits- und mentalitätsgeschichtlichen Forschung zu viele unterschiedliche Krisen beschworen, miteinander verbunden oder untereinander subsumiert werden, obwohl sie ursprünglich nichts miteinander zu tun haben. Ich will sie noch einmal nennen:

a) Die von Lehmann aus der allgemeinen Geschichtswissenschaft und Sozialhistorie ins Feld geführte Theorie von einer *Krise des 17. Jahrhunderts*, der eine vorherrschende Mentalität der Angst entspreche. Die Erbauungsliteratur erfüllt dabei die Funktionen von Sinnstiftung und Trost angesichts der Widerwärtigkeit äußerer Lebensunsicherheit und Not. Diese Krise umfaßt zeitlich das gesamte 17. Jahrhundert; im Bereich der lutherischen Erbauungsliteratur reicht sie von Johann Arndt bis ins 18. Jahrhundert.

b) Die von Erdei angenommene *Krise der Heilsgewißheit*, die als Wiederaufleben und Verstärkung der vorreformatorischen Heilsunsicherheit bestimmt wird. Ihre mentalitätsgeschichtliche Folge ist Angst, näher definiert als Angst um das Seelenheil. Auf diese Krise reagiert die *neue Frömmigkeit*, in der die Meditationsliteratur in konsolatorischer Funktion eine führende Rolle übernimmt. Die literarische Gattung der Meditation übernimmt diese Funktion bis etwa 1630; von da an wandern meditative Strukturen in die Lyrik und andere Gattungen der Erbauungsliteratur[29].

c) Die von Zeller festgestellte *Frömmigkeitskrise*, die in der dritten nachreformatorischen Generation einsetzt und von der Jahrhundertwende an durch die *neue Frömmigkeit* überwunden wird. Inhaltlich ist diese Krise charakterisiert durch die Entfernung vom Erlebnischarakter der Rechtfertigungsbotschaft und – in der Zuspitzung Beyreuthers – durch die Inanspruchnahme billiger Gnade. Die Übernahme „mystischer" und meditativer Literatur erfüllt das Verlangen nach persönlicher Verinnerlichung der reformatorischen Heilsbotschaft.

---

[26] ERDEI, 219 ff. mit Anführung des oben, Anm. 13, gebrachten Zitates aus BEYREUTHERS *Geschichte des Pietismus*.

[27] AaO., 228 ff.

[28] Vgl. das oben, Anm. 13, gebrachte Zitat.   [29] ERDEI, Die Meditation, 92.

Keine dieser Theorien bildet einen so überzeugenden mentalitätsgeschichtlichen Hintergrund für die Funktion lutherischer Erbauungsliteratur vom ausgehenden Reformationsjahrhundert an, daß nicht aus den Quellen selbst Einwände zu erheben wären.

a) Einen hohen Grad von Plausibilität scheint Lehmanns Auffassung beanspruchen zu können. Die Trostfunktion von Erbauungsliteratur gegenüber der Angst und der Not ihrer Zeit ist aus Texten, auch schon aus Buchtiteln zu belegen. Dies trifft zu für ein frühes Hauptwerk meditativer Literatur im Luthertum, mit dem Winfried Zeller den Beginn der neuen Frömmigkeit ansetzt: Philipp Nicolais *Freudenspiegel des ewigen Lebens*[30], hervorgegangen aus Privatmeditationen Nicolais, mit denen er als Pfarrer in Unna während einer Pestepidemie im Jahre 1597 seine Angst niedergekämpft hatte[31]. Es trifft aber schon nicht mehr zu für Lehmanns Kronzeugen Johann Arndt und seine *Vier Bücher vom wahren Christentum*. Lehmanns eigenes Referat zum *Wahren Christentum* beweist, wie sehr sich Arndts Intention gegen die Interpretation einer konsolatorischen Funktion sperrt. Er zeichnet Arndt als einen eifrigen Pfarrer, der, über den kirchlichen und sittlichen Zustand der lutherischen Christenheit seiner Zeit bestürzt, „diesem Zerfall des Christentums" entgegenwirken wollte: „Angesichts des großen und schändlichen Mißbrauchs, der mit dem Evangelium in seiner Zeit getrieben werde, wolle er zeigen, worin wahres Christentum bestehe, was wahrer, lebendiger und tätiger Glauben sei."[32] So hat in der Tat Arndt selbst sein *Wahres Christentum* in der Vorrede begründet[33], und mit Berufung auf seine kirchenkritische und reformerische Absicht hat er es auch in den *Sendschreiben* verteidigt. Aber Lehmann fragt gar nicht nach der Intention Arndts, die dieser selbst vorträgt; er geht aus von der immensen Verbreitung des *Wahren*

---

[30] Ph. Nicolai, FrewdenSpiegel deß ewigen Lebens. Das ist: Gründtliche Beschreibung deß herrlichen Wesens im ewigen Leben / sampt allen desselbigen Eygenschafften vnd Zuständen / auß Gottes Wort richtig vnd verständlich eyngeführt. [...]. Allen betrübten Christen / so in diesem Jammerthal / das Elendt auff mancherley Wege bauwen müssen / zu seligem vnd lebendigem Trost zusammen gefasset [...]. Frankfurt a. M. 1599 (Ndr. Soest 1963). – Vgl. W. ZELLER (Hg.), Der Protestantismus des 17. Jahrhunderts (s. oben, Anm. 7), 31–48, wo ZELLER den Abschnitt „Die Neue Frömmigkeit" seiner Anthologie mit Texten aus dem *Freudenspiegel* eröffnet.

[31] „Da war mir nichts süssers / nichts liebers / vnd nichts angenemmers als die Betrachtung deß edlen hohen Artickels vom ewigen Leben / durch Christus Blut erworben. [...] Brachte darnach meine *meditationes*, von Tage zu Tage in die Feder / befand mich / Gott Lob / darbey sehr wol / von Hertzen getrost / frölich im Geist / vnd wol zu frieden / gab meinem *scripto* den Namen vnd Titul eines Frewdenspiegels / vnd nam für / denselben verfasseten Frewdenspiegel (da mich Gott von dieser Welt abfordern würde) als ein Zeugnuß meines friedlichen / frölichen vnd Christseligen Abschieds zu hinderlassen / oder aber (da er mich gesundt sparete) anderen nothleidenden Christen (welchen er die Pest auch zu Hauß senden würde) auß Christlicher schuldiger Liebe damit zu dienen / vnd gleich als mit gegenwärtigem Trost beyzuwohnen." (Nicolai, Vorrede zum *Freudenspiegel*, aaO. Bl. b1ʳ).

[32] LEHMANN, 118.

[33] „Solch gottlos Wesen hat mir zu diesem Büchlein Ursach geben" (Johann Arndt, Vier Bücher Vom Wahren Christenthum, Vorrede zum ersten Buch [Ausg. Halle 1743, S. 2]).

Christentums im 17. Jahrhundert und will die Frage beantworten, welcher Attraktivität des Buches diese Verbreitung entspringt. Seine Antwort erfolgt im Interpretationsrahmen seiner mentalitätsgeschichtlich weitergeführten Form der Krisentheorie. Damit entwickelt sie sich gleichsam innerhalb einer Formel. Diese Formel besagt: Wird eine Gesellschaft zu einer gegebenen Zeit durch dominierende gemeinsame Erfahrungen geprägt, die eine allgemein vorherrschende Mentalitätsstruktur hervorrufen, und wird zu derselben Zeit das Anwachsen und die Verbreitung einer bestimmten Literatur beobachtet, so ist der Schluß naheliegend, daß diese Literatur in besonderer Weise der Mentalität ihrer Zeit entspricht. Konkretisiert auf die Erbauungsliteratur des 17. Jahrhunderts ergibt sich: Ist die herrschende Erfahrung des 17. Jahrhunderts die der Krise und entspricht ihr die vorherrschende Mentalität der Angst, so liegt die Annahme nahe, daß die zu dieser Zeit immens verbreitete Erbauungsliteratur eben darin ihre Attraktivität erwies, daß sie diese Angst und die aus ihr entspringende Trostbedürftigkeit aufgriff und zu stillen verstand. Dabei ist dann nicht mehr entscheidend, ob der jeweilige Autor diese Intention mit seinem Werk verband; entscheidend ist, daß die Werke selbst von den Käufern und Lesern so verstanden und benutzt wurden. Entsprechend kann Lehmann Arndt erst als einen kirchenkritischen Bußprediger vorstellen, der das gottlose Leben seiner Zeit geißelt[34], um dann den Blick vom Autor auf den Leser zu wenden: „Zu fragen ist, was diese mit vielen Beispielen aus der Bibel untermauerten Ansichten Arndts, die er zu Regeln eines wahrhaft christlichen Lebens zusammenfaßte, für seine Zeitgenossen und für die folgenden Generationen bedeuteten"[35].

An Lehmanns Vorgehen zeigt sich eine grundsätzliche methodische Problematik, die sich bei einem mentalitätsgeschichtlichen Ansatz in der Kombination von quantitativem und qualitativem Zugriff ergibt. Als Eckpfeiler der Konstruktion erscheinen zwei einigermaßen solide Datenblöcke: auf der einen Seite die überwiegend statistisch erhobenen Daten, die als Indikatoren für eine Strukturkrise gelten sollen; auf der anderen Seite die ebenfalls statistisch in Form von bibliographischen Daten festgestellte Verbreitung einer bestimmten Literaturform. Die Brücke zwischen beiden Pfeilern allerdings ist auf zwei unsichere Widerlager aufgelegt: auf der einen Seite ist dies die Annahme, eine der Krise entsprechende, relativ einheitliche Mentalität festgestellt zu haben; auf der anderen Seite die Erwartung, daß sich die geistliche Literatur funktional komplementär zu dieser Mentalität verhält. Beides hat bisher nur den Gewißheitsgrad einer Hypothese. Methodisch beunruhigend ist bei dieser funktionalen Einordnung historischer Texte von der Rezipientenseite her, daß die fraglichen Texte selbst fast nur noch in ihrer Stückzahl interessant sind und jederzeit aufgrund ihrer Verbreitung auch gegen die Intention ihres Verfassers im Rahmen einer mentalitätsgeschichtlichen Theorie interpretiert werden können, ja sogar müssen. Denn

---

[34] „Keinen Zweifel ließ er daran, daß nur jene, die den von ihm aufgezeigten Weg der Buße und des Glaubens einschlugen, am Jüngsten Tag vor Gottes Gericht Gnade finden würden" (LEHMANN, 119).

[35] LEHMANN, 119. – LEHMANNS Antwort ist oben, S. 12 bei Anm. 10 zitiert.

wenn nicht gefragt wird, was der Autor wollte, sondern was der Zuhörer erwartete und fand, werden handfeste Quellenbelege nicht leicht zu erbringen sein. Nachweise nicht darüber, *daß* Erbauungsliteratur gelesen wurde, sondern *wie* sie gelesen und verstanden wurde, sind ihrerseits durchweg nur im Rahmen der Literarizität zu finden. Es ist eine nach Zahl, Bildung und sozialer Stellung umgrenzte Rezipientenschaft, deren Urteile über Erbauungsschriften schriftlich überliefert sind und als Quellen dienen können. Geht man davon aus, daß Erbauungsliteratur weit über diesen Kreis hinaus verbreitet war und gelesen wurde, zeigt sich die Begrenztheit des quellenmäßig abgesicherten Wissens. Neuere Beiträge zur Religionsgeschichte haben nachdrücklich zur Geltung bringen wollen, daß mit der erst in Ansätzen erforschten *Volksfrömmigkeit* ein in weiten Schichten verankertes religiöses Verständnis und Praktizieren zu veranschlagen sei, das sich in einem Synkretismus aus christlichen und allgemein magischen Elementen neben der offiziellen konfessionsspezifischen und lehrhaft geordneten Religion behauptete, deren Reichweite oft in der Person des Dorfpfarrers ihre Grenze fand[36]. Richard van Dülmen hat davor gewarnt, „breitenwirksame religiöse Angebote der Kirche als Frömmigkeitsformen des Volkes auszugeben"[37]. Im Gegenteil muß man wohl davon ausgehen, daß außerhalb bestimmter Bildungsgrenzen, in denen auch eine gewisse theologische Grundbildung und die Bereitschaft, diese anzuwenden, beschlossen liegen, Bibel und Erbauungsbuch in unterschiedliche Verwendungszusammenhänge gezwängt und durchaus selektiv gelesen worden sind[38]. Es ist also vorerst unmöglich, aus den Quellen eindeutig zu widerlegen oder zu beweisen, daß bestimmte Erbauungsschriften realiter eine Trostfunktion erfüllt haben, auch wenn das in dieser Weise nicht die Absicht ihres Autors war. Wenn es jedoch konkret darum geht, zu fragen, was Johann Arndts *Wahres Christentum* für seine Zeitgenossen und die folgenden Generationen bedeutete[39], wird man sich nicht allein auf die schweigenden Quellen berufen können, sondern auch die literarisch überlieferten Rezeptionszeugnisse einer kirchlichen und sozialen Elite mit heranziehen müssen. Dort aber dominiert wohl nicht das Bild des Trösters Johann Arndt, sondern das des Kirchenkritikers und Reformers. Philipp Jakob Spener läßt mit Arndt seinen Rechenschaftsbericht über die innerkirchliche Reformbewegung des 17. Jahrhunderts beginnen[40]. Aber Spener steht nicht allein. Die gesamte

---

[36] Vgl. K. Thomas, Religion and the Decline of Magic. Studies in Popular Beliefs in Sixteenth and Seventeenth-Century England. [1971] Harmondsworth [6]1984. – R. van Dülmen, Religion und Gesellschaft. Beiträge zu einer Religionsgeschichte der Neuzeit. Frankfurt a. M. 1989.

[37] Van Dülmen, 52.

[38] Vgl. van Dülmen zur rituellen, traditionell und mündlich vermittelten Struktur von Volksreligion: „All dies heißt nicht, daß die Heilige Schrift als heiliges Buch bei dem einfachen Volk ohne Belang und Faszination gewesen wäre, aber als Wunder- und ‚Orakel‘ – buch übte sie mehr eine magisch-abergläubische denn eine erbaulich-moralische Funktion aus, wie sie der Verwendungsweise der gebildeten Theologen entsprach" (aaO., 55).

[39] Vgl. oben, S. 12.

[40] Ph. J. Spener, Warhaffte Erzehlung / Dessen was wegen des so genannten *Pietismi* in

Traditionslinie lutherischer Kirchenkritik beruft sich auf Arndt, und schon Arndts Zeitgenosse Daniel Dilger (gest. 1643), Senior des Predigerministeriums in Danzig, wertet als das Hauptanliegen Arndts, „daß er durch das heraußgeben der bücher von dem wahren Christenthum die menschen dieser verderbten welt zur wahren Gottseligkeit / nicht allein durch sein exempel locke / sondern als befehlsweise auffmuntere / antreibe / nöthige"[41].

Die Diskussion der Krisentheorie ist aber nicht auf die Interpretation des einen oder anderen Erbauungsbuches und seiner Wirkungsgeschichte zu beschränken. Vielmehr ist zu fragen, ob mit der Annahme einer funktionalen Komplementarität von Angst und Trost wirklich *der beherrschende Grundzug* von Erbauungsliteratur im 17. Jahrhundert erfaßt ist und ob ein solcher Grundzug wirklich für die *Dauer des ganzen Jahrhunderts* anzunehmen sei[42]. Beides erscheint zweifelhaft.

Es ist sicher richtig, daß Schrecknisse wie die Pest in Unna oder die Greuel des Dreißigjährigen Krieges Angst und Trostbedürftigkeit hervorgerufen haben; ebenso sicher scheint, daß diese Trostbedürftigkeit zumindest teilweise und zuweilen zu einer verstärkten Inanspruchnahme kirchlich-religiöser Angebote geführt hat. Ist dies aber generell und für das ganze Jahrhundert anzunehmen? Wallmann hat an einer Predigt des Rappoltsteinischen Hofpredigers Joachim Stoll verdeutlicht, wie sehr sich der Erfahrungshorizont innerhalb der vierzig Jahre vom Geburtsjahr Speners (1635) mitten im Dreißigjährigen Krieg bis zum Erscheinen der pietistischen Programmschrift *Pia Desideria* (1675) gewandelt hat: die vom Kriege verursachte Erschütterung und Bußwilligkeit, die auch die oberen Stände in den Gottesdienst und zur Privatandacht getrieben hatte, war verflogen und trotz neuerdings von Frankreich ausgehender Kriegsgefahr einer behaglichen Indifferenz gewichen[43]. Als in Frankfurt a. M. angesichts der bedrohlichen Feldzüge am Rhein öffentliche Buß-, Bet- und Fasttage verordnet

---

Teutschland von einiger Zeit vorgegangen. Frankfurt a. M. 1697, S. 10: „Vor andern hat zu anfang dieses jahrhundert [sic!] der theure Johann Arnd das werck GOttes mit ernst geführet / und auff die übung der Gottseligkeit getrieben".

[41] Aus einem Brief Dilgers an Arndt vom 12. August 1620, zitiert von Spener, Warhafftige Erzehlung, S. [11–13] 11. Weitere Zeugnisse dort S. 13ff. – Vgl. auch das von E. L. Th. Henke (Georg Calixt und seine Zeit. Bd. II.1. Halle 1860, 83) und Leube (Reformideen, 41) gedruckte Urteil Johann Valentin Andreaes über Arndt: „Fuit Arndius incluta nostri saeculi tuba, qui torpescentem et sordescentem turbam Evangelicorum increparet et a streperis vocibus ad serios sincerosque actus provocaret".

[42] Diese Frage beträfe auch die Wirkungsgeschichte eines Buches. Sollte Arndts *Wahres Christentum* über 150 Jahre hindurch in unverändertem Verständniszusammenhang gelesen worden sein?

[43] J. Wallmann, Philipp Jakob Spener und die Anfänge des Pietismus. Tübingen ²1986, 2f. – Stoll erinnerte 1673 in einer Predigt an die Kriegszeit in Straßburg: „Ich sehe gleichsam noch vor Augen / mit was Eyfer / damals / die Fürstliche und Grävliche Personen / die Hauptkirche in Straßburg mit dero Gegenwart und Andacht beziereten; und was ungemeiner Andacht / Sie den scharpfen Buß-predigten zuhöreten. Welches bey denen / so solche Zeiten nicht erfahren / heut zu tage ein seltsames thun ist" (zit. nach Wallmann, 2). Für die Anfänge des Pietismus in den siebziger Jahren heißt das: „Die Bewegung des deutschen lutherischen Pietismus ist nicht in und aus derjenigen Generation entstanden, die das Grauen des Krieges bewußt erlebt hat [...]. Die pietistische Bewegung hat sich in der Generation derer gebildet, ‚so solche Zeiten nicht

wurden, war sich Spener des Bußernstes seiner Gemeinde so wenig sicher, daß er bei so zahlreich zu befürchtender „Heuchelbuße" eher weitere Strafen Gottes als deren Aufhebung voraussah[44]. Doch nicht erst vierzig Jahre nach dem großen Krieg, schon während seiner Dauer war nicht Trost, sondern Buße das Thema der Predigt. Der Straßburger Kirchenpräsident Johann Schmidt verkündete 1640 allen Unbußfertigen und Heuchlern den endgültigen „Scheide- und Absagebrief" Gottes[45]. Zwar hat Schmidt auch Trost anzubieten, aber natürlich nur den Frommen und Bußfertigen, deren Zahl er gering einschätzt[46]. Vor allem gilt seine Predigt dem „grossen sichern / gottlosen Hauffen". Die Mehrheit, so Schmidt, lebe dahin, als wenn es keinen Gott im Himmel gebe; der Krieg in all' seiner Schrecklichkeit habe doch keine Einsicht gebracht[47]. Den Erfolg der vielen Bußpredigten schätzt Schmidt gering ein; trotz aller Anstrengung der Prediger habe vor zehn, vierzehn Jahren wohl mehr Frömmigkeit, Andacht und Bußfertigkeit geherrscht als nun mitten in der allgemeinen Not. Es sei nicht von Buße die Rede, sondern in verstockter Sicherheit träumten die Menschen von künftigem Frieden und Wohlstand und schmiedeten Pläne für den Wiederaufbau[48]. Diesen Frieden aber, so versucht Schmidt seine letzte Karte zu trumpfen,

---

erfahren'. Als Spener 1675 seine Pia Desideria schreibt, kann er mit seinem Reformprogramm nicht mehr unmittelbar an die Not und Erschütterung der Kriegsjahre anknüpfen" (aaO., 3).

[44] Vgl. etwa Speners Brief an Johanna Eleonore von Merlau vom September 1673: „Wolte GOTT es wären bey unsern äusserlichen übungen auch lauter rechtschaffene bußfertige hertzen gewesen, ohne welche jene GOtt nicht gefallen können, sondern zum greuel werden. Aber ob wir wol uns versichern, daß auch einige fromme seelen zu ihrer andacht übung so viel ihre beforderung bey solcher gelegenheit gefunden, deren opffer GOtt nicht verschmähen wird, so müssen wir doch hingegen leider auch bekennen, daß wir auch hier dieses orts bey dem grossen hauffen so gar die wahre früchten der busse nicht sehen, daß wir etwas deroselben in solchen hertzen gewesen zu seyn, in grossem zweiffel stehen, und wir also über unsere bey so vielen nur heuchlerische buß erst wieder buße zu thun haben" (Spener, Briefe 1, Nr. 165, Z. 107–116).

[45] J. Schmidt, Libellus Repudii Oder Schrecklicher Scheid= vnd Absagbrieff deß eiverigen / gerechten Gottes / an alle Vnbußfertige vnd Heuchler. Begriffen im Buch der Richter cap. 10. Ich wil nicht mehr helffen / gehet hin &c. [...] Dem grossen sichern / gottlosen Hauffen dieser letzten argen Welt / welcher ohn auffrichtige hertzliche Buß gantz vergeblich auff Göttliche Hülffe vnd Frieden wartet / zur [...] Warnung: Doch auch zugleich Allen Bußfertigen vnd Glaubigen zum beständigen Trost [...]. Straßburg 1640.

[46] Es seien in allen Ständen noch „etlich wenige vbrig", meint Schmidt, die sich durch das gepredigte Wort beeinflussen lassen, auch seien wohl „etliche" wirklich zur Buße bekehrt worden (*Libellus Repudii*, Bl. b4r). Der Trost gilt den gottseligen Gemütern, „derer allezeit etliche in der Welt / wie starck auch das gottlose Wesen grassiret" (aaO., e1v).

[47] *Libellus Repudii*, Bl. b4v. – Auch Andreas Gryphius, der oft beschworene Dichter des großen Krieges, scheint nicht erlebt zu haben, daß die Not den Blick in den Himmel richtete. Gerade eines seiner bekanntesten Gedichte von den Verheerungen des Krieges, das Vanitas-Gedicht *Es ist alles eitel*, endet in der traditionell bedeutungsschweren Schlußzeile des zweiten Terzetts mit dem Ruf: „Noch will, was ewig ist, kein einig Mensch betrachten". „Betrachten" aber ist die deutsche Übersetzung von meditari.

[48] *Libellus Repudii*, Bl. c1vf. Ungeachtet der Bosheit in allen Ständen träumen die Menschen „von glückseeliger Zeit vnd ehekünfftigem Wolstand" und sprechen: „Wanns nur bald wider Fried werde / so wollen sie das vnd das anstellen / so vnd so ihres erlittenen Verlusts sich wider erholen / Hauß / Acker Weinberge bawen / die Kammern mit Schätzen füllen &c". Für Schmidt zeigt diese Haltung eine „Verstockung vnd Vnsinnigkeit" wie zu Zeiten des Propheten Jeremia.

werde es ohne allgemeine Buße nicht geben. Es sei ein verhängnisvoller Irrtum der gleichgültigen Mehrheit, sich auf das Gebet der wenigen Frommen verlassen zu wollen. Ausdrücklich greift Schmidt den Vorwurf auf, so dürfe man nicht drohen, „man neme den Leuten allen Trost dahin / das sey nicht aufferbaw-lich"[49]: so habe man auch die Propheten angegriffen; es gehe jedoch nicht darum, die Menschen zur Verzweiflung zu treiben, sondern zur Buße.

Mochte die kirchlich-theologische Einordnung des Krieges oder anderer Schrecknisse Ordnung und Sinnstiftung schaffen, insofern diese damit nicht als blindwütiges Schicksal, sondern als Instrumente der allweisen Weltregierung Gottes erschienen, nirgendwo war doch der Trost und die Hoffnung auf Über-windung anders zu haben als im Junktim mit der Bedingung aufrichtiger Buße. Und mochte mancher in der Kunst des selektiven Hörens und Lesens begabte Zeitgenosse den festen Eindruck haben, er selbst gehöre zweifellos zu den „etlichen" noch vorhandenen wahren Christen, denen der Trost gebührte: in den Schriften der Theologen dominiert die Klage, die anvertraute Herde sei in ihrer Mehrheit längst entlaufen. Wer Trost braucht, ist nicht das halsstarrige Volk, sondern der ungehörte Bußprediger[50].

Tatsächlich kann man den Eindruck gewinnen, daß nicht die Erbauungslitera-tur und die Predigt die Funktion übernehmen, den Krieg und andere Schrecken zu erklären und durch Krisen hindurchzutrösten, sondern der Krieg und andere Ereignisse funktional beschworen werden, um den Bußruf zu unterstreichen, – und dies mit abnehmendem Erfolg. Neben und nach dem großen Krieg müssen Wunderzeichen, Naturkatastrophen und schreckensvolle Kometen herhalten, um die Mißachtung des gepredigten Bußrufs durch Inanspruchnahme eines himmlischen Donnerwetters zu kompensieren. Dabei erscheinen zumindest weite Teile der stadtbürgerlichen Gesellschaft in Quellen schon der ersten Hälfte des 17. Jahrhunderts als weitgehend resistent gegen den Bußruf[51] und als zuneh-

---

[49] *Libellus Repudii*, Bl. d4ᵛ.

[50] Im Vorwort einer anderen Predigtreihe zum selben Thema blickt Schmidt deprimiert auf seine siebzehnjährige Predigttätigkeit als Angehöriger des Straßburger Predigerministeriums zurück. Seine Bußpredigten hätten sicher durch die Kraft des göttlichen Wortes manches Herz erreicht: „Jedoch kan leider nicht geläugnet werden / daß der gröste Hauff bey seiner alten Weltweise bleibe / vnd entweder in offentlicher Sicherheit lebe / oder die innere Vntugend des Hertzens / mit äusserlicher Heucheley bedecke" (J. Schmidt, Agon Christianus, Oder Christli-ches Eingen [= Eingehen] nach der engen Pforten der Seeligkeit. Straßburg 1640, Bl. c1ʳ).

[51] Johann Schmidt klagt heftig über die Angehörigen der Straßburger Oberschicht, die sich vom Prediger nichts sagen lassen wollen: „meynen / es were wider ihre dignität, reputation, privilegia vnd Freyheiten / wenn sie dem Prediger / den sie doch ihren Seelsorger nennen / von Gottes wegen / gehorsamen solten: Ja wollen auch sonst keinen Gottsdienst / vnd zur hertzli-chen Busse angesehenen Ordnungen Christlicher Obrigkeit / vnter dero Schutz sie doch leben / sich gemeß erzeigen" (J. Schmidt, Agon Christianus, Bl. c1ʳ). Damit ziehen sie den „gemeinen Pöbel", der eher dem schlechten Vorbild folgt als der guten Lehre, nach sich. – Generell zeigt sich Schmidt zufolge nicht nur unter den oberen Schichten, sondern auch „vnter dem gemeinen Mann" die Tendenz, ein Zwei-Klassen-Christentum zu entwerfen; zwar müßten Pfarrer und Schulmeister in Gottesfurcht wandeln und ihre Gedanken auf die Ewigkeit richten, – „dann die leben in einem Geistlichen / heiligen Stand / haben darzu jhre Salaria vnd Bestallungen / daß sie in Gottes Wort studieren / vnd andere vnterweisen" –, bei ihnen selbst aber komme es nicht so

mend säkularisiert in ihrer Interpretation innerweltlicher Phänomene[52]. Als nach der Mitte des Jahrhunderts der Atheismus als gefährlicher Gegner des Christentums in den Blick zu rücken beginnt, warnt Spener seine Kollegen und Freunde eindringlich vor Gottesbeweisen und Drohungen mit himmlischen Vorzeichen und Kometen; wer angesichts fortschreitender Naturforschung das Christentum an ein überholtes Weltbild ketten wolle, mache die gesamte Lehre unglaubwürdig[53].

Diese Beobachtungen dürfen nicht überinterpretiert werden. Aber es erscheint zumindest fraglich, ob das Paradigma einer allgemeinen Krise und die Annahme einer Funktionalrelation von Angst und Trost hinreichen, mehr als einen Ausschnitt der Realität von Rolle und Funktion der Erbauungsliteratur im 17. Jahrhundert zu beleuchten. Aus der Sicht der *Verfasser* erbaulicher Literatur gewinnt man jedenfalls eher den Eindruck, im Zentrum ihrer Arbeit stehe eine andere Krise: eine Krise der Kirchlichkeit und der kirchlichen Verkündigung.

b) Die von Erdei auch für das nachreformatorische Luthertum angenommene *Krise der Heilsgewißheit* ist wohl mehr aus einer Analyse der *calvinistischen* Frömmigkeitsstruktur und ihrer aus der Prädestinationslehre erwachsenden Seelenangst unter mißverständlicher Einbeziehung der Zellerschen *Frömmigkeitskrise* auf das Luthertum übertragen worden. Aus den Quellen ist sie nicht belegt.

Methodisch wäre es ohnehin nicht unproblematisch, aus Texten einer literarischen Gattung allein einen mentalitäts- hier: frömmigkeitsgeschichtlichen Hintergrund für die Beliebtheit und Verbreitung eben dieser Gattung in der Wende vom 16. zum 17. Jahrhundert erheben zu wollen. Gerade bei literarischen Produkten einer so ausgeprägt rhetorisch orientierten Bildungswelt, die nicht in der erlebnistiefen Originalität, sondern in *imitatio* und *aemulatio* ihren charakteristischen Ausdruck findet, wird man nicht unvermittelt vom Text auf das religiöse

---

darauf an: „es lasse sich alles wol verantworten: wann sie die Woch einmal die Predigt hören / vnd deß Tages ein Vatter unser betten / so habe jhre Seele Futter gnug / sie sey wol versorget / dörffe nichts weiters" (J. Schmidt, Agon Christianus, S. 35 f.). – Es ist dann nicht weiter verwunderlich, daß Schmidts Tod zumindest von Teilen der Straßburger Bevölkerung eher mit Erleichterung als mit Trauer aufgenommen wurde (WALLMANN, 35 f.). – Vgl. Heinrich Müller, Himmlischer Liebeskuß, 1659: „Dräuet der Prediger, so erschrecken wenige, der meiste Hauf dencket, die Hölle ist nicht so heiß, und der Teuffel nicht so schwartz, als ihn der Pfaff mahlet: wird jemand getroffen, der zürnet noch wol dazu" (Teil 1, Kap. 9, § 29; zitiert nach der Ausgabe Erfurt 1742, S. 123).

[52] Schon Ende des 16. Jahrhunderts zeigte sich am Beispiel der Türkenpredigt die Abnutzung einer zu oft wiederholten Drohung. HARTMUT BRENNER zitiert eine Klage des brandenburgischen Pfarrers Nikolaus Möring aus dem Jahre 1597, „wie wenig Leute (angesichts der türkischen Gefahr) glauben, ,das Gott so sehr zörne'. Diese leichtsinnigen Leute ,lassen sich verlauten / sie wollen die Pfaffen nicht hören / noch jhr poltern leiden'" (zitiert nach H. BRENNER, Protestantische Orthodoxie und Islam. Die Herausforderung der türkischen Religion im Spiegel evangelischer Theologen des ausgehenden 16. und des 17. Jahrhunderts. Diss. theol. [masch.] Heidelberg 1968, 181; dort u. S. 329 auch weitere Belege).

[53] Diese Warnungen richtete Spener vor allem an den Augsburger Diaconus Gottlieb Spizel (1639–1691), der in den Jahren 1663–1669 mit drei Schriften gegen den Atheismus hervortrat (s. Spener, Briefe 1, Nr. 24 [6. 10. 1668], Z. 161 ff. mit Anm. 23).

Leben schließen dürfen. Herausfordernde literarische Gattungen, Formen und Sujets können eine literarische Attitude provozieren. Dies gilt besonders für strikt gebundene Strukturen, wenn sich das Ingenium in der scharfsinnigen Erfüllung normativer Form und Thematik beweisen kann und im souveränen Umgang mit Konventionen als Meister zeigt. Sowenig ein petrarkistischer Poet des 16. Jahrhunderts notwendig eine Laura anschmachtet, ist eine dem Druck anvertraute literarische Bußmeditation notwendig das Zeugnis eines zerquälten Seelenzustandes oder läßt diesen bei dem Käufer und Leser voraussetzen. Es wird also auf jeden Fall notwendig sein, zur Ermittlung einer als vorherrschend angenommenen Mentalität weitere Quellen heranzuziehen.

Für eine Krise der Heilsgewißheit aber gibt es nun im Luthertum der Jahrhundertwende und der folgenden Jahrzehnte gar keinen Anhaltspunkt. Ein ausgeprägtes Sündenbewußtsein scheint das exklusive Vorrecht empfindsamerer Seelen gewesen zu sein. Der kirchliche Alltag zeigte ein anderes Bild. Johann Valentin Andreae hat innerhalb seines Dialoges *Theophilus* seine Erfahrungen mit dem Sündenbewußtsein der Durchschnittschristen in eine kurze Szene komprimiert[54]. „Legst du auch ein Sündenbekenntnis ab?" fragt der eifrige Pfarrer Theophilus sein Gemeindeglied Georg. „So schickt es sich", gibt dieser zur Antwort, und auf das weitere Katechismusverhör: „Du bist also ein Sünder?" räumt er in ehrlicher Einschränkung der pflichtgetreuen Antwort ein: „So sagt man". Diese Erfahrung aus den zwanziger Jahren des 17. Jahrhunderts deckt sich völlig mit den Erlebnissen Theophil Großgebauers, die er 1661 in seiner *Wächterstimme aus dem verwüsteten Zion* anführt: Selbst bei formgerechter Beichte und anscheinender Zerknirschung und Reue ist doch bei vielen Gemeindegliedern gar kein wirkliches Bewußtsein einer einzigen Sünde vorhanden[55]; Buße und Beichte sind zum heilsversichernden Ritual degeneriert, das keiner inneren Beteiligung mehr entspringt.

Tatsächlich führt die reformatorische Qualifizierung des *ganzen* Menschen als Sünder nicht, wie Erdei meint, in ein totales Sündenbewußtsein; dies ist vielmehr nur in Ansätzen im calvinistischen Bereich unter dem Einfluß der Lehre von der doppelten Prädestination zu beobachten. Da die lutherische Lehre ein *theologisches* Verständnis der Sünde vertritt und den Menschen als Sünder *coram Deo* ansieht, konnte sich das Bekenntnis der totalen Sündhaftigkeit *vor Gott* sehr wohl vertragen mit dem subjektiven Bewußtsein eines tadellosen und ehrbaren Wandels; da die Rechtfertigung des Sünders aus Gnaden *sola fide* erfolgte,

---

[54] J. V. Andreae, Theophilus. Eingel. u. hg. v. R. van Dülmen. Stuttgart 1973, 41.

[55] „Ich habe oft Beichtende vor mir gehabt, welche ihre Beichte zwar deutlich genug, auch wohl mit Seufzen gethan haben: Wann ich dann Nachfrage gethan, dieweil sie sich für arme Sünder erkennen, und wieder alle Gebote mannifaltig mißhandelt haben, sie mögen mir doch nur eine Sünde nennen, welche sie im Herzen ängstige, und worüber sie so sehr betrübt seyn? Da haben sie keine zu nennen gewust, sondern abermahl geantwortet, sie haben wieder alle Gebote GOttes gesündiget, mit Gedanken, Worten und Werken. Das ist selzam, und können doch nicht anzeigen einen bösen Gedanken, ein arges Wort, ein verbotenes Werk" (Th. Großgebauer, Wächter=Stimme aus dem verwüsteten Zion [1661]. In: Ders., Geistreiche Schrifften. Schwerin ⁴1753, S. 220 f.).

konnten Buße und Beichte unabhängig von der tatsächlichen Lebensführung zu
einem Ritual werden, dessen Kern in der Zuversicht lag, Gott werde die Zuge-
hörigkeit zur wahren lutherischen Kirche dadurch honorieren, daß er den äußerlich ohnehin nicht sichtbaren Makel einer theologisch bestimmten, nur das
Verhältnis Gott-Mensch betreffenden Sündhaftigkeit um Christi willen nicht
anrechne[56]. Diesem Sündenbewußtsein ist weder die selbstquälerische Gewissenserforschung ursprünglich noch ein äußerliches Perfektionsstreben. Historisch gesehen ist seine Folge nicht die Depression gewesen, nicht der Heilszweifel, sondern ganz im Gegenteil die Sorglosigkeit, die Heils*sicherheit*. Wenn ein
Thema die lutherische Kirche des 17. Jahrhunderts von Johann Arndt an durchzieht, dann ist es der Kampf gegen diese Sicherheit und Sorglosigkeit, die ohne
wahre Buße und Reue, ohne Umkehr und Lebensänderung auf das Seelenheil
hoffen läßt und doch in die Hölle führt; dann ist es der Kampf gegen das „neue
Evangelium"[57] von der billigen Gnade und gegen den falschen, nur eingebildeten *historischen Glauben*, der im Bejahen der kirchlichen Lehre besteht, aber nicht
im Herzen sitzt, das Leben nicht ändert und bestimmt und daher auch nicht
Rechtfertigung bringt, sondern Verdammnis. Daß nicht der Heilszweifel, sondern die falsche Sicherheit auch schon im ausgehenden 16. Jahrhundert das
eigentliche Problem war, zeigen auch die von Erdei herangezogenen Quellen.

c) Die Existenz einer *Frömmigkeitskrise* im Sinne Zellers ist neuerdings von
Axmacher bezweifelt worden mit einer Mischung aus methodischem, histori-
schem und systematisch-theologischem Argument[58].

Der methodische Einwand lautet, Zeller habe die von ihm postulierte Frömmigkeitskrise der dritten nachreformatorischen Generation inhaltlich nur an
Äußerungen Valentin Weigels belegt, eines zum Spiritualismus abgewanderten
lutherischen Pfarrers, dessen eigene theologische Position nicht genügend als
Interpretationsrahmen seiner Kritik herangezogen worden sei. Ansonsten habe
Zeller diese Krise lediglich im Rückschluß suggeriert, indem er das Auftreten
und Entstehen der durch Aufnahme mystischer und meditativer Elemente charakterisierten Erbauungsliteratur der *neuen Frömmigkeit* dadurch erklärt hat, daß
er sie als Antwort auf eine vorhergehende Krise und Mittel zu deren Überwindung deklarierte[59]. Auf direktem Wege aber sei diese Krise aus den Quellen gar
nicht dargestellt worden.

Der historische Einwand weist auf Datierungsprobleme der Theorie Zellers
hin. Zeller setze die Frömmigkeitskrise für die dritte nachreformatorische Generation an und lasse ihre Überwindung mit Nicolai und Arndt beginnen. Wie sei
dann zu erklären, „daß dieselben Mittel, mit denen sie die Frömmigkeitskrise
bekämpfen, bereits fast ein halbes Jahrhundert zuvor verwendet werden, und

---

[56] „Quotusquisque vero nostratium non est in ea haeresi, ut ad salutem sufficere credat, si
Lutheranus sit?" (Spener an [Tobias Wagner], 19. 10. 1668: Spener, Briefe 1, Nr. 26, Z. 52 f.).

[57] Unter diesem Titel hielt der Rostocker Theologieprofessor Paul Tarnow eine kirchenkritische Rektoratsrede: P. Tarnow, Oratio de Novo Evangelio. Rostock 1624.

[58] E. Axmacher, Praxis Evangeliorum (s. oben, S. 5 Anm. 25).

[59] Axmacher, 307 f.

zwar in ganz ähnlicher Absicht?"[60] Die Rezeption der augustinisch-bernhardini-schen Texte habe schließlich schon mit den Gebetbüchern von Musculus[61] begonnen; auch Tauler, die *Theologia Deutsch* und Thomas von Kempen seien lange vor Arndt im Luthertum verbreitet gewesen. Zeller habe zwar die Beziehungen von Musculus und auch von Moller zur mittelalterlichen Mystik erwähnt, jedoch nicht ihre Position in Hinsicht auf seine Theorie von der Frömmigkeitskrise präzisiert. Aus beiden Einwänden gegen Zeller erhebt Axmacher die Frage: „Ist die lebhafte Bemühung um echte Frömmigkeit in der zweiten Hälfte des 16. Jahrhunderts nicht anders und plausibler zu erklären als durch die unterstellte Absicht der Überwindung einer Frömmigkeitskrise im Sinne Zellers?"[62]

Damit ist Axmacher bei ihrem eigentlichen Anliegen, dem systematisch-theologischen Argument. Sie identifiziert die Frömmigkeitsstrukturen von Valentin Weigel und Martin Moller als Realisierungen zweier grundsätzlicher protestantischer Frömmigkeitstypen, die in unterschiedlicher Weise auf innerliche Frömmigkeit drängen. Tue dies der von Weigel vertretene Typ in der Wendung gegen die Rechtfertigungslehre, so der von Moller in ihrer Konsequenz.

Axmacher entwickelt eine spezifisch protestantische, aus der Rechtfertigungslehre abgeleitete Frömmigkeitstypologie, die auf folgenden Überlegungen beruht:
Frömmigkeit ist Ausdruck des Glaubens; sie ist *„festgestellter Glaube* oder die *Feststellung des Glaubens"*[63].
Die protestantische Rechtfertigungslehre stellt jedoch den Glaubenden in die nur eschatologisch aufhebbare Spannung des *simul iustus et peccator*. Die zugesprochene Rechtfertigung deckt sich nicht in permanenter Übereinstimmung mit dem unmittelbaren Selbstgefühl des Menschen und steht nicht als ständige Glaubenserfahrung zur Verfügung. Auf dieses Spannungsverhältnis antworten drei unterschiedliche Reaktionen:

a) Die erste Reaktion verzichtet auf die Erfahrungsdimension der Rechtfertigungsbotschaft: „Der Glaube wird so zur Annahme eines Sachverhalts, der unvermittelt neben der Selbsterfahrung des Menschen stehenbleibt"[64].

b) Die zweite Reaktion erstrebt in der Frömmigkeit als „Feststellung" des Glaubens eine „Fixierung" des Glaubens zur permanenten Glaubenserfahrung. Frömmigkeit verselbständigt sich zur Instanz der Gewißheit.

c) Die dritte Reaktion hält die Spannung durch; sie kennt ein Wachstum im Glauben, aber keine Aufhebung der Polarität des *simul iustus et peccator*. Ihr ist Frömmigkeit als „Feststellung des Glaubens" zwar eine „Manifestation" des Glaubens, aber keine Fixierung; sie bleibt in der Anfechtung. Der Glaube ist bei dieser Reaktion sowohl das Motiv zur Frömmigkeit als auch eine frömmigkeitskritische Instanz.

---

[60] Axmacher, 308.
[61] Vgl. oben, S. 2.
[62] Axmacher, 309.
[63] Axmacher, 289 (Kursive im Original).
[64] AaO., 291.

Der zweiten und der dritten Reaktion ordnet Axmacher zwei idealtypisch formulierte Typen protestantischer Frömmigkeit zu, die beide eine innerliche Frömmigkeit anstreben[65], dies jedoch auf unterschiedliche Weise tun und daher „ständig miteinander um den Vorrang streiten"[66]:

a) Der eine Typus verlangt nach Aufhebung der spannungsvollen Dialektik der gerechtfertigten Existenz. Dabei erklärt er die Rechtfertigung für unzulänglich und versucht, sie in der *Wiedergeburt* zu verinnerlichen und zu überbieten. Gegenüber dem Zusammenschluß von Gott und Mensch im *Inneren* des Menschen wird alles Äußere einschließlich der Gnadenmittel Wort und Sakrament relativiert. Axmacher bezeichnet dies als den Frömmigkeitstyp der *konsequenten Innerlichkeit*.

b) Auch der andere Typus zeigt das Verlangen nach Überwindung der „Kluft zwischen vollkommener Glaubensgerechtigkeit und sehr unzulänglicher Lebensgerechtigkeit"[67]; er versucht aber nicht, diese Kluft von seiner eigenen Innerlichkeit her zu überwinden. Der Mensch mitsamt seinem Inneren bleibt gemeinsam mit der Welt, dem Äußeren, unterschieden von Gott, abhängig von Gottes Zuspruch in Wort und Sakrament. Die Innerlichkeit bleibt der Ort der Glaubenserfahrung, doch die Paradoxie der Existenz wird nicht aufgehoben. Axmacher bezeichnet dies als den Frömmigkeitstyp der *gebrochenen oder vermittelten Innerlichkeit*[68].

Im 16. Jahrhundert sieht Axmacher die beiden Frömmigkeitstypen dadurch charakterisiert, daß der erstere die Rechtfertigungslehre kritisiert und sie spiritualistisch zu überbieten versucht, der andere dagegen das nur eschatologisch realisierbare Zusammenfallen von geglaubter und erfahrener Gerechtigkeit in *meditativer Vorwegnahme*[69] des endgültigen Heils zur bestimmenden Dimension schon des innerweltlichen Lebens werden lassen will.

Zeller, so urteilt Axmacher, habe seiner Konstruktion einer *Frömmigkeitskrise* nur die spiritualistische Kritik eines Valentin Weigel zu Grunde gelegt; der weitaus größere Strom der *neuen Frömmigkeit* jedoch, die sie im Werk Martin Mollers repräsentiert findet, habe nichts zu tun mit der von Weigel gegen die Rechtfertigungslehre gerichteten Kritik am Auseinanderklaffen von Lehre und Leben oder mit dem Problem falscher Heilssicherheit, sondern ringe „um die Überwindung der Kluft zwischen verheißener (imputativer) und erfüllter (effektiver) Gerechtigkeit des Glaubenden"[70]. Insofern entspringe die *neue Frömmigkeit* konsequent einer spezifischen Akzentuierung der Rechtfertigungslehre, die geradezu notwendig eintritt, wenn die paradoxe Existenz des Sünders und zugleich Gerechten gelebt werden soll. Die Meditationsliteratur erfüllt eine konsolatorische Funktion: sie will „den seiner bleibenden Sünde wegen betrübten Christen trösten"[71]. Damit wird für Axmacher die Annahme einer konkre-

---

[65] AaO., 315.
[66] AaO., 307.
[67] AaO., 311.
[68] AaO., 312.
[69] „Das *zukünftige* Heil wird *vergegenwärtigt* in der Meditation" (AXMACHER, 316; Kursive im Original).
[70] AaO., 317.
[71] AaO., 317.

ten Frömmigkeitskrise der dritten nachreformatorischen Generation hinfällig zugunsten der Wirksamkeit eines Prinzips: „Auch dieser Versuch einer Deutung der neuen Frömmigkeit setzt eine ‚Krise' voraus, aber sie besteht in der heilsamen Scheidung des Menschen von seinem sündigen Wesen, die ihn auf den Weg bringt zur eschatologischen Einheit mit sich selbst und mit Gott. Sofern die Rechtfertigungslehre diese Krise aufdeckt und den Anfang ihrer Überwindung bezeichnet, wendet sich die Frömmigkeit nicht gegen sie, sondern versteht sich als ihre Folge"[72].

Hier scheint nun das systematisch-theologische Anliegen Axmachers den historischen Ertrag ihrer Arbeit beiseite geschoben zu haben. Auch sie läßt ja weder Martin Moller noch die neue Frömmigkeit – trotz der „inneren Notwendigkeit" ihres Hervorgehens aus der Rechtfertigungslehre – außerhalb einer konkreten Situation auftreten. Schon in der Definition des Anspruchs ihrer systematischen Überlegungen weist Axmacher darauf hin, daß diese nicht die historische Fragestellung ersetzen können[73]. Im Kleingedruckten geht sie davon aus, daß „gewiß mancherlei geschichtliche Gründe" für das Entstehen der neuen Frömmigkeit anzuführen sind, darunter als möglicher Anlaß „auch eine gewisse religiöse Gleichgültigkeit und Sicherheit"[74] (eine Frömmigkeitskrise?).

Abweichend von ihren allgemeinen Erwägungen bestimmt Axmacher selbst die neue Frömmigkeit implizit sehr präzise nach Datum und Anlaß: sie antwortet auf ein seelsorgerliches Problem, das in der ersten nachreformatorischen Generation als Folge der Rechtfertigungspredigt entstanden ist[75]. Moller selbst schreibt, wie Axmacher zeigt, in deutlich didaktischer Absicht. Er erkennt ein in der Konkretisierung der Rechtfertigungslehre erscheinendes Defizit und will Mittel zur Abhilfe schaffen. Diese Situation mag man vielleicht nicht als *Krise* bezeichnen müssen, aber es zeigt sich ein *Problem*; und es sieht danach aus, daß dieses Problem nicht gelöst worden ist. Ich meine damit nicht, daß es systematisch-theologisch nicht gelöst worden sei. Die Frömmigkeitstheologie Mollers soll als ein möglicher Lösungsweg gar nicht bezweifelt, sondern entschieden bestätigt werden. Vielmehr ist das Problem kirchengeschichtlich nicht gelöst worden; es hat sich im Verlauf der Jahre offenkundig verschärft. Das Auftreten Valentin Weigels mit seiner spiritualistischen Theologie ist dafür ebenso ein Indiz wie die Verbindung neuer Frömmigkeit mit offener Kirchenkritik bei Johann Arndt. Schließlich bedeutet das Erscheinen der Schriften Weigels nicht einfach das Auftreten eines anderen aus der Rechtfertigungslehre abgeleiteten Frömmigkeitstyps, sondern eine konkrete Herausforderung und Bedrohung

---

[72] AaO., 318.
[73] AaO., 314f.
[74] AaO., 314.
[75] Vgl. AXMACHER, 315f.: „Diese zeitliche Auslegung der Paradoxie des ‚simul' ist in der Rechtfertigungslehre angelegt, aber zur Entfaltung kommt sie erst in der Generation, die in Predigt und Seelsorge mit dem Problem der zeitlichen Erstreckung des Lebens aus der Rechtfertigung konfrontiert wird. [...] Die Aufgabe für die nachreformatorische Generation bestand also darin, das ‚simul' von Gerechtigkeit und Sünde so auszulegen, daß es als Bestimmung des zeitlich sich erstreckenden Lebens erfahrbar werden konnte".

der lutherischen Worttheologie. Auch das mag man noch nicht Krise nennen müssen, aber die empfindlichen Reaktionen der sich formierenden lutherischen Orthodoxie gegenüber Weigel und allen spiritualistischen Regungen zeigen sich doch als Symptom für ein Potential der Unzufriedenheit und der Gefahr, daß das neugebaute lutherische Kirchenschiff aus dem Ruder laufen könnte.

Axmacher führt Zellers Theorie von der Frömmigkeitskrise auf eine einseitige Blickrichtung aus der Perspektive Weigels zurück. Sie ist nicht daran interessiert, diese Theorie inhaltlich oder historisch gegenüber Zeller zu präzisieren, sondern will sie widerlegen; letztlich liegt das daran, daß sie den von Moller verkörperten Frömmigkeitstyp als eine genuine, unmittelbar als Konsequenz aus der Rechtfertigungslehre fließende Form protestantischer Frömmigkeit interpretieren will, die ihr Auftreten keiner wie auch immer gearteten Krise verdankt. Tatsächlich aber entsprechen der Rechtfertigungslehre, wie Axmacher gezeigt hat, nicht zwei, sondern drei mögliche Reaktionen. Die dritte Reaktion, die Glaube als „Annahme eines Sachverhalts" versteht und ihn nicht in Beziehung zur Lebenswirklichkeit setzt, wird von Axmacher ausschließlich als *theologische* Haltung qualifiziert. In Wahrheit liegt wohl in dieser dritten Reaktion der Schlüssel zum Verständnis der Frömmigkeitskrise. Diese Reaktion entsteht ja nicht nur aus einer theologisch fundierten Abwehr gegen Psychologismus[76], sondern in erster Linie aus der schlichten Tatsache, daß die spannungsvolle Dialektik der Rechtfertigungslehre, die selbst Systematiker bisweilen nur an der Grenze ihrer Wortmächtigkeit plausibel machen können, dem mehr oder minder zuhörenden Kirchenvolk einfach zu kompliziert war und ist, um verstanden oder gar gelebte Realität werden zu können.

Der Begriff der *Frömmigkeitskrise* bezeichnet zunächst nicht die Rivalität zwischen zwei unterschiedlichen Frömmigkeitstypen, sondern die Abwesenheit von Frömmigkeit. Dieses aber ist das zentrale Thema der Kirchenkritik und der Reformbestrebungen des 17. Jahrhunderts; was sich im Verlauf des 16. Jahrhunderts mit zunehmender Intensität als *Problem* bemerkbar macht und Mittel zu seiner Überwindung auf den Plan ruft, gewinnt zur Jahrhundertwende krisenhafte Dimensionen und wird als zentrales innerkirchliches Problem überhaupt diskutiert.

Das soll nun nicht bedeuten, daß man zwar mit Zeller dabei bliebe, eine Frömmigkeitskrise und ihre Überwindung durch eine neue Frömmigkeit zu konstatieren, im Gegensatz zu ihm jedoch den Beginn der Krise in die erste nachreformatorische Generation und den Beginn ihrer Überwindung bis auf Andreas Musculus vordatieren müßte. Diese Lösung würde einen Anlaß für die Rezeption der „mystischen" Texte liefern und es zugleich ermöglichen, die von Musculus, Moller und anderen in Vorreden angeführte Klage über die mangelnde Andacht ihrer Gegenwart ernstzunehmen[77]. Auf der anderen Seite ergäbe

---

[76] AXMACHER, 291 f.

[77] AXMACHER, 106 f., erklärt diese Klagen für „topisch" oder – bei Moller – eschatologisch, nicht kirchenkritisch orientiert und ohne konkreten Gegenwartsbezug geäußert. – Vgl. dazu

sich damit jedoch eine völlige Relativierung Johann Arndts, die seiner aus den Quellen ablesbaren historischen Bedeutung nicht entspricht. Mit Arndt setzt eine neue kirchengeschichtliche Phase ein. Er ist nicht erst von neueren Forschern wie Leube oder Stoeffler[78] als Anfangspunkt einer eigenen Traditionslinie gesehen worden, schon seine Zeitgenossen haben sich in dieser Weise auf ihn berufen. Das hat aber in keiner Weise nur etwas mit der Rolle Arndts als Vermittler augustinisch-bernhardinischer und anderer Mystik an das deutsche Luthertum zu tun, sondern vor allem mit der Tatsache, daß Arndt als Erster in markanter Weise das *Wahre Christentum* zur kirchenkritischen Instanz seiner Zeit erhebt und mit der *neuen Frömmigkeit* nicht nur die Erbauung trostbedürftiger Seelen fördern, sondern sie als ein Mittel der Kirchenreform einbringen will. Ganz zu Recht hat Axmacher bemerkt, daß der explizit kirchenkritische Zug, der für Arndt kennzeichnend wird, bei Moller noch nicht zu spüren ist[79].

Man wird also davon sprechen können, daß sich unmittelbar nach der Konsolidierung der Reformation das Bedürfnis nach Modellen devotionaler Praxis und meditativer Verinnerlichung der Glaubenslehren geregt hat. Schon für Luther selbst hatte der Traditionsstrom der Meditation mit der reformatorischen Lehre nicht ihr Ende erlebt, sondern gehörte, wie Nicol[80] gezeigt hat, zu seinem selbstverständlichen Habitus. Wohl erst die Abgrenzungskämpfe gegen Katholizismus, Mönchtum, Synergismus und Perfektionismus auf der einen, gegen Spiritualismus und Schwärmertum auf der anderen Seite haben der entstehenden neuen Theologie und Kirche alle Formen von Mystik und meditativen Übungen so verdächtig gemacht, daß der Traditionsstrom abbrach. Historisch interessanter ist die Tatsache, daß die von Nicol festgestellte Praktizierung der Meditation durch Luther selbst und die von ihm geschaffene Umprägung der Tradition in ein seiner Theologie gemäßes Verständnis offenbar keine direkte Fortsetzung in die Kirche seines Namens gefunden hat[81]. Das Wiederaufleben der Meditation im Luthertum erfolgte an Luther vorbei in einem erneuten Zugriff auf die Traditionen selbst und deren Umschmelzung gemäß dem Verständnis reforma-

---

M. BRECHT, Neue Frömmigkeit und Gemeindesituation bei Martin Moller (1547–1606). In: Krisenbewußtsein und Krisenbewältigung (s. oben, Anm. 2), 217–229.

[78] Zu LEUBE vgl. unten, S. 73. – F. E. STOEFFLER, The Rise of Lutheran Evangelical Pietism (Leiden [2]1971), läßt den lutherischen Pietismus mit Arndt beginnen.

[79] Vgl. AXMACHER, 269: „Klagen über den Verfall des Glaubens in der evangelischen Kirche, wie sie Arndt mit großer Schärfe vorträgt, sucht man bei Moller vergebens. [...] Er predigt zwar nicht nur die Sündenvergebung, sondern auch die Buße mit ernster Eindringlichkeit, aber ohne einen scharfen Unterton, ohne Warnung vor dem Mißbrauch der Gnade".

[80] Vgl. oben, S. 5.

[81] Vgl. BERNDT HAMM (Johann Arndts Wortverständnis. In: PuN 8, 1982, 43–73), 54f., der zum Verhältnis Arndt-Luther feststellt, daß Arndt Luther aus orthodoxer Sicht nur als einen die reine Lehre kämpferisch findenden und verteidigenden Theologen sieht, aber „so gut wie keinen Zugang" gefunden hat „zu jenem ganz anderen Luther, der seinem eigenen Interesse an einer existentiellen, erfahrungsgesättigten Theologie so nahe kommt". Gleiches gilt für Martin Moller, den AXMACHER wohl als „spätreformatorisch" gegen den „orthodoxen" Arndt abgrenzt, der aber seine theologische Heimat nicht bei Luther, sondern in der Theologie Melanchthons hat.

torischer Theologie des jeweiligen Vermittlers. Es wird richtig sein, dieses nachreformatorische Verlangen nach Formen individueller Devotion und die Wiederanknüpfung an die Traditionen gesamtchristlicher Spiritualität nicht von Anfang an mit dem Begriff der *Krise* in Verbindung zu bringen. Dafür verlief dieser Vorgang zu selbstverständlich und undramatisch. Mit der Jahrhundertwende jedoch setzte eine explizite innerlutherische Kirchenkritik ein, die das gesamte 17. Jahrhundert hindurch anhielt und intensive Bemühungen um eine umfassende innere Kirchenreform hervorrief. Diese Kirchenkritik ist nun wirklich Ausdruck einer als zunehmend bedrohlich empfundenen Krise. Aber diese Krise bleibt nicht im Unbestimmten und muß nicht im Rückschluß ermittelt werden; sie kommt in den Quellen selbst hundertfach zur Sprache. Es handelt sich um eine *Krise der Kirchlichkeit*, die sich in einer Krise der kirchlichen Verkündigung manifestiert.

2.2 Die Krise von Kirche und Verkündigung

Die bislang in der Auseinandersetzung mit den neueren Krisenvorstellungen und mit ihrer Bestreitung vorgebrachten Argumente sollen nun zur Erläuterung der anfangs genannten These[82] genutzt werden.

Die zum Teil vehemente innerlutherische Kirchenkritik ist ein charakteristischer Zug der Kirchengeschichte des 17. Jahrhunderts. Durch dieses Charakteristikum unterscheidet sie sich vom 16. ebenso wie vom 18. Jahrhundert. Kritische Stimmen hat es zwar auch vorher und nachher gegeben; nur im Verlauf des 17. Jahrhunderts aber sind der Kritik ganze Bücher gewidmet[83] und entwickelt sich eine eigene Traditionsreihe kirchenkritischer Literatur[84]. Dieser Kirchenkritik entspricht eine umfangreiche Reformliteratur; oftmals sind Kritik und Reformvorschläge miteinander verbunden[85]. Dieses Kritik- und Reformbestreben findet mit Speners Programmschrift *Pia Desideria* und dem Entstehen des Pietismus keineswegs seine Vollendung und sein Ende. Die *Pia Desideria* haben vielmehr eine neue Runde eingeläutet und nicht nur zahlreiche unterstützende Programmschriften evoziert, sondern in ihrem Sog auch Neuauflagen älterer kirchenkritischer Literatur[86]. Eine Darstellung der Kirchengeschichte des

---

[82] S. oben, S. 7.

[83] Leube, Reformideen, 40 f.

[84] Vgl. die frühe Zusammenfassung von Gustav Georg Zeltner: Schediasma de Scriptoribus Piorum Desideriorum. In: Ders., De Corruptelis & Medelis Theologiae Dissertatio Gemina [...]. Nürnberg 1706, S. 47–64.

[85] Die Interdependenz von Kritik und Reform spiegelt sich auch in Leubes Darstellung. Während diese selbst überschrieben ist mit „Die Reformideen in der deutschen lutherischen Kirche zur Zeit der Orthodoxie" trägt der Abschnitt, in dem Leube ausführlich die Reformschriften vorstellt, die Überschrift „Die Anklageliteratur".

[86] Vgl. J. Wallmann, Pietismus und Spiritualismus. Ludwig Brunnquells radikalpietistische Kritik an Speners Pia Desideria. In: Von Wittenberg nach Memphis. FS Reinhard Schwarz. Göttingen 1989, [229–243] 230. Neuausgaben nach den *Pia Desideria* erfuhr auch das *Briegische*

17. Jahrhunderts, die an dieser umfangreichen Kritik- und Reformliteratur vorbeigeht, läßt ein Thema aus, das seiner Zeit offenbar der wichtigste innerkirchliche Diskussionsstoff war, – an Dauer, Breite, Vielfalt und Folgen weit über die Bedeutung etwa der vielverhandelten Synkretistischen Streitigkeiten hinausgehend. Kritik am inneren Leben der lutherischen Kirche war es, die viele kleine und größere Geister zur Konversion geführt hat[87]; sie war es, die zum Rückschluß vom Leben auf die Lehre, zur spiritualistischen Abkehr von dieser Kirche und zu ihrer Verdammung als nicht weniger Babel denn die katholische Kirche animiert hat; sie war es, die mit dem kirchenkritischen Spiritualismus etwa eines Christian Hoburg und mit dem separatistischen Pietismus eines Johann Jakob Schütz die nennenswerten oppositionellen Abspaltungen hervorgerufen hat; sie war es, die neben den Reformbestrebungen der Orthodoxie in Gestalt des Pietismus eine konkrete, soziologisch und theologisch faßbare Reformbewegung inspiriert hat. Und schließlich war die innerkirchliche Selbstkritik Ausgangspunkt und Motivation für eine unübersehbare Erbauungs-, Predigt- und Meditationsliteratur, die werbend, überzeugend und stabilisierend die erkannten Defizite zu bewältigen helfen sollte. Ein Paradigma, das dieses zentrale Thema nicht einbeziehen kann, erweist sich als nicht hinreichend im strengen Sinne des Wortes. Gleiches gilt für den Versuch, Erbauungsliteratur allein aus einer konsolatorischen Funktion zu interpretieren.

Die lutherische Kirche des 17. Jahrhunderts erscheint als eine Kirche in der Defensive. Äußerlich bedroht durch das Erstarken der Habsburger und das militante Vordringen der Gegenreformation ebenso wie durch das dynamische Wachstum des Calvinismus, gleicht sie – in einem Bilde Speners – einer Stadt, deren Verantwortliche auf den Mauern stehen zur Abwehr des äußeren Feindes und darüber erinnert werden müssen, auch die inneren Bedrohungen durch Selbstgefälligkeit, Gleichgültigkeit und schleichenden Atheismus zu bekämpfen[88]. Die innere Erosion des lutherischen Kirchentums stellte sich dar als ein Auseinanderklaffen zwischen der als rein und Gottes Wort gemäß erachteten, durch Gottes Gnade gegenüber den Verfälschungen der Vergangenheit erkämpften kirchlichen *Lehre* und deren *Wirkung* als einer durch Glauben das Leben prägenden Kraft, ablesbar am lehrkonformen Wissen und Handeln der Kirchenchristen. Anders ausgedrückt: der Mangel an lebendigem Christentum

---

Bedencken (s. unten, S. 76 Anm. 9 und 10). – Die sich so manifestierende Wiederverwertbarkeit und offenbar ungebrochene Aktualität auch zum Zeitpunkt ihrer Neuausgabe schon über sechzig Jahre alter Denkschriften bleibt eine erstaunliche Tatsache.

[87] Vgl. unten, S. 53 zu Christoph Besold.

[88] „Quotidie enim magis magisque video nondum officio nos nostro satisfecisse, si ab externis hostibus greges demandatos depulsione errorum securos praestiterimus, nisi in ipsismet veram fidem et pietatem promoveamus vel potius, quia pleraque illis vacua sunt pectora, divini verbi virtute praedicando, scribendo, hortando implantemus et imprimamus. Quid enim iuvat confessionis veritatem potenter asseruisse, si, qui illam prae se ferunt, salutem non obtineant et in securitate sua professioni externae confisi pereant? Itaque, Neh. 4, 17, tractemus quidem arma altera manu, sed ut simul dextra aedificemus Hierosolyma. Neutra opera sola sufficit" (Spener an Elias Veiel, 10. 8. 1668: Spener, Briefe 1, Nr. 21, Z. 75–84).

im Sinne der kirchlichen Lehre zeigte in erschreckender Weise die begrenzte Reichweite und Tiefe der kirchlichen Verkündigung und offenbarte die Oberflächlichkeit der äußerlich intakten Kirchlichkeit. Daß diese als eine Krise der Kirchlichkeit empfundene Realität des 17. Jahrhunderts sich in der theologischen Diskussion der lutherischen Reformer als eine Krise der Predigt konkretisiert hat, liegt im Selbstverständnis der lutherischen Kirche begründet[89].

Die Verwendung des Begriffs der *Krise* ist dabei näher zu spezifizieren. Es handelt sich nicht um eine allgemeine, alle Schichten der Bevölkerung erfassende elementare Krise, wie sie durch Klimaverschlechterung, Hungersnot oder Krieg verursacht wird. Als krisenhaft stellt sich die kirchliche Situation des 17. Jahrhunderts in erster Linie im Bewußtsein der kirchlichen Theologenschaft dar[90], nicht notwendig zugleich im Bewußtsein des „Kirchenvolks", dessen Zustand als kritisch beurteilt wurde.

Neuere Theorien zur „Volksfrömmigkeit" haben den Gedanken nahegelegt, daß sich in der nachreformatorischen Zeit bis zum Ende des 17. Jahrhunderts weniger die realen kirchlichen Verhältnisse verschlechtert, als vielmehr die Kriterien zu ihrer Beurteilung und Etikettierung als (konfessionsspezifisch) „christlich" verschärft haben. Van Dülmen veranschlagt für das 16./17. Jahrhundert in allen Konfessionen den Versuch einer umfassenden *religiös-sozialen Disziplinierung des Volkes*[91] durch eine bis dahin ungewohnte Präzisierung der Glaubenslehren als Maßstab des zu Wissenden und zu Glaubenden, durch Moralisierung des Lebens, Monopolisierung religiöser Bräuche durch die kirchlichen Riten und die Trennung der Religion von der Magie[92]. Dieser Versuch sei im Ganzen erfolglos geblieben[93]: „Zwar stellten sich Teile der Bevölkerung langfristig auf die neuen Forderungen ein und fanden in den neuen Kirchen neue Lebensmöglichkeiten, andere Teile des Volkes entzogen sich dagegen dem kirchlichen Einfluß ganz"[94].

---

[89] Vgl. dazu unten, Kap. 4.1.

[90] Vgl. auch B. Hamm, Johann Arndts Wortverständnis (PuN 8, 1982, 43–73), 46 mit Anm. 9.

[91] R. v. Dülmen, Volksfrömmigkeit und konfessionelles Christentum im 16. und 17. Jahrhundert. In: Ders., Religion und Gesellschaft. Frankfurt a. M. 1989, [50–69] 57.

[92] Van Dülmen, 57–60. Vgl. aaO., 57: „Was früher bis in die Reformationszeit von seiten der Kirche als selbstverständlich toleriert wurde, war man nun nicht mehr willens hinzunehmen. Ausführliche Berichte geben plastische Einblicke in die religiöse Lebenswelt gerade des einfachen Volkes; je präzisere Vorstellungen die neue Geistlichkeit von ihrem neuen Glauben hatte, desto düsterer erschien die religiöse Wirklichkeit der einzelnen Gemeinden. Dies wirft eher ein Licht auf die neue, rigorose Moral der Geistlichkeit als auf die tatsächlichen Zustände und subjektiven Einstellungen des einfachen Volkes".

[93] „Mit großem Aufwand versuchten die Konfessionskirchen, ihr Konzept von kirchlicher Frömmigkeit und moralischem Leben durchzusetzen und scheuten dabei selbst gewaltsame Eingriffe mit Unterstützung der staatlichen Obrigkeit nicht. Doch bis ins 17. Jahrhundert wurde kaum ein Erfolg konstatiert. Die Klagen über mangelnden Kirchenbesuch, über geringe Kenntnisse bzw. völlige Unkenntnis in religiösen Dingen, über das unmoralische Leben und den angeblich unausrottbaren Aberglauben verstummten nicht in den Kreisen, die das neue Christentum propagierten und die Gesellschaft ihm entsprechend verändern wollten" (Van Dülmen, 60).

[94] Van Dülmen, 60.

Die Reduzierung der Annahme eines Krisenbewußtseins auf die kirchliche Theologenschaft und Kreise ihnen nahestehender gebildeter und literarisch sich äußernder „Laien" ist – ganz unabhängig von, aber in deutlicher Korrespondenz zu den Ergebnissen der „Volksfrömmigkeits"-Forschung – aus der schicht- und interessenspezifischen Provenienz der Quellen, die zur Erfassung von Kirchenkritik und Reformvorschlägen vorliegen, methodisch angeraten. Es sind vornehmlich die Vertreter der jeweiligen elaborierten Form konfessionellen Kirchentums, die Literatur, Aktenmaterial und generell die schriftliche Überlieferung, und damit die Hauptmenge der Quellen für die kirchenhistorische Untersuchung, prägten. Diese Quellen verlieren durch die Erkenntnis ihrer beschränkten Aussagekraft nichts von ihrer Bedeutung, sind aber auszuwerten im Bewußtsein der Standortgebundenheit und Intentionalität ihrer Verfasser. Sie sagen wohl wenig aus über die Einschätzung der kirchlichen Situation, die in stadtbürgerlichen Unterschichten oder der bäuerlichen Bevölkerung gehegt wurde. Sie sagen jedoch das Entscheidende über die Einschätzung dieser Situation durch die kirchliche Elite ihrer Zeit und damit das Entscheidende über Hintergrund und Motivation der Kritiker, Reformer, Prediger und Verfasser von Erbauungsschriften.

Dieser Erkenntnis einer spezifischen Standortgebundenheit der literarischen Quellen weiß sich die vorliegende Arbeit ausdrücklich verpflichtet, und aus ihr bezieht sie die Grenzen ihrer Aussageintention. Insofern geht es im folgenden nicht um die Behauptung einer vorherrschenden allgemeinen Mentalität – dieser Begriff wird offensichtlich in der bisherigen Literatur zu pauschal eingesetzt –, sondern bestenfalls um die Mentalität der literarisch sich äußernden Kreise und um die Herausarbeitung und Vorstellung der Rolle, die in ihren Konzeptionen die Meditation spielen sollte.

3. Die Instrumentalisierung der Meditation in der ersten Hälfte des 17. Jahrhunderts

3.1 Kirchenkritik und Innerlichkeit: Johann Arndts Wahres Christentum, 1605/10

Johann Arndt (1555–1621)[1] war der Erste, der explizite Kirchenkritik und die Empfehlung eines individuellen Weges zu wahrem, lebendigem Glauben miteinander programmatisch verband. Er arbeitete konsequent aus der Erkenntnis, daß christliches Leben auch in seiner ethischen Dimension nur von innen heraus, als Frucht des Glaubens erwachsen konnte, und daß die Realisierung dieses Lebens nur aus einem individuellen Aneignungs-, Verarbeitungs- und Wachstumsprozeß möglich war[2]. Erst mußte das Wort Gottes im Menschen lebendig sein, dann konnten seine Früchte erwartet werden[3].

In seinen *Vier Büchern vom wahren Christentum*[4] stellt Arndt die Vermittlung

---

[1] Zum folgenden vgl.: W. KOEPP, Johann Arndt. Eine Untersuchung über die Mystik im Luthertum. Berlin 1912 (Ndr. Aalen 1973). – H.-J. SCHWAGER, Johann Arndts Bemühungen um die rechte Gestaltung des Neuen Lebens der Gläubigen. Gütersloh 1961. – E. WEBER, Johann Arndts Vier Bücher vom wahren Christentum als Beitrag zur protestantischen Irenik des 17. Jahrhunderts. Eine quellenkritische Untersuchung. Hildesheim ³1978. – E. LUND, Johann Arndt and the Development of a Lutheran Spiritual Tradition. Diss. phil. Yale 1979. – B. HAMM, Johann Arndts Wortverständnis. Ein Beitrag zu den Anfängen des Pietismus. In: PuN 8, 1982, 43–73. – J. WALLMANN, Johann Arndt und die protestantische Frömmigkeit. Zur Rezeption der mittelalterlichen Mystik im Luthertum. In: Chloe 2. Amsterdam 1984, 50–74. – CH. BRAW, Bücher im Staube. Die Theologie Johann Arndts in ihrem Verhältnis zur Mystik. Leiden 1985.

[2] Vgl. BRAW, 43f. 163f. u. ö. – HAMM, 46ff.

[3] Vgl. das unten, S. 152 Anm. 17 (Kap. 5.1) gebrachte Zitat aus Arndts Sendschreiben an Balthasar Mentzer.

[4] J. Arndt, Vier Bücher vom wahren Christentum, das ist, Von heilsamer Buße, herzlicher Reue und Leid über die Sünde, und wahrem Glauben, auch heiligem Leben und Wandel der rechten wahren Christen. – Das Erste Buch erschien in Frankfurt a. M. 1605, wurde von Arndt noch dogmatisch gesäubert und überarbeitet und kam 1607 in Jena in endgültiger Gestalt heraus. Die vollständigen *Vier Bücher* sind möglicherweise 1609 zuerst veröffentlicht worden; das früheste bisher nachweisbare Exemplar erschien in Magdeburg 1610. Seit 1679 wurden den *Vier Büchern* als fünftes und sechstes Buch Arndts apologetische Schriften zum *Wahren Christentum* zugefügt: als Buch V die zuerst Magdeburg 1620 einzeln erschienenen „Lehr und Trost= Büchlein I. Vom wahren Glauben und heiligen Leben. II. Von der Vereinigung der Gläubigen mit Christo Jesu, ihrem Haupte. III. Von der Heiligen Dreyfaltigkeit"; als Buch VI.1 Arndts ebenfalls zuerst 1620 gedruckte „Repetitio apologetica, oder Wiederholung und Verantwortung der Lehre vom wahren Christenthum", als Buch VI.2 „Neun Send=Schreiben, die Bücher

vorreformatorischer und außerlutherischer Frömmigkeitsformen[5] in den Dienst seines Programms, das im Drängen auf wahre Herzensbuße, Bekehrung und Nachfolge Christi in Gehorsam und Selbstverleugnung eine Überwindung des herrschenden Scheinchristentums anstrebt und damit der zu Beginn des 17. Jahrhunderts sich deutlich abzeichnenden Krise von Predigt und Kirchlichkeit zu begegnen versucht. Nicht die ausführliche Exzerpierung, Uminterpretation und Adaptation von Texten der bernhardinischen Mystik, Valentin Weigels, Johann Taulers, der Theologia Deutsch, des Thomas von Kempen, der Angela da Foligno oder des Arztes und Naturphilosophen Paracelsus haben Arndt an den Anfang einer das ganze Jahrhundert durchziehenden und sich auf ihn berufenden Reformbewegung rücken lassen, – diese Texte haben wohl das Argument für die Anfeindungen und Lehrverdächtigungen gegen Arndt abgegeben[6]; entscheidend ist vielmehr das gemeinsame Ziel einer Erneuerung des christlichen Lebens, das Arndt mit vielen Theologen verbindet, die sich auf ihn beziehen, ohne seine Quellen gleichermaßen zu schätzen. Keineswegs waren alle Anhänger Arndts zugleich auch Anhänger Taulers, des Paracelsus oder der romanischen Mystik[7].

In Arndts Motivation dominiert der Zusammenklang von Kirchenkritik und Kirchenreformbestreben. Nicht die Vermittlung von „Mystik" ist sein Hauptanliegen; mystische Texte werden bei Arndt instrumentalisiert zur individualisierten und affektbezogenen Ansprache[8]. Der vielfach auf die Urheberschaft Arndts zurückgeführte „Subjektivismus" des 17. Jahrhunderts stammt also zunächst aus einer extrem objektivistischen Blickrichtung: aus der auf Empirie beruhenden Kirchenkritik, die das Vorhandensein von Glauben nicht mehr einfach voraussetzen, sondern ihn an seinen Früchten verifizieren und messen wollte. Nicht das subjektive Bekenntnis, Glauben zu haben, sollte gelten, sondern der nachprüfbare Erweis des Glaubens im Wissen und Handeln.

Es ist bemerkt worden, daß im *Wahren Christentum* die Kirche und ihr offizielles Instrumentarium der Verkündigung, Gottesdienst, Predigt und Sakramente, kaum eine Rolle spielen. Dieser Befund war für Arndts Gegner Lucas Osiander (1571–1638) Anlaß, Arndt als einen Spiritualisten zu etikettieren und anzugrei-

---

vom wahren Christenthum betreffende". – Die folgenden Zitate stammen aus der Ausgabe: J. Arndt, Sechs Bücher Vom Wahren Christenthum; Nebst desselben Paradies=Gärtlein [...]. Halle a. S. 1743.

[5] Zu den Quellen s. WEBER (s. oben, Anm. 1), 42–177.

[6] Arndt selbst allerdings behauptete als Hintergrund aller gegen ihn gerichteten Verdächtigungen die Feindschaft gegen seine Kritik am Scheinchristentum und gegen seine Bußpredigt. Vgl. Arndts Argumentation in den neun *Send=Schreiben* (Wahres Christentum, VI, 2).

[7] Vgl. J. WALLMANN, Johann Arndt und die protestantische Frömmigkeit (s. oben, Anm. 1), 55–57.

[8] Vgl. oben, S. 3. – Anders BRAW (aaO., 21), der Arndt als den Urheber einer eigenständigen evangelischen Mystik vorstellt. Hier kann letztlich die Frage unberührt bleiben, ob Arndt realiter eine solche evangelische Mystik *geschaffen* habe. Sein Anliegen war jedenfalls nicht die mystische Erfahrung selbst, sondern ihre Instrumentalisierung.

fen[9]. Es wäre jedoch falsch, Arndt einer kirchenfernen, von der lutherischen Lehre und Praxis sich distanzierenden Position zuzuordnen[10]. Arndt stand und blieb im Dienst dieser Kirche, hatte zuletzt als Generalsuperintendent des Fürstentums Braunschweig-Lüneburg ein führendes Amt in der kirchlichen Amtsstruktur inne. Er hat das *Wahre Christentum* nicht aus der Abkehr von Kirche und Predigtamt verfaßt, sondern selbst das Predigtamt bis zu seinem Lebensende ausgeübt[11]. Auch zielt das *Wahre Christentum* nicht auf Diffamierung der Kirche oder enthält einen Aufruf zum Auszug aus Babel; es ist geschrieben für Menschen *in* dieser Kirche.

Das *Wahre Christentum* ist eine bemerkenswert uneinheitliche Komposition, die durch nachträgliche Selbstinterpretationen[12] Arndts eine folgerichtige Struktur erhalten sollte, deren zentrales Thema der *innere Mensch* ist[13]. Das *Wahre Christentum* ist oft untersucht worden auf seine Theologie, jedoch nicht auf seine Praktikabilität. Tatsächlich entfaltet Arndt eine *Lehre* vom wahren Christenleben, er entwirft ein Programm, aber er schreibt kein Handbuch christlichen Lebens als Hilfsmittel zu dessen Einübung. Der Leser soll das Reich Gottes inwendig in sich selbst (Luk 17, 21) suchen und finden. Dazu muß die Seele in allen ihren Kräften Gott gegeben werden, nicht allein der Verstand, wie

---

[9] Vgl. HAMM, 55 f. – Vgl. die Einordnung Arndts in: Handbuch der Dogmen- und Theologiegeschichte, hg. v. C. ANDRESEN. Bd. 2. Göttingen 1980, Sechster Teil: Die Lehre außerhalb der Konfessionskirchen [Vf.: G. A. BENRATH], Kap. I: Die Lehre der Spiritualisten, § 10: Johann Arndt und der Spiritualismus im 17. Jahrhundert.

[10] Es ist daran zu erinnern, daß Arndt 1590 seine Pfarrstelle in Badeborn (Anhalt) verlor, weil er die von seinem Landesherrn verfügte Abschaffung des Taufexorzismus als Calvinisierung der Kirche ablehnte, und daß seine erste bedeutendere Schrift der Auseinandersetzung mit dem Calvinismus gewidmet war (Iconographia, 1596). Arndt verweist darauf selbst in apologetischer Absicht in seinem Sendschreiben an Balthasar Mentzer (*Wahres Christentum*, Buch 6, Teil 2, 7. Sendschreiben).

[11] Entsprechend kann Arndt seine Kritiker dazu auffordern, seine theologische Position nicht nur aus dem *Wahren Christentum* zu erheben: „Meine Postille, Psalter, Catechismus und Auslegung der Paßion, sind öffentliche Zeugnisse und Verantwortungen meiner Unschuld wider meine Lästerer [...]" (Erstes Send=Schreiben, aaO., S. 161). Vgl. das Zweite Sendschreiben: „Wenn nun den Calumnianten etliche Reden in meinem Büchlein ungereimt fürkommen wären, so solten sie mein Gemüth und Meinung aus meinen andern Schriften zuvor erkundiget haben, ehe sie mich lästern" (aaO., S. 162).

[12] Solche Selbstinterpretationen Arndts sind zu finden in den Vorreden zu den einzelnen *Büchern* des *Wahren Christentums*, in den drei *Büchlein* des *Fünften Buches* und in der *Repetitio apologetica* und den *Neun Sendschreiben*, die das *Sechste Buch* ausmachen.

[13] „Das erste Büchlein bahnet, und öfnet den Weg zum innern Menschen: Das andere führet etwas näher zu demselben, nemlich zum Geschmack der geistlichen Dinge, durch die Geduld des Creutzes: Das dritte lehret den Menschen in sich und in sein Innerstes einkehren, und zeiget, daß das Reich GOttes inwendig in uns sey: Das vierdte aber leitet, durch die grosse Welt und das Buch der Natur, GOtt, als den Urheber und Schöpfer der Natur, in das Innerste der menschlichen Hertzen" (Das dritte Send=Schreiben [an Johann Gerhard], aaO., 166). – Andere Gliederungsentwürfe gehen aus von dem mystischen Dreischritt der *purgatio, illuminatio* und *unio*, dem das *Vierte Buch* etwas zusammenhanglos als Buch der Naturbetrachtung folgt (vgl. *Wahres Christentum*, 3. Buch, Vorrede). In einer frühen Gliederung hatte Arndt die Abfolge als *liber scripturae, liber vitae Christus* [!], *liber conscientiae, liber naturae* bezeichnet.

es die als reine Theorie betriebene Theologie macht[14]. Das Reich Gottes in sich zu finden, bedarf es keiner Wissenschaft und Kunst, sondern der Einkehr in sich selbst. Nötig ist eine stille, weltabgewandte Seele[15].

Praktische Hinweise dazu verspricht die Einleitung zum Dritten Buch des *Wahren Christentums*[16]. Doch Arndt beginnt zunächst mit Rückverweisen auf frühere Passagen: auf Buch I Kap. 5, wo er davon handelt, daß Gottes Wort im Menschen durch den Glauben lebendig werden müsse; auf Buch II Kap. 27–34, wo er zeigt, wie sich Gott der Seele zu erkennen gebe als die höchste Liebe, Güte, Schönheit, Heiligkeit, Weisheit; auf Buch II, Kap. 34, wo er als Mittel, das Herz zur mystischen Ruhe zu bringen, ein „Tractätlein vom Gebet" bringt: das „Betbüchlein" Valentin Weigels[17]. Offensichtlich haben Arndts Leser im *Wahren Christentum* auch eine Anleitung zu geistlichen Übungen, eine Meditationsanleitung gesucht. Es ist nicht verwunderlich, daß sie diese an unterschiedlichen Stellen vermutet haben. Johann Schmidt nennt das erste Buch[18], Veit Ludwig von Seckendorff geht davon aus, daß Arndt im dritten Buch von der Meditation handelt[19].

Arndt übernimmt sein Wissen über Meditation aus der Mystik, vornehmlich von Tauler und aus der Passionsmystik Angelas da Foligno. Andeutungs- und exzerptweise ist das *Wahre Christentum* durchzogen von der Sprache und Methodik der Meditation. Diese Ansätze fließen aber in kein kohärentes, praktizierba-

---

[14] Viele wollen Christus nur „ergreiffen mit ihrem Verstand, durch lesen und disputiren, welches ietzo das gemeine *studium theologicum* ist, und in blosser *theoria* und Wissenschaft bestehet; und bedencken nicht, daß die andere vornehme Kraft der Seelen, nemlich der Wille und hertzliche Liebe, auch dazu gehöre" (*Wahres Christentum*, 3. Buch, Vorrede; aaO., S. 489). – Arndts Kirchenkritik schließt Theologiekritik ein, stellt Arndt aber ebenfalls nicht in Gegensatz zum lutherischen Kirchentum. Er wendet sich gegen eine Spielart von Theologie, die sich auf den scholastischen Ausbau der Lehre und deren polemische Verteidigung beschränkt. BRAW (aaO., 32) konstatiert zu Recht, daß diese Position von zahlreichen orthodoxen Lutheranern geteilt wurde.

[15] Vgl. HAMM, 57 f. und die dort angegebenen Belegstellen.

[16] „Damit du mich aber in diesem dritten Buche recht verstehest; so wisse, daß es dahin gerichtet ist, wie du das Reich GOttes in dir suchen und finden mögest [...]" (*Wahres Christentum*, 3. Buch, Vorrede; aaO., S. 489).

[17] V. Weigel, Ein schön Gebetbüchlein, Welches die Einfeltigen vnterrichtet. Neustadt 1617. – Arndt hatte dieses Büchlein vor Drucklegung als Manuskript vorliegen und seine Exzerpte ohne Kenntnis des Autors gemacht.

[18] Johann Schmidt, Vorrede zu [Lewis Bayly u. Joseph Hall], Praxis Pietatis, Straßburg 1634, Bl.)(5ʳ: über die Kunst der Meditation seien zwar unterschiedliche lateinische Bücher erschienen, in deutscher Sprache jedoch noch keines, „ohne was davon der selige Man[n] Gottes / Johan Arndt / in seine[n] fürtrefflichen Büchern vom wahren Christenthumb hin vnd wieder / sonderlich aber im 6. Cap. deß ersten Buchs meldet / darin er mit wenigem das fürnembste Stück / zur rechten Betrachtung gehörig / deutlich weiset".

[19] V. L. v. Seckendorff, Christen=Staat, (1685) Leipzig 1716, S. 908: jeder solle täglich eine bestimmte Zeit zur Meditation festsetzen, „da er einsam, und besonders solche gedancken nach vorhergehenden seufftzen zu Gott erwecken und brauchen könne, wie solches und viel anders nützliches mehr Herr Johann Arnd sel. im dritten buch vom wahren Christenthum in vielen capiteln wohl erinnert".

res Modell, sondern werden gebrochen und relativiert durch eine die Grenzen der Meditation transzendierende Innerlichkeitsmystik nach Tauler.

Tatsächlich scheint Arndt im Dritten Buch des *Wahren Christentums*[20] eine klassische Meditationsanleitung mit ihrem Zusammenspiel der Seelenkräfte anzukündigen, wenn er formuliert: „Derhalben sollen wir Christum mit unserm Verstande also suchen, daß wir ihn auch mit hertzlichem Willen und Wohlgefallen lieben"[21]. Aber diese Erwartung täuscht; die Seelenkräfte werden nicht aktiviert und auf Gott ausgerichtet, sondern zum Schweigen gebracht, entleert, damit Gott sie mit seinem Licht und seinem Willen füllen kann. Ausdrücklich wird alle Methodik an die Seite geschoben[22]. Die Ursache dafür ist klar: bekanntlich ist das Dritte Buch des *Wahren Christentums* ein von Arndt strukturiertes Florilegium aus den Predigten Johann Taulers[23]. Taulers ursprünglich monastische Mystik ist aber – von theologischen Problemen einmal abgesehen – trotz ihres weiterreichenden Popularitätsanspruchs kaum eine Anfänger- oder Alltagskost. Mystisches Erleben spätmittelalterlicher Provenienz ist kein enthusiastischer Raptus mitten im bürgerlichen Berufsleben und ist wohl kaum je exzerptweise durch die Lektüre von Erbauungsbüchern tradiert und eingeübt worden, sondern bedarf sorgfältiger persönlicher Einweisung und Seelenführung. Bei den lutherischen Zeitgenossen des 17. Jahrhunderts jedenfalls – um dies vorwegzunehmen – hat das Schweigen des Intellekts wohl weniger Spuren göttlicher Einsprechungen verursacht als vielmehr Frustrationen über das Eindringen ganz unheiliger Gedanken. Dieses Problem hat ein eigenes Schrifttum hervorgerufen[24].

Gerade das auf Tauler beruhende dritte Buch des *Wahren Christentums* hat Arndt selbst in einem Schreiben an seinen Freund Johann Gerhard stark zurückgenommen. Die für die Lehre vom inneren Menschen so wichtige Rolle des Seelengrundes sei ihm noch nicht deutlich, räumt Arndt ein; insbesondere an die Rede Taulers von der *Tiefe der Seele* oder, wie andere sagen, vom *göttlichen Dunkel* versucht er sich erst heranzutasten[25].

---

[20] Zu Inhalt und Gliederung des *Dritten Buches* s. KOEPP, 55 f.

[21] Vorrede zum *Dritten Buch*. AaO., S. 490.

[22] „Viel Menschen suchen viel Mittel, mit GOtt vereiniget zu werden, mit auswendigem Lesen und anderer Andacht. Aber in Wahrheit ist, nächst dem wahren lebendigen Glauben [...] kein besserer und leichterer Weg dazu, denn die wahre gründliche Demuth" (*Wahres Christentum*, 3. Buch, Kap. 5; aaO. S. 508).

[23] Eine genaue Aufstellung der übernommenen Texte gibt WEBER, 79–100.

[24] Vgl. Philipp Jakob Spener, Drey Christliche Predigten von Versuchungen / sonderlich Von der Anfechtung böser / gottloser und lästerlicher Gedancken [...]. Frankfurt a. M. 1673 (Grünberg Nr. 40). – Diese Predigten gehen, Speners Vorrede zufolge, zurück auf einen Aufsatz, den Spener in den sechziger Jahren für eine „Christliche Person" verfaßte, die darüber klagte, „wo sie die heiligsten Übungen vorhabe / mit gantz bösen und lästerlichen gedancken geplaget" zu werden (zitiert nach dem Druck in EGS 1, [215–362] 224). Spener nennt in seiner Vorrede weitere Literatur zum Thema. – Vgl. ähnliche Passagen bei Seckendorff, aaO., S. 472.

[25] „Endlich mag vielleicht wohl etwas seyn, daran E.E. noch kein völliges Vergnügen haben, sonderlich in dem dritten Buche, als welches durchgehends von dem innern Menschen handelt; So gestehe ich gerne, daß ich noch nicht alle die verborgene Dinge oder tiefe Geheim-

Es bleibt die Frage, und erstaunlicherweise scheint sie in dieser Form noch nicht gestellt worden zu sein, in wieweit Arndt, während er sein Material kompilierte und das *Wahre Christentum* verfaßte, selbst noch auf der Suche nach einer kohärenten Konzeption war und seine heterogenen Quellen zwar als verheißungsvoll empfand, von ihrer stringenten Funktionalisierung aber noch weit entfernt war[26]. Dafür bietet eine charakteristische, zwischen Mystik und Meditation changierende Passage des *Wahren Christentums* mitsamt ihrer späteren Interpretation durch Arndt ein weiteres Indiz.

Arndt fordert im dritten Buch des *Wahren Christentums*, daß der Christ zumindest einmal täglich sich von seinen Geschäften zurückziehe und „in den Grund seines Herzens einkehre"[27]. Zweck dieser Übung ist es, die Seele aus den Zerstreuungen des Alltags auf die Ewigkeit zu konzentrieren, in der Gegenwart Gottes Stärkung zu erfahren und aus der Freude dieser Gotteserfahrung Distanz zu den Kreaturen, den Gestus des contemptus mundi zu wahren. Meditative Methoden nennt Arndt nicht. Die Seele erscheint in einer passiven Rolle, der Handelnde ist allein Gott. Wie das tägliche „Einkehren" zu praktizieren sei, bleibt ungesagt. Solche Passagen haben Arndt den Vorwurf des Enthusiasmus eingetragen. Vermutlich erst durch die Reaktionen sah sich Arndt genötigt, seine Position zu präzisieren. In seinem apologetischen *Sendschreiben* an den Wittenberger Theologieprofessor Wolfgang Franz[28] bemüht sich Arndt, gerade die oben zitierte Aufforderung zum täglichen Rückzug in sich selbst durch ihre Einbeziehung in die christliche Meditationstradition zu rechtfertigen. Dabei

---

nisse begreiffen könne, welche einige *Theosophi* und GOttes=Gelehrte der Seelen in ihrem innersten Grunde zuschreiben. Man weiß ja, daß etliche Blumen im Frühlinge, andere mitten im Sommer, noch andere im Herbst, ja einige auch gar im Winter beym Schnee hervor blühen; Also bin auch ich noch so weit nicht kommen, daß ich die Tieffe der Seelen, wie sie Taulerus heisset, solte begriffen haben. [...] Aber diese hohe Sachen überlasse ich andern, und bin mit dem Mittelmäßigen zufrieden. Mich vergnügt, wenn ich nur meinen JEsum rechtschaffen liebe, welches alle Wissenschaft übertrift" (*Wahres Christentum*, 6. Buch, Teil 2, 3. Sendschreiben; aaO., 168 f.).

[26] Arndts oben, Anm. 25, zitiertes Bekenntnis führt auch Koepp an. Er kommentiert: „Das zeigt, daß Arndt sich in die innersten Geheimnisse der Mystik persönlich doch noch nicht ganz hineingefunden hatte. – Aber im Texte des ‚Wahren Christentums' findet sich von derartigen Stimmen oder Stimmungen garnichts" (aaO., 65). Hier dominiert Koepps Praemisse, daß sich Arndt in die Tiefen der Mystik hineinarbeiten *wollte*. Den naheliegenden Schluß, das Zitat als genuina vox Arndts und das *Wahre Christentum* als durchkomponierte Materialsammlung mit Angebotscharakter zu werten, zieht Koepp nicht. Auch Hamm, der jedoch Arndts oben genanntes Schreiben nicht zitiert, sieht gerade im *Wahren Christentum* „einen vorzüglichen Einblick in die grundlegenden theologischen Zielsetzungen Arndts gewährt, besonders wenn man berücksichtigt, daß Arndt hier – noch nicht durch diverse gegnerische Verdächtigungen zur Vorsicht gemahnt – seinen Intentionen ungeschützt freien Lauf läßt" (aaO., 60 Anm. 86). Wenn Intention hier nicht mehr als „Generalrichtung" bedeuten soll, kann ich mich dieser Auffassung anschließen. Sonst wäre zu fragen, wie Hamm die schon vor 1607 erfolgten Korrekturen einschätzen will, über die Koepp, 43 ff., vor allem S. 46–48, berichtet.

[27] *Wahres Christentum*, 3. Buch, Kap. 12.

[28] Das erste Send=Schreiben, datiert Celle, 29. März 1620, in: *Wahres Christentum*, 6. Buch, Teil 2 (Ausgabe Halle 1743, S. 157–161).

nimmt er eine entschärfende Differenzierung vor, indem er als Inhalt des In-
sich-Gehens die Meditation des eigenen Elends und der künftigen Herrlichkeit
bestimmt[29]. Als Verfechter der Meditation kann er sich nunmehr auf die Vorbilder David und Augustin berufen[30] und in die Gegenoffensive gehen: „Aber weil
solche heilige Übungen der Andacht vergessen und verloschen seyn, muß es bey
den ungelehrten Sophisten Enthusiasterey heissen"[31].

Die tägliche Einkehrung-in-sich-selbst macht aber noch weitere Wandlungen
durch. In seiner erstmals 1620 veröffentlichten „Verantwortung der Lehre vom
wahren Christentum"[32] liefert Arndt eine interpretierende, zuweilen kapitelweise vorgehende Kurzfassung der vier Bücher. In dieser neuen Interpretation
wird die in Kap. 12 des dritten Buches empfohlene *Einkehrung* zu einem umfassenden exercitium pietatis mit Gewissenserforschung[33] und Meditation. Was
ursprünglich als ein passives Verhalten der weltabgewandten Seele erschien,
wird in Arndts Neuformulierung als tägliche Selbstprüfung zu einer höchst
bewußten Anstrengung der Seelenkräfte *memoria* und *intellectus*, wie sie in klassi-
scher Weise Ignatius von Loyola als erste Möglichkeit geistlicher Übungen
aufführte[34]. Für die Forderung des täglichen examen conscientiae führt Arndt
die traditionellen Belegstellen Gal 6, 4 und 2Kor 13, 5 an; für die Meditation
findet er nicht nur biblische Exempla in Jesus, Maria und David, sondern beruft
sich auch mit einer Anspielung auf die für rein erachteten wiederkäuenden Tiere
auf einen locus classicus der Meditation, der das meditierende *Wiederkäuen*
(ruminatio) eines Bibelwortes zur Pflicht macht[35].

In seinem ebenfalls 1620 erschienenen „Lehr- und Trostbüchlein Vom wahren
Glauben und heiligen Leben"[36] erscheint ein auf seine Orthodoxie pochender
Arndt, der in einem Kapitel über die *geistlichen Übungen des neuen inwendigen
Menschen* auch die Erinnerung an die Taufe, die häufige Teilnahme am Abend-

---

[29] „Ist das Enthusiasterey, wenn gelehret wird, man soll täglich in sich selbst gehen, sein
Elend bedencken, die zukünftige Herrlichkeit betrachten, sich in GOtt erfreuen?" (aaO.,
S. 159).

[30] „Der heilige David wird ein Enthusiast seyn, da er im 5. Psalm v. 4. spricht: *Frühe will ich
mich zu dir schicken, und darauf mercken.* Was sind alle *Meditationes* und *Soliloquia*, oder Hertzens=
Gespräche *Augustini* und anderer Heiligen GOttes auch zu dieser Zeit?" (aaO., 159f.).

[31] AaO., 160.

[32] Repetitio apologetica (vgl. oben, Anm. 4).

[33] „Solches kan nicht gebessert und emendiret werden, denn durch sein eigen Erkentnis,
durch sein selbst eigen Prüfen oder Einkehrung in sein eigen Hertz [...]. Und das ist eine
sondere grosse Gottseligkeit, wenn man sich täglich examiniret und betrachtet, ob einen auch in
allen Dingen der Heilige Geist treibe, und aus welchem Geist man rede und wircke" (aaO.,
S. 152).

[34] Ignatius v. Loyola, Exercitia spiritualia, Rom 1969 (Monumenta Historica Societatis Iesu
Vol. 100), 140, 8ff.

[35] „Und wo dis nicht seyn solle, wo will man mit dem Hohenlied Salomonis hin, und mit
allen Betrachtungen, und Hertzens=Gesprächen? Was sind die reinen wiederkäuende Thierlein
anders im Gesetz Mosis?" (aaO., S. 153). – Zu der aus Lev 11, 3 bzw. Dtn 14, 6 abgeleiteten
Vorstellung von der *ruminatio*, dem *Wiederkäuen* des göttlichen Wortes, vgl. F. RUPPERT,
Meditatio-Ruminatio. Zu einem Grundbegriff christlicher Meditation, EuA 53, 1977, 83–93.

[36] Abgedruckt im *Fünften Buch* des *Wahren Christentums* (s. oben, Anm. 4).

mahl, das andächtige Hören des Wortes Gottes und die Freude über die Gemein-
schaft der Kirche anführt[37]. Dazu nennt er ganz konkrete traditionelle Meditationsthemen wie die Betrachtung der göttlichen Wohltaten in Schöpfung und
Erlösung, des menschlichen Elends und der Herrlichkeit Gottes. Offen bleibt
allerdings auch hier die Frage einer Methodik. Es ist der Heilige Geist, der solche
Übung lehrt: „Und dis ist so leicht, daß eine iede gläubige Seele, die nur ihre
Andacht zu GOtt ernstlich wendet, solches empfinden, *sehen und schmecken* kan,
wie freundlich der HErr ist, Ps. 34, 9"[38].

Es ist der „späte Arndt", nicht der Kompilator des *Wahren Christentums*,
sondern der in apologetischen Diskussionen seine Position klärende und erklä-
rende Arndt, der die Seelengründe Taulers und das passive Harren auf *contemplatio infusa* im Hintergrund läßt, die Rolle der regelmäßigen Meditation dagegen in
den Vordergrund schiebt und einzelne Passagen des *Wahren Christentums* umin-
terpretiert von der Mystik zu geläufigeren Vorstellungen von Meditation und
exercitia spiritualia.

Diese spätere Rückbindung an die Meditation entspricht der von Hamm
beobachteten Verkirchlichung der Wortlehre Arndts in seinen Spätschriften[39].
In dem Maße, in dem Arndt die Bedeutung des äußeren Wortes und der
Sakramente thematisierte, gewann für ihn offenbar auch die Textmeditation
Vorrang vor Taulerscher Mystik. Zu Recht stellt Hamm fest, daß bei Arndt das
Zum-Glauben-Kommen des Menschen unlösbar an die Begegnung mit dem
verbum externum in Schrift und Verkündigung verknüpft ist[40]. Dies ist auch der
Bereich, in dem Arndt in Predigten am deutlichsten den Verweis auf Schrift und
Predigt mit der Forderung der Meditation verknüpft hat. In seinen Predigten
zum einschlägig ergiebigsten Text Lukas 8[41] greift Arndt in pessimistischer
Weise auf seinen kirchenkritischen Ansatz zurück. Jesus wolle in seinem Gleich-
nis erklären, warum so wenige Menschen trotz der alle Lande erreichenden
Predigt des Evangeliums selig werden und warum nur so wenige Fromme auf
Erden zu finden sind[42]. An der Predigt liegt es nicht, schon gar nicht am Worte
Gottes. Es sind die Zuhörer, der „böse Acker", die ein Aufgehen der Saat
verhindern[43]. Oberflächliches Hören ohne meditierende Nachbereitung und die

---

[37] Kap. 3 (aaO., S. 11–13).

[38] AaO., S. 13.

[39] HAMM, 59 f. – S. auch BRAW, 218.

[40] HAMM, 62 f.

[41] Das Gleichnis vom vierfachen Ackerboden, Evangelium des Sonntags Sexagesimä. Drei
Predigten Arndts über diese Perikope sind gedruckt in: J. Arndt, Postilla, Oder Auslegung der
Sontages und aller Festen Evangelien, Leipzig und Jena 1615/16 (benutzte Ausgabe: Lüneburg
1645, S. 301–307. 307–312. 312–317). – Vgl. C. WESTENDORF, The Parable of the Sower (Luke
8: 4–15) in the Seventeenth Century. In: Lutheran Quarterly 3, 1989, 49–64.

[42] Postilla, S. 302.

[43] „Es ist nicht des edlen Samens schuld / sondern des bösen Ackers der Menschen / daß das
edle Wort selten ein gut Hertz findet / darinn es Frucht bringen kan" (Postilla, S. 308; vgl. ebd.,
S. 302 f.). – Vgl. den Arndt-Schüler Heinrich Müller: „Unterdessen ist es des edlen Saamens
Schuld nicht, daß er bey dem meisten Theil der Zuhörer ohne Krafft bleibet, sondern die Schuld
ist des bösen Ackers" (Himmlischer Liebeskuß [1659], Erfurt 1742, S. 126).

Ablenkung durch andere Gedanken verhindern, daß das Wort von den Ohren ins Herz hinabfällt; Unbeständigkeit in Verfolgung, Trübsal und Anfechtung und die Dornen von Sorge, Reichtum und Wollust reißen den Samen des Wortes wieder aus. Was die Seligkeit befördert, das Herz zum guten Acker werden läßt, ist 1) das Wort, durch das Gott Glauben und Bekehrung wirken will, zu hören, es 2) zu bewahren, 3) es Frucht bringen zu lassen und 4) Kreuz und Anfechtung geduldig durchzustehen. Wieder in Anspielung auf die *ruminatio* des Wortes definiert Arndt, daß der gute Zuhörer die Predigt nachbereitend meditiert und wiederkäut, damit das Wort sich in Fleisch und Blut verwandeln kann[44].

Für das *Wahre Christentum* selbst bleiben Unklarheiten und Ambivalenzen, die nicht nur von Arndts Gegnern, sondern auch von seinen Freunden[45] und von der Arndt positiv wertenden Forschung benannt worden sind. Dies betrifft in erster Linie Arndts Darlegungen über das Wirken des göttlichen Wortes, in denen ein „orthodoxes" und ein zur Trennung von *verbum externum* und Geistwirken neigendes spiritualisierendes Verständnis miteinander letztlich unausgewogen in Konkurrenz stehen. Die Eigentümlichkeit des Arndtschen Wortverständnisses führt dazu, daß er keine einheitliche methodische Form des Umgangs mit dem Wort entwickelt hat, daß neben der meditativen Aneignung und Anverwandlung des *verbum externum* immer noch Raum bleiben muß für die Seelenruhe, die dem Einsprechen des Heiligen Geistes Platz macht. Gerade weil Arndt vielversprechende Perspektiven zeigt, die zu erreichen jedoch das Schwelgen in Taulerscher Mystik weder dogmatisch noch methodisch ein gangbarer Weg ist, forderte das *Wahre Christentum* alternative oder ergänzende Konzeptionen heraus. Arndt läßt die Glocken erklingen, aber er zeigt nicht genau den Weg zu den Kirchtürmen, in denen sie hängen.

3.2 Gottseligkeit durch Meditation: Johann Gerhards Schola Pietatis, 1622

Johann Gerhard (1582–1637)[46], seit 1616 Professor in Jena, der führende lutherische Dogmatiker des ersten Jahrhundertdrittels und Verfasser einer bis in das 19. Jahrhundert hinein wiederaufgelegten Dogmatik, war mit Johann Arndt befreundet, hat dessen *Wahres Christentum* schon im Manuskript kennengelernt, Arndt zur Herausgabe ermutigt und Vorworte beigesteuert. Gleichwohl äußerte

---

[44] „Solche Zuhörer werden fürgebildet / und bedeutet durch die reinen Thier / so wiederkäwen / und die Speise in Fleisch und Blut verwandeln: Also sollen Zuhörer offt wieder gedencken an die Predigt / unnd ihre geistliche Speise wiederkäwen / davon im Geist starck und ernewert werden / ein ander Hertz und Sinn bekommen / unnd viel Früchte in Gedult bringen. Gleich wie leibliche Speise nicht hilfft / wenn sie nicht in Fleisch und Blut verwandelt wird / Also Gottes Wort hilfft nicht / wenns nicht ins Leben verwandelt wird" (*Postilla*, S. 307).

[45] Vgl. die unten, Anm. 47 zitierte Äußerung von Johann Gerhard.

[46] Zum folgenden vgl.: J. WALLMANN, Der Theologiebegriff bei Johann Gerhard und Georg Calixt. Tübingen 1961. – E. KOCH, Therapeutische Theologie. Die Meditationes sacrae von Johann Gerhard (1606). In: PuN 13, 1987, 25–46.

er sich zurückhaltend über Arndts theologischen Sachverstand[47] und teilte auch nicht Arndts Vorliebe für Paracelsus. Was ihn mit dem Lüneburger Generalsuperintendenten verband, war die gemeinsame Absicht, aus der Kritik über den Zustand der Kirche zu einer Erneuerung von Theologie, Frömmigkeit und christlichem Leben zu finden. Dabei zeigt sich bei Gerhard die Verbindung von Kirchenkritik und Meditation besonders deutlich: nicht in eigenen kirchenkritischen Schriften, sondern gerade in der Vorrede zu seinen weit verbreiteten „*Meditationes Sacrae*" äußert er „die größte Unzufriedenheit mit den bestehenden Verhältnissen in Kirche und Schule"[48].

In der Tradition christlicher Meditation war Gerhard heimischer als Arndt. Eine Vielzahl von Quellen, die ihm geläufig waren, ist in seine *Meditationes Sacrae*[49] eingeflossen. Die *Meditationes* sind der wohl bedeutendste im 17. Jahrhundert zu verzeichnende Exporterfolg eines in Deutschland hergestellten Erbauungsbuches und erreichten bis zum Jahre 1700 zumindest 115 Ausgaben in 12 Sprachen[50]. An Gründen für diesen Erfolg lassen sich mehrere nennen, die jedoch weniger zu tun haben mit der Individualität des Verfassers als mit der glücklichen Anpassungsfähigkeit der Gerhardschen *Meditationes* in einen gesamteuropäischen Kontext: 1) An die Bildungsschicht gerichtet und ursprünglich lateinisch geschrieben, konnten die *Meditationes* im Ausland entweder direkt im Nachdruck übernommen oder ohne den Umweg über deutsche Sprachkenntnisse in die jeweilige Landessprache übersetzt werden; das hatten sie natürlich der volkssprachlichen Erbauungsliteratur voraus. 2) Auf der Exzerpierung weitestgehend anerkannter altkirchlicher und mittelalterlicher Autoritäten beruhend, konnten die *Meditationes* eine problemlose überkonfessionelle Zustimmung finden. 3) Schließlich ist die Verbreitung der *Meditationes* Indiz für das gesamteuropäische Interesse an der Gattung der stilistisch gelungenen Meditation ganz unabhängig von ursprünglichen theologischen Intentionen.

Gerhards Schriften zeigen, daß er auch eine theoretische Vorstellung von Wesen und Methodik der Meditation besaß. Man muß jedoch auch bei Gerhard mit eklektischem Vorgehen rechnen. Daß eine von ihm handgeschriebene Definition der Meditation überliefert ist[51], mag wohl implizieren, daß er diese Formulierung schätzte; sie stammt jedoch nicht von ihm und ist insofern auch nur sehr eingeschränkt als Gerhards „eigene Beschreibung" anzusehen: sie

---

[47] Gerhard verwies darauf, „quod [Arndius] in Academiis Medicinae potissimum fuerit deditus, nec iudicium de controversis Theologicis, audiendis praelectionibus et habendis disputationibus formaverit", und urteilte über seine theologischen Schriften, „quod rectius sentiat, quam loquitur" (nach CH. BRAW, Bücher im Staube. Die Theologie Johann Arndts in ihrem Verhältnis zur Mystik, Leiden 1985, 221).

[48] LEUBE, 111.

[49] J. Gerhard, Meditationes Sacrae, zuerst Jena 1606. – Zu den Quellen s. KOCH, 39f.

[50] KOCH, 41–43.

[51] KOCH, 34: „Es gibt eine eigenhändige Aufzeichnung Johann Gerhards aus dem unmittelbaren zeitlichen Kontext der Meditationes sacrae, die Gerhards eigene Beschreibung der meditatio enthält: Meditatio parit scientiam, scientia compunctionem, compunctio devotionem & devotio facit orationem."

stammt aus einer pseudo-augustinischen Schrift[52]. Was Gerhard selbst über Meditation zu sagen hatte und wie er sie einsetzen wollte, das hat er in seiner *Schola Pietatis* entwickelt[53].

Gerhards Unterstützung für die Veröffentlichung von Arndts *Wahrem Christentum* hat ihn nicht davon abgehalten, in Gestalt seiner *Schola Pietatis* eine Alternative vorzulegen. Der Titel schon zeigt an, wohin Gerhard das Schwergewicht legt. Wenn Arndt im *Wahren Christentum*, – mit welchem Begriff ja trotz der gelegentlichen lateinischen Übersetzung als *Christianismus* kein phänomenologisches Abstraktum gemeint ist, sondern die wahre „Gottseligkeit" der Christen, die „vera pietas" –[54], eine Beschreibung der pietas vorlegt mit gelegentlichen Hinweisen, wie diese zu erlangen sei, so konzentriert sich Gerhard in der *Schola Pietatis* auf den didaktischen Aspekt: auf die *Unterrichtung* im wahren Christentum. Dabei ist er bemüht um dogmatische Unanfechtbarkeit, klare Gliederung und lehrhafte Schrittfolge.

Die fünf Bücher der *Schola Pietatis* folgen einem klaren dreiteiligen Aufriß: Im ersten Teil führt Gerhard Gründe an, die zur Gottseligkeit antreiben sollen (Buch I[55]); im zweiten Teil stellt er zunächst Hilfsmittel zur Einübung der Gottseligkeit vor (Buch II.1[56]), darauf benennt er die wesentlichen Bestandteile der wahren Gottseligkeit (Buch II.2[57]); der dritte Teil schließlich (Buch III–V[58]) ist ethisch bestimmt und geht anhand der zehn Gebote den Inhalt des auf Buße,

---

[52] De contritione cordis Liber unus. In: Migne PL 40, 944 (a): „Meditatio siquidem parit scientiam, scientia compunctionem, compunctio devotionem, devotio commendat orationem".

[53] J. Gerhard, Schola Pietatis Das ist: Christliche und Heilsame Unterrichtung Was für Ursachen einen jeden wahren Christen zur Gottseligkeit bewegen sollen / auch welcher Gestalt er sich an derselben üben soll, zuerst Jena 1622 (benutzte Ausgabe: Nürnberg 1709). – Auch seine Widmungsvorrede zur *Schola Pietatis* nutzt Gerhard zur Kirchenkritik, wenn er das falsche Christentum seiner Zeit vergleicht mit den wertlosen Münzen, die damals von den *Kippern und Wippern* auf den Markt gebracht wurden: „Wie sich aus dem Gelde die reine Essentz und Krafft desselben / nemlich Silber und Gold verlohren und nur äusserliche Schein und Titel bleiben; Also ist es leider eine gewisse Anzeigung / daß heutiges Tags das rechte Christenthum / die Krafft deß gottseligen Wandels bey vielen verlohren / und nur der äusserliche Schein deß Christenthums noch übrig blieben [...]" (aaO., Bl.):():(3ᵛ).

[54] Vgl. Grimm, DWB II, Leipzig 1860, 623, wo allerdings nur das Gegenteil, das falsche Christentum (simulata pietas christiana) als Beleg aufgeführt wird.

[55] „Von den hochwichtigen und beweglichen Ursachen / welche einen jeden Menschen zur Gottseligkeit ermuntern und erwecken sollen".

[56] Das Zweite Buch führt den Gesamttitel: „Von der Art und Weise insgemein / welcher Gestalt man sich an der Gottseligkeit üben könne und solle". Der erste Teil handelt „Von etlichen heilsamen Hülffsmitteln / welche zur Ubung der Gottseligkeit insgemein dienlich seyn".

[57] „Von den wesentlichen nothwendigen Stücken der Gottseligkeit insgemein / wie sich ein jeder wahrer Christ in denselben üben soll".

[58] Buch III: „Von den wesentlichen nothwendigen Stücken deß neuen Gehorsams insonderheit / wie sich ein jeder wahrer Christ in demselben / nach Anleitung der ersten Tafel Göttlicher Gebot / üben solle". Buch IV: „Von den guten Wercken und Christlichen Tugenden / welche im vierdten / fünfften und sechsten Gebot von einem Liebhaber der Gottseligkeit erfordert werden". Buch V: „Von dem *Appendice* oder Anhang der Erklärung deß sechsten Gebots / so

Bekehrung und Rechtfertigung folgenden neuen Gehorsams des christlichen Lebens durch. *Wahre Gottseligkeit* umfaßt für Gerhard die gesamte christliche Existenz in ihrem Werden und Sein: die Buße in Sündenerkenntnis, Reue und rechtfertigendem Glauben und die der Buße folgenden Früchte des Glaubens in neuem Gehorsam und heiligem Leben[59]. Die Entfaltung dieses Weges zur christlichen Existenz in Buch II.2 ist der zentrale Teil der *Schola Pietatis*. Das Übergewicht der ethischen Ausführungen zum neuen Gehorsam in den folgenden Büchern zeigt, daß Gerhard ebenso wie Arndt und andere Theologen seiner Zeit von einer wachen Kritik am zeitgenössischen christlichen Leben ausgegangen ist[60] und dort eine Besserung anstrebt; ebenso wie Arndt aber setzt auch er voraus, daß nur dann Früchte zu erwarten sind, wenn der richtige Baum gepflanzt ist[61], daß also im Erfolg von Buße, Glauben und Rechtfertigung der Schlüssel zu jeder Reform liegt. Gerhard beschränkt sich nicht darauf, die Notwendigkeit der Buße, des Glaubens und des neuen Gehorsams darzustellen und biblisch zu begründen, sondern er ist in besonderer Intensität um praktische Hilfe und Anleitung bemüht. Seine *Schola Pietatis* steht unter dem Motto von 1 Tim 4, 7 f.[62], einer Kernstelle zur Begründung geistlicher Übungen und aller Formen von *Exercitia spiritualia* und *Exercitia pietatis*. Die wahre Gottseligkeit verlangt einen Lern- und Einübungsprozeß sowie ständige Übung und *Praxis*.

Unter erneuter Berufung auf 1 Tim 4, 8 führt Gerhard in einem eigenen Abschnitt (Buch II.1) die Hilfsmittel, d. h. die Methoden an, die zur Einübung, Bewahrung und Vermehrung der Gottseligkeit erforderlich sind. Die Notwendigkeit dieser Methoden begründet Gerhard in antispiritualistischer Wendung mit der Tatsache, daß der Heilige Geist Bekehrung, Wiedergeburt und Erneuerung nicht unmittelbar, sondern durch die von ihm selbst verordneten Mittel im Menschen bewirken will. Dies bedeutet die Verpflichtung des Menschen, die entsprechenden Hilfsmittel allzusamt anzuwenden und sie auf jeden genannten Bereich der Gottseligkeit anzuwenden[63].

Diese Hilfsmittel sind: 1. Verbi divini auditus sive lectio (das Hören oder Lesen des göttlichen Wortes); 2. Eucharistiae usurpatio (die Genießung des Heiligen Abendmahls); 3. Sancta meditatio (die heilige Betrachtung); 4. Seria oratio (das eifrige, fleissige Gebet und die Anrufung Gottes); 5. Corporis castigatio (die Zähmung des Leibes). Ausdrücklich weist Gerhard darauf hin, daß

---

wol auch von den guten Wercken und Christlichen Tugenden / welche im siebenden / achten / neundten und zehenden Gebot / von einem Liebhaber der Gottseligkeit / erfordert werden".

[59] *Schola Pietatis*, Vorrede (Ausgabe 1709: S. 2ff.; insbes. S. 6f.).

[60] Schon in der Widmungsvorrede zur *Schola Pietatis* beschränkt sich Gerhard nicht auf die Nennung allgemeiner Laster der Christenheit, sondern prangert konkret die gerade aktuellen Betrügereien der Münzverfälschungen (*Kipper und Wipper*) an (vgl. oben, Anm. 53).

[61] Ausführlich nutzt Gerhard das Bild vom Baum und seinen Früchten (ausgehend von Ps 1, 2!) in der Vorrede zum *Dritten Buch* der *Schola Pietatis* (aaO., S. 385 ff.).

[62] *Schola Pietatis*, Vorrede (aaO., S. 1).

[63] *Schola Pietatis*, Buch II.1, Vorrede (aaO., S. 232).

diese Hilfsmittel zwar in Gottes Wort gegründet, aber untereinander nicht gleichrangig sind[64].

Gerhards Ausführungen über die Meditation nehmen den relativ größten Raum von Buch II.1 ein[65]. Unter Meditation oder *andächtiger Betrachtung* versteht Gerhard,

> „daß ein wahrer Liebhaber der Gottseligkeit täglich eine gewisse Zeit ihm soll aussetzen / zu welcher er seines Hertzens Gedancken von allen äusserlichen / irdischen / weltlichen Geschäfften abziehe / in sein eigen Hertz gehe / und dasselbe zur Betrachtung himmlischer / geistlicher Sachen erhebe"[66].

Die Pflicht der Meditation ist zu begründen 1. ex Dei mandato, 2. ex Sanctorum exemplo, 3. ex meditationis fructu und 4. ex typo. Für die jeweiligen Belegstellen gibt es in der Tradition keinen festen Kanon, wohl aber einen üblichen Rahmen. Es fällt auf, daß Gerhard an erster Stelle zahlreiche Aufforderungen zur Meditation im „Buch der Natur" nennt[67]. Die Kernstelle Ps 1, 2 erscheint als Beleg aus den Früchten der Meditation, von Gerhard mit einer ausdrücklichen Begründung für die dem Luthertext fremde Ersetzung des „reden" durch „betrachten" versehen[68]. Als Typus des meditierenden Menschen erscheinen sowohl die wiederkäuenden Tiere, die über die Assoziation der *ruminatio* das Bild vom Kauen und Verdauen des Lebensbrotes evozieren[69], als auch der fruchtbringende Acker (Luk 8, 4ff.), der den Samen des göttlichen Wortes aufnimmt und pflegt[70].

Nach seiner Darlegung der Notwendigkeit und des Nutzens der Meditation

---

[64] Ebd. (aaO., S. 232f.).

[65] Von 13 Kapiteln gelten eines der körperlichen Askese (Kap. 12), je zwei dem Hören und Lesen des Wortes (1 u. 2) und dem Abendmahl (3 u. 4), drei dem Gebet (9–11) und vier der Meditation (5–8); vom Seitenumfang her erhält (in der Ausgabe Nürnberg 1709) das thematische Fünftel zur Meditation mit 31 zu 36 Seiten fast die Hälfte des Kapitelumfangs.

[66] *Schola Pietatis*, Buch II.1, Kap. 5 (aaO., S. 248).

[67] Als Aufforderung zur transzendierenden Betrachtung der Geschöpfe gelten etwa Hiob 12, 7f. oder die Aufforderungen Jesu, die Vögel unter dem Himmel (Mt 6, 26) oder die Lilien auf dem Felde (Mt 6, 28) oder die Raben (Lk 12, 24) anzusehen, sie zu befragen oder von ihnen zu lernen. – Vgl. auch KOCH, 36.

[68] Gerhard zitiert Ps 1, 2 in der Form: „Wol dem Menschen / der Lust hat zum Gesetz deß HErrn / und redet von seinem Gesetz Tag und Nacht"; dabei erläutert er, das in der Originalsprache gebrauchte Wort bedeute eigentlich „diligenter meditari instar avium, quae mussitant, & perpetuo disserere" (*Schola Pietatis*, Buch II.1, Kap. 5; aaO., S. 249).

[69] *Schola Pietatis*, Buch II. 1, Kap. 5 (aaO., S. 250). Zum meditierenden Umgang mit dem Wort als Lebensbrot heißt es: „Soll das leibliche Brod der Nahrung deß Leibes dienlich seyn / so muß es zerkäuet und verdauet werden / also wenn das geistliche Brod / das Wort GOttes / unsere Seele speisen und sättigen soll / so muß es durch die Betrachtung gleichsam zerkäuet und verdauet werden / daß es in alle Adern deß innerlichen Menschen sich hernacher austheile".

[70] „Das Wort GOttes ist ein heiliger Same / Luc. 8. v. 11. wenn der Same soll Frucht bringen / so muß er ins Erdreich aufgenommen / und in demselben foviret / erhalten / erwärmet und befeuchtet werden / also / wenn der geistliche Same deß Göttlichen Worts zur Gottseligkeit in uns fruchtbar seyn soll / so muß er durch Betrachtung im Hertzen foviret und bewahret werden" (ebd.). – Vgl. die Verwendung dieses *Typus* bei Johann Arndt (s. oben, S. 41 f.).

wendet sich Gerhard der Art und Weise zu, in der sie zu erfolgen hat[71]. Hierunter versteht er nicht eine konkrete methodische Anleitung zur Meditation, sondern formuliert ihren formalen Rahmen. Sie hat zu erfolgen 1. frequens & quotidiana und 2. ardens & devota. Meditation ist als ständiges exercitium des Christen auf Kontinuität und Regelmäßigkeit angelegt. Zumindest einmal täglich soll sich der Christ zur Meditation zurückziehen, ansonsten auch jede weitere sich bietende Gelegenheit dazu nutzen, etwa bei unerwartetem Aufwachen des Nachts. Gerhard kennt die Schwierigkeiten, einen festen Rhythmus der Meditation durchzusetzen; er reagiert mit dem traditionellen Argument, daß der Teufel, der wohl um die positive Wirkung der Meditation zur Beförderung der Gottseligkeit weiß, alles daransetzt, sie zu verhindern.

Nach dieser Darlegung *de meditationis modo* handelt Gerhard acht „Arten der Betrachtung" ab; hiermit sind wiederum keine unterschiedlichen formalen Methoden der Betrachtung angesprochen, sondern Themenbereiche der Meditation, Meditationsgegenstände *(de meditationis objecto)*[72]. Diese kennzeichnet er wie folgt: 1. Die Betrachtung des Schöpfers und der Geschöpfe. Beide Bereiche fächert Gerhard weiter auf in Meditationsthemen, die nach Art der rhetorischen und der dogmatischen *loci* durch Distinktionen gewonnen werden. So kann die Betrachtung des Schöpfers sich auf dessen Güte und Barmherzigkeit konzentrieren und hierbei die den Menschen erwiesenen Wohltaten in Schöpfung, Erlösung und Heiligung thematisieren; die Heiligung ihrerseits ergibt als Meditationsgegenstände die ewige Gnadenwahl und die Mitteilung der geistlichen Güter in diesem Leben; letztere enthält als Themen die Berufung zum Reich Christi, die Rechtfertigung und Wiedergeburt und die Erneuerung; die Berufung wiederum kann zur Betrachtung der dazu dienenden Mittel des Worts und der beiden Sakramente anleiten[73]. Dieses Beispiel der Gerhardschen Lokalmethode zeigt, wie er sachgemäß die Zentralstücke der Dogmatik als Meditationsgegenstände gewinnt. In einer weniger selbständigen Verarbeitung wird die meditative Aneignung der lutherischen Hauptlehren in Form der Katechismusmeditation geleistet[74]. In gleicher methodischer Weise entwickelt Gerhard (2.) aus Tit 2, 12 die Betrachtung Gottes, unser selbst und des Nächsten[75], wiederum thematisch differenziert in die Betrachtung der eigenen Sündhaftig-

---

[71] *Schola Pietatis*, Buch II.1, Kap. 6: Welcher Gestalt die heilige andächtige Betrachtung anzustellen / daß sie zur Gottseligkeit beförderlich seyn möge (aaO., S. 250f.).

[72] *Schola Pietatis*, Buch II. 1, Kap. 7: Worauf die Betrachtung gerichtet werden soll / daß sie zur Gottseligkeit beförderlich seyn möge (aaO., S. 252–275).

[73] *Schola Pietatis*, Buch II.1, Kap. 7: Die erste Art der Betrachtung (aaO., S. 252f.).

[74] Zur Katechismusmeditation vgl. unten, S. 127.

[75] *Schola Pietatis*, Buch II.1, Kap. 7: Die andere Art der Betrachtung: „Der H. Apostel Paulus machet drey Stück der wahren Gottseligkeit / wenn er Tit 2. v. 12. spricht: Wir sollen verläugnen das ungöttliche Wesen / und die weltlichen Lüste / und züchtig / gerecht und gottselig leben in dieser Welt. Gottselig über uns gegen Gott dem HErrn / gerecht neben uns gegen dem Nechsten / züchtig in uns gegen uns selber. Nach dieser Abtheilung können drey *objecta* gesetzet werden / auf welche die heilige Betrachtung könne gerichtet werden / als GOtt der HErr / Wir selber / und der Nechste" (aaO., S. 253).

keit, der göttlichen Wohltaten und der zum Gebet leitenden eigenen Bedürftig-
keit und der Bedürfnisse des Nächsten, und (3.) Betrachtungen aus dem Buch
der Heiligen Schrift und dem Buch der Natur. Eine andere Methodik, nämlich
die Gewinnung von Meditationsgegenständen aus der Abfolge eines biblischen
Textes, zeigt (4.) die Meditation der Kreaturen nach Anleitung der Schöpfungs-
geschichte, verteilt auf die sieben Tage der Woche, und (5.) die Passionsmeditation, die nach den einzelnen Vorgängen (*Actus*) des Geschehens oder nach der
Zeitabfolge gestaltet werden kann. Für die Passionsmeditation verfügt Gerhard
über die reichhaltigsten Vorbilder und beruft sich ausdrücklich auf Bearbeitun-
gen der Passionsgeschichte im meditierenden Passionslied[76]. Als letzte Möglichkeit der Passionsmeditation nennt Gerhard auch die Betrachtung der Leiden in
der Abfolge der Glieder Christi[77], wie sie von den Meditationen Bernhards von
Clairvaux her geläufig war[78]. Neben diese von Gerhard so genannte *historische*
Betrachtung des Leidens Jesu muß noch die Betrachtung *mystice & practice* treten
als ein im Geschehen sich eröffnender göttlicher Zorn-, Liebes- und Tugend-
spiegel. Zwei weitere Arten der Betrachtung entstehen wiederum aus willkürli-
chen Setzungen und deren Differenzierungen. Man kann Meditationsgegenstände finden (6.) nach den zeitlichen Kategorien der Vergangenheit, Gegenwart
und Zukunft[79] oder nach den relationalen Kategorien des über uns, in uns und
unter uns[80]. Die letzte, von Gerhard sehr ausführlich dargestellte Art der Betrachtung (8.) ist die ebenfalls schon in monastischer Tradition verankerte Form
der *Gelegenheitsmeditation* nach Anleitung des Stundenschlages. So soll etwa der
Schlag der Drei anregen zu einer extemporierten Kurzmeditation über die
Dreieinigkeit Gottes, der Fünf über die fünf Wunden Jesu[81].

---

[76] „Vors dritte / mit dieser Art der Historischen Betrachtungen kommt fast überein die
siebenstündige Betrachtung / wie sie bey den Alten bräuchlich gewesen / wie dieselbe in den
alten *Hymnis, Patris Sapientia. It[em] Domine IEsu Christe* verfasset / und hernacher in den
Teutschen Psalm / Christus der uns selig macht / &c. *transferiret* und übersetzet worden“ (*Schola
Pietatis*, Buch II.1, Kap. 7: Die fünffte Art der Betrachtung; aaO., S. [262–267] 265; das Lied ist
dort abgedr. S. 265f.; es handelt sich um eine Übersetzung des Liedes „Patris Sapientia“ aus
dem 14. Jahrhundert durch den von Luther geschätzten Pfarrer der Böhmischen Brüder Michael Weiße [ca. 1488–1534]). Außerdem verweist Gerhard auf das Lied „O Jesu Christ“.

[77] *Schola Pietatis*, Buch II.1, Kap. 7 (aaO., S. 266).

[78] Im Kirchenlied des Protestantismus wurde diese Art der Passionsmeditation später am
nachhaltigsten verbreitet durch Paul Gerhardts Übersetzung des Hymnus „Salve Caput Cru-
entatum“ (Arnulf von Löwen, ca. 1200–1250) als „O Haupt voll Blut und Wunden“ (1656).

[79] *Schola Pietatis*, Buch II.1, Kap. 7: Die sechste Art der Betrachtung (aaO., S. 267f.). Als
Meditationsgegenstände ergeben sich für die Vergangenheit: malum commissum, bonum
omissum, tempus amissum; für die Gegenwart: vitae huius brevitas, salvandi difficultas,
salvatorum paucitas; für die Zukunft: mors, judicium, poena inferni, letzteres als eine Betrachtung der *letzten Dinge*, wobei eigentümlicherweise, wohl auf Gerhards Quelle zurückgehend,
die positive Meditation des ewigen Lebens fehlt.

[80] *Schola Pietatis*, Buch II.1, Kap. 7: Die siebende Art der Betrachtung (aaO., S. 268f.). Diese
Art ist nun ohne jede einleuchtende Stringenz durchgeführt, so daß Gerhards Schlußsatz
besonderes Gewicht erhält: „Sihe/ wohin wir nur sehen / finden wir Anleitung zu heiliger guter
Betrachtung“.

[81] *Schola Pietatis*, Buch II.1, Kap. 7: Die achte Art der Betrachtung (aaO., S. 269–275).

Kennzeichnend für Gerhards Vertrautheit mit der Meditationsliteratur ist auch sein die Meditationstypologie abschließendes Kapitel über die Gefährdung der Gedanken während der Meditation[82]. Gerhard weiß um die Problematik, daß in der Zurückgezogenheit des Meditierenden nicht nur gottselige Gedanken auftauchen, sondern auch böse und müßige[83]. Fruchtbringende Meditation ist dem Menschen nicht aus seinen natürlichen Kräften möglich, sie bedarf der Wirkung des Heiligen Geistes, der den betrachtenden Verstand erleuchtet[84]. Daher sind die auftretenden Gedanken zu prüfen, ob sie gut und heilig sind, das heißt für Gerhard: ob sie auf die Ehre Gottes und den Nutzen des Nächsten gerichtet sind, ob sie mit der Richtschnur des Göttlichen Wortes übereinstimmen und ob sie zur Gottseligkeit antreiben. Tun oder sind sie es, so ist ihnen als Wirkung des Heiligen Geistes Raum zu geben[85].

Damit ist der Umfang dessen abgeschritten, was Gerhard theoretisch zum Thema der Meditation zusammengetragen hat. Wichtiger aber ist die Rolle, die er der Meditation im Gesamtrahmen der *Schola Pietatis* beimißt. Und hier zeigt sich die Meditation als der zentrale Grundzug, von dem her das ganze Werk konzipiert ist.

Die Meditation bildet bereits den methodischen Hintergrund des einleitenden ersten Buches der *Schola Pietatis*. Hinweise darauf bietet schon der Titel des Buches, der mit der Nennung der *beweglichen* Ursachen zur Gottseligkeit[86] auf die Absicht des *movere* und *persuadere* verweist. Diese Ursachen sind in der oben vorgestellten Weise als *loci* gewonnen im Rahmen der Betrachtung Gottes[87] und der Kreaturen[88]. Es handelt sich hierbei nicht um ausgeführte Meditationen, die es nur nachzumeditieren gälte. Gerhard gibt vielmehr Anleitung zur eigenen Meditation, indem er kapitelweise Themen benennt und durch sachliche Untergliederung des Themas und durch Heranziehen zahlreicher biblischer Belegstellen der Meditation Stoff bietet und ihrer ersten Phase, der intellektuellen Verarbeitung des Themas, einen dogmatisch gesicherten Weg bahnt. Bisweilen nennt Gerhard abschließend die durch die Meditation zu erreichenden affektiven Ziele wie Verlangen nach Gottes Güte oder Geringschätzung des natürlichen Lebens. Die grundsätzliche Entscheidung, Gottseligkeit anstreben zu wollen, soll also nach Gerhards Überzeugung auf dem Wege der persuasiven Meditation erreicht

---

[82] *Schola Pietatis*, Buch II.1, Kap. 8: Von Regierung und Richtung der Gedancken / so zur andächtigen Betrachtung dienlich.

[83] Zu diesem Problem vgl. oben, S. 38 Anm. 24.

[84] Vgl. dazu unten, S. 69 ff.

[85] *Schola Pietatis*, S. 275 f.

[86] Vgl. die Nennung des Titels oben, Anm. 53 und Anm. 55.

[87] *Schola Pietatis*, Buch I, Teil 1: Von den göttlichen Eigenschafften und Wercken / deren Betrachtung zur Gottseligkeit uns fördert. – Meditationsthemen sind hier die Eigenschaften und vor allem die Wohltaten Gottes gegenüber den Menschen.

[88] Teil 2: Welcher Gestalt die Betrachtung der Creaturen / oder der Geschöpff GOttes / uns zur Gottseligkeit ermahnen soll.

werden. In seiner Meditationstypologie, in der er das erste Buch als Exempel für eine Betrachtung der ersten Art anführt, verweist Gerhard darauf selbst[89].

Auch der dritte Teil der *Schola Pietatis*, der zum neuen Gehorsam anleitet, ist durchzogen von Hinweisen auf die Notwendigkeit und Nützlichkeit der Meditation. Sie hilft zur Kreuzigung des Fleisches und Erneuerung des Geistes[90], zu Stärkung der Hoffnung[91], der Geduld[92], des Gehorsams[93] und anderer christlicher Tugenden; insbesondere gehört sie zu den Christenpflichten der Sonntagsheiligung[94].

Die stärkste Rolle fällt der Meditation im zentralen Teil der *Schola Pietatis* zu bei der Behandlung der Buße als des Anfangs zur wahren Gottseligkeit. Wahre Buße besteht aus Reue und Glauben. Beides kann der Mensch nicht aus seinen eigenen natürlichen Kräften erreichen, sondern ist Wirkung des Heiligen Geistes[95]. Der Heilige Geist aber gebraucht dazu Mittel[96]. Zur Erweckung der Reue sind dies die Mittel: die Predigt des Gesetzes, die Betrachtung der göttlichen Gerichte und Strafen und die Betrachtung des Leidens Christi[97], also neben der Gesetzespredigt die in der mittelalterlichen Tradition vertraute Buß- und Passionsmeditation zur Herstellung der contritio. Diese Mittel des Heiligen Geistes sind nicht zu verachten, sondern anzuwenden. Zwar ist die Bekehrung nicht aus eigenen Kräften zu schaffen, aber das Werk des Heiligen Geistes darf nicht gehindert, sondern ihm muß Raum gegeben werden. Dazu gehört auf Seiten des Menschen: 1. Verbi praedicati auditus & lectio; 2. Meditatio; 3. Oratio. Erneut nimmt in Gerhards Erläuterung die Meditation den breitesten Raum ein. Ausführlich nennt und beschreibt er acht Meditationsthemen, die zur wahren Reue

---

[89] „Im ersten Buch dieses Tractats haben wir bewiesen / daß der Mensch zur Gottseligkeit könne bewogen werden / beydes durch die Betrachtung deß Schöpffers / und denn auch der Geschöpff oder Creaturen" (*Schola Pietatis*, Buch II.1, Kap. 7: Die erste Art der Betrachtung [aaO., S. 252]).

[90] *Schola Pietatis*, Buch II, Kap. 12 (aaO., S. 358 f.: „1. Verbi divini meditatione, durch fleissige andächtige Anhörung / Lesung und Betrachtung deß Göttlichen Worts / sonderlich aber der erzehlten neun Ursachen / welche uns zur Creutzigung deß Fleisches bewegen sollen. Denn durch dasselbe Mittel will der H. Geist bey uns kräfftig seyn / daß wir nicht in die Lüste des Fleisches willigen. *Ama scientiam Scripturarum & carnis vitia non amabis.* Wer fleissig mit GOttes Wort umgehet / dasselbe täglich höret / lieset und betrachtet / der wird nicht leichtlich in die Vollbringung der fleischlichen Lüste willigen").

[91] *Schola Pietatis*, Buch III, Kap. 12 (aaO., S. 495).

[92] *Schola Pietatis*, Buch III, Kap. 14 (aaO., S. 521).

[93] *Schola Pietatis*, Buch III, Kap. 18 (aaO., S. 555).

[94] *Schola Pietatis*, Buch III, Kap. 28 (aaO., S. 665). – Zur Sonntagsheiligung s. unten Kap. 4.7.

[95] *Schola Pietatis*, Buch II, Kap. 3 (aaO., S. 314 f.).

[96] „Es möchte aber jemand sagen / so es an dem ist / daß die wahre selige Reue ein Werck des Heil. Geistes ist; wolan / so will ichs demselben heimstellen / der wird zu seiner Zeit / solche Reue in meinem Hertzen würcken / ich will unterdessen vor wie nach in Sünden leben. Darauf ist die Antwort: der H. Geist würcke zwar diese selige Reue / aber nicht ohne Mittel / sondern durch Mittel [...]" (*Schola Pietatis*, Buch II, Kap. 6 [aaO., S. 326]).

[97] Ebd. (aaO., S. 326 f.).

führen sollen[98]. Neben der vorherrschenden Vorstellung der Sünde, ihrer Größe und Verwerflichkeit und des bevorstehenden Gerichts, die zur *contritio* und zur *compunctio ex timore* anleiten, findet auch die Meditation der göttlichen Wohltaten und der künftigen Seligkeit als Anleitung zur *compunctio ex amore* Raum. Die Bußmeditation soll täglich stattfinden, zusätzlich auch kasuell, etwa nach begangener Sünde oder vor der Beichte. In gleicher Weise sind auch die Mittel zu nutzen, durch die der Heilige Geist den rechtfertigenden Glauben erwecken will. Dazu zählen: 1. Verbi divini auditus ac lectio; 2. Sacramentorum usurpatio; 3. pia meditatio; 4. ardens Oratio[99]. Auch hierzu nennt und beschreibt Gerhard neun Meditationsthemen, die sich auf die Güte Gottes, das Verdienst Christi und die göttlichen Verheissungen richten[100].

Es fällt auf, daß Gerhard die Meditation dort, wo er ausdrücklich auf sie eingeht, niemals formal bestimmt in Hinsicht auf ihren äußeren Ablauf; Kenntnis darüber, wie eine Meditation oder Betrachtung anzustellen sei, wie Gedächtnis, Verstand, Wille und Affekte zusammenspielen sollen, scheint er vorauszusetzen. Er erläutert die Meditation inhaltlich, benennt ihre Ziele, gibt ihr Themen und Gegenstände, liefert Grundgerüste und Bibelstellen. Die von Gerhard zweimal eingesetzte Abfolge der Mittel verbi auditus/lectio – meditatio – oratio, wobei im zweiten Fall noch die Sacramentorum usurpatio hinzukommt, erinnert an den monastischen Dreischritt meditativer Übung lectio – meditatio – oratio. Gerhard erklärt diese Abfolge jedoch nicht als fortschreitende Stufenfolge, sondern setzt sie parallel. Dennoch steht die meditatio nicht zufällig in der Mitte; sie umfaßt letztlich alle drei Mittel, da sie ohne auditus/lectio (bzw. memoria als Erinnerung eines vertrauten Textes) nicht beginnen kann und nicht ohne oratio endet. Dieser Befund drängt zu der Frage, wie denn das Verhältnis zwischen dem Hören und Lesen des Wortes Gottes und der Meditation gefaßt ist. Es zeigt sich, daß die Meditation auch in Gerhards Beschreibung von verbi auditus/lectio präsent ist, allerdings nicht in expliziter, sondern eher in selbstverständlicher Form als notwendiger Bestandteil des Umgangs mit dem Wort Gottes. Zu auditus und lectio gehört für Gerhard, daß man das Wort „höre / lese und betrachte"; demgemäß formuliert er, daß der Heilige Geist im Herzen wirksam sein will „durch das gepredigte / gehörte und betrachtete Wort"[101]. So kann es nicht überraschen, daß die Meditation implizit auch in Gerhards Kapitel

---

[98] Man kann betrachten: 1. Peccati atrocitatem; 2. Peccatorum varietatem; 3. Dei maiestatem; 4. Beneficiorum divinorum ubertatem; 5. Irae divinae gravitatem; 6. Passionis Dominicae acerbitatem; 7. Iudicii extremi severitatem; 8. Gaudiorum coelestium suavitatem (ebd.; aaO., S. 327–331).

[99] *Schola pietatis*, Buch II, Kap. 8 (aaO., S. 334–344).

[100] Man soll betrachten: 1. Misericordiae divinae ubertatem; 2. Meriti Christi infinitatem; 3. Christi benignitatem; 4. Promissionum Evangelicarum universalitatem; 5. Iuramenti divini stabilitatem; 6. Sacramentorum utilitatem; 7. Testimonii Spiritus Sancti interni veritatem; 8. Exauditionis promissae infallibilitatem; 9. Exemplorum claritatem (ebd.; aaO., S. 337–343).

[101] *Schola Pietatis*, Buch II, Kap. 6 (aaO., S. 327). – Vgl. die im oben, Anm. 90, vorgestellten Zitat gebrauchte Formulierung.

über das Hören und Lesen des Wortes Gottes präsent ist[102]. Hören und Lesen müssen täglich und fleißig, aufmerksam, von Gebet begleitet und andächtig geschehen. *Lesen* und *Betrachten* sind für Gerhard unzertrennlich. So kann er als biblische Belege auch in diesem Zusammenhang die üblichen Kernstellen der Meditation zitieren: die Aufforderung, das Gesetz Tag und Nacht zu betrachten (Jos 1, 8; Ps 1, 2) und das Wort in einem feinen, guten Herzen zu bewahren (Luk 8, 15). Umgekehrt erscheint bei Gerhard in einer Passage zur Meditation als biblischer Beleg die Kernstelle zur Predigt Röm 10, 17[103].

Heilbringende Beschäftigung mit dem Worte Gottes ist für Gerhard ohne Meditation nicht mehr möglich. Die Meditation ist das zentrale Mittel, durch das der Heilige Geist das Wort Gottes im Menschen so säen und pflanzen will, daß es aufgehe und ein fruchttragender Baum werde. Die *Schola Pietatis* ist das erste ganz aus dem Grundzug der Meditation entwickelte lutherische Erbauungsbuch, das in persuasiver Absicht einen Grundkurs der christlichen Existenz anbietet. Dabei ist für Gerhard die Meditation als sachgemäße Form beim Hören und Lesen des Wortes geradezu selbstverständlich. Zusätzlich bietet er unter dem eigenen Stichwort der Meditation eine umfangreiche Anleitung zu thematischen Meditationen. Wenig entwickelt ist die formale Seite einer Anleitung zur konkreten Methodik, zu Ort, Zeit und Durchführung der Meditation. Nicht völlig geklärt ist letztlich auch das Verhältnis von Predigt und Meditation.

3.3 Meditation im reglementierten Christenleben: Ludwig Duntes Übung des rechtmäßigen Christentums, 1630

Johann Gerhard hatte in seiner *Schola Pietatis* unter Berufung auf 1 Tim 4, 7 f. den auf Kontinuität angelegten Grundzug der Meditation als einer das ganze Christenleben begleitenden und es formenden Übung aufgegriffen und betont[104]. Christliche Existenz ergibt sich nicht aus dem beiläufigen Besuch des Gottesdienstes und nicht aus dem Hören der Predigt allein, sondern sie bedarf zu ihrer Einübung und Ausübung eines festen Rahmens. Gerade an einem solchen Rahmen von *exercitia pietatis* mangelte es dem Luthertum am stärksten. In der Abwehr gegen Synergismus und Werkheiligkeit waren in den protestantischen Kirchen alle das Glaubensleben bindenden Strukturen als Fesselung der Gewissen und als Möncherei ausgeräumt worden. Die Folge dessen war, wie die Kritiker bemerkten, nicht etwa eine neu hervorsprießende lebendige Frömmigkeit in christlicher Freiheit, sondern die Reduzierung des geistlichen Lebens auf die Teilnahme am öffentlichen Gottesdienst, weithin sogar nur auf das Hören

---

[102] *Schola Pietatis*, Buch II, Kap. 2: Welcher Gestalt man GOttes Wort hören / und in H. Schrifft lesen soll / daß es zur Gottseligkeit beförderlich und dienlich seyn möge (aaO., S. 237–242). – Das Hören und Lesen soll geschehen 1. assidue & frequenter; 2. attente & diligenter; 3. devote & ardenter; 4. submisse ac reverenter; 5. pie & obedienter.

[103] *Schola Pietatis*, Buch III, Kap. 18 (aaO., S. 555).

[104] Vgl. oben, Kap. 3.2, insbes. S. 45.

der Predigt; dieses sonntägliche Ritual des Kirchgangs aber war seinerseits zum *opus operatum* degeneriert, zum verdienstlichen Werk, in dem allein schon das Christentum und der rechtfertigende Glaube ihr Vorhandensein erweisen sollten. Man ging „in die Predigt" und glaubte, seine Pflicht getan zu haben[105].

Das „Briegische Bedencken", eine im 17. Jahrhundert weit verbreitete Klage- und Reformschrift[106], kritisierte diese Reduktion der *praxis pietatis* auf Predigthören und gelegentlichen Sakramentsempfang und bedauerte es als einen Fehler der Reformation, daß die geistlichen Übungen, die von der Alten Kirche her gepflegt wurden, wegen ihres abergläubischen Mißbrauchs, den sie unter dem Papsttum während des Mittelalters hatten erfahren müssen, von den Protestanten ersatzlos gestrichen worden waren. Das *Bedencken* nennt an heilsamen Übungen und Einrichtungen der Alten Kirche: 1. Die Einhaltung von Horae Canonicae als festen Zeiten für die Meditation[107]; 2. die Einrichtung von Fasttagen zur Unterstützung der Andacht; 3. abendliche Gewissenserforschung; 4. die Aufstellung und Einhaltung fester Lebensregeln; 5. ein ernstes Verständnis von Buße und Beichte; 6. eine genaue Aufsicht durch den Beichtvater; 7. die Sammlung von Gewissensentscheidungen (casus conscientiae) zur Unterrichtung der Gewissen; 8. die Nutzung von Spaziergängen und sonstigen Wegen zur Meditation oder zum erbaulichen Gespräch nach dem Vorbild der Jünger von Emmaus[108]; 9. den Anreiz zu Almosen und guten Werken.

Diese an monastischen Vorbildern orientierten Vorstellungen stehen in ihrer Zeit nicht vereinzelt. Die Kritik an der Aufgabe der gesamtchristlichen Spiritualität durch die protestantischen Kirchen ist nicht nur vorgebracht worden von einzelnen Frommen, die in diesen Kirchen keine geistliche Heimat mehr erkennen konnten; für eine solche Position wäre etwa der Tübinger Jurist Christoph Besold (1577–1638) zu nennen, der seine aufsehenerregende Konversion zur katholischen Kirche 1630/34[109] unter anderem mit dem Übermaß der Predigten und der Vernachlässigung anderer Andachtsformen in der lutherischen Kirche begründete[110]. Die Kritik ist vielmehr in erster Linie erhoben worden – und

---

[105] Vgl. dazu unten, Kap. 4.1.

[106] Zum *Briegischen Bedencken* s. unten, S. 76 Anm. 9 und 10.

[107] „Denn es haben die Alten zu geistlichen Ubungen / und das Hertz fest an GOtt zu behalten / und vom irrdischen abzuziehen 1. Sich beflissen / den Tag in gewisse Stunden abzutheilen / und deren etliche gewisse geistliche heilige Betrachtungen oder Andachten zu assigniren / welches man hernach Horas Canonicas genennet" (*Briegisches Bedencken* [Zitate nach der Ausgabe Leipzig 1690], S. 50).

[108] „Die Alten haben auch auff die Deambulationes und Spatzier-Gänge / also auch Wanderschafften / von einem Ort zum andern / (da das Gemüthe zum meisten frey und zum Nachdenken am geschicktesten) gewisse Meditationes und geistliche Gedancken / auch Gottselige Gespräche nach dem Exempel derer / so gegen Emahus gegangen / geleget [...]" (*Briegisches Bedencken* [aaO., S. 54f.]).

[109] Besold war bereits am 1. August 1630 in Heilbronn heimlich konvertiert, gab diese Konversion aber erst vier Jahre später nach der Besetzung Württembergs durch kaiserliche Truppen öffentlich bekannt (NDB 2, 178f.; ADB 2, 556–558).

[110] Besold hatte kritisiert: „die ganze Religion der Lutherischen besteht nur in Predigten, d.h. in einer blossen Wissenschaft, wovon die Zuhörer wenig geniessen, und wenn man einen

Gegenmaßnahmen sind erwogen worden – von den innerkirchlichen Reformern selbst, die erkannt hatten, daß in der Tat mit Gottesdienst und Predigt allein kein schützender Rahmen um die abbröckelnde Kirchlichkeit ihrer Gemeinden zu ziehen war.

Seit den zwanziger Jahren des 17. Jahrhunderts erscheint eine Literatur von *Gesamtentwürfen christlicher Lebensführung*, die sich als Fortführung der Arbeit von Johann Arndt und/oder Johann Gerhard verstehen und ausgeben. Zu nennen sind etwa die *Geistlich Hertz= vnd Haußkirch* des Oldenburgischen Hofpredigers und Inspektors Anton Buscher[111], die *Praxis Devotionis* des Hannoveraner Hofpredigers und Superintendenten Justus Gesenius[112] oder die *Ubung des Christenthums* des Revaler Pfarrers Ludwig Dunte.

Titel dieser Gattung werden von Lipenius in seiner *Bibliotheca Theologica Realis* unter den Stichworten *Christianus, Pietas* oder *Praxis* geführt. Kennzeichen dieser Gattung ist der Versuch, den christlichen Tagesablauf detailliert zu reglementieren und in ein geradezu monastisches System von Frömmigkeitsübungen zu integrieren. Gottesdienst, Predigt und Sakramentsempfang werden in ihrem zentralen Stellenwert bestätigt und unterstrichen, zugleich aber eingebettet in ein hoch individualisiertes Gesamtkonzept christlicher Frömmigkeit, als deren formaler Grundzug die Meditation erscheint. Sonntagsheiligung und Abendmahlsfrömmigkeit erhalten ein eigenständiges Gewicht; sie werden nicht mehr, wie bei Johann Gerhard, in die Darstellung christlicher Pflichten nach dem Dritten Gebot eingebettet, sondern eigens in umfassenden „Büchern" abgehandelt und ausdrücklich mit einer Vielzahl meditativer Übungen verbunden.

Ludwig Duntes „Wahre und rechtmessige Ubung Des Christenthumbs" ist ein typischer Vertreter dieser Gattung. Dunte (1597–1639)[113], Pfarrer in Reval, hinterließ an literarischen Werken außer der *Ubung* eine mehrfach aufgelegte Sammlung von Gewissensentscheidungen[114]. Die *Ubung* erschien erstmals 1630

---

fragen sollte, was er denn sein Lebelang aus den Predigten gelernt habe, so würde er gewisslich sehr in Verlegenheit kommen. Das Beten in der Kirche ist kurz, und das Singen geschieht mit geringer Andacht. Insgemein brauchen die Lutheraner keine Ceremonien, welche zur innerlichen Erbauung und rechten Aenderung des Herzens führen" (E. L. TH. HENKE, Georg Calixtus und seine Zeit. Bd. II. Halle 1860, 14 Anm. 4).

[111] A. Buscher, Geistlich Hertz= vnd Haußkirch / Wie das Reich GOttes in vns nach Anlaß der Zeit / Orts / vnd Geschäffte alle Stunde des Tages / vnd alle Tage der Wochen durch Andacht vnd Gebet zu bawen [...]. Sambt einer Vorrede Von Vrsachen deß jetzt falschen Christenthumbs / vnd von Nutz deß noch wahren Christenthumbs / des Hochbegabten Geistreichen Herrn Johann Arndes. [...] Lüneburg 1624. – Im Jahr zuvor veröffentlichte Buscher: Schola Pietatis oder Unterweisung zur Gottseligkeit. Goslar 1623.

[112] J. Gesenius, PRAXIS DEVOTIONIS, Oder Vbung Christlicher Andacht: In dreyen Tractätlein außgeführet Worunter Das Erste vom Gebett / Das Ander vom Heil. Abendmahl / Das Dritte von Heiligung deß Sabbaths oder Feyertags handelt. [...]. Hannover 1645 ([2]1648).

[113] Zu Dunte s. J. F. v. Recke u. K. E. Napiersky, Allgemeines Schriftsteller- und Gelehrten-Lexikon der Provinzen Livland, Esthland und Kurland. Bd. 1. Mitau 1827 (Ndr. Berlin 1966), 462–465.

[114] Decisiones Casuum Conscientiae, Lübeck 1636 (weitere Ausgaben: 1648, 1664, 1666: Lipenius I, 241 b).

in Lübeck, begleitet von einem empfehlenden Vorwort des Lübecker Superintendenten Nikolaus Hunnius. Eine Neuausgabe wurde 1678 in Wittenberg veröffentlicht[115], offenbar im Sog der Spenerschen *Pia Desideria*[116]. Gustav Georg Zeltner hat in seinem *Schediasma de Piorum Desideriorum Scriptoribus* Duntes *Ubung* unter die Pia-Desideria-Literatur gerechnet; bei ihm wie auch sonst in lateinischer Form erhält sie den Titel *Praxis Pietatis*, ein zu recht erfolgender Hinweis nicht nur auf Intention und Inhalt dieser Schrift, sondern auch auf ihre unübersehbare Verwandtschaft mit der berühmtesten und erfolgreichsten je erschienenen *Praxis Pietatis*: der des walisischen Bischofs Lewis Bayly, die seit 1628 auch in deutscher Sprache erhältlich war[117].

Dunte beginnt mit der stereotypen Klage der kirchenkritischen Literatur über den Mangel an gottseligem Leben und den Mißerfolg der Prediger[118]. Wahres Christentum besteht in reinem Glauben und heiligem Leben[119]. Ein Blick in die Gegenwart jedoch zeigt: „Der Glaube ist lauter Unwissenheit / das Leben lauter Boßheit"[120]. Unwissenheit und Bosheit will Dunte in der ihm anvertrauten Gemeinde in Reval bekämpfen durch eine Intensivierung des Katechismusunterrichts[121] und durch seine *Ubung des Christentums*, die er als ein „Handbüchlein" zum Studium der wahren Gottseligkeit verstanden wissen will[122], das in seinen sieben Büchern alle wichtigen Fragen thematisiert. Dunte mahnt, daß sein Buch nicht wie ein Nachschlagewerk auszugsweise und sporadisch, sondern zusammenhängend quasi als ein fortlaufender Lehrgang gelesen und „betrachtet" werden soll[123].

Dunte entwickelt das Wesen des christlichen Lebens aus dem Endzweck des Menschen, Gott zu ehren und nach seiner eigenen und seiner Mitmenschen

---

[115] Die folgenden Zitate aus Duntes *Ubung* entstammen dieser Ausgabe: L. Dunte, Wahre und rechtmessige Ubung Des Christenthumbs / welche bestehet in Gottseligem Leben / offentlichem Gottesdienst / demütiger Busse / würdigem Gebrauch des heiligen Abendmahls / und seeligem Abschied von der Welt / In sieben Bücher ordentlich verfasset [...] mit einer besondern Vorrede des Seel. Herrn D. NICOLAI HUNNII [...] jetzo auff vielfältiges Begehren wieder auffgelegt. Wittenberg 1678. – Die Vorrede von Hunnius ist datiert auf den 10. September 1630; das Buch enthält eine Widmungsvorrede Duntes an Bürgermeister und Rat der Stadt Reval vom 4. November 1629.

[116] Zu den Neuausgaben älterer Kirchenreformschriften, die nach 1675 Speners *Pia Desideria* folgten, s. oben, S. 30.

[117] Dunte selbst weist in der Vorrede darauf hin, er habe sein Buch „aus vornehmen Scribenten / so von dieser Materi nicht allein in unser / sondern auch in Frantzösischer / Englischer / &c. Sprache geschrieben / colligiret und zusammen getragen" (*Ubung*, Bl.)()(2ᵛ). – Zu Zeltner s. oben, S. 30 Anm. 84; vgl. Leube, Reformideen, 7.

[118] *Ubung*, Widmungsvorrede, Bl.)(4ʳ.

[119] AaO., Bl.)(2ᵛ.

[120] AaO., Bl.)(4ʳ.

[121] AaO., Bl.)(6ʳ.

[122] *Ubung*, Vorrede an den Leser, Bl.)()(2ʳf.

[123] AaO., Bl.)()(2ᵛff. – In seiner Zuschrift betont Nikolaus Hunnius den Wunsch des Predigerministeriums in Reval, die Gemeinde werde das Buch schätzen, „es fleissig zulesen / andächtig zu betrachten / auch mit grossem Ernst / und Eyfer zu practiciren / und zu gebrauchen" (Bl.)()(8ʳ).

Seligkeit zu streben[124]. Zu diesem Ziel führt die Übung der wahren Gottseligkeit, die nach der Richtschnur des göttlichen Wortes erfolgen muß. Der Vorsatz, ein gottseliges Leben führen zu wollen, muß fest, aufrichtig und beständig sein. Dieses Leben zu beginnen und darin fortzuschreiten, sind die verordneten Mittel anzuwenden. Selbstverleugnung und die Ergebung in Gottes Willen sind die Grundvoraussetzung, die Mittel selbst umfassen: 1. das Hören und Lesen des göttlichen Wortes; 2. die Genießung des Abendmahls; 3. die Übung des Gebets; 4. die Betrachtung der Gegenwart Gottes[125]. Der letztgenannte Punkt bezieht sich nicht auf eine konkrete Meditationsübung, sondern fordert das ständige Bewußtsein der Gegenwart Gottes, der alle Gedanken, Worte und Taten wahrnimmt und prüft. Ein Vergleich mit der Aufzählung der Mittel bei Johann Gerhard[126] zeigt, daß Dunte keine *corporis castigatio* nennt und der Meditation keinen eigenen Gliederungspunkt einräumt. Dafür ist bei ihm die Meditation aufs engste mit dem Hören und Lesen des Wortes Gottes verbunden. Dunte gibt einen kurzen Unterricht zum fruchtbaren Hören der Predigten[127], die mit der Anweisung schließt, das gehörte Wort im Gedächtnis zu bewahren. Auch er greift das Gleichnis vom vierfachen Ackerboden (Luk 8, 4ff.) auf und beschränkt sich nicht auf die Feststellung der unterschiedlichen Bodenqualität, sondern fordert wie Johann Gerhard die Bearbeitung, d. h. die aktive *ruminatio*, das *wiederkäuen* des gehörten Wortes[128].

Wie bei Johann Gerhard spielt auch bei Dunte die Meditation eine entscheidende Rolle im Vorgang von Buße und Bekehrung[129]. Dunte betont die affektive Dimension der Reue: das Fühlen des göttlichen Zornes und der Gewissensangst, den Haß gegen die Sünde. Wahre Reue erweckt der Heilige Geist durch das Mittel der Betrachtung, die vom Büßenden zu leisten ist. Meditationsgegenstände sind die Abscheulichkeit der Sünde, die Vielzahl der begangenen Sünden, die Majestät Gottes, die drohende Strafe und vor allem die Passion Christi[130]. Zur Erweckung des Glaubens dienen die Betrachtung des Verdienstes Christi, der Barmherzigkeit Gottes und der beiden Sakramente[131].

Ein eigenes Buch innerhalb der *Ubung* gilt dem Sonntag und seiner Heiligung. Dunte begründet die Notwendigkeit der Sonntagsheiligung aus Gottes Gebot und aus den Verheißungen und den Drohungen, die sich mit ihrer Befolgung oder Vernachlässigung verbinden. Ausführliche Regeln gelten dem Ablauf der Sonntagsheiligung. Sie soll bereits am Samstag mit dem Besuch des Vespergot-

---

[124] *Ubung*, S. 2ff.
[125] *Ubung*, S. 41ff.
[126] S. oben, S. 45.
[127] *Ubung*, S. 46–50.
[128] „Darumb müssen wir nachdencken / und zu hauß überschlagen / was wir gehöret / und es also widerkeuen / wie ein rein Thier [...]" (*Ubung*, S. 50). – Zu Gerhard vgl. unten, S. 46 mit Anm. 69 und 70.
[129] *Ubung*, Buch 5. – Zu Gerhard vgl. oben, S. 50 f.
[130] *Ubung*, S. 429ff.
[131] *Ubung*, S. 449ff.

tesdienstes und einer ausführlichen Gewissenserforschung beginnen[132]. Frühes Aufstehen am Sonntagmorgen und ein ausführliches Morgengebet sollen den Kirchgang vorbereiten, der Weg zur Kirche gibt Raum für themenbezogene Psalmmeditationen[133]. In der Kirche soll sich der Christ auf das Hören der Predigt präparieren, die Predigt dann in allen ihren Bestandteilen sorgfältig aufnehmen, auf sich selbst applizieren und, „was gesagt wird / seinem Hertzen zueignen"[134]. Nach der Rückkehr aus der Kirche hat dann das *Wiederkäuen* und die *ruminatio* der Predigt zu erfolgen, die mit Gebet beendet wird[135]. Die Zeit nach dem Essen gehört dem Predigtexamen, durch das der Hausvater bei seiner Familie und seinem Gesinde den Erfolg der Predigt sicherstellt, und der katechetischen Unterweisung, bis die Glocken zur Vesperpredigt rufen. Bleibt zwischendurch Zeit übrig, so sind dem Christen Spaziergänge im Garten oder über Feld erlaubt, bei denen er meditierend im „grossen Creatur=Buch Gottes" lesen kann[136].

An öffentlichen Buß-, Bet- und Fasttagen hat die individuelle Meditation zusätzlich ihren besonderen Auftrag: sie soll den offiziell gesetzten Anlaß zum persönlichen Bußthema werden lassen. Das allgemeine Bekenntnis der Sünde reicht nicht aus; vielmehr soll sich der Christ die genannte Sünde in der Betrachtung durch intensive Amplifikation konkret vergegenwärtigen und den geforderten Bußaffekt erregen[137].

Einen großen Stellenwert erhält bei Dunte auch die Teilnahme am Abendmahl, die in einem eigenen Buch thematisiert wird[138]. Erforderlich ist die innerliche Vorbereitung durch Buße und Bekehrung des Herzens zu Gott und die Ordnung der Affekte auf Gott hin[139] und die äußerliche durch Versöhnung mit dem Nächsten, Bereitung des Leibes durch Fasten und das Anziehen würdi-

---

[132] *Ubung*, S. 164f.

[133] Dunte nennt als Beispiele Ps 42 für den Weg und Ps 26, 8 oder Ps 27 beim Eintritt in die Kirche (*Ubung*, S. 174f.).

[134] *Ubung*, S. 176.

[135] *Ubung*, S. 177f.

[136] *Ubung*, S. 180.

[137] Wichtig ist, „daß ein Christ in solchen allgemeinen und absonderlichen Fast=Tagen seine und des Volcks Sünde ihm muß für Augen stellen / dieselbe exaggeriren, und in seinem Hertzen auffmutzen nach allen circumstantien und Umständen. Nicht allein ins gemein dahin sagen / wir haben gesündiget / sondern auch seiner und des gantzen Volcks Sünden nachsinnen / und betrachten / worin / und womit er und sie / eben diese Straffe / so auff dem Halse lieget / oder gedrauet wird / verdienet haben" (*Ubung*, S. 373). – Gleiches gilt für Danksagungs-Feste. Dunte gibt einen Ablaufplan der geforderten Meditation: Der Christ soll sich die Not, aus der Gott gerettet hat, „zu Gemüthe führen" und sich samt der Errettung „nach allen Umständen fürstellen"; darauf klagen, daß der gemeine Haufe Gott keinen Dank geleistet hat für die empfangene Gnade, und Gott um Vergebung bitten; schließlich selbst Dank sagen mit Ehrerbietung in der Furcht Gottes und in inbrünstiger innerlicher Andacht, die in tatkräftiger Besserung resultiert (aaO., S. 383ff.).

[138] *Ubung*, Buch 6.

[139] Dazu gehört, die unordentlichen Affekte auszuräumen und „sich / so viel müglich / schwingen in die Höhe". Als Mittel dazu soll man „tieff erwegen und betrachten die hertzliche Liebe Christi gegen uns / in dem er diß H. Sacrament eingesetzet" (*Ubung*, S. 509f.).

ger Kleidung. Die Teilnahme am Abendmahl selbst ist gekennzeichnet durch eine zum Höhepunkt der manducatio sich steigernde Entfachung affektiver Empfindungen, die durch jeweilige Meditationen in Gang gesetzt werden. Zur Vorbereitungsphase gehört die Meditation der eigenen Unwürdigkeit und der Köstlichkeit der dargereichten Seelennahrung. Bei Beginn der Abendmahlsfeier muß der Christ in ein imaginiertes Zwiegespräch mit Jesus eintreten, die Einladung zur Teilnahme auf sich persönlich applizieren, Jesus selbst in seinem Herzen reden hören und ihm antworten. Die Einsetzungsworte sollen dem Christen völlig vertraut sein, so daß er sie mitmeditieren kann. Nach Empfang des Abendmahls soll der gesamte Rest des Tages der Passionsmeditation[140], der Betrachtung des im Abendmahl erneuerten Gottesverhältnisses und der ernsten Resolution zum Dienst Gottes gewidmet sein[141]. Die Passionsmeditation steht für Dunte im Mittelpunkt. Ein ganzes Kapitel widmet er ihrer Anleitung[142]. Die Meditation des Leidens Christi besteht aus der allgemeinen und der speziellen Betrachtung. Für die allgemeine Betrachtung nennt Dunte nach üblicher Vorgabe der rhetorischen Lokalmethode vier Themenbereiche für den diskursiven Teil der Meditation und gibt die jeweiligen affektiven Ziele an[143]; die absonderliche Betrachtung soll einer detaillierten Schilderung des Leidensweges folgen und zur compassio führen[144].

Das dritte Buch der *Ubung* bringt eine Anleitung für den christlichen Alltagsverlauf. Der ganze Tag vom Aufstehen über die Mahlzeiten bis zum Schlafengehen, vor allem auch die Zeit der täglichen Berufsarbeit, wird in ein System christlicher Übungen eingepaßt, durch das der Christ „alle Stunde des Tages mit heiligen Betrachtungen / auch mitten in seiner Arbeit / zubringen" kann[145]. Hierbei dominiert die Gelegenheitsmeditation oder extemporierte Meditation[146], die von alltäglichen Tätigkeiten oder Begebenheiten ausgehend per analogiam religiöse Tatbestände evoziert und aus dem Gedächtnis in die Medita-

---

[140] Der Christ soll „des Herrn Christi gedencken / und die vornemsten Stücke des Leidens Christi mit frölichem Munde und Hertzen rühmen", danach „den gantzen Tag mit der Gedächtniß des Leydens Christi zubringen" (*Ubung*, S. 538).

[141] „Und in solcher Betrachtung muß er GOTT klagen seine Schwachheit / seine Kaltsinnigkeit / seinen geringen Eiffer zum Guten / ja seine Zuneigung zum Bösen / daß er doch die Krafft dieser himmlischen Speise ihm [!] wolle empfinden lassen / daß er brünstig werden möge im Geiste / seinem Nahmen zu dienen [...]" (*Ubung*, S. 539).

[142] *Ubung*, Buch 6, Kap. 6: „Wie ein Christ / wenn er das H. Abendmahl gehalten / sich in der Gedächtniß des HErrn JEsu Christi üben solle" (S. 540ff.).

[143] Zu betrachten sind: 1. die Person, die leidet; 2. das heftige und mannigfaltige Leiden; 3. die Ursachen des Leidens; 4. die heilsame Frucht des Leidens.

[144] *Ubung*, S. 550–596.

[145] „Wie ein Christ ordentlich alle Tage seines Lebens könne Christlich anfangen / seine äusserliche und innerliche Kräffte regieren / seine Beruffs=Arbeit [...] führen / seine Mahlzeiten Christlich halten / alle Stunde des Tages mit heiligen Betrachtungen / auch mitten in seiner Arbeit / zubringen / und endlich alle Tage Gott zum Wolgefallen endigen" (*Ubung*, S. 194).

[146] Zur Gelegenheitsmeditation vgl. U. STRÄTER: Sonthom, Bayly, Dyke und Hall. Tübingen 1987, 96ff. – Der bekannteste Verfasser von Gelegenheitsmeditationen im deutschen Luthertum des 17. Jahrhunderts ist Christian Scriver geworden.

tion ruft. So soll der Christ schon beim Erwachen und Aufstehen „betrachten", wie Gott um sein Bett sei, wie der Teufel nach seiner Seele trachtet, oder daß Gott ihn aus dem Tod ebenso leicht erwecken kann wie aus dem Schlaf[147]. Anlässe zur Kurzmeditation bieten das Krähen des Hahnes, der Anblick der Sonne, das Aufstehen, Anziehen der Kleider und das Waschen. Aus Gerhards *Schola Pietatis* übernimmt Dunte die Meditationen zu jedem Stundenschlag[148]. Möglichst oft soll der Christ „sein Herz in den Himmel erheben", indem er die Verheissungen Christi meditiert[149]. Wer so seinen Glauben übt, wird davon Freude und Frieden haben, denn er weiß von seiner Versöhnung mit Gott durch Christus, freut sich darüber, wird furchtlos und gegen alle Verlockungen zur Sünde resistent. Der Tag endet mit Gebet, Meditation und der Gewissenserforschung als wichtiger Sonderform der Betrachtung[150]. Auskleiden und Niederlegen geben wieder Anlaß zu Gelegenheitsmeditationen. Auch beim Aufwachen mitten in der Nacht soll gemäß Ps 1, 2 meditiert werden.

Diese Forderungen, praktisch jede freie Minute und jede Gelegenheit zur Meditation zu nutzen, zumindest die Seelenkräfte immer wieder auf die Betrachtung religiöser Gegenstände zu lenken und Herz, Sinne und Affekte, Gedanken und Einbildungskraft zu kontrollieren, zu zügeln und auf Gott zu konzentrieren, sollen den Christen mitten in der *vita activa* seines Berufslebens in die *vita contemplativa* führen, sollen ihn sein eigenes Kloster mit sich führen lassen und ihn vor allem durch die ständige Beschäftigung seiner Gedanken und seiner Phantasie mit der Betrachtung religiöser Themen wie durch Klostermauern gegen die Einflüsterungen des Teufels schützen[151]. Vor allem in den als besonders gefährdet angesehenen Phasen des morgendlichen und abendlichen Halbschlafs sowie des unvorhergesehenen nächtlichen Erwachens soll der sofort einsetzende habituelle Vorgang der Betrachtung einem möglichen Einfall des Teufels vorbeugen.

Völlig vertraut sein soll der Christ mit den Möglichkeiten der Passionsmeditation, die bei der Buße wie für den Lebenswandel im neuen Gehorsam größte Effizienz hat. Nach 1Petr 2, 21 soll Christus ständig als „Vorbild" oder „Fürschrift" vor Augen stehen[152]. Das Bild Christi hilft zur Abkehr von der Sünde

---

[147] *Ubung*, S. 197 f.
[148] *Ubung*, Buch 3, Kap. 8: Wie ein Christ [...] alle Stunde des Tages / auch mitten in seiner Arbeit / sich in der Gottseligkeit üben soll (S. 330 ff.). – Vgl. Johann Gerhard, *Schola Pietatis*, Buch II.1, Kap. 7: Die achte Art der Betrachtung (vgl. oben, S. 48).
[149] „Zu diesem Erheben des Hertzens durch den Glauben gehöret / daß er die herrliche Verheissung so uns Christus gethan / fürnehme / dieselbe tieff und inniglich betrachte / und (so zu sagen) durch den Glauben zerkäue / auch nicht ehe auffhöre in seinen Betrachtungen / biß er zuvor die Süssigkeit derselben gefühlet und geschmecket" (*Ubung*, S. 290).
[150] *Ubung*, Buch 3, Kap. 9: Wie jeder Tag christlich zu beschließen (S. 350 ff.).
[151] „Wird einer mit einer solchen Gedancken die Zeit zubringen / so wird der Satan mit den feurigen Pfeilen nicht in sein Hertz schiessen können / noch ihn mit weltlichen Geschäfften plagen / so werden auch seine Träume nicht fleischlich und sündlich seyn / so wird er mit den fünff klugen Jungfrauen allezeit bereit seyn / es komme sein Seelen=Bräutigam bey Tage / oder bey Nacht" (*Ubung*, S. 365).
[152] *Ubung*, S. 476 f.

ebenso wie zur Übung der Tugend[153]. Bei aufkommender Sünde „gedencket" ein Christ, er müsse sich vor Sünden hüten, denn sie haben Christi Blut gekostet; er stellt sich Christus in seinem Leiden möglichst realistisch vor und fühlt sich von ihm unmittelbar angeredet[154]. Desgleichen nutzt er die Passionsmeditation zur Erregung der *compunctio amoris* und des Affekts der Liebe, der vom Bösen abzieht und zum christlichen Leben antreibt[155]. Diese ständig parate Christus-Meditation ist nun keine Textmeditation mehr. Sie arbeitet mit dem im Gedächtnis (*memoria*) gespeicherten Bild- und Textmaterial zur Leidensgeschichte Jesu, das auf dem Schauplatz der jeweiligen Gegenwart unter Einsatz der sinnlichen Empfindungen (sehen, hören, fühlen) von der Einbildungskraft zu einem szenischen, bildhaften Auftritt kombiniert und gestaltet wird. Die Verwandtschaft dieser Meditationsform mit dem Aufbau der ignatianischen Meditationsszenerien ist unübersehbar.

Duntes *Ubung des Christentums* endet mit Hinweisen auf das rechte Verhalten in Krankheit, Lebensgefahr und Sterben. Letztlich ist für ihn das gelingende christliche Ende nur als Ergebnis einer lebenslangen Einübung der Gottseligkeit mit den geschilderten Frömmigkeitsübungen denkbar. Rechtzeitige Vertrautheit mit der Betrachtung des Todes und in der letzten Stunde die tröstende Betrachtung der ewigen Seligkeit krönen den Gesamtentwurf christlicher Lebensführung, der ganz auf der persönlichen Anverwandlung der christlichen Heilsbotschaft durch das Medium der Meditation basiert.

3.4 Pflicht zur Meditation bei Verlust der Seligkeit: Johann Schmidts Zelus Pietatis, 1641

Nicht durch kirchenkritische Schriften oder einen Beitrag zur Reformliteratur, sondern durch seine Predigten wirkte Johann Schmidt (1594–1658)[156], der

---

153 Dunte führt zu diesem Zweck keine Leben-Jesu-Meditation ein.

154 „Dieses betrachtet ein rechtschaffener Büsser gar wol / und hütet sich demnach für Sünden / ja wenn ihn eine Sünde wil überfallen und überwältigen / so hat er ihm den HErrn JEsum gleichsam lebendig in seinen Gedancken fürgestellet zur Zeit seiner Busse / und bildet sich den allezeit ein / wenn die Sünden ihn wollen einnehmen / als wenn Christus für ihm trete mit seiner dornen Krone / blutig / und verwundet / bespeyet um seiner Sünde willen / daß er da stehe voller Thränen / und ihn gleichsam mit diesen Worten anredet: [...]" (*Ubung*, S. 479f.).

155 „Zu diesem Ende nimt ein Christ das Bild Christi des gekrönten / gegeisselten und gekreutzigten HERRN für sich / und erwecket in seinem Hertzen eine solche Affection und Bewegung / als zu seyn pflegt in den Hertzen derer / die einen lieben und hören / daß dieser ihr Liebhaber in grosser Noth und Gefahr ist [...]" (*Ubung*, S. 483). Durch die intensive Meditation wird erreicht, daß der Christ trotz der zeitlichen Distanz vom Leiden Christi „dennoch im lebendigen Glauben solches erblickt und ihm vor Augen stellet / zu dem Ende / daß er hiedurch gerühret und angetrieben werde / denselben zu lieben / der sich für ihm [!] hat kreutzigen lassen / und aus Liebe gern zuthun / was diesem seinem Liebhaber gefallen möchte [...]" (*Ubung*, S. 483f.).

156 Zu Schmidt s. J. WALLMANN, Philipp Jakob Spener und die Anfänge des Pietismus. Tübingen ²1986, 4–16.

Straßburger Kirchenpräsident und Theologieprofessor, berühmt wegen seiner Frömmigkeit, berühmt, aber auch gefürchtet wegen seines christlichen Eifers[157], Freund Johann Valentin Andreaes und des Nürnberger Antistes Johann Saubert, der ebenfalls zu den führenden Kirchenkritikern und – reformern in der ersten Hälfte des 17. Jahrhunderts zu rechnen ist.

Unter dem Titel „Zelus Pietatis" gab Schmidt im Herbst 1640 einen Grundkurs im christlichen Glauben zum Druck, den er zuvor seiner Gemeinde in zwölf Predigten über Psalm 119, 4 f. gehalten hatte[158]. Daß Schmidt seine Predigtreihe unter den Begriff des „christlichen Eifers" stellte, zeigt von vornherein zwei Schwerpunkte seines thematischen Zugriffs: den kirchenkritischen Aspekt[159] ebenso wie eine Betonung des affektiven Bereichs christlicher Existenz. Der christliche Eifer ist ein von Gott gefordertes Element der stimmigen Gottesbeziehung; wo er fehlt, herrscht das „laulichte" Christentum, das vor Gott keinen Bestand hat. Zugleich ist der christliche Eifer ein auf Gott hin geordneter, an Gottes Wort entzündeter und sich ausrichtender Affekt, ein Zeichen des gläubigen Herzens, das aus gründlicher Erkenntnis Gottes und seines Willens zu herzlicher, tätiger Liebe zu Gott und zu brennendem Haß gegen alles gottlose Wesen entflammt[160]. Christlicher Eifer ist allen Christen geboten „bey verlust jhrer Seeligkeit"[161]; er ist das einzige Mittel, das vor der herrschenden falschen Sicherheit und dem vorgespielten Larvenchristentum bewahrt, die ins Verderben führen[162].

Schmidts Absicht ist es, seine Zuhörer anzuweisen, wie sie zu einem solchen christlichen Eifer gelangen und wie sie ihn, wenn sie ihn erreicht haben, erhalten können. Schon hier fällt die starke Zurücknahme der Predigtintention auf. Es ist nicht seine Absicht, durch die Predigt unmittelbar den Affekt des christlichen Eifers zu erregen. Die Reichweite der Predigt ist hier gleich in mehrfacher Hinsicht charakteristisch beschränkt: durch einen Mangel an Kontinuität der Einwirkung und durch ihre mangelnde individuelle Differenzierbarkeit[163]. Zwar ist es die rhetorische Absicht jeder Predigt wie jeder regelgerechten Rede, auf den menschlichen Affektbereich zu wirken und dort über das intellektuelle

---

[157] Vgl. dazu oben, S. 21 f. Anm. 51.

[158] J. Schmidt, ZELUS PIETATIS Oder Eiverige übung wahrer Gottseeligkeit / worinn dieselbe bestehe / welcher gestalt sie anzustellen vnd fortzusetzen. [...] Hiebevor in zwelff Predigten erkläret / Vnd jetzo Gottseelig=einfältigen Hertzen zum Vnterricht vnd Trost: Den Heuchlern aber / welche den blossen Schein eines Gottseeligen Wesens führen / zu trewhertziger Warnung [...]. Straßburg 1641.

[159] Vgl. dazu oben, S. 20 f.

[160] *Zelus Pietatis*, Vorrede, Bl. b 1ʳff.

[161] *Zelus Pietatis*, Vorrede, Bl. c 2ʳ.

[162] Die Notwendigkeit solcher Erinnerungen und Mahnungen sei nicht eigens zu begründen, urteilt Schmidt, da ja vor Augen liege, „wie nicht nur die Gottesvergessene Sicherheit durch die Welt mit Macht / vnd offentlich in allen Ständen grassiret; sondern auch die heuchlerische *trepiditas* vnd larve in vieler Hertzen herrschet / welche zwar keine offentliche Laster treiben / aber doch darbey auch keinen rechtschaffenen Eiver / GOTT zu dienen / bey sich haben / oder von sich spüren lassen" (*Zelus Pietatis*, Vorrede, Bl. c 2ʳ).

[163] Zur Klage über dieses grundsätzliche Handicap der Predigt vgl. unten, S. 97 ff.

docere hinaus eine entscheidende Bewegung des Willens zu erreichen (*movere*, *commovere*)[164]. Dieser Effekt jedoch ist zeitlich begrenzt. Er läßt den Affekt nicht habituell werden. Der christliche Eifer jedoch, den Schmidt fordert, ist auf Dauer angelegt. Er ist die spezifische Form christlicher Existenz, unterschieden von dem Affekthaushalt des „natürlichen" Menschen. Daher kann er nur in langfristiger Einübung erweckt werden und bedarf der konstanten Erneuerung und Pflege. Diese aber können nur individuell geleistet werden. Der Prediger ist in der Lage, die Heilsnotwendigkeit des christlichen Eifers eindringlich vorzutragen und Mittel aufzuzeigen, ihn zu erwerben und zu erhalten. Der affektive Appell ist dann darauf gerichtet, diese Mittel wirklich einzusetzen. Die Anwendung selbst aber muß vom Zuhörer vollzogen werden.

So weist Schmidt konsequent auf die Übung von Meditation und Gebet als die Mittel, den christlichen Eifer zu erregen[165]. Aus dem Predigttext Psalm 119, 4f. *(Du hast geboten / fleissig zuhalten deine Befehl. O daß mein Leben deine Rechte mit gantzem Ernst hielte)* gewinnt Schmidt zwei Themen, die er nacheinander in seiner Predigtreihe abhandelt: aus V. 4 entwickelt Schmidt seine Lehre, daß sich der christliche Eifer entzündet und nährt an der ernsthaften, kontinuierlichen, auf christliche Praxis hin orientierten Meditation des Wortes Gottes. Er will aufzeigen, „mit was Fleiß vnd Ernst wir das Wort Gottes hören / lesen / lernen / betrachten / behalten / darnach wandeln" und alles daran Hindernde überwinden sollen[166]. Anschließend weist er den Weg zu jenem Verlangen, Gottes Willen zu tun, der sich in dem Gebetsruf V. 5 ausdrückt.

Grundlage und Voraussetzung des christlichen Lebens überhaupt ist der tägliche Umgang mit Gottes Wort und Gebot. Dieser Umgang schließt vier zusammenhängende Stücke ein: (1) die fleißige Aufnahme und Erlernung des Wortes durch Hören und Lesen (diligentissima perceptio), (2) die andächtige Betrachtung des Wortes (devotissima meditatio), (3) die sorgfältige Bewahrung (studiosissima conservatio), (4) die gehorsame Erfüllung (fidelissima executio)[167]. Die Bewahrung des gehörten und meditierten Wortes im Gedächtnis und das Handeln nach seiner Anleitung in Gesetz und Evangelium sind von Schmidt wohl aus didaktischen und aus Dispositionsgründen in eigenen Predigten behandelt worden. Daß die richtige *meditatio* und *ruminatio* das Wort dem Gedächtnis einprägen und daß sie auf Handeln drängen, ist Schmidt geläufig und wird von ihm in anderen Dispositionsschemata auch selbst formuliert[168].

---

[164] Vgl. dazu unten, S. 94 ff.

[165] „[...] wie man darzu gelangen möge / nemblich vermittelst theils fleissiger betrachtung vnd handlung heiliger Schrifft / als eines kräfftigen / von GOtt darzu verordneten Mittels; theils auch innbrünstigen vnd hertzlichen Gebetts" (*Zelus Pietatis*, Vorrede, Bl. c 2ʳ).

[166] *Zelus Pietatis*, S. 5.

[167] *Zelus Pietatis*, S. 25 f.

[168] Vgl. etwa J. Schmidt, Sechs Christliche Predigten / Von deß Heiligen Psalters Namen / Vrsprung / Inhalt / Nutz vnd Frucht / &c. Nach anleitung Der Apostolischen Vermahnungswort Coloss. 3. vers. 16. Lasset das Wort Christi vnter euch reichlich wohnen / &c. Hiebevor zum Eingang vnd vorbereitung / auff die Erklärung deß lieben Psalters gehalten [...]. Straßburg 1637: 1. Predigt: Von der allgemeinen Vermahnung zur Lieb vnd betrachtung Göttlichen

Entschieden fordert Schmidt neben dem Hören des Wortes Gottes in Gottesdienst und Predigt auch das Lesen[169]. Um sein Wort zu verbreiten, hat Gott das Predigtamt eingesetzt, das die Propheten, Christus selbst und die Apostel ausgeübt haben; seit Erfindung des Buchdrucks aber liegt Gottes Wort dank seiner Gnade für alle ständig bereit[170]; nun kann jeder, wie Ps 1, 2 es fordert, Tag und Nacht darin meditieren[171]. Nachdrücklich ermahnt Schmidt seine Zuhörer, sich eine Bibel zu beschaffen; selbst ein Handwerksmann könne beim Sparen von einem halben Batzen pro Woche „in kurtzer Zeit" an eine Bibel kommen[172]. Aus Apk 1, 3 („Seelig ist / der da liset vnd höret die Wort der Weissagung / vnd behält / was darinnen geschrieben ist") zieht Schmidt den Umkehrschluß, daß unselig sei, der eines von beiden vorsätzlich vernachlässigt[173]. Hören und Lesen haben nach denselben Regeln zu erfolgen[174], nämlich 1. *devote & reverenter*: nach vorhergehendem Gebet, in Andacht und Ehrerbietung; 2. *crebro & frequenter*: die Predigt nicht nur Sonn- und Festtags, sondern auch Werktags bei jeder sich bietenden Gelegenheit hören, in der Bibel aber mehrmals täglich lesen[175]; 3. *accurata attentione*: mit genauer Aufmerksamkeit und Konzentration.

Lesen und Hören des Wortes aber sind beide nur der erste Schritt zur Meditation. Das Wort Gottes ist wie eine Arznei: neben dem Bett stehend hilft sie so wenig wie ohne die richtige Dosierung eingenommen. Daher muß auf die aufmerksame *lectio* des Wortes die *devotissima meditatio* folgen[176], die *ruminatio* des geistlichen Brotes[177]. Schmidt begründet diese *Pflicht* zur Meditation aus 1.

Worts. – Den Gedankengang der Predigt zeichnet in aller Kürze die fortlaufend gelesene lateinische Randglosse nach: In Kol 3, 16 fordert der Apostel die Behandlung des Wortes Gottes, *ut illud 1. Audiamus; 2. In animum demittamus; 3. Custodiamus. Quod fit, si de eo meditamur 1. Frequenter; 2. Sapienter*, nämlich *1. Simpliciter credendo; 2. a falsa doctrina seiungendo; 3. Pie obtemperando* (d. h.: behalten und tun gem. Mt. 7, 24).

[169] Wer ernstlich begehrt, in den Dienst Gottes zu treten, der sehe zu, daß er mit David „neben anhörung der Predigt / die heilige Schrifft Alten vnd Newen Testaments / bey sich vnd an der Hand / vnd darinnen seine *meditationes* Tag vnd Nacht habe / wie der erste Psalm erfordert" (*Zelus Pietatis*, S. 17f.). – Biblische Vorbilder sind der Kämmerer aus dem Mohrenland (Apg 8), der, aus Jerusalem kommend, wo er Schmidt zufolge als Teilnehmer am öffentlichen Gottesdienst auch Gottes Wort gehört hat, auf der Rückreise im Jesajabuch weiterstudierte, und die Ältesten zu Beröa (Apg 17, 11), die nach der Predigt des Paulus in der Schrift studierten, ob sich alles so verhielte (*Zelus Pietatis*, S. 30).

[170] *Zelus Pietatis*, S. 27f.

[171] *Zelus Pietatis*, S. 17f.

[172] *Zelus Pietatis*, S. 18f.

[173] *Zelus Pietatis*, S. 29.

[174] *Zelus Pietatis*, S. 30–35.

[175] „Noch öffter / vnd also täglich zu mehrmaln muß man daheim die Schrifft lesen / vnd seine Betrachtung darinnen haben" (*Zelus Pietatis*, S. 33). An biblischen Belegen nennt Schmidt Jos 1, 8 (Laß das Buch deß Gesetzes nicht von deinem Munde kommen / sondern betrachte es Tag vnd Nacht), Ps 1, 2 und Kol 3, 16.

[176] Schmidt definiert *meditatio* an dieser Stelle als „das andächtige nachsinnen oder Betrachtung deß gehörten oder gelesenen Worts vnd Befehls deß HErrn" (*Zelus Pietatis*, S. 45).

[177] Zum Begriff der *ruminatio* vgl. oben, S. 40 Anm. 35. – Äußerliches Hören des Wortes hilft nicht: „es muß die geistliche *ruminatio*, vnd das kewen darbey seyn: es muß das gehörte vnd gefasste Wort / durch andächtige *meditation*, im Hertzen hin vnd her beweget / vnd / nach allen

dem ausdrücklichen *Mandatum Dei*[178]; 2. den *Similitudines*, womit er unter Berufung auf Augustinus die als rein erachteten wiederkäuenden Tiere anspricht[179]; 3. die *Exempla*[180]. Die Meditation selbst hat zu sein 1. *religiosa*: in gebührender Reverenz vor dem Wort Gottes, begonnen mit und begleitet vom Gebet; 2. *simplex*: in Unterwerfung unter das Wort und im Verzicht auf eigene Klügeleien; 3. *Fidei analoga*: auf der Grundlage einer soliden Kenntnis des lutherischen Katechismus und auf der Hut vor jedweden heterodoxen Gedanken[181]. Mit der letztgenannten Regel verbindet Schmidt die Rechtfertigung der Meditation gegen das ihr gerade im Luthertum entgegengebrachte Mißtrauen, sie führe zu Schwärmerei und Enthusiasmus[182]. Darüber hinaus aber zeigen seine drei Regeln generell das Risiko auf, das sich mit der Freigabe, ja Forderung der Meditation für alle Christen verbindet. Dient sie einerseits, *iuxta analogiam fidei* betrieben, zur Festigung und Verinnerlichung der Glaubensinhalte, so kann ihr andererseits der Antrieb zur Heterodoxie oder ganz einfach zum intensiv anverwandelten Irrtum innewohnen[183]. Ausdrücklich warnt Schmidt daher vor Mißbrauch und falscher Nutzung der Meditation. Unbedingt zu verwerfen sind 1. die *meditatio profana*: die Beschäftigung mit der Heiligen Schrift zu Kurzweil und Spott; 2. die *meditatio malitiosa*: die boshafte Verkehrung der Schrift; 3. die *meditatio curiosa*: die „vorwitzige" Betrachtung, die dem Nachweis des eigenen Scharfsinns, der *argutia* dient und Gottes Wort als Sklavin mißbraucht; und 4. die *meditatio ad errores tuendos detorta*: das Zurechtbiegen des Schriftsinns nach vorgefaßten Meinungen[184].

Für Schmidt stehen aber nicht die möglichen Gefahren der Meditation im Zentrum des Interesses, sondern ihr Nutzen. Nicht der Mißbrauch der Meditation, sondern ihre mangelnde Ausübung in Straßburg wird von ihm beklagt. Selbst unter den Kirchgängern und Bibellesern gebe es welche, die die Medita-

---

Syllaben / betrachtet werden" (*Zelus Pietatis*, S. 46). Die fortlaufende lateinische Randglosse formuliert: „Non sufficit audire & legere Verbum, Sed meditatio requiritur".

[178] Die angezogenen Schriftbeweise sind Dtn 6, 6; Spr 4, 20f.; Mk 7, 14; Mt 24, 15; jeweils dargeboten in einer auf die Meditation abhebenden Paraphrase (*Zelus Pietatis*, S. 46f.).

[179] „Ein rechter Zuhörer soll gleich seyn denen Thieren / die daher / weil sie widerkewen / rein genennet werden: Er soll sich nicht verdriessen lassen das jenige / was er ins Hertz gefasset / weiter zubedencken: Ja / in dem er höret / soll er gleich seyn einem essenden Thier: in dem er das gehörte Wort betrachtet / soll er gleich seyn einem widerkewenden Thier. Auff welchen Befehl [!] die Heiligen / Alten vnd Newen Testaments / fleissig gesehen / vnd bemelte geistliche *Rumination*, oder Betrachtung Göttlichen Worts embsig gehalten" (*Zelus Pietatis*, S. 47; Schmidts Zitatstelle ist Augustin, Contra Faustum, Lib. 6, cap. 7).

[180] S. dazu unten, S. 65–67.

[181] *Zelus Pietatis*, S. 52–55.

[182] Vgl. dazu Kap. 5.3.

[183] Der Teufel nutzt die Situation des Meditierenden aus und schmuggelt unheilige oder heterodoxe Gedanken ein; „ja / den gantzen Schwarm der Enthusiasten hat er hierdurch verführet / vnd jhre tieffe *meditationes* oder Betrachtungen Göttlichen Worts geschändet / in dem / daß sie die Regul deß Glaubens beyseits gesetzet / ausser den Schrancken der Glaubensarticul gesprungen / vnd ins weite Feld / also zureden / nach jhrem gefallen / mit Gottes Wort gehandelt" (*Zelus Pietatis*, S. 54).

[184] *Zelus Pietatis*, S. 50–52.

tion nicht für ihre Pflicht halten, sondern sofort nach der Predigt oder dem Lesen
eines Kapitels der Bibel wieder zu weltlichen Zerstreuungen eilen; so aber wird
das Wort Gottes dem Teufel zur Beute gelassen[185]. Dagegen betont Schmidt mit
großem Ernst, daß die Meditation kein Adiaphoron sei, das man nach Gutdünken tun oder lassen könne:

> „Nein: sondern es ist diese jetztbeschriebene *meditation* vnd *Betrachtung* deß gehörten
> oder gelesenen Worts Gottes *ein sehr nothwendiges Stuck deß rechten Gottesdiensts*: Nothwen-
> dig / von wegen deß vorangezogenen Göttlichen Befehls / der das meditiren vnd betrach-
> ten deß Worts eben so hoch gebeut / als das hören desselben: nothwendig auch / weil ohne
> dieses Stück kein Mensch [...] zu wahrer Erkandtnuß Gottes vnd seines Willens gelangen
> / vnd also auff den Weg der Seeligkeit kommen kan"[186].

Wie der Same nicht auf dem Feld liegenbleiben darf, sondern untergeackert
werden muß, damit er Frucht bringt, so muß das Wort Gottes durch die
Meditation ins Herz gesenkt werden, damit es heilbringend wirkt[187]. Niemand
soll Amtsgeschäfte und Berufspflichten vorwenden, um sich der Meditation zu
entziehen. Zumindest der Sonntag steht zu dieser und anderen geistlichen
Übungen ganz zur Verfügung; jeden Abend aber sollte zumindest eine Viertelstunde auf die Meditation verwendet werden[188]. Schmidts abschließend im *usus
consolatorius* der Predigt vorgestellte Aufzählung des Nutzens der Meditation ist
eine intensive Werbung für ihre Praktizierung und liest sich wie ein Kompen-
dium aller seit Arndt vorgebrachten Argumente[189]: durch die Meditation wird
Gott im Herzen der Christen wohnen, kommen wir in ein vertrautes Gespräch
mit Gott, hören wir ihn durch die betrachteten Schriftworte zu uns sprechen,
empfinden durch die *ruminatio* die Süße des göttlichen Wortes[190], wird mehr und
mehr das Ebenbild Gottes in uns realisiert[191], nimmt die Erkenntnis Gottes und
seines Willens zu, entwickelt der Christ Verlangen zum Dienst an Gott, wird der
Christ wie durch eine Schildwacht gegen den Teufel und den Reiz der Welt
geschützt. Bei eifriger Übung der Meditation, verspricht Schmidt seinen Zuhörern, wird sich nicht erst in Monaten, sondern binnen weniger Tage der verheisse-
ne Erfolg einstellen.

Dem möglichen Einwand, man wolle ja gern mit gleichem inbrünstigem
Verlangen Gott dienen wie David, empfinde aber leider solches Verlangen
nicht, antwortet Schmidt: „Lieber Mensch / brauche du Davidische Mittel / so
wirstu Davidische Hertzensbewegungen / durch Wirckung GOttes / deß Heili-

---

185 *Zelus Pietatis*, S. 56.
186 *Zelus Pietatis*, S. 55 (Fettdruck im Original).
187 *Zelus Pietatis*, S. 55.
188 *Zelus Pietatis*, S. 57 f.
189 *Zelus Pietatis*, S. 58–60.
190 „Denn gleich wie es mit dem Süßholtz gehet / daß / so man es ein weil zerbeisset vnd
zerkewet / es alsdann seinen guten Geschmack erst recht von sich gibt: also / je mehr man die
heilige Schrifft *rumi*niret / je lieblicher sie wird / da heisset: Decies repetita placebit: Je öffter
betrachtet / je besser Geschmack empfunden [...]" (*Zelus Pietatis*; S. 59).
191 Dies ist das methodische Anliegen der *Vier Bücher vom Wahren Christentum* Johann Arndts.

gen Geistes / empfinden"[192]. Das Davidische Mittel ist natürlich die Meditation, und Schmidt zeigt ein ungewöhnlich hohes Interesse, David als eifrigen Betreiber der Meditation vorzustellen. Dabei interpretiert er seinen Predigttext selbst schon als ein Zeugnis von biblischer Meditation, nämlich als Ergebnis einer Meditation Davids, der nach den Worten des ersten Psalms über der Thora gesessen und sie „andächtig gelesen / erwogen und betrachtet" habe[193]. Regelgerecht unterscheidet er zwischen Davids Zusammenfassung seiner Meditation, die er in Vers 4 findet, und dem daraus entspringenden affektiven Gebetsruf in Vers 5. Nun gilt David traditionell als Typus des meditierenden Frommen, ebenso wie Psalm 1, 2 eine Kernstelle zur Betonung der Pflicht täglicher Meditation ist. Doch Schmidt geht es hier um mehr als um die Beschwörung einer Tradition. Er will geradezu einen philologischen Beweis liefern und den Text auf den Tisch legen, über den David meditierte, bevor er seinen Psalm komponierte. Es handelt sich um die Stellen, an denen Gott fordert, ihn zu lieben und seine Gebote zu halten, sonderlich um Dtn 6, 5. Letzteres sieht Schmidt bewiesen, wie er nachdrücklich betont[194], im Aufgreifen des Wortstamms מאד aus Dtn 6, 5 in Ps 119, 4. In dieser Betrachtung des göttlichen Ernsts sei David auch zu der Betrachtung des menschlichen Elends und zur Selbsterkenntnis seiner Sünden vor Gott gekommen und in den Gebetsruf Ps 119, 5 ausgebrochen[195]. Schmidt zeigt David hier also in der Durchführung einer klassischen Bußmeditation.

Auch die anderen biblischen Exempla für eifrige Meditation hat Schmidt in eigentümlicher Weise ausgewählt, ergänzt und pointiert. Wenn es von Isaak heißt, er sei gegen Abend auf das Feld gegangen, um zu meditieren (Gen 24, 63), weiß Schmidt zu ergänzen, daß sein Meditationsstoff sicher die Predigten Abrahams über den Auszug aus der alten Heimat und die göttlichen Verheissungen waren[196]. Jakob hat die Predigt, die ihm Gott von der Himmelsleiter herab gehalten hat (Gen 28, 13–15) so nachdrücklich meditiert und dabei ins Gedächtnis gefaßt, daß er noch zwanzig Jahre später Gott mit Zitaten aus dieser Predigt um Schutz gegen Esau angerufen hat (Gen 32, 13)[197]. Für das Beispiel Davids ist 2Sam 7 „ein rechter Spiegel seiner sehr eiverigen *meditation* vnd betrachtung":

---

[192] *Zelus Pietatis*, S. 214.

[193] *Zelus Pietatis*, S. 6.

[194] „Vber solche Befelchs= vnd Vermahnungswort hat damal David seine *meditation* vnd betrachtung gehabt / welches keine vngewisse muthmassung / sondern in denen Worten selbst gegründet [...]" (*Zelus Pietatis*, S. 7).

[195] Die fortlaufend gelesene lateinische Randglosse bietet den Zusammenhang in der vertrauten Terminologie der Meditation: „David id temporis, quo haec verba protulit, Versatus est in meditatione divinarum ad obedientiam exhortationum, Quod ex ipsa collatione patet. Mox ad se conversus suam imbecillitatem consideravit" (*Zelus Pietatis*, S. 6f. in margine).

[196] „Dem allem / vnd andern angehörten Haußpredigten / hat er vor sich allein auff dem Felde nachgedacht / die grossen Thaten Gottes [...] erwogen / sich darinn ergetzet / erfrewet / Gott gelobet / seinen Glauben vnd Hoffnung gestärcket &c." (*Zelus Pietatis*, S. 47f.). Abraham bekommt von Schmidt dabei das Amt eines Haus- und Stammespredigers zugesprochen.

[197] *Zelus Pietatis*, S. 48.

nach der Verheissung Nathans über Salomon hat sich David meditierend vor die Bundeslade gesetzt und ist dann in die *oratio* 2Sam 7, 18 ff. ausgebrochen[198]. Im Neuen Testament sind die Hirten (Luk 2) zu nennen, von denen es heißt, sie hätten das Wort von Jesus ausgebreitet; damit ist für Schmidt impliziert, daß sie es zuvor untereinander besprochen und meditiert haben. Und natürlich ist Maria ein Exempel, die alle Worte in ihrem Herzen behalten und bewegt hat (Luk 2, 19)[199].

Es ist unverkennbar, worauf es Schmidt bei den so vorgestellten Exempla ankam. Daß er praktisch die gesamte Verheissungsgeschichte des Alten und Neuen Testaments zu dem schematischen Ablauf von Predigt und Meditation stilisiert, zeigt, daß er überzeugt war, hier den Schlüssel zum sachgemäßen und biblisch bezeugten Umgang mit dem Wort Gottes gefunden zu haben. Schon immer, seit den Tagen Abrahams, erfolgte die Aneignung des Wortes Gottes im Ablauf von Predigt, Betrachtung und Gebet oder: *lectio, meditatio, oratio*. Damit zeichnete sich für ihn zugleich die schriftgemäße Lösung des Zentralproblems der Predigt überhaupt ab: *Wie bekommen wir den Kopf in das Herz?*

3.5 Zusammenfassung

Der Weg von Johann Arndt zu Johann Schmidt hat vier Stationen und Modelle der Funktionalisierung von Meditation im Raum des deutschen Luthertums aufgezeigt. Was Arndt, Gerhard, Dunte und Schmidt miteinander verbindet, ist ihr Ausgang von der Kirchenkritik her, ihre Reformabsicht und ihre Erwartung, in der meditativen Verinnerlichung von Wort und Glaubenslehren das entscheidende Mittel zur Schaffung wahrer Christen gefunden zu haben. Arndts Kenntnis von der Leistungsfähigkeit der Meditation war zumeist vermittelt durch Texte der Mystik, in denen er die für ihn sich anbietende Methodik schon in andere funktionale Zusammenhänge eingebunden vorfand, als seiner eigenen Intention entsprach. Während er zunächst versucht hat, den für ihn wichtigen Kern durch Uminterpretation der Schale zu nutzen, scheint ihm späterhin die eigenständige Verwendbarkeit meditativer Methodik im Rahmen unzweideutig lutherischer Theologie deutlicher bewußt geworden zu sein[200]. Gerhard, Dunte und Schmidt haben einen direkteren Zugang zu Texten und Methodik der Meditation gefunden. Gerhard zeigt sich vor allem vertraut mit dem altkirchlichen und mittelalterlichen Kanon der Meditationsliteratur. Dunte kannte die zeitgenössische ausländische Literatur, die ebenfalls dem Thema gewidmet war, wahre Christen zu schaffen und zu erhalten[201]. Die umfangreichsten Kenntnisse über Tradition und Möglichkeiten der Meditation besaß

---

[198] *Zelus Pietatis*, S. 48 f. – Von Meditation ist in 2Sam 7, 18 nicht explizit die Rede; für Schmidt aber ergibt sich der Sachverhalt aus dem Gebet selbst, das so nur als Folge der Betrachtung der Weissagung erfolgen kann.

[199] *Zelus Pietatis*, S. 49.

[200] Vgl. oben, S. 39 ff.

[201] Vgl. oben, S. 55.

Johann Schmidt. Seine Äußerungen zeigen gute Kenntnis der „klassischen" Meditationsliteratur ebenso wie der damals aktuellsten Weiterentwicklungen und Instrumentalisierungen der Meditationsmethodik im katholischen wie im protestantischen Bereich. Die Schriften des spanischen Dominikaners Luis de Granada waren ihm offensichtlich ebenso geläufig wie die Konzipierung einer protestantischen, dezidiert nicht-jesuitischen Form der Meditationsanleitung durch den englischen Bischof Joseph Hall[202]. Dieser unterschiedliche Kenntnisstand korrespondiert wohl nicht zufällig mit der jeweiligen geographischen Blickweite. Arndt und Gerhard bewegten sich in relativ begrenzten innerdeutschen Lebensbezügen. Dunte hatte in den zwanziger Jahren eine dreijährige Reise durch Holland, England und Frankreich absolviert, dabei rund eineinhalb Jahre in Oxford verbracht, und lebte seit 1627 als Prediger in Reval in einer kulturell vielschichtigen Handelsstadt. Schmidt, der 1616–1619 ebenfalls Frankreich und England bereist hatte, wirkte in Straßburg, wo neben dem deutschen Luthertum zugleich die Nähe und die kulturelle Überschneidung mit der französisch-katholischen Kultur spürbar war, ein Klima, in dem der deutsche Lutheraner Hans-Michael Moscherosch seine französischsprachige *Méditation sur La Vie De Jésus Christ* veröffentlichte[203].

Die Meditation, als Frömmigkeitsübung zwischenzeitlich fast völlig aus dem Gebrauch der Reformationskirchen verdrängt und auf literarische Enklaven reduziert, erfuhr in der lutherischen Kirche neue Aufmerksamkeit und entschiedene Befürwortung als mögliche Antwort auf die immer stärker empfundene und offengelegte Krise des kirchlichen Lebens. Als Methode zur persönlichen Applikation und Verinnerlichung der Glaubenslehren wurde sie wiederentdeckt, in den Rahmen lutherischer Theologie eingepaßt und mit zunehmender Intensität propagiert. Das Schwergewicht des Interesses lag dabei eindeutig auf ihren persuasorischen, nicht auf ihren konsolatorischen Möglichkeiten.

Die theoretischen Grundlagen für die Propagierung der Meditation lagen in der lutherischen Dogmatik bereit. Meditation als gebotene Form des Umgangs mit dem Wort Gottes wurde sowohl in der Auslegung des zweiten wie des dritten Gebotes angeführt[204]. Wichtiger noch war die Rolle, die der Meditation für den Verlauf von Bekehrung, Heilsaneignung und Heiligung zugesprochen wurde. In der Konkordienformel (1577) selbst war noch ambivalent geblieben, ob die Meditation grundsätzlich zur sachgemäßen Reaktion auf Gottes Wort gehöre und auch im Vorgang der anfänglichen Bekehrung ihren Ort habe oder aber erst als eine kooperierende Übung des wiedergeborenen Menschen zu werten sei.

Mit seiner für orthodoxe Verhältnisse mangelhaften und unklaren Identifizierung des äußeren, gehörten Wortes mit dem inneren, wirkenden Wort scheint Arndt gegen die Auffassung von der Wirkungsmacht des Wortes Gottes versto-

---

[202] Vgl. unten, S. 106.
[203] Straßburg 1646 (Dünnhaupt², 2869: Nr. 30).
[204] Vgl. dazu unten, S. 103 ff.

ßen zu haben. Tatsächlich ist die ausdrückliche Lehre von der *efficacia verbi divini* aber erst als indirekte Folge des *Wahren Christentums* im *Rahtmannschen Streit* (1621–1628) formuliert worden[205]. Die *Solida Declaratio* der Konkordienformel hatte zwar in der Abwehr von Spiritualismus und „Enthusiasmus" erklärt, daß der Heilige Geist nicht unmittelbar, sondern durch die äußeren Gnadenmittel des gepredigten Wortes und der Sakramente wirkt; diese Erklärung findet sich jedoch im Rahmen eines Artikels über den freien Willen, der gegen den Synergismus gerichtet ist und die menschliche Mitwirkung am Geschehen ausschließt[206]. Das Schwergewicht der Argumentation liegt also in der Konkordienformel nicht darauf, die Bedeutung des *Wortes* zu betonen, sondern die alleinige Wirksamkeit des *Heiligen Geistes* herauszustellen. Zwischen Skylla und Charybdis mochte die Nähe zum Synergismus zunächst als der gefährlichere Kurs erschienen sein.

Art. 2 der *Solida Declaratio* beantwortet die Streitfrage, ob der Mensch mit seinen natürlichen Seelenkräften Verstand und Willen an seiner Bekehrung mitwirken könne, wenn ihm im gepredigten Wort die Gnade Gottes angeboten wird[207]. Die Antwort ist eine entschiedene Verneinung. Gott allein wirkt das Wollen und das Vollbringen (Phil 2, 13). Die Bekehrung geschieht von Gott aus durch das Wort und die Sakramente[208], vor allem durch die Predigt des Wortes[209]. Das Wort Gottes äußerlich zu hören und zu lesen, steht in der Verfügbarkeit auch des Unwiedergeborenen[210]. Die *Solida Declaratio* versucht, streng darauf zu achten, für diesen ersten Anfang der Bekehrung nur von der Predigt, dem Hören und dem Lesen des Wortes bzw. von der Wirkung des Heiligen Geistes durch das gepredigte und gehörte Wort zu sprechen. Eine Passage des deutschen Textes, in der von dem Wirken des Heiligen Geistes die Rede war, der durch das gepredigte, gehörte *und betrachtete* Wort die Herzen erleuchtet, ist nachträglich durch Streichung des *und betrachtet* korrigiert worden, „damit es nicht hab das Ansehen, daß auch ein unwiedergeborner Mensch vor sich alleine das göttliche Wort betrachten könne"[211]. Sobald aber der Heilige Geist sein Werk beginnt, ist es nach eindeutiger Aussage der *Solida Declaratio* die Pflicht des Menschen, das Wort Gottes nicht nur zu hören und zu lesen, sondern zu betrachten, zu meditieren, den Glauben durch Meditation entflammen zu lassen und in täglicher Übung zu stärken[212]. Dagegen wird die Meditation an anderer

---

[205] Vgl. die Art. zu Hermann Rahtmann (1585–1628): RGG³ 5, 770; RGG² 4, 1688; RE³ 16, 410–412. Ausführlich berichtet Gottfried Arnold, Unparteiische Kirchen- und Ketzerhistorie, Teil 3, Kapitel 12. – Texte zum Rahtmannschen Streit bei E. Hirsch, Hilfsbuch zum Studium der Dogmatik. Berlin ⁴1964 (Ndr. 1974), Nr. 78.

[206] Vgl. den Art. „Synergismus, Synergistischer Streit". In: RE³ 19, 229–235.

[207] BSLK 871, 11–20.

[208] BSLK 891, 10f. 42–44.

[209] BSLK 891, 28ff.

[210] BSLK 892, 27ff.

[211] BSLK 893, Anm. 2 mit einem Zitat aus dem brandenburgischen Bedenken zum Torgischen Buch.

[212] BSLK 877, 30ff.: „Und nachdem Gott den Anfang durch sein Heiligen Geist in der Taufe,

Stelle in Art. 2 der *Solida Declaratio* auch dem *unwiedergeborenen* Menschen
zugeeignet; dessen Herz, heißt es dort, gleiche einem harten Stein, einem unge-
hobelten Klotz oder einem wilden Tier, jedoch nicht so, „daß der Mensch nach
dem Fall nicht mehr ein vornünftige Kreatur sei oder ohne Gehör und Betrachtung des göttlichen Worts zu Gott bekehret werde"[213]. Die in der Konkordienformel dann parallel zu diesen beiden Vorstellungen erscheinende etwas unklare
Synthese scheint als Lösung empfunden worden zu sein: zu den vom Heiligen
Geist selbst in der Bekehrung des Menschen eingesetzten Mitteln gehören
sowohl die Predigt des Wortes als auch dessen Meditation[214].

Eine gewisse Vorsicht bei der Verhältnisbestimmung zwischen Meditation
und Wirkung des Heiligen Geistes, die bei Gerhard und Dunte zu beobachten ist,
scheint von dieser Position der Konkordienformel beeinflußt zu sein. Gerhard
betont in seiner kurzen Meditationslehre innerhalb der *Schola Pietatis* ausdrücklich, daß fruchtbare Meditation ein Werk des Heiligen Geistes ist und daß alle
guten Gedanken, die dabei anfallen, von ihm herkommen[215]. Genau wie Art. 2
der *Solida Declaratio* beruft sich Gerhard auf die Kernstellen 1 Kor 2, 14, 2 Kor 3, 5
und Phil 2, 13 für den Beweis, daß das Denken des unwiedergeborenen Menschen böse ist und Gott allein das Wollen und Vollbringen schafft[216]. Hat aber
der Heilige Geist im Wort durch einen guten Gedanken einen Funken zu Glauben und Bekehrung gelegt, so ist es die Pflicht des Menschen, durch fleißige
Meditation ein Feuer daraus entstehen zu lassen[217]. Dabei fällt auf, daß auch
Gerhard, hierin plötzlich Arndt ähnelnd, den Anstoß zur Bekehrung bei Festhal-
ten an der Einheit des Wortes doch in ein äußerliches und innerliches Geschehen
durch den Heiligen Geist differenzieren kann[218], wobei es ihm offenbar um die

---

rechte Erkenntnis Gottes und Glauben angezündet und gewirket, ihne ohn Unterlaß bitten, daß
er durch denselbigen Geist und seine Gnade, vermittelst täglicher Übung Gottes Wort zu lesen
und zu üben, in uns den Glauben und seine himmlische Gaben bewahren, von Tag zu Tag
stärken und bis an das Ende erhalten wölle".

[213] BSLK 879, 25 ff. Der lateinische Text lautet: „Eam ob causam sacrae litterae hominis non
renati cor duro lapidi, qui ad tactum non cedat, sed resistat, item rudi trunco, interdum etiam
ferae indomitae comparant, non quod homo post lapsum non amplius sit rationalis creatura; *aut
quod absque auditu et meditatione verbi divini ad Deum convertatur* [...]" (BSLK 879, 20–27;
Hervorhebung von mir).

[214] „Dieweil die natürlichen Kräften des Menschen darzu nichts tun oder helfen können, 1.
Cor. 2; 2. Cor. 3., daß Gott aus unermeßlicher Güte und Barmherzigkeit uns zuvorkomme und
sein heiliges Evangelion, dardurch der Heilige Geist solche Bekehrung und Verneuerung in uns
wirken und ausrichten will, predigen lasse und durch die Predig und Betrachtung seins Worts
den Glauben und andere gottselige Tugenden in uns anzündet, daß es Gaben und Wirkungen
des Heiligen Geistes allein sein" (BSLK 901, 16 ff.).

[215] Johann Gerhard, *Schola Pietatis*, Buch 2, Kap. 8 (aaO., S. 275).

[216] Vgl. BSLK 876, 4 ff., und *Schola Pietatis*, Buch 2, Kap. 8 (aaO., S. 275).

[217] „Demnach wenn der H. Geist ihr Hertz erwärmet / und einen guten Gedancken hinein
gibt / sollen sie denselben nicht mit der Aschen deß sündlichen verderblichen Fleisches über-
schütten / sondern vielmehr durch andächtige Betrachtung aufblasen" (Johann Gerhard, *Schola
Pietatis*, Buch 2, Kap. 8; aaO., S. 276).

[218] „Demnach wenn wir in unserm Hertzen einen guten Gedancken fühlen / daß uns GOtt
der HERR *äusserlich* durch das Wort / und *innerlich* durch seinen guten Geist erinnert [...]"

Abwehr synergistischer Vorstellungen und Herausstellung der Alleinwirksamkeit des Heiligen Geistes geht.

Auch Dunte, der die Meditation als wesentliches Hilfsmittel zur Erweckung von Reue und Glauben in der Buße beschreibt, kommt zu einigermaßen gewundenen Formulierungen, um sicherzustellen, daß der Heilige Geist als Urheber aller zum Glauben führenden Bewegungen unangefochten bleibt[219]. In den konkreten Meditationsanleitungen ist nicht mehr die präzise Unterscheidung durchzuhalten zwischen dem Handeln des *Urhebers* und dem des *Ausübenden* der Meditation.

Sachlich hat sich allmählich ohne weitere Differenzierungen die Auffassung durchgesetzt, daß *grundsätzlich* zum richtigen, gottgewollten Umgang mit Gottes Wort neben dem Hören und Lesen auch das Betrachten oder Meditieren gehört[220]. Spätestens mit dem Rahtmannschen Streit verschob sich das dogmatische Interesse an der Verhältnisbestimmung von Wort Gottes und Wirkung des Heiligen Geistes von der Tatsache, *daß der Heilige Geist wirkt*, auf die Feststellung, *daß der Heilige Geist durch das Wort wirkt*. Das neugeschaffene Lehrstück von der *efficacia verbi divini*, das die Wirkung des Heiligen Geistes an das äußere Wort der Schrift bindet, geht davon aus, daß diese Wirkung sich entfaltet im Vorgang des Predigens, Hörens, Lesens *und Betrachtens* des Wortes[221].

Es ist Ausdruck des praxisorientierten Zuges der lutherisch-orthodoxen Dogmatik, daß sie schon früh eine Lehre von der zueignenden Gnade des Heiligen Geistes (de gratia Spiritus Sancti applicatrice) entwickelt hat[222]. Vielleicht ist es nicht falsch, den Ursprung dieser Lehrentwicklung einmal im Zusammenhang mit der zeitgenössischen Klage über den Mangel an wahrem Glauben und christlichem Leben zu suchen[223], die doch in ihrer dogmatischen Konsequenz Verständigung über die Art und Weise verlangte, in der Glauben, Rechtfertigung und neuer Gehorsam entstehen, also von dem Problem ausgehend, von dem aus im unmittelbar praktischen Bereich das neue Interesse an der Meditation ihren Ursprung hat. In diesem neuen Lehrstück von der zueignenden Gnade des Heiligen Geistes fand auch die Lehre von der *efficacia verbi divini* ihren

---

(*Schola Pietatis*, Buch 2, Kap. 8; aaO., S. 276. Hervorhebungen im Original). – Allerdings gibt es bei Gerhard, das sei nochmals betont, keine Rede vom inneren Wort.

[219] L. Dunte, *Ubung des Christentums*, 429: „Es gebrauchet aber der Heilige Geist den Menschen hierzu zubringen / etliche Betrachtungen und Mittel/ welche ein wahrer Büsser muß zur Hand nehmen / und ihm fleissig befohlen sein lassen".

[220] Dennoch ist diese Frage nicht so verbindlich geklärt worden, daß sie nicht im Zweifelsfall der Kontroverse offenstand (vgl. unten, S. 139–143).

[221] „Die göttliche Ordnung bestehet nicht allein in dem, daß das gehörte, gelesene und betrachtete Wort den Glauben in den Herzen derer, so es hören, lesen und betrachten, wirken soll [...]" (aus einem Theologischen Bedenken der Theologischen Fakultät Jena aus dem Jahre 1626 zum Rahtmannschen Streit, zitiert nach HIRSCH, 321). An der Formulierung des Bedenkens war Johann Gerhard beteiligt.

[222] Vgl. G. HORNIG, Lehre und Bekenntnis im Protestantismus. In: Handbuch der Dogmen- und Theologiegeschichte. Hg. v. C. ANDRESEN. Bd. 3. Göttingen 1984, 84f.

[223] Vgl. HIRSCH, 344, über das Lehrstück von der zueignenden Gnade: „Die Geschichte seiner Entstehung ist bisher nicht durchgeklärt".

passenden Ort: als Heilsmittel (*media salutis*) stehen die *media exhibentia* Wort und Sakrament und das *medium oblatam salutem apprehendens*, der Glaube, einander zugeordnet[224]. Gerade der lutherische Glaubensbegriff mit seiner Betonung der *fiducia* als des heilsnotwendigen Elementes zeigt sich in besonderer Weise den Zielsetzungen der Meditation kongruent. Während *notitia* und *assensus* ihren Sitz im menschlichen Intellekt haben, muß *fiducia* den Willen prägen. Dabei kann die Entstehung dieses Glaubens durchaus in die Kategorien eines meditativen Prozesses gefaßt werden, bei dem aus der geistigen Verarbeitung der Glaubenslehren im intellektuellen Bereich über den Vorgang der persönlichen Applikation der affektive Bereich bewegt wird. Der Beschreibung eines Meditationsvorgangs sehr verwandte Formulierungen finden sich dafür in den *Loci Theologici* des Martin Chemnitz[225] und haben ihre Wirkung im 17. Jahrhundert ausgeübt. Die Frage *Wie bringen wir den Kopf ins Herz?* ergibt sich geradezu zwangsläufig aus der lutherischen Definition des Glaubens. Und die Antwort lag in der Dogmatik vorgeprägt: durch das gepredigte, gehörte, gelesene *und meditierte* Wort Gottes.

---

[224] David Hollaz, Examen theologicum acroamaticum. Stargard 1707 (Ndr. Wiesbaden 1971). Vol. II. Pars III, Sectio II, Cap. I, S. 1. – Weitere Belege aus älteren Dogmatiken, jedoch in eigener Anordnung, bei H. SCHMID, Die Dogmatik der evangelisch-lutherischen Kirche dargestellt und aus den Quellen belegt. Hg. v. H. G. PÖHLMANN. Gütersloh ^{9}1979, 261 ff.

[225] M. Chemnitz, Loci Theologici, 1591, De Iustificatione (Zitate nach der Ausgabe Frankfurt und Wittenberg 1653, Pars II, S. 252): „1. Primo igitur Scriptura vocat fidem notitiam & scientiam [...]. Sunt enim fidei ex verbo Dei proponenda & inculcanda, decretum & historia redemptionis, promissio gratuita & universalis [...]. 2. Quia vero multi, qui haec audiunt, intelligunt & noverunt, & negligunt, vel dubitant, vel pugnant, aversantur & persequuntur. Oportet igitur huic notitiae coniunctam esse assensionem, non quidem generalem tantum; sed qua firma persuasione, quam Paulus πληροφορίαν vocat, quisque statuat, universalem illam promissionem privatim ad se quoque proprie & peculiariter pertinere [...]. 3. Deinde ex hac notitia & assensione, quae in mente est, cor seu voluntas concipit operatione Spiritus sancti gemitum seu desiderium, ut quia serio sentit, se oneratum esse peccatis & ira Dei, velit, expetat, quaerat sibi donati illa beneficia, quae in promissione Evangelii proponuntur. Illud vero desiderium aestuat intus gemitibus inenarrabilibus, & exerit se per invocationem [...]. 4. Quando hoc modo, mente, voluntate & corde te avertis a conspectu peccati & sensu irae Dei, & respicis ad Agnum Dei [...], necesse est accedere fiduciam, quae firma persuasione ex verbo Dei statuat, Deum tunc tibi donare, communicare & applicare beneficia promissionis gratiae [...]. [5.] Postremo sequitur ex hac fide παρρησία [...]; Pax conscientiae [...]; Gaudium Spiritus [...]". – Der meditative Grundzug dieser prozessualen Definition des Glaubens wird dadurch intensiviert, daß Chemnitz außer den üblichen drei Komponenten der *fides* auch noch eine affektive, in die *oratio* bzw. *invocatio* führende Stufe des *desiderium* einführt und mit den Erfahrungskategorien der Freudigkeit, der Gewissensruhe und der Freude im Heiligen Geist endet. Der Argumentationsgang schließt sich mit der folgenden Betonung, daß der so beschaffene Glauben ein Geschenk und Werk des Heiligen Geistes sei, „qui in mente notitiam & firmam assensionem, in voluntate fiduciam accendit, fovet, auget & conservat" (aaO., 253). Der Heilige Geist aber, so ließ sich nun stringent anfügen, bedient sich dazu des gepredigten, gehörten, gelesenen und betrachteten Wortes.

4. Aspekte der Meditation im Luthertum des 17. Jahrhunderts

4.1 Einleitung: Der Mißerfolg der Predigt und die (Wieder-)Entdeckung des Zuhörers

Mit Arndt, Gerhard, Schmidt und anderen waren Thema, Methodik und Terminologie der Meditation auf breiter Front im Denk- und Sprachhorizont lutherischer Theologen gefestigt worden. Die weitere Entwicklung verlief jedoch nicht als ein kontinuierlicher Strom, sondern weist die für das 17. Jahrhundert typische Ungleichzeitigkeit der Phänomene auf, die auch das Bild der kirchenkritischen und der Reformliteratur prägt, zu der die Propagierung der Meditation in signifikanter Korrespondenz steht. Es ist nicht möglich, über die Feststellung literarischer Traditionsketten hinaus eine vom ersten Auftauchen thematischer Schwerpunkte an stringente historische Entwicklungslinie zu ziehen. Ein erstaunliches Phänomen ist die offensichtliche Wiederverwertbarkeit auch älterer Reformschriften während des ganzen Jahrhunderts[1]. Hans Leube hat in seiner zum Klassiker gewordenen kirchengeschichtlichen Habilitationsschrift[2] dieser Tatsache der Ungleichzeitigkeit dadurch Rechnung getragen, daß er nach Bestimmung des Anfangs der Reformliteratur mit Johann Arndt die weitere Entwicklung nach geographischen Gesichtspunkten ordnete, aus denen regionale Schwerpunkte innerlutherischer Kirchenkritik und Reformbestrebungen ersichtlich wurden. Für das hier zu behandelnde Thema der Meditation bietet sich eine derartige Gliederung weniger an, obwohl auch hier zum Teil ganz parallele regionale Schwerpunkte zu beobachten sind. Sinnvoller erscheint jedoch ein thematisch geordneter Überblick, der die Propagierung der Meditation in ihrer funktionalen Relationalität zum innerkirchlichen Hauptproblem jener Zeit, der krisenhaft empfundenen Wirkungslosigkeit der kirchlichen Verkündigung, darstellt. Die Geschichte der Meditation im Luthertum des 17. Jahrhunderts geht nicht auf in der Geschichte ihrer Propagierung als komplementäres oder alternatives Instrument zur Predigt. In dieser funktionalen Zuordnung auf die Predigt aber sollte der Meditation nach Absicht der Kirchenreformer die entscheidende Rolle zufallen zur Rettung der bedrohten Kirchlichkeit und zur Wiedergewinnung verlorenen Terrains, das die Predigt nicht zu halten vermocht hatte.

---

[1] Vgl. oben, S. 30f. mit Anm. 86.
[2] H. LEUBE, Die Reformideen in der deutschen lutherischen Kirche zur Zeit der Orthodoxie. Leipzig 1924.

Es ist kein Zufall, sondern liegt in der Konsequenz der reformatorischen Theologie begründet, daß die als eine *Krise der Kirchlichkeit* empfundene Differenz zwischen kirchlicher Lehre und kirchlichem Leben im wesentlichen als eine *Krise der Verkündigung* und, da als zentrales Medium der Verkündigung die Predigt galt, näherhin zuerst als eine *Krise der Predigt* diskutiert worden ist. Es ist der Glaube allein, der den Menschen vor Gott rechtfertigt und ihm das ewige Heil seiner Seele verschaffen kann. Es ist auch der Glaube allein der Quellgrund des neuen Gehorsams: der guten Werke, der christlichen Ethik. Der Glaube aber, so lehrt Röm 10, 17, kommt aus der Predigt. „Solchen Glauben zu erlangen", formuliert die *Confessio Augustana* in ihrem fünften Artikel, „hat Gott das Predigamt eingesetzt, Evangelium und Sakrament geben, dadurch er als durch Mittel den heiligen Geist gibt, welcher den Glauben, wo und wenn er will, in denen, so das Evangelium hören, wirket ..."[3].

Entsprechend dieser zentralen Bedeutung der Predigt verstand sich der lutherische Pfarrer in erster Linie als Prediger. *Prediger* oder *concionator* ist geradezu der Gattungsbegriff des geistlichen Amtes, das sich dann in die species von Diaconus und Archi-Diaconus, Pfarrer oder Antistes, Hospital-Prediger, Frei-Prediger, Hof- oder Gesandtschafts-Prediger, Donnerstag-Nachmittags-Prediger etc. etc. aufgliedert. Predigen war die vornehmste Aufgabe des Pfarrers und der umfangreichste Teil seiner Amtspflichten[4]. Die Gemeinde bestand im Sprachgebrauch der Pfarrer, der melanchthonischen Unterscheidung von *ecclesia docens* und *ecclesia audiens* folgend, aus den *Zuhörern* oder *auditores*; der lateinische Begriff *concio* konnte in einer Doppelbedeutung sowohl die zuhörende Gemeinde als auch die Predigt selbst benennen[5].

Zweifel an der Effizienz der Predigt mußten die lutherische Kirche der Wende zum 17. Jahrhundert, die sich bewußt als eine Kirche des Wortes und der Predigt begründet und dies in ihren Bekenntnisschriften, zuletzt in der Konkordienfor-

---

[3] BSLK 58, 1 ff.

[4] Überblicke über die Predigtleistung lutherischer Pfarrer des 17. Jahrhunderts werden verschiedentlich gegeben. Vgl. etwa F. FRITZ, Die württembergischen Pfarrer im Zeitalter des dreißigjährigen Krieges, in: Blätter für württembergische Kirchengeschichte N.F. 33, 1929, 243: „Nehmen wir den gewöhnlichen Fall: der Pfarrer, der keinen Amtsgenossen neben sich, aber auch kein Filial zu versehen hat, hat wöchentlich mindestens dreimal zu predigen, an Sonn-, Fest- und Feiertagen morgens über die altkirchlichen Evangelien, an Sonn- und Festtagen mittags über den Katechismus, an einem Wochentag, in der Regel Freitags, entweder über die altkirchlichen Episteln, oder fortlaufend über ein kanonisches Buch der Bibel. [...] Dazu kamen noch Leichen- und Hochzeitpredigten". An Zahlen nennt Fritz für Johann Valentin Andreae in elfjähriger Amtszeit als Hofprediger 1070 Predigten, für Daniel Schelling, Spezial in Blaubeuren, ca. 3500 Predigten, die als Konzepte in seinem Nachlaß gefunden wurden; für drei andere württembergische Pfarrer 5851, 4883 bzw. mehr als 11000 Predigten (aaO., S. 244 Anm. 187). – Vgl. ferner W. SCHÜTZ, Geschichte der christlichen Predigt. Berlin 1972, 118: Für Rostock wurden für das Jahr 1640 ca. 1500 gehaltene Predigten veranschlagt; jeder Pfarrer hielt etwa 200 Predigten pro Jahr. – Einen Anhaltspunkt vermitteln allein die zahlreichen dicken Quartbände, die mancher Theologe aus seiner Predigtarbeit zum Druck gegeben hat.

[5] Vgl. Georg Nitsch, Mysta in pulpito simplex [...]. Wolfenbüttel 1716, der zur Verwendung des Begriffs *concio* ausdrücklich anmerkt: „per quam non coetum; sed sermonem intelligo ad coetum" (S. 4).

mel von 1577 festgeschrieben hatte, notwendig an einem empfindlichen Nerv treffen. Diese Zweifel an der Effizienz der Predigt aber fanden vielfältigen literarischen Ausdruck.

In seinem Dialog „Theophilus"[6] entführt Johann Valentin Andreae den Leser auf einen Kirchplatz irgendwo in Württemberg und läßt ihn ein ernstes Gespräch belauschen. Der Pfarrer Timotheus, erfüllt von Klagen über die ausgehöhlte Substanz einer äußerlich noch glänzenden Kirchlichkeit, trifft seinen Kollegen Democides, der hinter jedem kirchenkritischen Wort Weigelianismus und schlimmere Häresien wittert. Für Democides ist die Welt in Ordnung; seit Luther die reine Lehre des Evangeliums wiedergefunden hat, die nun allenthalben gepredigt und mit modernsten Methoden der Dialektik und Rhetorik verteidigt wird, ist die entscheidende Schlacht des Christentums gewonnen. Timotheus jedoch sieht alle Fundamente wanken. Es liegt ihm fern, Fleiß und Treue eifriger Kirchendiener zu bezweifeln, allein er sieht nicht auf den Einsatz, der geleistet wird, er sucht den Ertrag: was ist als Gewinn des Aufwands an akademischer, katechetischer und vor allem homiletischer Anstrengung zu verbuchen? Wo wird der durch die Predigt entzündete Glaube greifbar? Wo sind dessen Früchte zu erkennen? Diese Frage im sich anbahnenden Streit zwischen beiden Predigern fordert empirische Klärung. So muß der nächstbeste Kirchgänger, der beiden über den Weg läuft, Georg mit Namen und 27 Jahre alt, als Stimme des Volkes herhalten. Es entspinnt sich folgende Datenerhebung:

„Th[eophilus]: Komm her, Georg, wir wollen einmal hören, welchen Gewinn du aus der Kirche bringst.

G[eorg]: Die Zeit, die wir in der Kirche zubringen und auf den Gottesdienst verwenden, pflegt nicht eben gewinnreich zu sein.

Th: Wir meinen einen Gewinn für die Seele, nicht für den Geldschrank, mein Georg. Wie hieß denn das Thema der Predigt?

G: Gar vieles und allerlei hat der Prediger gebracht. Ich konnte nicht alles fassen.

Th: Doch einiges? Was, bei Gott, war's denn für ein Text?

G: Ich habe ihn ganz überhört.

Th: Der Vortrag selbst hat ihn ja behandelt.

G: Er hat von Gott gehandelt.

Th: Natürlich muß der Name Gott je und je vorkommen. Aber was denn von Gott? Wie hat der Prediger ihn beschrieben, was hat er für eine Anwendung gemacht?

G: Das geht über meinen Horizont.

Th: So ist dir also nichts geblieben von der ganzen Predigt?

---

[6] J. V. Andreae, Theophilus. Deutsch und Lateinisch. Eingel. u. hg. v. R. VAN DÜLMEN. Stuttgart 1973. – Die deutsche Übersetzung des ursprünglich lateinischen Textes stammt von VIKTOR FRIEDRICH OEHLER (zuerst gedruckt 1878) und wurde von v. DÜLMEN bearbeitet.

G: Was da war, ist nicht mehr da."[7]

„Was da war, ist nicht mehr da": Diese Worte aus dem Munde Georgs ziehen das Fazit der Erfahrung Andreaes. Er schrieb seinen „Theophilus" etwa im Jahre 1622; aus dieser Zeit also stammen seine beiden fiktiven Pfarrer und stammt auch der wackere Georg. Veröffentlichen konnte Andreae seinen Dialog allerdings erst 1649, und zu dieser Zeit, ein Vierteljahrhundert später, war das Thema ebenso aktuell und für die innerkirchliche Diskussion ebenso brisant wie zur Zeit der Abfassung.

So unsystematisch die Anklage- und Reformschriften des 17. Jahrhunderts auch zumeist ihre Beschwerden und guten Ratschläge vorbrachten, die Wirkungslosigkeit der Predigt, ja schlimmer: die allgemeine Unaufmerksamkeit, Gleichgültigkeit und Verachtung gegenüber der öffentlichen Gemeindepredigt, die doch Gottes Wort verkündigte, wurde zum dominierenden Thema[8]. „Unser Volk wird nicht bekehrt durch die Predigt", klagte das *Briegische Bedencken*[9], eine im 17. Jahrhundert vielfach verbreitete und diskutierte Kritik- und Reformschrift[10], und sie gelangte zu einem rigorosen Schluß: Würde die Predigt wirken, müßten sich zumindest einige Bekehrte finden lassen, „aber da ist keiner"[11].

Das Hören der Predigt sei zum *opus operatum* geworden, ist der Tenor der Klage. Das Kirchenvolk ist zwar körperlich im Gottesdienst zugegen, berichtet

---

[7] *Theophilus*, S. 41.

[8] LEUBE, Reformideen, begnügt sich mit einer Auflistung der Klagen eines jeweiligen Autors, ohne Gewichtungen vorzunehmen; vgl. jedoch SCHLEIFF, Selbstkritik, 20: „Die Wirkungslosigkeit der Predigt, das Auseinanderfallen von Glauben und Lehre ist der Anstoß der Kritik".

[9] Christ=Fürstliches Bedencken vnd Außschreiben, Von Nothwendiger ergreiffung der jehnigen Mittel, wodurch Gottes gerechtes Gerichte, gefasseter Zorn, vnd endliche Straffe (Vber jtzige Welt) Mit rechtem Ansehen erkennet … werden möge… an den Tag gegeben, Durch Amadeum von Friedeleben [d. i. Abraham von Franckenberg]. o. O. [Amsterdam] 1646 (Bruckner Nr. 136). – Das *Briegische Bedencken* wurde vermutlich schon 1623 konzipiert, 1627 als „Fürstliche Briegische Erinnerung" unter der Autorität des Landesherrn Herzog Johann Christian auf dem Pfarrkonvent des schlesischen Fürstentums Brieg vorgetragen und nach erneuter Umarbeitung unter der Federführung Johann Theodor von Tschesths 1646 von Abraham von Franckenberg in Buchform herausgegeben (vgl. G. KOFFMANE, Die religiösen Bewegungen in der evangelischen Kirche Schlesiens während des siebzehnten Jahrhunderts, Breslau 1880, 11 f.).

[10] Weitere Ausgaben 1647, 1677, 1678, 1679, 1684, 1690, 1706, 1721, 1735 (s. Bruckner Nr. 154; 456; 481; ferner PrGK; auch gedr. in: Gottfried Arnold, Das Leben der Gläubigen, Halle 1701, S. 584–620). Das *Briegische Bedencken* wurde im Luthertum vielfach gelesen und diskutiert, gerade unter den Reformfreunden der zweiten Jahrhunderthälfte und im entstehenden Pietismus. So besprach Philipp Jakob Spener das *Bedencken* brieflich mit seinem Freund Gottlieb Spizel in Augsburg (vgl. die Briefe Speners an Spizel vom 5. Mai 1671 [Spener, Briefe 1, Nr. 101, Z. 41–43] und vom 25. November 1671 [aaO., Nr. 111, Z. 149–156]), und Johann Heinrich May berief sich 1690 in Gießen auf diese Schrift, als er sein neueingerichtetes Collegium pietatis gegen den Superintendenten Philipp Ludwig Hanneken verteidigte (W. KÖHLER, Die Anfänge des Pietismus in Gießen 1689–1695. In: Die Universität Gießen von 1607 bis 1907. Festschrift zur dritten Jahrhundertfeier. Gießen 1907. Bd. 2, [3–244] 170).

[11] *Briegisches Bedencken* (Ausgabe Leipzig 1690, S. 19 f.).

der gothaische Kirchenrat Sigismund Evenius (gest. 1639) in seinem 1640 postum herausgegebenen *Speculum Intimae Corruptionis*[12], viele kommen aber erst
kurz vor der Predigt und verlassen die Kirche vor dem Schlußsegen. Sie hören
das gepredigte Wort schläfrig, unkonzentriert und geistesabwesend, jedenfalls
mit Unverstand[13]. So bleibt das Hören des göttlichen Wortes unfruchtbar und
ohne Besserung des Lebens, „wie solches die tägliche Erfahrung bezeuget"[14].
Diesen Eindruck bestätigt der Rostocker Theologieprofessor Johann Quistorp
(1584–1648) in seiner als *Pia Desideria* bekanntgewordenen „Epistola ad Sacros
Antistites", die 1659 von seinem Sohn herausgegeben wurde[15]. In strikter
Unterscheidung zwischen der lutherischen Lehre, die völlig mit dem Wort
Gottes übereinstimmt, und dem „teuflischen" Leben ihrer Bekenner[16] sieht auch
Quistorp wenig Frucht aus Gottesdienst und Predigt erwachsen. Viele Kirch-
gänger richten an die Predigt die einzige Hoffnung, daß sie nicht länger als eine
Stunde dauern möge[17].

Die Klagen durchziehen das ganze Jahrhundert. Überall in Stadt und Land
finde man allzuviele Menschen, resümiert der Straßburger Kirchenpräsident
und Theologieprofessor Johann Schmidt im Jahre 1641 seine siebzehnjährige
Erfahrung als Angehöriger des Straßburger Predigerministeriums, die Jahre

---

[12] S. Evenius, Speculum Intimae Corruptionis, Das ist: Spiegel des Verderbniß. Allen und
jeden Ständen der wahren Christenheit zur gründlichen Beschawung vnd Nachrichtung /
Forderst aber zur Auffmunterung vnd Sorgfältigkeit / in diesen betrübten Zeiten / Sonderlich
aber zur Abwendung des Fewereyferigen entbranten göttlichen Zorns / vnd allerhand schweren anjetzo druckenden / vnd vorstehenden zeitlichen / gewißlich aber befürchtenden ewigen
Straffen. [. . .]. Lüneburg 1640. – Zu Evenius und seinem *Speculum* vgl. LEUBE, 112–115.

[13] *Speculum*, S. 4. – Ähnlich der Jurist und rudolstädtische Kanzler Ahasver Fritsch: „Daß
von vielen heutiges Tages aus dem Gottes=Dienste und Kirchengehen nur ein opus operatum
gemacht werde / also daß man meynet / wenn nur das Werck an ihm selbst verrichtet / und der
öffentliche Gottes Dienst in der Kirchen gewöhnlicher Massen besucht worden / so sey es denn
genung / solches ist leider! bekant" (Der sündliche Kirchen=Schläffer, Jena 1675, S. 5). In den
Kirchen sähe man häufig 30, 40 oder 50, in großen Kirchen auch über 100 Zuhörer, die, vor
allem in den Nachmittagsgottesdiensten, kaum noch die Augen aufhielten: „Der Prediger
studiret biß in die Nacht hinein / sitzet und schwitzet manchesmahl darüber: Er tritt uff die
Cantzel / ruffet biß er heischer und kranck wird / damit er ja seinen Zuhörern das Wort des
Herren / die theure Seelenspeisse / mit guten Nachdruck beybringen / und dieselbe im Glauben
und Christenthum wohl erbauen möge; Die Kirchen=Schläffer aber sind nicht allein wie die
vergeßliche Hörer / die das gepredigte Wort zu einem Ohre ein / und zum andern wieder
auslassen / sondern sie verschliessen und verstopffen ihre Ohren gar / sitzen da / als taube / ja als
todte Menschen denen gleichsam eine Leichenpredigt gehalten wird" (aaO., S. 8).

[14] *Speculum*, S. 4 f.

[15] J. Quistorp, Epistola ad Sacros Antistites Ecclesiarum Ducatus Mecklenburgici [. . .].
Rostock 1659. – Der Bezeichnung als *Pia Desideria* erscheint auf dem Zwischentitel des Buches,
wird aber auch in der vorangedruckten Approbation durch die Theologische Fakultät Rostock
vom März 1659 genannt. – Zu Quistorp vgl. LEUBE, 71–74; K. SCHMALTZ, Kirchengeschichte
Mecklenburgs. Bd. 3, Berlin 1952, 19–21. Quistorps *Epistola* erschien in erweiterter Form 1663
unter dem Titel *Pia Desideria*, in deutscher Übersetzung durch Heinrich Ammersbach 1665
(LEUBE, 38).

[16] „Doctrina Lutheranorum, sic dictorum, est verbo Dei quam maxime consentanea &
coelestis; at vita plurimorum eheu! Diabolica est" (*Epistola ad Sacros Antistites*, S. 2).

[17] *Epistola ad Sacros Antistites*, S. 9.

hindurch die Predigt hören und doch so gut wie nichts vom Christentum wissen oder verstehen; entsprechend gottlos sei ihr Lebenswandel[18].

Zum thematischen Schwerpunkt wird die Klage über den Mißerfolg der Predigt in der „Wächterstimme aus dem verwüsteten Zion" des Rostocker Diaconus Theophil Großgebauer (1637–1661). Die „Wächterstimme", 1661 kurz vor Großgebauers Tod mit Approbation der Theologischen Fakultät Rostock in Frankfurt a. M. veröffentlicht, verspricht in ihrem weitläufigen Titel die „Entdeckung, aus was Ursachen die vielfältige Predigt des Worts Gottes, bey Evangelischen Gemeinen, wenig zur Bekehrung und Gottseligkeit fruchte, und warum Evangelische Gemeinen, bey den heutigen Predigten des heiligen Wortes Gottes, ungeistlicher und ungöttlicher werden"[19]. Großgebauer beruft sich auf eigene deprimierende Erfahrungen: unter hunderten seien kaum fünf Predigthörer zu finden, die das Gehörte gründlich verstanden und in ihre Seele eingepflanzt hätten[20].

Großgebauers Klage wird bis in die Formulierung hinein aufgegriffen von Philipp Jakob Spener (1635–1705), der in der Vorrede seiner Ausgaben von Schriften des Mühlhausener Pfarrers Andreas Cramer (1582–1640)[21] erstmals öffentlich als Kirchenkritiker und Reformer hervortritt: dieses in deutlicher Beeinflussung durch Großgebauer und zugleich in einer kirchengeschichtlich folgenreichen Abgrenzung gegen ihn[22].

Auch der Ausgang des Jahrhunderts brachte keine positivere Einschätzung der Wirksamkeit der Predigt. Der Berliner Prediger Johann Caspar Schade (1666–1698) geht davon aus, zumindest einige Predigthörer wüßten nicht einmal, wozu sie die Predigt hören sollten. Seine Erfahrungen decken sich mit denen Andreaes siebzig Jahre zuvor: „Man fragt ja wol zehen aus dem gemeinen Hauffen / da kaum einer weiß / was der Text gewesen / öffters nicht ein eintzig Wort [...] das albere Wesen und Unverstand ist bey vielen so groß daß sie gleich untüchtig geworden den allereinfältigsten Verstand der Wort aus der Predigt zufassen / und da sie noch etwas vermeinen daraus zubehalten / so ists insgemein

---

[18] Johann Schmidt, Zelus Pietatis. Straßburg 1641, S. 39: „Wann man sie fraget was Gott / wie vil Personen der Gottheit / was Gesetz vnd Evangelium / Sünde / Rechtfertigung &c. sey / so kompts jhnen alles frembd vor: Daher sie dann / welches auff solche Vnwissenheit gewiß folget / auch einen vngöttlichen vnd vnchristlichen Wandel führen".

[19] Th. Großgebauer, Wächterstimme aus dem verwüsteten Zion, Frankfurt a. M. 1661; zitiert nach dem Druck in: Ders., Drey Geistreiche Schrifften, Schwerin [4]1753.

[20] AaO., 7.

[21] A. Cramer, Der glaubigen Kinder Gottes Ehren=Stand und Pflicht / Zu Aufferbauung und Ubung deß wahren Christenthums / vorgestellet in etlichen Tractätlein [...]. Mit einer Vorrede D. Philipp Jacob Spenern. [...]. Frankfurt a. M. 1668. – Weitere Ausgabe: Frankfurt a. M. 1669; Dresden 1688. – Speners Vorrede beginnt mit den Worten: „Es ist eine sehr gemeine Klage / auch so wol den Feinden der Warheit / ein gefährliches Aergernuß / als schwachen Hertzen / ein schwerer Anstoß; daß aus denen so vielfältigen Predigten / gleichwol die Leute sich wenig bessern / sondern das ruchlose Leben fast aller Orten mehr zu= als abnimmet [...]" (Ausgabe Dresden 1688, Bl. b8[r]).

[22] S. dazu ausführlich unten, Kap. 5.1.

verkehrt / das rechte lincks / oder so etwas / daraus sie gar keinen Nutzen haben / ein Histörichen oder dergleichen"[23].

Diese Kritik, hier nur exemplarisch vorgeführt, wurde begleitet von Theorien über die Ursachen der Wirkungslosigkeit der Predigt.

Das *Briegische Bedencken* sieht die Wirkungsmöglichkeit der Predigt grundsätzlich eingeschränkt: durch das bloße Predigen könne das Christentum unmöglich gepflanzt werden. Dies liege 1) an der verderbten Natur des Zuhörers, der den Geist Gottes nicht fassen kann; 2) an der Länge der Predigten, bei denen die Zuhörer am Ende vergessen haben, was anfangs gesagt wurde; 3) an der Unmöglichkeit, auftauchende Fragen stellen zu können; 4) an der Vielfältigkeit der Materien, deren eine die andere wieder aus dem Gedächtnis verdrängt; 5) an der oftmals nur obenhin geschehenden Behandlung; 6) an der mangelnden Vorbereitung der Zuhörer auf die Predigt, wenn sie noch den Kopf voller Alltagsgeschäfte haben; 7) an den Grenzen des Verständnisses; 8) an der mangelnden Wiederholung, deren Notwendigkeit doch das Beispiel der Schule zeigt[24].

Obwohl in diesem Versuch einer Analyse notwendige und kontingente Faktoren der öffentlichen Gemeindepredigt benannt werden, ist es für die Verfasser des *Bedenckens* klar, daß die Predigt unbedingt flankierender Maßnahmen bedarf, damit ihre Wirksamkeit gefördert wird. Entsprechend ihrem pfarrerkritischen Ansatz tadelt die Schrift das Amtsverständnis der Prediger, die damit zufrieden sind, ein- oder mehrmal in der Woche gepredigt zu haben, das wichtigste Stück ihrer Arbeit aber vernachlässigen: die Erfolgskontrolle. Nicht das Predigen ist entscheidend für die Erfüllung der Amtspflicht, sondern die Ernsthaftigkeit im Streben nach Erfolg der Predigt[25]. In Wahrheit umfasse das Lehr-Amt nicht nur die öffentliche Predigt in der Kirche, sondern nach dem Vorbild Jesu ebenso das persönliche Einzelgespräch, das individuelle und konkrete Mahnen und Warnen, die Überprüfung des Wissens der Gemeindeglieder und die Haus-Visitation[26].

Sigismund Evenius konzentriert sein Interesse auf die Versäumnisse in der Erziehung von Kindern und Jugendlichen, wobei er einen weiten Bogen schlägt von der Partnerwahl der Eltern bis zum Studium der Kinder und nacheinander die Fehler der drei Stände (Hausstand, Prediger, Obrigkeit) behandelt. Die religiöse Erziehung der Kinder setzt zu spät ein und bleibt unzulänglich. Von selbst unwissenden Eltern lernen die Kinder unvollkommene Bruchstücke aus Katechismus und Gebeten, die sie ohne Sinn und Verstand rezitieren[27]. Erklärungen, etwa zum Vaterunser, werden nicht gegeben; man

---

[23] J. C. Schade, Wie die Predigten Göttliches Wortes anzuhören. Berlin 1694, S. 19 f.

[24] *Briegisches Bedencken*, S. 24–27.

[25] Als entscheidende Fragen zur Kontrolle des Predigterfolgs nennt das *Bedencken*, „ob auch jemand etwas daraus behalten? Ob ers recht eingenommen? Wie ers im Leben und Sterben wisse nütze zu machen?" (*Briegisches Bedencken*, S. 22).

[26] *Briegisches Bedencken*, S. 22–24.

[27] *Speculum*, S. 28 f. – Das unverstandene Auswendiglernen des Katechismus, als dessen Ergebnis verballhornte Formeln rezitiert werden, ist eine ständige Klage im 17. Jahrhundert. Auch scheint es üblich gewesen zu sein, das Unverständnis durch nuschelndes Hinweghuschen

handelt, als sei „fernere Betrachtung vnd Andacht" nicht erforderlich. Geistlichen Übungen würden im Tagesverlauf nicht mehr Zeit eingeräumt als jeweils morgens und abends eine Viertelstunde, mittags noch weniger[28]. Der Jugend wird nicht beizeiten beigebracht, wie man eine Predigt zu hören und zu behalten habe. Diese Fähigkeit ist nicht angeboren, sondern sollte in der Schule gelehrt und eingeübt werden[29]. Der Kirchgang selbst wird nicht genügend vorbereitet: „da geschicht keine Zubereitung des Hertzens durch Betrachtung vnd Bewegung des Evangelischen Texts / welches dessen rechter und wahrer Verstand / Abtheilung / und Nutzen; damit man mit desto grösserm Nutz dem gepredigten Wort beywohnen / und zu Haus selbst die übrige Feyer am Gottesdienst verrichten köndte"[30]. Die Kinder und Jugendlichen trollen sich langsam zur Kirche, dann hören sie die Predigt ohne Andacht und Verstand, weil sie wissen, daß weder vom Prediger noch zu Hause Nachfrage gehalten wird[31].

Johann Quistorp klagt über die Müßigkeit der Predigthörer und erinnert an den Brauch in der Anglikanischen Kirche, daß die Gemeinde während der Predigt die angezogenen Schriftstellen in der Bibel nachschlägt, daß auch manche die Predigt nachschreiben[32]. Wesentliche Schuld mißt er dem Mangel an Sonntagsheiligung bei. In den Familien sollte ein Predigtexamen stattfinden[33]. Quistorp rät den Predigern, ihre Predigt in zwei oder drei Fragen zusammenzufassen und diese so lange zu wiederholen, bis die anwesenden Hausväter und -mütter sie verstanden haben und nachmittags ihren Familien einprägen können[34]. Aus der Absolvierung eines rhetorischen Glanzstückes könne keine Frucht kommen, mahnt Quistorp in Erinnerung an Luthers Wort: „Ein Predi-

---

über Passagen kaschieren zu wollen; häufig findet sich in Äußerungen zu Katechismusübungen der Hinweis, die Kinder sollten zu einer klaren und deutlichen Aussprache angeleitet werden. Vgl. Tobias Wagner, Compendium Deß waaren Christenthums, Ulm 1644, S. 24f. Noch am Ende des Jahrhunderts klagt Johann Caspar Schade: „Kinder lernen öffters ihren Catechismum / aber ohn allen Verstand. Sagen die Worte ihrem Lehrer nach / wie ein Ageläster oder Papagey. Und heist wol recht auswendig gelernet. Denn inwendig im Verstande oder Gehirne ist nichts darvon / vom Hertzen will ich nicht einmal sagen" (J. C. Schade, Die Frage Was fehlet mir noch? (Matth. XIX. v. 10.) beantwortet. [...]. Leipzig ³1690, S. 29). In einem Dialog inszeniert hat solches verständnislose Auswendiglernen Johann Valentin Andreae, Theophilus (vgl. oben, Anm. 6), S. 41–45.

[28] *Speculum*, S. 32f.

[29] *Speculum*, S. 72.

[30] *Speculum*, S. 76.

[31] *Speculum*, S. 79.

[32] *Epistola ad Sacros Antistites*, S. 11. – Quistorp urteilt über diesen Fleiß: „Hi sane in extremo die contra nostrates otiosos verbi divini auditores insurgent".

[33] *Epistola ad Sacros Antistites*, S. 12: „Nec Politici nostri sibi persuadere possunt, ad Sabbathi sanctificationem requiri integri ejusdem diei sanctimoniam. [...] Examinare potius quisque Paterfamilias ex habitis concionibus domesticos deberet ad exemplum Abrahami [...]".

[34] *Epistola ad Sacros Antistites*, S. 12f.: „Hinc suaserim, haud inutilem fore hunc docendi modum, cum verbi praeco in fine totam concionem duabus aut tribus quaestionibus distincte & clare includit, quas identidem repetit, donec easdem pater seu materfamilias intelligat, & domi suis, circa hujus diei meridiem & vesperam proponere & inculcare possit".

ger sol auff dem Predigtstuel die Zitzen herauß kriegen und das Gemeine Volck mit Milch speisen"[35].

Balthasar Meisner warnt vor einem Übermaß an Predigten ebenso wie vor deren Umfang[36]. Dabei beruft er sich auf den rhetorischen Grundsatz, daß das allzu Vertraute und Alltägliche ermüdet und abstumpft[37]. Auch der Qualität der gehaltenen Predigten steht Meisner skeptisch gegenüber: viele sind nur oberflächlich vorbereitet, verstoßen gegen das rhetorische *aptum* und werden weder dem traktierten Text noch der Zuhörerschaft gerecht[38].

In gleich dreizehn umfangreichen Themenbereichen spürt Großgebauer die Ursachen für das Versagen der Predigt auf. Seine Kritik trifft die Prediger, deren eigenes Leben nicht von der Wahrheit geprägt erscheint, die sie verkündigen, und deren Herz in der Predigt nicht erfüllt ist von den Affekten, die sie vermitteln wollen: das Herz des Predigers muß brennen; in der intensiven Meditation muß er erst mit Gott und mit sich selbst reden, dann zu den Zuhörern[39]. Im Gottesdienst selbst sollte die Predigt nicht der ausschließliche Mittelpunkt sein. Wie Großgebauer als Rahmen für den Gottesdienst die strikte zwölfstündige Sonntagsheiligung fordert[40], die mit Schriftlesung, Meditation und Gebet dem Wirken des Heiligen Geistes Vorschub leisten soll[41], so fordert er als Rahmen für die Predigt einen meditativen Gottesdienst, in dem die affektive und die sensualistische Dimension zum Tragen kommen: der Gesang von Psalmen und Lobgesängen soll helfen, die Affekte zu ordnen und die Sinne auf die geistliche Stille zu konzentrieren[42], neben der Predigt soll als sinnliches Mittel der Verkündigung die zur Meditation anregende Abendmahlsfeier aufgewertet werden[43]. Aber

---

[35] *Epistola ad Sacros Antistites*, S. 13.

[36] B. Meisner, Pia Desideria [...]. Frankfurt a. M. 1679, S. 63: „Nimia Concionum Multitudo, & Prolixitas, auditores in multis locis segnes & somnolentos reddit". – Zu Meisner vgl. Leube, 49f. u. ö.

[37] *Pia Desideria*, S. 63: „Quotidiana & nimis vulgata vilescunt. Hinc fervor & devotio facile perit, sive nimium protrahamus, sive nimis multiplicentur Conciones. Quare hic etiam moderatio requiritur, ne per copiam, & prolixitatem non necessariam, creatur fastidium quoddam Auditoribus".

[38] *Pia Desideria*, S. 61: „Hinc saepe in iis [= concionibus] nullus ordo apparet, nulla cohaesio, nulla styli puritas & aptitudo: Omnia sunt frigida, hiulca, peregrina; nec ad textum, nec ad rationem auditorum accommodata". – Zu den Begriffen *frigidus*, *hiulcus* und *peregrinus* als Bezeichnungen rhetorischer Verstöße s. H. Lausberg, Handbuch der literarischen Rhetorik, München 1960, §§ 1076, 969–973, 477.

[39] Großgebauer, *Wächterstimme*, S. 114. 134 ff.

[40] *Wächterstimme*, S. 325.

[41] *Wächterstimme*, Kap. 13. – Vgl. auch Kap. 11 (aaO., S. 238 ff.).

[42] *Wächterstimme*, S. 234 ff. – Kunstvolle Musik auf der Orgel dagegen lehnt Großgebauer als zerstreuend heftig ab (aaO., 250 ff.).

[43] *Wächterstimme*, 85 ff. – Großgebauer beruft sich auf die *Apologie* der *Confessio Augustana*, Art. XIII (BSLK 292, 41 ff.) und fährt fort: „Ich schliesse hieraus, daß die Rechtgläubigen dafür gehalten haben, daß das hochwürdige Sacrament des Abendmahls vor den Augen der Kirchen, und insonderheit der Communicanten soll zugerichtet, bereitet und gehalten werden, daß sie in der ganzen sacramentalischen Handlung den HErrn JEsum Christum als gestorben, verwundet, gecreutziget und verblutet vor Augen abgemahlet sehen (Galat. 3, 1) mögen. Und durch

auch Großgebauer sieht die Reichweite der Predigt grundsätzlich eingeschränkt.
Die Hinführung zum Christentum muß beim Elternhaus und im Katechismusunterricht ihren Anfang nehmen, sonst bleiben die Predigten ohne Nutzen. Es
sei ein Irrtum und eine Versuchung Gottes, zu glauben, daß Menschen beliebig
zur Predigt disponiert sein können und doch bekehrt werden[44]. Das übliche
Dispositionsschema der Predigt selbst, das den *usus consolatorius* stets an das Ende
setzt, verhindert jede nachhaltige Wirkung, weil jeder sich davon als wahrer
Christ angesprochen fühlt und getröstet nach Hause geht[45]. Wichtiger als das
Predigen sollte für den Pfarrer die genaue Kenntnis seiner Gemeinde sein. Die
individuelle Ansprache oder die Unterrichtung in kleinen Gruppen tragen mehr
Frucht als das Predigen vor einer heterogenen Gemeinde[46]. Katechismus-Übun-
gen in Frage und Antwort bringen erfahrungsgemäß den zehnfachen Nutzen
gegenüber der Predigt[47]. Das Neue und Eigenständige, das Großgebauers *Wächterstimme* zu Recht in den Rang der bedeutendsten Reformschrift vor Speners *Pia
Desideria* erhebt, liegt nicht an Art, Umfang oder Vehemenz seiner Kirchenkritik, sondern in der Konsequenz, mit der Großgebauer die übliche Zentralstel-
lung der Predigt für die Aufgabe der kirchlichen Verkündigung relativiert und
daraus folgend die pastoralen Amtspflichten neu definiert. In polemischer Abgrenzung gegen ein wesentlich auf das Predigtamt bezogenes Amtsverständnis
des „Allein-Predigers" bestimmt Großgebauer das kirchliche Amt als das des
„Hausverwalters" und des „Hirten"[48] und legt diesem Amt eine solche Verpflichtung zur individuellen Seelsorge auf, daß deren Ernst den jungen Philipp
Jakob Spener, der die *Wächterstimme* kurz nach ihrem Erscheinen las, vor der
Verantwortung des Pfarramtes zurückschrecken ließ.

Schon dieser kurze Überblick zeigt, daß die Institution der Predigt im Verlauf
des 17. Jahrhunderts viel grundsätzlicher in Frage gestellt worden ist, als es die
bisherige predigtgeschichtliche Literatur vermuten läßt, die als Quellen vor
allem Predigten und homiletische Lehrbücher auswertet und die Predigtkritik

---

die Betrachtung eines jeden Stücks der ganzen Handlung, desto bas des HErrn JEsu Christi
gedenken, bis Er kömmt; Nachdem Er gesagt hat: das thut zu meinem Gedächtniß" (aaO.,
S. 93 f.). „Ohne den Verstand und Uebung der Sacramenten sind die viele Predigten zum Heil
des Volks nicht genug" (aaO., S. 97).

[44] *Wächterstimme*, S. 54 f.

[45] *Wächterstimme*, S. 22 f. – „Du sprichst: wird doch allezeit dabey gesaget, daß der *Usus
consolatorius* niemand, als allein die Frommen und Bußfertigen angehe, daß der Gottlose sich
derselbigen nicht anzumassen habe. Antwort: Wer saget aber denen zum Trost Untüchtigen,
daß sie untüchtig seyn? wer überzeuget die Gottlosen, daß sie eben die Gottlosen seyn?" (aaO.,
S. 23).

[46] „Tritt auf die Fußbahn des Erz=Hirtens und deines Meisters, nimm nicht eine ganze
Gemeine von etlichen hundert Menschen vor dich, sondern etwa zwölfe, Marc. 4, 10. seqq.
lege denen alles insonderheit aus, was du sonst auf oratorisch vorgebracht hättest; laß dich von
deinen Zuhörern fragen, und antworte ihnen, rede mit einem jeglichen insonderheit, nachdem
ers fassen kan, laß nicht ab, bis du das geistliche Zunehmen verspürest und das Wort in das Herz
gesäet sey [...]" (*Wächterstimme*, S. 61 f.).

[47] *Wächterstimme*, S. 139 f.

[48] *Wächterstimme*, Kap. 2: Von dem allgemeinen Amt der Kirchen=Diener.

zumeist auf den Streit um den Stellenwert der Rhetorik und die Traktierung von Kontroversen auf der Kanzel reduziert. So vielfältig die Analysen auch waren, die dem Mißerfolg der Predigt auf die Spur zu kommen versuchten, sie waren sich doch darin einig, eine fundamentale Insuffizienz der öffentlichen Gemeindepredigt zu konstatieren, die durch eine Verbesserung der homiletischen Arbeit allein nicht zu beheben war.

Die seit der Jahrhundertwende verschärfte kritische Unterscheidung zwischen den Scheinchristen und den *wahren Christen* hatte zu einer differenzierten Sicht der „Zuhörerschaft" geführt. Die sich am unchristlichen Leben der Gemeinden entzündende Kirchenkritik verlangte gerade in ihrer streng lutherischen Rückbindung an die Rechtfertigungslehre die Umwandlung der getauften Kirchenchristen in wahre Christen, wenn christliches Leben erwartet wird, und wandte sich gegen allgemeines Ethisieren auf der Kanzel, das nur auf äußere Ehrbarkeit drängt und mit Christentum nichts zu tun hat. Repräsentativ für diese Auffassung ist ein Zitat des orthodoxen Dogmatikers Johann Conrad Dannhauer, der in Aufnahme des beliebten Bildes vom Baum und seinen Früchten[49] den Prediger ermahnt: „Er fordere nicht von seinem Garten die Früchte / ehe dann er die Bäume recht gepflantzet / wie die heutige Moralisten zuthun pflegen / weil sie mit den Glaubens=Geheimnüssen nicht recht können umbgehen / sondern drüber hinspringen / wie der Hahn über glüende Kohlen"[50]. Dannhauer fordert die *erbauliche* Predigt. Deren Erfolg zu messen, darf der Prediger nicht auf das Lob der Zuhörer achten, sondern „auf Hertzenswende und Gehorsam im Werck / Leben und Wandel"[51].

Die Forderung einer „Hertzenswende" führte nicht nur zu einer allgemeinen Betonung des sich im Leben ausdrückenden affektiven Grundzugs christlicher Existenz (– „denn der Glaube hat seinen Sitz im Hertzen und nicht im Gehirn"[52] –), sondern methodisch vor allem zur Thematisierung des *individuellen Grundzugs* der Glaubensaneignung, -bewahrung und -stärkung und der unbedingten Notwendigkeit der individuellen persönlichen Applikation der christlichen Heilswahrheiten. In der kirchenkritischen und der Reformliteratur kam es zu einer *(Wieder-)Entdeckung des Zuhörers*. Während die protestantische Schul-Homiletik die Aufmerksamkeit der Pfarramtsaspiranten im Verlauf des 17. Jahrhunderts zunehmend auf die Relation Text-Predigt reduzierte, rückten in den Reformschriften wieder Luthers *Hans* und *Grete* in den Blick, auch wenn sie nun, wie bei Andreae, *Georg* hießen oder anonym blieben. Analytischer Inhalt dieser Wiederentdeckung war die Erkenntnis, daß die Predigt kein Wundermittel ist, das im Verlauf einer Stunde eine beliebig disponierte passive Zuhörerschaft zu wahren Christen bekehrt, sondern daß der Schlüssel zum Erfolg der Predigt im Grunde beim Zuhörer liegt, in seiner Ausrüstung mit katechetischem

---

[49] Vgl. unten, S. 152 Anm. 17 zu J. Arndt.

[50] J. C. Dannhauer, Catechismus=Milch. Achter Theil. Straßburg 1666, S. 419.

[51] *Catechismus=Milch*, S. 420.

[52] Ludwig Dunte, Wahre und rechtmessige Ubung Des Christenthumbs (1630), Wittenberg ²1678, S. 290.

Grundwissen, das ihm das Verständnis der Predigt überhaupt erst ermöglicht, in seiner Bereitschaft zu hören, in seiner Aufmerksamkeit und Merkfähigkeit und vor allem in seiner Nacharbeit, mit der er die Verkündigung der Predigt sich persönlich anverwandelt und für sein eigenes Leben bestimmend werden läßt. In ihrer Konsequenz zeigt die Wiederentdeckung des Zuhörers zwei unterschiedliche Aspekte. Einerseits erscheint der Zuhörer verstärkt als *Objekt* pastoralen Handelns: die Reformer fordern intensivere Katechisierung, Predigtexamen, kontrollierende Hausbesuche und Individualseelsorge; diese Richtung führt im Sinne Großgebauers zu einer Neuformulierung des pastoralen Amtsverständnisses vom „Prediger" zum „Hirten". Andererseits aber erscheint der Predigthörer als *Subjekt*, das unmittelbar Gottes Wort in der Verkündigung begegnet und selbst für den fruchtbaren Umgang mit diesem Wort verantwortlich ist. Unter diesem Aspekt, der neben den praktischen Erwägungen offenbar einen kräftigen dogmatischen Rückenwind aus der im ersten Drittel des 17. Jahrhunderts ausformulierten Lehre von der Kraft und Autonomie des göttlichen Wortes bezogen hat[53], bleibt es nicht bei der Forderung, die Predigten zu hören und sie meditierend in der *ruminatio* zu verarbeiten und zu applizieren: wenn die entscheidende Wirkung doch von der persönlichen, individuellen Begegnung einzelner Menschen mit dem wirkmächtigen Wort Gottes zu erwarten und die Wirkkraft des Wortes im Prinzip davon unabhängig war, ob es gehört, gelesen oder erinnert wurde[54], wenn nur seine Kraft in der Meditation und Betrachtung zum Zuge kam, so konnte diese Begegnung nicht oft genug stattfinden. Dies führte bei allen Reformbemühungen letztlich zu einer deutlichen Relativierung der Bedeutung des Predigers und zu einer starken Aufwertung der *Privaterbauung*, des *cultus privatus*, gegenüber dem offiziell nach wie vor an erster Stelle rangierenden öffentlichen Gottesdienst. In den folgenden Abschnitten soll vorgeführt werden, welche Rolle die Meditation nach Absicht ihrer Befürworter in diesem als zukunftsentscheidend angesehenen Kampf um die Wiedergewinnung verlorenen Terrains lutherischer Kirchlichkeit übernehmen sollte:
– zum einen in einer direkten Beziehung zur Predigt und zum Gottesdienst generell, zum *cultus publicus*, als das Mittel zur Verstärkung oder überhaupt nur Gewährleistung ihrer Wirkung,
– zum andern als ein besonders effizient und vielversprechend wirkendes Element der Möglichkeiten von Privaterbauung, *cultus privatus*, durch dessen Intensivierung die Kritiker und Reformer dem kirchlichen Substanzverlust entgegenzuarbeiten versuchten.

---

[53] Während der ersten drei Jahrzehnte des 17. Jahrhunderts, beginnend mit der Prinzipienlehre der *Loci Theologici* Johann Gerhards und endend mit der Entscheidung des Rahtmannschen Streits, wurde die durch die wirkende Kraft des Heiligen Geistes verbürgte Autonomie des in der Heiligen Schrift enthaltenen Wortes Gottes festgeschrieben und gegenüber allen Vermittlungsformen und – institutionen definitiv zur Geltung gebracht.

[54] Vgl. unten, Kap. 4.5.2 (Spener zu Labadie).

4.2 Die persönliche Applikation der Predigt in der Meditation

Grundsätzlich war der Weg zur Wiederentdeckung der zentralen Rolle des Hörers für den Erfolg der Predigt nicht nur Ergebnis der pastoralen Empirie, sondern auch dogmatisch vorgewiesen. Die lutherische Dogmatik spricht dem Wort Gottes die Wirkfähigkeit zu unabhängig von Ort und Zeit, unabhängig aber vor allem von der Person des Predigers, seiner Eloquenz, Anpassungsfähigkeit oder persönlichen Frömmigkeit. Jeder Versuch, für den mangelnden Erfolg der Predigten den Prediger haftbar zu machen, war von dem Vorwurf des Donatismus bedroht, jener in der *Confessio Augustana* ausdrücklich verworfenen altkirchlichen Auffassung, die die Wirksamkeit kirchlichen Handelns in Wort und Sakrament an die Würdigkeit des ausführenden Priesters binden wollte[55]. Diese Tatsache zog die Pfarrer weitgehend aus der Schußlinie der Kritik. Es ist also nicht verletzter Amtsstolz oder falsche Solidarität, wenn etwa Philipp Jakob Spener bei aller Zustimmung zum *Briegischen Bedencken* gerade gegen dessen rigorose Pfarrerschelte Einspruch erhob[56]. Dabei stand Spener keineswegs unkritisch seinen Amtsbrüdern gegenüber. In den Jahren vor Erscheinen der *Pia Desideria* hat er sogar in Anlehnung an Großgebauers *Wächterstimme* eine stark pfarrerkritische Phase durchlaufen[57] und ähnlich wie Jean de Labadie eine Reform der Kirche durch eine Reform des Pfarrerstandes erwogen[58]. Dennoch blieb die Predigt ein heikler Punkt, weitgehend der Kritik entzogen. Zu keinem Zeitpunkt konnte sich Spener dazu verstehen, (Miß-)Erfolg des Wortes und Qualifikation des Predigers direkt aufeinander zu beziehen. Zwar konnte auch er sich nicht dem offenkundigen empirischen Befund entziehen, daß die Person des Predigers in einer gewissen Relation zur Wirkung seiner Predigt stand. Doch er tastete sich nur mit äußerster Vorsicht an dieses Problem heran und verharrte im Komparativ: ein selbst nicht vom Wort erfüllter und nach ihm lebender Prediger könne zwar die Wirkung des Wortes nicht völlig hindern, aber doch ihrer

---

[55] *Confessio Augustana*, Art. VIII (BSLK 62, 1 ff.); dazu die Apologie der CA: „item ut sciamus verbum et sacramenta efficacia esse, etsi tractentur a malis" (BSLK 238, 11–13).

[56] „Ita paraenesin illam Lignicensis Principis, quam misi, optarim in plurium incidere manus [...]. Id correctum mallem, quod colligit, quia non fructus sequatur verbi, quantus deberet, omnino non, uti decet, istud proponi: quod non simpliciter procedit; quamvis hoc negare nolim, quod ex causis non ultimis non secuti effectus decentis illa sit, quia a plerisque non satis prudenter neque sufficienti zelo tractetur" (Spener an Gottlieb Spizel, 25. November 1671: Spener, Briefe 1, Nr. 111, Z. 149–156). – Zum *Briegischen Bedencken* vgl. oben, S. 76.

[57] Vgl. dazu vor allem die Briefe Speners an den Augsburger Diaconus Gottlieb Spizel (Spener, Briefe 1, Nr. 47, Nr. 55, Nr. 140) und an den Rothenburger Superintendenten Johann Ludwig Hartmann (aaO., Nr. 69) aus den Jahren 1669/70.

[58] Vgl. Labadies Reformschrift: La Réformation de L'Eglise par le Pastorat [...]. Middelburg 1667/68. – Labadies Schrift hat allerdings erst auf dem Umweg über Johann Jakob Schütz auf Spener gewirkt und ihren Einfluß in dem Vorschlag akademischer Collegia Pietatis in den *Pia Desideria* ausgeübt (vgl. WALLMANN, 315–319). Spener hatte, als er die *Pia Desideria* verfaßte, eine einseitige Fixierung auf den Pfarrerstand längst überwunden zugunsten eines Konzepts umfassender *Gemeinde*reform.

ansonsten vielleicht möglichen breiteren Wirkung im Wege stehen[59]; umgekehrt aber müsse man sagen, daß auch ein unfrommer Prediger das Wort Gottes
zur Erbauung frommer Seelen und selbst mit Bekehrungskraft predigen könne,
wobei er allerdings selbst keine andere Rolle spielt als Bileams Eselin[60]. Es war
wohl möglich, den Pfarrer unter Berufung auf seine Amtspflicht und auf die
Würde des Wortes Gottes zum Einsatz aller ihm gebotenen Hilfsmittel zu
verpflichten, d. h. zur intensiven Meditation des Wortes, zur Beachtung der
rhetorischen Regeln bei Anfertigung der Predigt und vor allem zu intensiver
Beschäftigung mit seiner Gemeinde. Die grundsätzliche Schuld am Mißerfolg
der Predigt aber war ihm einfach nicht zuzuschreiben.

Ein anderes Bild zeigt die Rolle des *Zuhörers*. Im Gegensatz zu der in der
calvinistischen Prädestinationslehre verankerten Lehre von der Unwidersteh-
lichkeit der berufenden Gnade Gottes gegenüber den Auserwählten kennt die
lutherische Dogmatik bei Betonung des universalen Gnadenwillens Gottes die
fatale Möglichkeit des Einzelnen, der im Wort ihm angebotenen Gnade „einen
Riegel vorzuschieben" und die Wirksamkeit des im Worte wirken wollenden
Heiligen Geistes zu unterbinden und zu verhindern. Zwar ist das gepredigte
Wort Gottes wirkmächtig, wenn es aus dem Munde des Predigers kommt, die
entscheidende Schwelle aber ist das Ohr des Zuhörers.

Der Nürnberger Antistes Johann Michael Dilherr mahnte im Jahre 1640 seine
Zuhörer, das Wort Gottes nicht in den Ohren stecken zu lassen, sondern ins
Herz zu führen. Wie der Weg in die gute Stube eines Hauses zunächst durch die
Haustür, dann durch die Stubentür führt, so muß Gottes Wort im geistlichen
Haus auch zwei Türen passieren: „die Thür der Ohren / und die Thür deß
Hertzens: welche beede wir Ihm sollen offen stehen lassen"[61]. Daß die Predigt
nicht überall Frucht bringt, liege weder am Worte Gottes noch an den Predigern,
– schließlich hätten weder Johannes der Täufer noch Christus selbst immer
erfolgreich gepredigt und Glauben erweckt –, sondern an den verstockten
Herzen der Zuhörer[62].

In Straßburg werde das Wort Gottes so reichlich gepredigt wie in kaum einer
anderen Stadt, hielt Johann Schmidt seiner Gemeinde in den Eingangspredigten

---

[59] Ausführlich handelt Spener davon in: Die Evangelische Glaubens=Lehre / In einem
jahrgang der Predigten Bey den Sonn= und Fest=täglichen ordenlichen Evangelien [...] vorgetragen [...]. Frankfurt a. M. 1688, Predigt auf den Sonntag Sexagesimä 1687, S. [240–258]
243–246.

[60] Spener an Spizel, 10. 12. 1669 (Spener, Briefe 1, Nr. 47, Z. 229–231; vgl. oben, Anm. 57).

[61] J. M. Dilherr, Heilige Sonntagsfeier. Nürnberg ^{2}1652, S. 295 f. (in einer als Anhang
beigegebenen Predigt „Von rechter Anhörung deß Worts Gottes", gehalten am Sonntag
Sexagesimä 1640 in Jena).

[62] *Heilige Sonntagsfeier*, S. 316 f. – Dilherr räumt natürlich ein, „daß Prediger / die recht lehren
/ offt nicht recht darnach leben" (aaO., S. 319), und bekräftigt den Wunsch, alle Lehrer
möchten doch auch durch ihr Leben die Lehre verifizieren; dennoch ist auch angesichts der
Schwächen das Lehramt nicht zu verachten (aaO., S. 321). Wie ein Patient mehr auf die Arznei
als auf den Arzt sieht, soll auch der Predigthörer nicht auf den Prediger seine Aufmerksamkeit
richten, sondern „auf das Wort Gottes / dadurch unsere Seele geneset" (aaO., S. 325).

zum Psalter (1637) vor, dennoch seien die Gassen voll mit Menschen, die dem Wort Gottes zwar die Tür öffnen, es dann aber draußen stehen lassen, das heißt: es äußerlich anhören, aber nicht ins Herz fassen[63]. Gott aber fordert, daß wir sein Wort in uns wohnen lassen[64], es nicht vor der Tür stehen lassen, sondern ins Herz hinabgeleiten und dort ihm ständigen Raum gewähren[65]. Dieses geschieht durch die nach der Predigt notwendige *ruminatio* und *meditatio* des gehörten Wortes[66]. In seiner Vorrede zur Straßburger Ausgabe der Meditationsanleitung Joseph Halls[67] erklärt Schmidt die Meditation zu dem einzigen Instrument, das die himmlische Speise verdauen und in Lebenskraft umsetzen kann[68], und macht das Versäumnis der nachfolgenden Meditation wesentlich für den Mißerfolg der Predigten verantwortlich[69].

Diese Auffassung, daß der Erfolg der Predigt im Grunde nicht vom Prediger abhängt, sondern von der aktiven Nacharbeit des Predigthörers, der sich das gehörte Wort in gründlicher Meditation anverwandelt und in Fleisch und Blut eingehen läßt, wurde im Verlauf der ersten Hälfte des 17. Jahrhunderts Gemeingut der Reformer, erscheint in den verbreitetsten Erbauungsschriften[70] und findet sich auch in Speners *Pia Desideria*[71].

---

[63] J. Schmidt, Sechs Christliche Predigten / Von deß Heiligen Psalters Namen / Vrsprung / Inhalt / Nutz vnd Frucht / &c. [...]. Straßburg 1637 [vgl. oben, S. 62 Anm. 168], S. 21.

[64] Schmidt beruft sich auf Kol 3, 16, dessen „unter euch wohnen" er interpretiert als „in euch wohnen" (*Sechs Christliche Predigten*, S. 14).

[65] *Sechs Christliche Predigten*, S. 14–16. – Die gleichen Bilder findet man in: Ph. J. Spener, Deß thätigen Christenthums Nothwendigkeit und Möglichkeit [...]. Frankfurt a. M. 1687, S. 465 f.

[66] Zu Johann Schmidts Forderung der Meditation vgl. oben, Kap. 3.4.

[67] S. unten, S. 106 f.

[68] „Denn die Betrachtung ist das rechte einige Mittel / durch welches Gottes Wort in vns lebendig wird / vnd so wenig es seyn kan / daß die Speise dem menschlichen Leibe Krafft gebe / welche nicht wol verdäuet wird / so wenig kan auch daß Wort Gottes kräfftig seyn / wenn solches nicht auch durch die Betrachtung gleichsam verdäuet wird" (*Praxis Pietatis*, Straßburg 1634, Bl.)(5ᵛ).

[69] „Woher kombts / daß da viel Jahre nach einander herrliche vnd treffliche Predigten gehöret werden / dieselbige doch so wenig Frucht vnter die Menschen bringen? In Warheit daher / daß so wenig seyn / welche denselben nachdencken / was sie gehöret / es wird nicht betrachtet; Niemand ist / der nach dem Exempel der heiligen Jungfrawen Mariae die Wort in seim Hertzen behielte!" (*Praxis Pietatis*, Bl.)(5ᵛ).

[70] Im Rahmen dieser Arbeit können nur wenige Beispiele für die stereotype Argumentation aufgeführt werden. Ich zitiere aus einem der bekanntesten Erbauungsbücher des 17. und noch des 18. Jahrhunderts, aus Heinrich Müllers *Himmlischer Liebeskuß* (zuerst 1659): „Die rechtschaffene Zuhörer sind im Gesetz fürgebildet durch die reinen Thiere, so wiederkäuen. Denn sie dencken offt an die Predigt, wiederholen dieselbe, und ziehen sie durch eine geistliche Betrachtung wieder zu Hertzen. In der Betrachtung wird das Menschen Hertz dermassen erleuchtet und befestiget, daß er sich ehe 1000. mal würgen liesse, als daß er wider GOttes Wort muthwillig sündigen solte. Durch die Betrachtung kommt ein lebendigmachender Safft ins Hertz, der die Andacht feuchtet und nehret. Es hilfft nicht, wenn schon die Speise in den Magen hinab gelassen wird, es sey denn, daß sie durch die natürliche Wärme verdauet, zerschmeltzet, in alle Glieder des Leibes geleitet werde. Also muß das Wort GOttes in der Seelen durch das Feuer der Betrachtung verdauet und in alle ihren Kräfften ausgebreitet werden. [...] Es ist die Heil. Betrachtung des Worts nicht allein eine nöthige Ubung beydes für Schwache und Starcke, Unverständige und Gelehrte, die allerley, was zur Seligkeit noth, reichlich lehret, und nimmer

Ein wiederkehrender Anlaß, die Gemeinde über das richtige Hören und Verarbeiten der Predigt zu informieren, war die Predigt des Sonntags Sexagesimä mit dem Gleichnis vom vierfachen Ackerboden als Text[72]. Daneben wurden Antritts- sowie Ordinations- und Einführungspredigten diesem Thema gewidmet und separat oder als Anhang größerer Sammlungen zur Belehrung der Predigthörer herausgegeben[73]. Biblischer Leittext war neben der Gesamtperikope Lk 8, 4–15 vor allem der Schlußvers Lk 8, 15, der fordert, das Wort zu hören, es zu behalten (bewahren) in einem feinen, guten Herzen und Frucht zu bringen; außerdem Lk 11, 28: Selig sind, die das Wort Gottes hören und bewahren. Diese Gattung der Predigt über das Predigthören war bis in den Pietismus hinein verbreitet[74]. Es ist nicht in allen diesen Predigten, wenn sie den rechten Umgang mit Gottes Wort nach Lk 8, 15 in den Dreischritt Hören-Bewahren-Handeln fassen, in so eindeutiger und terminologisch klarer Weise von Meditation die Rede wie bei Johann Schmidt. Oft bleibt es in einer aus dem Bibeltext selbst entlehnten Terminologie bei der Beschwörung, das Wort *ins Herz zu fassen*, ohne daß nähere Hinweise erfolgen, wie dies geschehen könne. Meistens ist aber zumindest das Grundschema mit den Forderungen der *Betrachtung*, des *Wiederkäuens* und der Verarbeitung des Wortes durch die Kräfte der Seele präsent und signalisiert, welche Vorstellungen der Autor gehegt hat. Dies

---

kan es ausgelernet werden, sondern ist auch das Mittel, dadurch GOtt in unsern Hertzen würcken, den Glauben und H. Geist geben will, wie S. Paulus sagt Röm. 10, 17" (*Himmlischer Liebeskuß*, Kap. 9 § 37; zitiert nach der Ausgabe Erfurt 1742, S. 131).

[71] „Wiederumb du hörest göttliches Wort. Ist recht gethan: Aber es ist nicht gnug / daß dein ohr es höret; lässest du solches auch innerlich in dein hertz dringen / und solche himmlische speise daselbst verdauet werden / damit du safft und krafft davon empfangest / oder gehet es zu einem ohr ein zum andern auß: Ist jenes / so gilt dirs freylich / was der HErr sagt Luc. 11/28. Selig sind die GOttes Wort hören und bewahren [...]" (PD 35, 30–36, 3).

[72] Vgl. etwa die oben, Anm. 61 genannte Predigt Johann Michael Dilherrs. – Vgl. auch WESTENDORF (s. oben, S. 41 Anm. 41).

[73] Martin Lipenius, Bibliotheca Realis Theologica. Tom. 1. Frankfurt a. M. 1685 (Ndr. Hildesheim-New York 1973), S. 107, hat in seiner Systematik unter den Stichworten *Audire, Auditio, Auditor, Auditus* eine eigene Rubrik für derartige Schriften eingerichtet, soweit sie separat unter einem entsprechend klassifizierbaren Titel erschienen sind. Er nennt: Thomas Bang, Exercitatio Acroamatica de X. Boni Auditoris Curis, Kopenhagen 1650; Nicolaus Hartkopf, Methodus audiendi Conciones, Hamburg 1638; Johann Ludwig Hartmann, Reine Lehrer und faule Zuhörer, Frankfurt a. M. 1679. Der letztgenannte Titel ist in einer für die kirchenkritische Grundstimmung des 17. Jahrhunderts gerade symptomatischen Weise verballhornt, denn in Wahrheit behandelt Hartmann in seiner Predigt *Reine Lehrer und feine Zuhörer* (s. P. SCHATTENMANN, Johann Ludwig Hartmann, Rothenburg o. T. 1921, S. 61 Nr. 12). – Weitere Schriften dieser Art kamen auch nach Erscheinen der *Bibliotheca Realis Theologica* heraus; vgl. unten, Anm. 74, zu Johann Caspar Schade.

[74] Speners Berliner Diaconus Johann Caspar Schade begann seine Predigttätigkeit an der Nikolai-Kirche mit einer solchen Unterweisung: J. C. Schade, Wie die Predigten Göttliches Wortes anzuhören / Daß durch solches 1. Der Glaube gewircket / 2. Das Hertz geändert / 3. Das Leben gebessert / und also 4. Die Seele zum Himmel erbauet werde / In dreyen darüber gehaltenen Predigten darinnen Wie GOTTES Wort 1. Glaubig anzunehmen / 2. Fleißig zu bewahren / Und 3. Treulich auszuüben; gehandelt [...]. Berlin 1694.

[75] Vgl. als ein frühes Beispiel Anton Buscher, Schola Pietatis, Lüneburg 1623. Buschers

gilt für Predigten am Anfang des Jahrhunderts[75] ebenso wie an dessen Ausgang[76].

Ausführlicher als in den Predigten wurde die Belehrung des Zuhörers in den Handbüchern christlichen Lebens[77] betrieben und innerhalb der Anleitungen zur Sonntagsheiligung, seien diese nun als eigene Traktate oder im Rahmen von Gesamtentwürfen christlicher Lebensführung erschienen. Als Beispiel dafür kann ein Traktat von Justus Gesenius über die Sonntagsheiligung dienen[78]. Drei Kapitel dieses Traktats bilden eine ausführliche Anleitung zum Predigthören[79] und behandeln nacheinander die Vorbereitung auf die Predigt, das richtige Zuhören und die Nacharbeit in der Meditation. Negativbild des Zuhörers ist der vergeßliche Hörer (Jak 1, 23–25)[80], Idealbild ist Maria. Der Predigt muß die *ruminatio* und Meditation folgen[81]. Sie ist für Gesenius das Mittel, das Gottes Wort ins Herz und ins Gedächtnis bringt[82] und damit als ständige Grundlage des Lebens präsent hält[83]. Alle Aneignung des Wortes aber muß ausgerichtet sein auf

---

Schola Pietatis ist eine *Apostolische vnterweisung zur Gottseligkeit* aus den Sonn- und Festtagsepisteln. Die Pflichten der Zuhörer werden abgehandelt nach 1Kor 15, 1 f. Der Zuhörer soll das gepredigte Wort annehmen wie von Christus selbst (S. 793); er soll es oft hören und seine Süßigkeit schmecken und wirken lassen: „Solches desto mehr zu befördern / mustu dir vnd den deinen das Wort selbst erinnern / im Hertzen betrachten / wie die reinen Thiere es wiederkewen / also im feinen guten Hertzen behalten/ vnd / damit das desto besser geschehe / mustu die Taffeln der Wechsler / Taubenkrämer / Mörder / das ist / die Heucheley / Geitz / Haß vnd Neid / außreumen" (S. 794).

[76] Als Beispiel aus dem Ende des Jahrhunderts kann Schade dienen (vgl. oben, Anm. 74). Auch Schade fordert zunächst eine *purgatio* des Herzens, sodann den Einsatz der Seelenkräfte: „Neiget und eröffnet das Hertz gleichsam Angelweit das Wort hinein zufassen; Breitet aus euren Verstand dasselbe recht zuverstehen und anzunehmen; Breitet aus den Willen / mit Begierde und Lust in euch hinein / als ein Löcker Erdreich / zuschlingen; Breitet aus euer Gedächtnis / in demselben es zuverwahren und einzuschliessen" (S. 148 f.). Schade kann aber auch präzise formulieren: „Dem verstandenen und gefasten Wort lasset uns in Demuth ferner nachdencken / eines mit dem andern überlegen / eines nach dem andern behertzigen und betrachten; Andächtige Meditation und Gedancken darüber führen" (S. 153).

[77] Vgl. oben, Kap. 3.3, zu Ludwig Duntes *Ubung des Christenthums*.

[78] J. Gesenius, PRAXIS DEVOTIONIS, Oder Vbung Christlicher Andacht: In dreyen Tractätlein außgeführet Worunter Das Erste vom Gebett / Das Ander vom Heil. Abendmahl / Das Dritte von Heiligung deß Sabbaths oder Feyertags handelt. Hannover 1645.

[79] *Praxis Devotionis*, Kap. 5–7.

[80] Der vergeßliche Zuhörer, sofern er nicht aus schuldhafter Gleichgültigkeit, sondern mangelnder Fähigkeit oder Übung die Predigten vergaß, wurde seinerseits wieder zum Thema eigener Schriften. Vgl. Adam Bernd, Eine Predigt Vor die Vergeßlichen Zuhörer, Damit dieselben ins künfftige mehr, als bißher auß den Predigten behalten mögen [...]. Leipzig 1719.

[81] „Also müssen feine Zuhörer / vnd die Nutzen vnd frommen von ihrem zuhören haben wollen / die müssens gleichsamb wiederkewen / was sie gehöret" (*Praxis Devotionis*, S. 92).

[82] „Man muß es fein meditiren, erwegen vnd betrachten / dadurch wirds gleichsamb ins Hertz vnd Gedächtniß eingedrucket" (*Praxis Devotionis*, S. 90).

[83] „Weil die Gottesfürchtigen also das Wort hören / daß sie es ins Hertz vnd Gedächtniß auffassen / vnd darin bewahren / so können sie auch dran gedencken / vnd sich alsofort daraus alles dessen erinnern / was noth thut. Hiewieder thun die Leute vnd handeln gar vbel / welche keine Zeit auffs meditiren vnd nachdencken wenden wollen [...]" (*Praxis Devotionis*, S. 91).

das Tun, die eigentliche Frucht des Zuhörens[84]. Zuweilen scheint in der Argumentation von Gesenius wie nicht selten in der seiner Mitstreiter der Vorgang der Meditation auf das Wiederkäuen und Einprägen des Wortes beschränkt zu sein, das *Eindrücken ins Herz* auf einen Vorgang der *memoria*, während für die Konsequenz, Täter des Wortes zu sein, ein von der Meditation getrennter Willensakt erforderlich wäre. Letztlich aber bleiben die in den Meditationsmodellen vorgegebene Zusammengehörigkeit von *intellectus* und *voluntas* und die Abfolge ihrer Aktivität in der Meditation gewahrt, wenn Gesenius in Auslegung von Ps 1 zusammenfassend formuliert: „Wer mit GOttes Wort recht vmbgehet vnd das täglich betrachtet [...] / der ist wie ein fruchtbarer Baum / den findet man nicht ohne Früchte"[85].

Einmal als notwendige Stufe der individuellen Verarbeitung und Applikation der Predigt herausgestellt, gewann die Meditation gegenüber der Predigt einen eigenständigen Stellenwert, ja sogar den Vorrang. Die Klage der Kirchenkritik richtet sich nicht mehr allein gegen das verschlafene, kaltsinnige, äußerliche Anhören der Predigten, sondern ebenso gegen das Unterlassen der nötigen Betrachtung und Meditation, die erst dem Wort im Predigthörer zu Kraft und Wirkung verhelfe und ohne die alle Predigt ohne Wirkung bleibe[86]. Gegebenenfalls hat die Meditation Vorrang vor der Predigt. Philipp Jakob Spener gibt in einem Theologischen Bedenken zur Frage der Sonntagsheiligung den Rat, lieber auf den Besuch der Nachmittagspredigt zu verzichten, als sich von der fruchtbaren Meditation der Vormittagspredigt abhalten oder darin verwirren zu lassen[87].

4.3 Exkurs I: Abendmahl und Meditation

Vor allem in den Gesamtentwürfen christlicher Lebensführung, aber auch in eigenen Traktaten zur Sonntagsheiligung, wurde seit den zwanziger Jahren des

---

[84] „So ihr solches wisset / spricht der HErr seelig seyd ihr so ihrs thut. Johan. 13[, 17]. Vmb des thuns willen vnd daß man Früchte bringe / darumb höret man das Wort" (*Praxis Devotionis*, S. 93).

[85] *Praxis Devotionis*, S. 93.

[86] S. etwa Ahasver Fritsch, Die leider! heutiges Tages Verschmähete Heilige Pietät / Und Wahre Gottesfurcht (zitiert nach dem Abdruck in: Ders., Drey Nützliche und Erbauliche Tractätlein, Leipzig 1690, S. 8): „Wird ja etwan der öffentliche Gottesdienst besucht / und die Predigten angehöret / so wird doch solches im Hertzen / nicht bewahret / es wird zu Hause nicht ernstlich und inniglich betrachtet / *da doch die Meditation und Betrachtung des Worts / das allernöthigste und fürnehmste ist / ohne welcher das Wort im Hertzen keine Frucht bringen kan*" (Hervorhebung von mir).

[87] „Wer also vormittags in der predigt gewesen ist / und die materie / die er gehöret / sonderlich zu seiner aufferbauung dienlich befindet / auch gewahr wird / daß er an derselben wiederkäuung den tag gnug zu thun haben werde; hingegen sich nur mit weiterm anhören confundiren / und das vorige zu seinem rechten nutzen anzuwenden hindern würde / der thäte nicht wohl / wo er eine nachmittags=predigt besuchte / weil er damit die erbauung seiner seele / welche der wahrhafftige zweck der sonntags=feyer ist / nicht befördern / sondern wohl gar verringern würde" (Bed. 2, [98–109] 108 o. D.).

17. Jahrhunderts der Sonntag zum Tag der heiligen Übungen, insbesondere der Meditation erklärt[88]. Zahlreiche meditative Übungen waren auf die Verstärkung der Wirkung des öffentlichen Gottesdienstes gerichtet. Dies betraf nicht nur den Gedanken, daß die Predigt zu ihrer Wirkung der nachbereitenden *ruminatio* bedarf[89]. Der Besuch des Gottesdienstes selbst sollte vorbereitet werden durch eine affektive Einstimmung, die auf Erregung von „appetit vnd inbrünstiger Begierde" zielt, zum Haus Gottes zu kommen und dort die Seelenspeise zu genießen[90]. Schon der Weg in die Kirche, das Eintreten, das Niedersetzen sollte begleitet sein von kurzen Gelegenheitsbetrachtungen und der Meditation geeigneter Psalmverse[91]. Anlaß zu andächtiger Betrachtung war ferner das Singen und Beten, jeder gehörte Bibeltext und auch das Verlesen der Abkündigungen um Fürbitte der Gemeinde. Passive Teilnahme am Gottesdienst, schlichtes Anhören der Predigt sei gleichzusetzen mit Müßiggang, urteilte Justus Gesenius[92].

Der neben der Predigt zentrale Stellenwert für die Meditation wurde der Teilnahme am Abendmahl zugesprochen. Hier verband sich in der Übernahme der alten Tradition der Passionsbetrachtung die Privatmeditation mit der Teilnahme am öffentlichen Gemeindegottesdienst[93]. Justus Gesenius, dessen in der *Praxis Devotionis* enthaltener Traktat *Vom Heiligen Abendmahl* repräsentativ ist für die Literatur der Anleitungen zur christlichen Lebensführung, fordert eine gründliche Vorbereitung auf das Abendmahl mit Gebet, Meditation und Erneuerung des christlichen Vorsatzes[94]. Dazu ist am Vorabend eine strenge Gewissenserforschung und Selbstbetrachtung nötig. Je nach dem erkannten Stand im Christentum muß die Gewissenserforschung entweder zu einer vollkommenen Bekehrung führen, zu der in bekannter Weise die Bußmeditation beiträgt[95], oder sie entwickelt sich zu einem speziellen *examen conscientiae* nach den Zehn Geboten, das nach Feststellung der begangenen Einzelsünden in der Meditation des Leidens Christi, das um der Sünden willen geschehen ist, zur *compunctio amoris* und zur Reue, zur *fiducia* und schließlich zur Erneuerung der „Christlichen Resolution" führt, sich vor Sünde und Gottlosigkeit hüten und die noch vorhandenen Schwachheiten bessern zu wollen. Außerdem soll die intensi-

---

[88] Vgl. oben, Kap. 3.3 (zu Dunte) und unten, Kap. 4.7.

[89] S. oben, Kap. 4.2.

[90] Justus Gesenius, Praxis Devotionis. Hannover 1645, S. 25 ff.

[91] Vgl. oben, S. 56 f. zu Dunte.

[92] *Praxis Devotionis*, S. 319 f.

[93] „Die besondere meditation vnd Betrachtung / welche eygentlich bey diß Abendmahl gehöret / vnd das Soliloquium vnd die heimbliche Vnterredung vnser Seelen mit ihr selbst muß seyn von dem Leyden vnd Sterben vnsers hochverdienten Heylandes" (*Praxis Devotionis*, S. 148). – Zur Meditation beim Abendmahl vgl. auch Großgebauer (s. oben, S. 81 f. Anm. 43).

[94] *Praxis Devotionis*, S. 147 f.

[95] „Wozu denn auch nothwendig kommen muß die fleißige vnd ernste meditation vnd Betrachtung des Göttlichen Worts / absonderlich wie Gott der Sünde so feind sey / vnd so eifferig dawider rede; Wie er sie an andern gestrafft / insonderheit aber in der Hölle straffen wolle [...]" (*Praxis Devotionis*, S. 228 f.). – Vgl. oben, S. 56 zu Dunte.

ve Meditation der Passionstexte und sogar der messianischen Weissagungen die Teilnahme am Abendmahl vor- und nachbereiten[96].

Indem er das commemorative Element der Abendmahlseinsetzung betont, faßt Gesenius praktisch die gesamte Feier als Passionsmeditation[97]. Dabei stützt er sich auf 1Kor 11, 26 und verweist darauf, daß das *annunciabitis* (*des Herrn Tod verkündigen*) in der Syrischen Version des Textes sachgemäß als *in memoriam revocabitis* wiedergegeben sei. So habe der Apostel seine Aufforderung gemeint: sich des Leidens und der Treue Christi zu erinnern, Gott dafür zu danken und seine Güte zu preisen[98]. Diese ständige Erinnerung ist nötig zur Erhaltung und Stärkung von Glauben und Zuversicht. Darum habe Gott dieser Erinnerung die einprägsame und affektive sinnliche Vermittlungsform zuerkannt[99]. Teilnahme am Abendmahl bedeutet die meditative Vergegenwärtigung des Passionsge-schehens und die Begleitung Jesu auf den Stationen seines Leidensweges[100]. Aus der Betrachtung des Geschehens – „so eygentlich als wenn wir selbst dabey stünden vnd es mit vnsern Augen ansehen"[101] – und der erinnerten Lehre, daß dies um der eigenen Sünden willen geschehen ist, fließen die Affekte des Mit-leids, der Reue und der Dankbarkeit, resultierend im Dank- und Bittgebet[102] und in der Bewegung des Willens zum guten Vorsatz künftigen Gehorsams[103]. Damit hat Gesenius den Weg einer klassischen Passionsmeditation abgeschrit-ten. Den Einwand der Ungeübten, man könne nicht in so kurzer Zeit während des Abendmahls so vielfältig in intensiver Anteilnahme beten und meditieren,

---

[96] Man solle „die Historien / auch die Nahmhafften Weissagungen (insonderheit Es. 53) von den bittern Leyden deß HERRN so wol vorhero vor vnd nach der Beicht als am Sabbathtage vor vnd nach der Communion mit sonderm Fleiß und Andacht lesen / meditiren vnd betrach-ten" (*Praxis Devotionis*, S. 149f.).

[97] Das Abendmahlskapitel ist überschrieben: „Vom Gedächtnis deß HERREN / so wir bey diesem Heiligen Sacrament begehen / vnd wie wir dabey an seinen Todt gedencken / vnd denselbigen verkündigen sollen" (*Praxis Devotionis*, S. 150).

[98] *Praxis Devotionis*, S. 156.

[99] „Wie hätte aber der HErr uns hefftiger zu solchem Gedächtniß vnd Erinnerung bewegen vnd antreiben können / als daß er vns da gleichsam sein Leyden / seine Creutzigung vnd Blutvergiessung [in Brot und Wein der Abendmahlsfeier] für die Augen bildet?" (*Praxis Devotionis*, S. 157).

[100] „Vnd solchem Gebot deß HErrn nun gnüge zu thun / sollen wir vor / bey / auch nach Geniessung dieses Abendmahls im Geist vnd Glauben mit dem HERREN gehen in den Hoff Gethsemane auff den Oelberg / vnd vns gleichsam in den Garten daselbst nidersetzen / vns ja nicht schlaffend allda finden lassen / sondern mit den Augen eines andächtigen Hertzens genaw vnd eygentlich zu schawen / wie erbärmlich da der HErr auff seinem heiligen Angesichte lige [...]" (*Praxis Devotionis*, S. 160). – „Von dannen müssen wir mit ihm fortgehen in Caiphas Hoff / vnd da auch zuschawen [...]" (aaO., S. 161). – „Wir müssen weiter auch mit ihm gehen für den Richter Pontium / vnd im Glauben den HERRN ansehen / wie er da stehet als ein Schaaf / das zur Schlachtbanck geführet wird [...]" (ebd.). – „Ja wir müssen noch weiter auff solche geistliche Weise vns mit Johanne vnd der Mutter des HERRN bey das Creutz verfügen vnd zuschawen [...]" (ebd.).

[101] *Praxis Devotionis*, S. 162.

[102] „Alsdann kan es nicht verbleiben / wir müssen auff solche meditation vnd Betrachtung herfür brechen in hertzlicher Dancksagung [...]" (*Praxis Devotionis*, S. 162).

[103] *Praxis Devotionis*, S. 164f.

weist Gesenius zurück. Mit den geistlichen Übungen verhalte es sich wie mit dem Lesenlernen; dem Anfänger erscheint die Lesegeschwindigkeit des geübten Lesers unmöglich. Lesen zu lernen kostet halt Mühe: „Also gehets hie auch zu. Man muß mit Mühe vnd Arbeit lernen nachsinnen vnd sich mit besonderm Fleisse gewehnen / mit seinen Gedancken von einer Wolthat Gottes zur andern / von einer geistlichen Nothdurfft vnd Dürfftigkeit zu der andern in diesen meditationen vnd Betrachtungen / Dancksagungen und Gebeten fort zu schreiten"[104].

4.4 *Exkurs II: Meditation, Predigt und Rhetorik*

In seiner Beziehung auf den Theologen kann der Begriff der *meditatio* im 17. Jahrhundert eine große Bandbreite aufweisen. In Ausweitung von Luthers Wort, daß *oratio, meditatio* und *tentatio* den Theologen machen, kann *meditatio* das gesamte Theologiestudium, ferner generell alle theologische Gedankenarbeit benennen. Zumeist jedoch wird dieser Begriff in engerem Sinne verwendet und bezeichnet neben der tatsächlichen Privatmeditation vor allem die Arbeitsschritte zur Konzipierung einer Predigt und die Vorbereitung ihres Vortrags durch affektive Einstimmung des Predigers. Dabei wurden die Möglichkeiten der Meditation während der ersten Hälfte des Jahrhunderts zumeist in Verbindung mit dem System der ihr verwandten Rhetorik genutzt.

Im Jahre 1623 veröffentlichte der Rostocker Theologieprofessor Paul Tarnow, der seit seiner Rektoratsrede *De Novo Evangelio* (1624) auch zu den vehementesten Kirchenkritikern seiner Zeit gerechnet wird, im Rahmen seines pastoraltheologischen Lehrbuchs *De Sacrosancto Ministerio*[105] eine umfassende Predigtlehre, die auf der gesamten Bandbreite humanistischer Rhetoriktradition beruht und neben den Kirchenvätern, Erasmus von Rotterdam und Andreas Hyperius auch Wilhelm Zepper und Luis de Granada als Autoritäten zitiert. *Meditatio* umgreift die Arbeitsschritte der *inventio, dispositio* und *elocutio* der klassischen Rhetorik, während *memoria* und *actus* nach Abschluß der *meditatio* hinzutreten. Was nach heutigem Sprachgebrauch als *Exegese* bezeichnet wird, ist Bestandteil der *inventio*. Objekt der *meditatio* ist der zu predigende Bibeltext. Ziel ist im engeren Sinne das *docere* und *movere* der Predigthörer, zusammengefaßt unter dem Oberbegriff der *Erbauung*, der nach 2Tim 3, 16 zu spezifizieren ist[106]; im weiteren Sinne die Ehre Gottes. Norm der *meditatio* sind in erster Linie die *analogia fidei*, in zweiter Linie die rhetorischen Regeln (*praecepta dicendi*). Leitender Gesichtspunkt der *meditatio* ist ihre Wirkabsicht. Die aus ihr entstehende

---

104 *Praxis Devotionis*, S. 317 f.

105 P. Tarnow, De Sacrosancto Ministerio, Libri Tres. Rostock 1623.

106 „Finis meditantis concionem ipsiusque meditationis propinquus est duplex: docere & movere: vulgo aedificationis vocabulo ex 1. Corinth. 14. v. 3. 4. 5. 12. 17. & 26. tanquam genere comprehenditur, & sub eo omnes speciales fines, qui exstant 2. Timoth. 3. vers. 16. inclusi latent" (*De Sacrosancto Ministerio*, S. 513).

Predigt soll in Verstand, Gedächtnis und Herz der Zuhörer eindringen und ihr Leben und Handeln bestimmen[107]. Wer nicht dieses Ziel in der Predigt verfolgt, sondern etwa eigenen Ruhm sucht oder den Beifall der Gemeinde, entspricht nicht der ethischen Norm und ist kein Diener Christi[108].

Der Erfolg der Predigtintention entscheidet sich vor allem in der *inventio*, die nach der *explicatio textus*, der Erläuterung des Textes, die für die *declaratio textus*, die Einschärfung des *usus* des Textes und seine auf die Zuhörer gerichtete *applicatio*, geeignete loci auswählt und vorbereitet[109]. Aus der Fülle der möglichen *loci*, deren Behandlung die Exegese nahelegt, ist der konkret zu predigende *specialis scopus* zu ermitteln. Welches dieser *scopus* ist, wird einerseits durch die *materia* des Textes bestimmt, andererseits aber durch Zuhörerschaft, Ort und Zeit der Predigt[110]. Ausdrücklich verweist Tarnow auf den unterschiedlichen Bildungsgrad der Zuhörer und auf die Unterschiede zwischen Stadt- und Landgemeinden. Aufgabe des Predigers ist es, der Gemeinde die reine Lehre in Glauben und Sitten faßlich, notfalls stückweise vorzutragen und durch oftmalige Wiederholung einzuprägen, alte und längst begrabene Häresien aber nicht einmal mit Namen zu nennen, geschweige denn weitläufig zu widerlegen, neue Irrtümer hingegen nur dann anzugreifen, wenn sie wirklich eine Gefahr für die eigene Gemeinde bedeuten[111].

Am Beispiel Tarnows zeigt sich, daß eine sinngemäß in die kirchliche Predigtarbeit integrierte rhetorische Grundlegung einen großen Teil ausgerechnet der Fehler hätte vermeiden helfen können, die im späteren Verlauf des 17. Jahrhunderts gerade der Rhetorik angelastet worden sind, nachdem diese in Ausbildung und Praxis der lutherischen Theologen zu einem reinen Methodenarsenal herabgewirtschaftet worden war. Am Beispiel Tarnows aber zeigt sich zugleich die grundsätzliche Beschränktheit der kirchlichen Predigtpraxis.

Wenn Tarnow die Predigtarbeit selbst in ihren wesentlichen Elementen als *meditatio* etikettiert, dehnt er die Reichweite dieses Begriffs zwar gegenüber dem engeren Verständnis der Meditation als einer privaten Frömmigkeitsübung aus, verwendet ihn aber doch nicht in einer sachfremden Weise. Denn zum einen entspricht die vorbereitende Beschäftigung des Predigers mit seinem Text, abgesehen von spezifisch hinzutretenden wissenschaftlichen Komponenten, durchaus dem Modell der privaten Bibelmeditation; zum andern entspricht die von Tarnow formulierte Wirkabsicht der Predigt in der Abfolge Verstand-

---

[107] Ziel des Predigers ist es, „ut cerebro, cordi, ac manibus auditorum suam concionem ingerere studeat" (*De Sacrosancto Ministerio*, S. 513). Tarnow erläutert dazu: „h. e. ut audita intelligantur, memoriae, & cordi inscribantur, ut opere sive factis audita & percepta exprimantur" (ebd).

[108] *De Sacrosancto Ministerio*, S. 513.

[109] „*Inventionis* igitur, quae prima pars est officij oratorij, sive Ecclesiastae concionem meditaturi, proprium est videre, quae ad textus cum *sensum* percipiendum & *declarandum*, tum ad *usum* & *applicationem* ostendendam, necessaria sint, & ex multis, quae inter excogitandum se offerunt, optima & accommodatissima deligere" (*De Sacrosancto Ministerio*, S. 517).

[110] *De Sacrosancto Ministerio*, S. 532 ff.

[111] *De Sacrosancto Ministerio*, S. 534.

Gedächtnis-Herz-Handeln dem intendierten Ziel und Ablauf der Privatmeditation. Die Predigt erscheint bei Tarnow als eine stellvertretend für die ganze Gemeinde vom Prediger zu leistende und anschließend oratorisch zu vermittelnde Textmeditation. Damit ist die Themenfrage, wie der Kopf in das Herz zu bringen sei, in spezifischer Weise aus der Sicht des Predigers an seine Methodik gestellt. Wie kann die funktionale Abfolge Intellekt-Wille beim Predigthörer erreicht werden, wenn der auf Erregung der Affekte zielende intellektuell-diskursive Teil der Meditation nicht vom Zuhörer selbst geleistet, sondern als Ertrag stellvertretender Arbeit vorgetragen wird? Die Rhetorik löst dieses Problem über ihre Affektenlehre und deren Methodik, um ebenso wie das intellektuelle *docere* auch das affektive *movere* von außen her in den Zuhörern zu bewerkstelligen. Dabei fällt dem Prediger erneut die Aufgabe vorbereitender und stellvertretender Meditation zu: diesmal sogar in zweifacher Weise. Auf den *actus* der Predigt selbst bezogen, muß der Prediger in vorbereitender Privatmeditation diejenigen Affekte in sich selbst erregen, die er seiner Gemeinde oratorisch übermitteln will[112]. Der Prediger muß selbst brennen, wenn er andere entflammen will[113]. Als Hilfsmittel nennt Tarnow das Gebet, die intensive Textmeditation und vor allem den Einsatz der sinnlichen Dimension, der Einbildungskraft und der Phantasie. Unter Berufung auf Erasmus und Hyperius erklärt er es für legitim, die näheren Umstände des Geschehens sich auszumalen, Dialoge sich vorzustellen und auf der Bühne der Einbildungskraft Erzählungen in lebendige Szenen umzusetzen[114], denn: „Vehementius nos commovent, quae spectamus oculis, quam quae tantum audimus"[115]. Diese weit über die Textmeditation in den sensualistischen Bereich hinausgehende Meditationsform zeigt starke Anklänge an die zeitgenössische jesuitische Meditation.

Der rhetorische Grundsatz, daß der Prediger selbst von dem glühen muß, was er ansteckend vermitteln will, und daß die eigene Meditation des Predigers vor dem Besteigen der Kanzel[116] das notwendige Mittel ist, dieses Ziel zu erreichen, bleibt während des 17. Jahrhunderts ein konstanter Topos, der auch in kirchenkritischer Wendung in der Klage über „kalte" Prediger und Predigten Ausdruck findet. „Wann ein Prediger auff die Cantzel tritt / vnd nicht zuvor daheim mit

---

[112] Der Prediger muß sich bemühen, „ut eum ipse ante induat affectum, in quem alios perducere studet. Pectus enim est, quod facit disertos, ut vulgo dicitur" (*De Sacrosancto Ministerio*, S. 602).

[113] So beruft sich auch der versierte Rhetoriker Johann Conrad Dannhauer für den Prediger ganz selbstverständlich auf den Grundsatz „Ardeat orator si vult accendere plebem", und fordert die Predigt „mit eiffrig pathetischer Stimm / auß brünstigen Affecten argumentis παϑητικοῖς [...]" (*Catechismus=Milch*, Achter Teil, Straßburg 1666, S. 388). – Zu Dannhauer als Rhetoriker s. W. BARNER, Barockrhetorik, Tübingen 1970, 265. 401–403. 414.

[114] *De Sacrosancto Ministerio*, S. 603–608.

[115] *De Sacrosancto Ministerio*, S. 607.

[116] Dies klingt an, wenn Spener erklärt, daß es keine Geringschätzung der Bibellesung bedeutet, wenn bei einem Gottesdienst mit mehreren Predigern ein *Diaconus* das Evangelium verliest: „So ist vielmehr die wahre ursach, weil der vornehmste gemeiniglich die predigt zu thun hat, und in seinen meditationibus nicht zu turbiren ist, daß ein anderer Collega die lection vorher verrichtet" (Bed. 3, [746–760] 747 f.).

eiverigem Gebett zu GOtt / mit ernster Betrachtung des Texts / den er außlegen will / mit hertzlicher Begierde vnd innbrünstigem verlangen / sich vnd seine zuhörer seelig zumachen / sich verwahret hat / wird er nicht viel sonderliches schaffen", eröffnete Johann Schmidt seiner Gemeinde: „Wie der Prediger kalt vnd erloschen; also wird er kalte vnd erloschene Zuhörer lassen: ja / wann er sie nur nicht kälter machet!"[117] In derartigen Formulierungen kündigt sich, noch fern von theologischen Begründungen, ganz einfach aus handwerklichem Kontext her die Forderung nach der eigenen geistlichen *Erfahrung* des Predigers an, die in ihrer Konsequenz die pietistische Forderung nach dem *wiedergeborenen Prediger* zeitigte[118]. Die konkrete Betonung der Wiedergeburt ist hierbei ein pietistisches Proprium. Die zu dem antidonatistischen achten Artikel der *Confessio Augustana*[119] auf möglichem Kollisionskurs liegende generelle Forderung der *pietas* des Predigers ist dagegen von Paul Tarnow ein halbes Jahrhundert vor dem Entstehen des Pietismus ganz selbstverständlich innerhalb seiner Affektenlehre erhoben worden: wie der allgemeine ethische Rahmen der Rhetorik, der den Redner als *vir bonus dicendi peritus* definiert, im weltlichen Bereich eine *bonitas moralis sive virtus ethica* als Bedingung des legitimen Rhetors voraussetzt, so verlangt sie im geistlichen Bereich die *pietas* des Predigers, der Gottes Ehre und das Heil seiner Gemeinde über alles erhebt, ein dem entsprechendes Leben führt und nach 1 Tim 4, 12 und Tit 2, 7 ein Vorbild der Herde ist[120].

Die den Affekt des Predigers in der Privatmeditation erregenden Mittel sind nicht notwendig auch die der Predigt angemessenen. Stellvertretende Meditation muß der Prediger – zweitens – auch leisten, um die zur affektiven Ansprache der Zuhörer geeigneten *loci* zu finden. Dabei richtet Tarnow ein zweites Mal nach seinen grundlegenden Äußerungen zu den Faktoren der Kommunikationssituation der Predigt die Aufmerksamkeit auf den Zuhörer. Er läßt erkennen, daß das der christlichen Verkündigung gemäße affektive *movere* nicht in einer von der konkreten Situation der Zuhörer abstrahierenden Generalität, sondern in einer spezifischen Relation zum jeweiligen Stand der Zuhörer in ihrem Christentum erfolgen sollte. Er unterscheidet wahre Christen und scheinbare; unter den wahren Christen solche, die in ihrem Christentum eifrig voranschreiten, und andere, die nachlassen oder gar säumig werden; unter den scheinbaren Christen wiederum solche, die ihre Heuchelei kunstvoll zu tarnen wissen, und andere, die offen in Sünden leben. Jede dieser Gruppen sollte zu je spezifischen Affekten bewegt werden: die Scheinchristen zu *dolor* und *indignatio* über ihre Sünden, zu *metus* vor der Strafe Gottes und der ewigen Verdammnis, zu *spes* auf das göttliche Erbarmen; die eifrigen Christen zu Vertiefung ihres Glaubensle-

---

[117] Johann Schmidt, Zelus Pietatis. Straßburg 1641, Bl. c 1ᵛ.

[118] Zu dieser Forderung vgl. M. SCHIAN, Orthodoxie und Pietismus im Kampf um die Predigt. Gießen 1912, S. 86–97 (Kap. IV: Der Streit um die Predigt des Impius).

[119] Vgl. dazu oben, S. 85 ff.

[120] *De Sacrosancto Ministerio*, S. 601. – Die Forderung, daß der Prediger ein Vorbild der Herde Christi sein solle, wurde gerade von Spener immer wieder kritisch gegen die Mißstände im geistlichen Stand ins Feld geführt.

bens in *amor Dei, dilectio* und *misericordia* zur Erfüllung des Amtes der Nächstenliebe; die Strauchelnden zu *dolor* und *spes*[121]. Zu dieser spezifisch theologischen Unterscheidung nach dem Stand im Christentum tritt die übliche Differenzierung der Zuhörer nach Bildungsgrad, Alter, Geschlecht, sozialer Stellung usw.[122] Erst die angemessene Berücksichtigung all dieser Faktoren führt zur Auffindung der *loci*, die jeweils zur Erregung der intendierten Affekte geeignet sind. Es ist deutlich, daß dieser höchst individualisierte Ansatz zur Beeinflussung der Affekte sich am Modell der Privatmeditation orientiert und auch nur durch sie, höchstens noch durch das individuelle Gegenüber von Prediger und Gemeindeglied geleistet werden kann. Tarnow selbst trägt dem Rechnung, indem er einräumt, daß im Grunde diese idealiter vorgestellte Differenzierung eher dem privaten Gespräch angemessen ist als der öffentlichen Predigt, wenn nicht zu gegebenem Zeitpunkt die ganze Gemeinde oder ihr größter Teil von demselben geistlichen Übel befallen ist[123].

Der hohe Stellenwert, den Tarnow der Zuhörersituation beimißt, und die Betonung des affektiven Elements christlicher Verkündigung, womit er ja in seiner Predigtlehre gleiche Themenbereiche wie die kirchen- und predigtkritische Literatur anspricht, zeigen die Grenzen der Situation öffentlicher Rede und weisen darauf hin, daß die öffentliche Gemeindepredigt selbst über die Abstellung grober Mißstände hinaus kaum zum Ansatzpunkt einer Effektuierung der Verkündigung werden konnte. Gerade die Erkenntnis ihrer mangelnden individuellen Differenzierbarkeit ist in Schriften des 17. Jahrhunderts immer wieder als das entscheidende Handicap der Predigt benannt worden und hat dazu geführt, daß die Predigt in ihren Möglichkeiten grundsätzlich in Frage gestellt und jedenfalls bis zum Ende des Jahrhunderts in ihrem Stellenwert gegenüber anderen Formen der Verkündigung gründlich relativiert worden ist[124].

---

[121] *De Sacrosancto Ministerio*, S. 611 ff.

[122] „Praeterea de doctrina ipsa cum judicio, secundum diversitatem locorum & auditorum proponenda, antea monuimus, cum de inventione, eique conjungendo delectu sive judicio ageremus: ita etiam motuum & affectuum excitandorum rationem ad discrimen eorum, in quibus moveri debent, attemperandam statuimus. Alia enim simplicibus & rudibus, alia peritioribus & politicis competere dubium non est: quemadmodum constat, aliter pueros, aliter adultiores, aliter senes esse tractandos: nec uno eodemque modo cum rusticis, cum civibus, ijsque politioribus, cum nobilibus & magnatibus esse agendum" (*De Sacrosancto Ministerio*, S. 612f.). – Angesichts dieses bei Tarnow so häufigen Drängens auf Berücksichtigung der Gemeindekonstellation mutet es seltsam an, wenn M. SCHIAN (aaO., S. 51) über eine Predigtlehre aus dem Jahre 1723, also exakt einhundert Jahre nach Tarnow, vermerkt: „Ja, Hallbauer unterscheidet bereits verschiedene Arten von Gemeinden; man soll nicht Predigten auf dem Dorfe halten, die sich besser in eine Schloß=Kapelle für vornehme Zuhörer geschickt hätten [. . .]".

[123] „Hisce tam diversis diversam quoque movendi rationem competere dubium non est: sed quae potius privatae cum singulis actioni congruat, quam publicae concioni, nisi, ut solet saepius, malum aliquod coeperit totam aliquam ecclesiam, aut certe maximam ejus partem invadere" (*De Sacrosancto Ministerio*, S. 612).

[124] Vgl. den Rückblick auf die ungelöste Problematik: „Hoc quoque censuram meretur, quod conciones fiant ad totum populum, & non distinctio animarum observetur, uti factum est

Schon Paul Tarnow erwähnt die Frage, ob nicht die Predigten zugunsten gemeinsamer Bibelbesprechungen abgeschafft oder zumindest durch zusätzliche Bibelvorträge ergänzt werden sollten[125]. Nicht erst die *Collegia Pietatis* des Pietismus lassen mit der Predigt konkurrierende Formen der Verkündigung entstehen. Auch der Katechismusunterricht und insbesondere die Katechismus-Examina sind als ertragreichere Möglichkeiten der Verkündigung angesehen worden[126]. Im Bereich der pfarramtsorientierten Reformgedanken prägt das Bewußtsein der grundsätzlich beschränkten Möglichkeiten der Predigt die Neuformulierung der pastoralen Amtspflichten. Mit Blick auf die differenzierte Verkündigungsaufgabe wird die Rolle des Pfarrers als *Hirte*, der über die Gemeinde

---

in primitiva ecclesia, ceu ex Chrysostomo & Cyrillo testatur Großgebauer Wächter=Stimme c. 11. p. 198. [...]. Hoc hodie adhuc observari posset, & deberet, ita ut rudes alibi infantes & infirmi, alibi adulti &c. convenirent, ubi commodius conciones pro cuiusvis classis conditione fieri possent" (Johann Samuel Stryk [Praes.] u. Conrad Ludwig Wagner [Resp.], De Iure Sabbathi. Halle 1702, S. 133f.).

[125] „1. An abroganda e suggesto concionandi consuetudo sit, & ejus loco collationes scripturae a ministris verbi instituendae? 2. An, conservata ea, necessaria fit insuper scripturarum tractatio, a pastoribus sive ecclesiasticis, audiente ecclesia, suscipienda?" (*De Sacrosancto Ministerio*, S. 794). Ohne eine eigene Antwort zu geben, verweist Tarnow für die erste Frage auf deren Zurückweisung durch Luther (*Von den Schleichern und Winkelpredigern*), Aegidius Hunnius (in einer Auslegung zu 1Kor 14!) und David Pareus; für die zweite auf die Zustimmung von Calvin und Jacob Acontius! – Zu Tarnows eigener Vorstellung über den notwendigen Grad der Differenzierung s. oben, S. 96f.

[126] Vgl. Großgebauers Empfehlung, im kleinen Kreis zu lehren (s. oben, S. 82 Anm. 46). – Der Lüneburgische Superintendent Heinrich Wilhelm Scharff brachte diese Auffassung auf den Punkt: „Und ist euch nunmehr zur Gnüge bekannt / daß die Privat- und öffentliche Examina oder Unterrichtungen vielmehr Nutzen bey der Gemeine bringen / als das stetige Predigen / davon ich weiß / daß die wenigsten in solchem Zustande seyn / etwas gründliches zu behalten / wie denen nicht unbekannt / die bey Alt und Jungen nachfragen" (Die Lünische Rechnung / Vorstellend Die Pflichten des Predigers / und seiner Zuhörer [...]. Lüneburg 1696, S. 342).

[127] Vgl. Großgebauers Kritik am „Allein-Prediger" und seine Definition des Pfarramtes als Hirtenamt (s. oben, S. 82). Philipp Jakob Spener griff diesen Gedanken auf: „Ah! incederemus omnes illa regula, quam ex divino verbo praescribit [Grosgebauerus], quotquot verbi praecones cum simus, quod pastores etiam simus, meminisse debemus!" (An Gottlieb Spizel, 11. 6. 1670: Spener, Briefe 1, Nr. 67, Z. 115–117).

[128] Johann Conrad Dannhauer unterscheidet in der *Catechismus=Milch* (Achter Theil. Straßburg 1666) nach den Überlieferungen des Taufbefehls bei Mk und Mt die Aufgaben des *Predigens* und des *Lehrens*. Obwohl er dem Lehren eigene Tätigkeitsbereiche zuweist, darunter das Katechismusexamen und die private Unterweisung, spricht er auch in diesem Zusammenhang den Pfarrer immer wieder als Prediger an und fordert Differenzierung im Blick auf den Zuhörer: „Gregorius Nazianzenus vergleicht gar artig das Predigampt mit dem Artzeneyen / wie nun ein Medicus / der deß Leibs Artzt / wann er ein Patient vor sich hat / nicht unbedachtsam hinein plumbt / und was ihm in sein Haupt / in sein Recept schreibt [...] / sondern mit sonderbarem Bedacht der Patienten Affect / Schwach= und Kranckheit und dero Symptomata und Zustände betrachtet / wie selbigen zubegegnen / reifflich nachsinnet / und nach deren Beschaffenheit sein Recept moderirt: Also muß ein Prediger / der der Seelen Artzt / im Predigen nicht / was ihm ins Maul kompt herauß plaudern / sondern mit sonderbarem Bedacht nach seiner Zuhörer Beschaffenheit also moderiren / daß sie dadurch mögen erbauet werden" (aaO., S. 417). – Der Kieler Theologieprofessor Kortholt kam – ebenfalls unter Berufung auf Gregor von Nazianz, der die Verschiedenheit der Menschen und ihre unterschiedliche Ansprechbarkeit schildert – zu dem Schluß, daß neben der öffentlichen Predigt individuelle Formen der Verkün-

wacht[127], und als Lehrer[128] betont, der nach 2Tim 2, 15 das Wort mundgerecht zuteilt[129].

Die *applicatio* der Predigt kommt als Element im Dispositionsschema der Predigt über eine allgemeine Form nicht hinaus und kann nur in der individuellen *ruminatio* konkret werden. Mit seinem umfassenden, vom Prediger aus konzipierten System affektorientierter kirchlicher Rede steht Tarnow für das 17. Jahrhundert am Ende, nicht am Anfang einer Tradition. Was bei ihm unter der Klammer rhetorischer Theorie verbunden war, wird im weiteren Verlauf der Entwicklung auf unterschiedliche Bereiche verteilt. Die Schul-Homiletik konzentriert sich, vielleicht unter der sachlichen Notwendigkeit des Perikopenzwangs, auf die Ausarbeitung und Vermittlung inventorischer und dispositioneller Formen zur Variierung des immer gleichen Gegenstandes. Die in der rhetorischen Theorie grundlegenden Forderungen an Ethos und Habitus des Predigers werden zu selbständigen theologischen Problemen erhoben. Die Aufgabe der Applikation schließlich wird mit zunehmender Dringlichkeit dem Predig*hörer* zugeordnet und als seine *Amtspflicht* deklariert.

Daß sich unter diesen veränderten Bedingungen auch die Einschätzung der Predigtaufgabe wandeln konnte, zeigt das Beispiel Speners. Während er der *ruminatio* die entscheidende Funktion für das Gelingen der Predigtintention beimaß, formulierte er die Funktion der Predigt praktisch von der Meditation her. Spener hat zwar nicht wie der irische Bischof Usher behauptet, daß jede Predigt letztlich nur die Vorbereitung für die anschließende Meditation sei[130], aber er hat selbst seine Predigtweise so einrichten wollen, daß sie der Meditation entgegenkam, vornehmlich als Hilfe für Gemeindeglieder, die ohne Hilfe zu eigener Betrachtung nicht fähig waren. Anders als sein Lehrer Johann Conrad Dannhauer, der nach dem griechischen „κηρύττειν" die Prediger als „erleuchtete

---

digung notwendig seien: „non existimasse ipsum, solis concionibus, quae ordinarie & publice ad populum habentur, expediri posse omnia, quae quidem fideli Ministro, tanquam Ecclesiae Doctori expedienda sunt. Etenim si pro tanta ingeniorum diversitate diversimoda etiam cum auditoribus agendum, utique praeter ordinarias publicasque conciones insuper privato opus erit labore" (Chr. Kortholt, Pastor fidelis. Hamburg 1698, S. 268).

[129] Vgl. Johann Conrad Dannhauer, Catechismus=Milch. Achter Theil. Straßburg 1666, S. 462f.: „Wolt ihr andere lehren / so lernet zuvor das Lehren / wie man deutlich / verständlich / und ordentlich lehren soll / wie man die Speisen orthotomiren / recht theilen / und trenchiren / nach jedes Mund bequemlich einrichten / und wie Butter einstreichen möge / dann das heißt eigentlich ὀρθοτομεῖν recht theilen / nicht den Text in überflüssige / unnütze / verdrießliche / Ramische terminos resolviren / sondern kurtz / lauter und leicht fürtragen / daß es auch der gemeine Mann fassen / und einen anmuthigen Geschmack von der Süssig= und Gütigkeit deß Wortes Gottes fühlen mag [...]. Alles mit gebührender Dexterität / Ernst / Eiffer und Prudentz / ἐν καιρῷ Matth. 24/25. mit Unterscheid deß Orts / der Dorff= oder Stadt=Cantzel / nach dem man Zuhörer vor sich hat / Gelehrte oder Ungelehrte / Bauren oder Burger / Studenten oder Handwercksbursche / alt oder junge Personen?". – Dannhauer formuliert diese Aufgabe in einer Predigt über die „Lehre der starcken Speise oder deß grössern Catechismi". Vermutlich hat er die Katechismuspredigt bzw. das Katechismusexamen im Blick.

[130] James Usher: A Method for Meditation [...]. London 1651, S. 49: „every Sermon is but a preparation for meditation".

/ hertzhafte Schreyer", „Praeclamanten" und „holdselige Evangelische Vor-schreyer"[131] ansprechen wollte, bezog Spener seine Formulierung der Predigt-aufgabe vom Bildbereich der Nahrungsaufnahme her: der Prediger soll den Zuhörern nicht nur den Baum zeigen, an dem die nährenden Früchte hängen, sondern auch selbst die Früchte sammeln, sie darreichen und, so es sein muß, ihnen auch vorkauen[132].

4.5 *Privaterbauung und Meditation*

4.5.1 *Lektüre und Meditation der Bibel*

Die Reformschriften des 17. Jahrhunderts verlangten die individuelle Applika-tion und Meditation des in der öffentlichen Gemeindepredigt an alle gerichteten Wortes Gottes, damit es für den konkreten Fall jedes Einzelnen Frucht bringen könne, erklärten aber diese sporadische Beschäftigung mit biblischen Texten für nicht hinreichend, um zu einem gottseligen Leben anleiten und in ihm erhalten und stärken zu können. Hierzu wurde vielmehr die tägliche individuelle Kon-frontation mit biblischen Texten in Gewissenserforschung und Meditation als notwendig vorgestellt. Neben die Anleitung zum richtigen Predigthören und zur nachbereitenden Meditation des gehörten Wortes trat seit Beginn des 17. Jahr-hunderts die Forderung häufiger Privatmeditation, vor allem der täglichen meditierenden Bibellektüre. In dieser Forderung verbinden sich zwei Anliegen, die ursprünglich nicht unbedingt zusammengehören: 1. es sei für den Christen erforderlich, täglich auch außerhalb von Gottesdienst und Predigt sich mit der Bibel zu beschäftigen, und 2. der Gedanke, diese Beschäftigung könne nicht nur aus *Lesen* bestehen, sondern fordere entsprechend dem monastischen Dreischritt *lectio – meditatio – oratio* die von Gebet umrahmte und begleitete Meditation biblischer Texte.

---

[131] J. C. Dannhauer, Catechismus=Milch. Achter Theil. Straßburg 1666, S. 394.

[132] „Non exhibenda tantum est arbor foecunda, sed colligendi fructus et gustandi. Hoc, dicet aliquis, ab auditore faciendum esse, neque ego abnuo: sed concionatoris fides si accedat, id facilius auditor praestabit. Non cuiusvis est decerpere fructus altius forte, quam ut attingere posset, constitutos vel foliis tectos: porrigendi ergo sunt illi et in manus tradendi vel potius ori ingerendi, nonnullis etiam praemandendi, qui alioqui ne comedere quidem nossent porrectos. Atque ita consulitur imbecillitati eorum, qui nobis concrediti sunt: ut patienti συγκαταβάσει ex viribus eorum, quid nobis actu opus sit, aestimemus. Consistit vero illa fructuum collectio πορισμάτων variorum, quae vel iudicia divina adversus peccata proponendo contritionem vel beneficiorum Christi commemoratione et inculcatione fidem promoveant, deductione. Ita hortandi, dehor-tandi, consolandi sunt auditores, ut argumentum textus habet vel potius ex omni textu: et illud quidem cum zelo mansueto atque mansuetudine zelosa. Hoc si ex divina gratia praestiterit verbi divini praeco, eum suo officio defunctum esse existimo. Reliquae partes ipsi divini verbi virtuti atque auditorum diligentiae permittendae, sed simul devotissimis precibus DEO καρδιάρχη commendandae sunt" (an [Johann Conrad Brotbeck], 24. 10. 1668: Spener, Briefe 1, Nr. 27, Z. 79–96). – Diese von der Meditation her formulierte und auf die nachfolgende Betrachtung des Zuhörers absehende Definition der Predigtaufgabe ist verwandt mit Dannhauers Anforderun-gen an die Differenzierungsfähigkeit des Pfarrers als Lehrer (s. oben, S. 99 Anm. 129).

Die Mahnung zum Lesen der Bibel ist nichts grundsätzlich Neues. Seit den Tagen der Reformation sollte die lutherische Kirche nicht nur eine Kirche des *gehörten*, sondern auch des *gelesenen* Wortes sein. Die Voraussetzung dazu hatte Luther selbst mit seiner Bibelübersetzung geschaffen. Der Aufforderung, in jedem Hause solle eine Bibel vorhanden sein und gelesen werden, ließ seit dem 16. Jahrhundert eine eigene Literatur *de lectione Bibliorum* entstehen[133]. Unter diesem Oberbegriff ging es einerseits darum, die Übersetzung der Bibel in die Volkssprache und ihre Überantwortung in die Hände von „Laien" gegenüber der katholischen Position zu verteidigen und zu begründen, andererseits aber in zunehmendem Maße darum, dem eigenen Kirchenvolk die Pflicht täglicher Bibellesung einzuschärfen und ihm eine Handleitung zu fruchtbarer Lektüre anzubieten. Solche Anleitungen zum Bibellesen liegen, abgesehen von den einführenden Vorreden in die biblischen Bücher selbst, schon im 16. Jahrhundert vor. Bekannt wurde neben Johannes Agricolas *Wie man die hailig geschrifft lesen soll* (1526)[134] vor allem der Traktat *De sacrae Scripturae lectione ac meditatione* (1561) von Andreas Hyperius[135], der 1562 ins Deutsche übersetzt[136] und 110 Jahre später von einem Freund Philipp Jakob Speners, dem Ulmer Superintendenten Elias Veiel, erneut herausgegeben wurde[137].

Nicol hat am Beispiel von Luthers Römerbrief-Vorrede gezeigt, daß für Luther selbst der Gedanke noch ganz selbstverständlich war, daß biblische Texte nicht einfach gelesen, sondern meditiert werden[138]. Dieser Gedanke ist im Verlauf des 16. Jahrhunderts zurückgetreten hinter die Apologie der allgemeinen Zugänglichkeit der Bibel und hinter die Bemühungen, das nunmehr für mündig erklärte Kirchenvolk überhaupt erst einmal daran zu gewöhnen, einen Blick in die Bibel werfen zu wollen[139]. Offenbar hatte die volkssprachliche Bibel nicht

---

[133] Vgl. Martin Lipenius, Bibliotheca Realis Theologica. Tom. 2. Frankfurt a. M. 1685 (Ndr. Hildesheim-New York 1973), S. 172.

[134] J. Agricola, Wie man die hailig geschrifft lesen, und wess man in der lesung der Euangelischen Histori acht haben, Was man darinn ersuchen vnd forschen soll. Augsburg 1526.

[135] A. Hyperius, De sacrae Scripturae lectione ac meditatione Quotidiana, omnibus omnium ordinum hominibus Christianis perquam necessaria, Libri II. Basel 1561. – Vgl. G. Krause, Andreas Gerhard Hyperius. Leben-Bilder-Schriften. Tübingen 1977, 142f.

[136] A. Hyperius, Ein trewer und Christlicher Rath, Wie man die Heil. Schrifft teglich lesen und betrachten soll, allen Stenden der Christenmenschen sehr notwendig, Zwey Bücher. [...] verdeutscht von Georgio Nigrino. Mülhausen 1562.

[137] A. Hyperius, Ein treuer und Christlicher Raht / Wie man die Heilige Schrifft täglich lesen und betrachten solle / allen Ständen der Christen=Menschen sehr nützlich und nohtwendig / In zweyen Büchern abverfasset. Erstlich in Latein beschrieben / von D. Andrea Hyperio, nachgehends verdeutscht von Georgio Nigrino; Jetztmals aber / um deß gemeinen Nutzens willen / wiederum zum Truck befördert / in der Verdeutschung verbessert / und mit einer Vorrede versehen / von Elia Veieln [...]. Ulm 1672. – Neben der Vorrede stammt die Kapiteleinteilung von Veiel, außerdem ein zusätzliches Kapitel zum Zweiten Buch: „Wie man auß dem gelesenen einen geistlichen Nutzen schöpffen könne" (Buch 2, Kap. 15).

[138] M. Nicol, Meditation bei Luther. Göttingen 1984, 168–170.

[139] Trotz seines Titels handelt der Traktat *De sacrae Scripturae lectione ac meditatione* des Andreas Hyperius kaum von der Meditation im engeren Sinne, sondern begründet in seinem umfangreichen Ersten Teil die Verpflichtung zur Bibellektüre für alle Christen und gibt im

bei allen Lesekundigen eine spontane Bibelbegeisterung ausgelöst und die profane Literatur aus ihrer Stellung als liebster Lesestoff verdrängt[140]. Dennoch ist das Bewußtsein nicht verlorengegangen, daß sachgemäße Lektüre der Bibel stets Meditation einschließt.

Die Einordnung der Bibellesung als Meditation und das Drängen auf *ruminatio* der gelesenen Texte finden im Verlauf des 17. Jahrhunderts von Johann Arndt an verstärkten Ausdruck und sind bei Johann Gerhard ebenso zu finden wie bei Ludwig Dunte, Johann Schmidt oder Justus Gesenius. Am Ende des Jahrhunderts verfassen Philipp Jakob Spener und August Hermann Francke Anleitungen zum Bibellesen, die durch den Gedanken der Meditation geprägt sind. Franckes *Einfältiger Unterricht, wie man die H. Schrift zu seiner wahren Erbauung lesen solle*[141] stellt die fruchtbare Bibellektüre unter das Schema *oratio-meditatio-tentatio*[142] und zeichnet die richtige Methode unter Berufung auf Luther und Bernhard von Clairvaux als Abwechslung und Zusammenspiel von Gebet und Betrachtung[143]. Speners in demselben Jahr erschienene Vorrede zu einer Leipziger Bibelausgabe[144] ist ebenfalls als eine Anleitung zum Lesen der Bibel konzi-

---

Zweiten Teil im wesentlichen einen Bibelleseplan mit praktischen Hinweisen für die zeitliche Gestaltung.

[140] Hyperius wendet sich gegen das Vorurteil, die Bibel sei ein ödes und unzugängliches Buch; man müsse nur ein „Gottselig und willig Gemüht" mitbringen, dann werde durch den Beistand des Heiligen Geistes das Vorurteil überwunden und die Bibellektüre könne „lieblich werden" (428 f.). Daß Lesen selbst nicht verdrießlich sei, sehe man ja an der häufigen Lektüre unwürdiger Volksbücher und Romane: „In deme nun die Hofdiener / Edelleute / Weiber / Knaben und Meydlein / die Geschlechter und Gemeine / etliche Stunde Vor= und Nachmittag / und auch nach dem Abendessen / und bißweilen die halbe Nacht in solchen Büchern zubringen / so wird doch nicht ein Wort gemuncket / von der Müh und Arbeit im lesen" (431). In ihren Aufzählungen von Schriften eines „Negativkanons", mit denen die Menschen statt mit Bibellektüre ihre Zeit zubringen, sind die Anleitungen zum Bibellesen eine interessante literatur- und sozialgeschichtliche Quelle für die Kenntnis dessen, welche Bestseller in ihrer Zeit wirklich schichtenübergreifend durchgeschmökert worden sind.

[141] A. H. Francke, Einfältiger Unterricht / Wie man die H. Schrifft zu seiner wahren Erbauung lesen solle / Für diejenigen / welche begierig sind / ihr gantzes Christenthum auff das theure Wort GOTTes zu gründen [...]. Halle 1694; gedruckt in: Ders., Werke in Auswahl. Hg. v. E. PESCHKE. Berlin 1969, S. 216–220. – Eine Paraphrase dieser Anleitung findet sich in: B. KÖSTER, Die Lutherbibel im frühen Pietismus. Bielefeld 1984, 86–88.

[142] *Einfältiger Unterricht*, aaO., S. 219.

[143] „Dem Gebet muß *die Betrachtung* die Hand bieten / *daß (6b) man bey einem ieglichen ein wenig stille stehe / und alles fein in seinem Hertzen erwege.* [...] Wo man über ein Capitel hinrauschet / darnach die Bibel zuschläget / und was man gelesen hat / bald aus den Gedancken fahren lässet / so ist es kein Wunder / *(7b)* daß man die Bibel wohl offt durchlese / und doch nicht frömmer und andächtiger darnach werde. Das Gebet und die Betrachtung müssen einander stets die Hand bieten. Wenn es mit der Betrachtung nicht fort will / must du beten; und wenn das Gebet nicht fliessen will / must du die Worte ein wenig betrachten. Aus dem Gebet wird die Betrachtung entspringen und vermehret werden; und durch die Betrachtung wirst du zum Gebet erwecket werden" (*Einfältiger Unterricht*, aaO., S. 218; Kursive im Original).

[144] Biblia, Das ist / Die gantze Heilige Schrifft Altes und Neues Testament [...] Nebenst einer Vorrede Herrn D. Philipp Jacob Speners / Wie die Heilige Schrifft mit Nutz und Frucht zulesen [...]. Leipzig 1694. – Speners Vorrede wurde 1695 und 1704 separat gedruckt unter dem Titel: *Das nöthige und nützliche Lesen der heiligen Schrifft*; außerdem erschien sie in der Sammlung:

piert[145]. Die sieben einzelnen Ratschläge Speners für den Ablauf der Bibellesung sind darauf gerichtet, das Lesen „nicht ohne geschmack" bleiben zu lassen. Dieses Ziel formuliert Spener in Aufnahme eines Zitats von Hieronymus Savonarola, der die *consuetudo legendi sine gusto* als eine Ursache der mangelnden Frömmigkeit seiner Zeit benannt hatte, und er schließt sich dieser Auffassung des italienischen Dominikaners und Meisters der Renaissancemeditation für seine eigene Gegenwart an[146]. Spener fordert den aktiven Einsatz von Verstand und Willen und die mitwirkende Öffnung für das Wirken des Heiligen Geistes; wo dieser Einsatz fehlt, bleibt die Kraft des Wortes Gottes ungeschmeckt und setzt sich das Gelesene nur als „schwache Bilder" in den Verstand und das Gedächtnis, dringt aber nicht „in das Innerste" des Menschen[147].

„Der Weyrauch riecht alsdenn am allerbesten, wenn er gestossen ist", faßte der von Spener beeinflußte Adam Bernd die Vorzüge der Meditation zusammen: „und so wird das Wort GOttes manchem ein Geruch des Lebens zum Leben, wenn er solches fleißig erweget. Ein Hammer treibt den Nagel biß zum Kopffe hinein; und die Meditation und Betrachtung treibt das Wort GOttes biß zum Hertzen. Die Erleuchtung, so aus der Lesung des Wortes GOttes entstehet, macht die Christen zu scheinenden, aber die Betrachtungen und Meditationen machen dieselben zu brennenden Lampen. Die Betrachtung und Meditation ist ein rechter Weisen=Stein, sie verwandelt das Wort GOttes in lauter Gold . . . "[148]

Als Quellen sind jedoch nicht nur die Reformschriften im engeren Sinne, die Anleitungen zum frommen Leben, die *Scholae Pietatis* und Einführungen in das

---

Ph. J. Spener, Erste Geistliche Schrifften. Teil 2. Frankfurt a. M. 1699, S. 286–323, nach der im folgenden zitiert ist.

[145] Der Inhalt dieser Vorrede Speners ist mehrfach referiert worden. Eine Zusammenfassung der Regeln für das Bibellesen findet sich bei P. GRÜNBERG, Philipp Jakob Spener. Bd. 2. Göttingen 1905, 161 f. – Ausführlich wird der Inhalt in eigener Strukturierung referiert von J. QUACK, Evangelische Bibelvorreden von der Reformation bis zur Aufklärung. Gütersloh 1975, 241–263. – Die neueste ausführliche Paraphrase liefert B. KÖSTER (s. oben, Anm. 141), 39–46.

[146] „Ich erinnere mich vor mehr als dreyssig Jahren in des berühmten Dominicaners *Hieronymi Savonarolae* [. . .] Büchlein *de simplicitate vitae Christianae* gelesen zu haben / wie er in dessen *prooemio* unter die Ursachen / daß der wahre Christliche Glaube und lebendige Erkäntnüß so sehr erloschen seye / setzet *consuetudinem legendi sine gustu, die Gewohnheit ohne Geschmack zu lesen:* ich bekenne / daß in dem ersten Anblick dieser Worte von dero Warheit so überzeuget worden bin / und sie mir so tieff ins Hertz getrungen sind / daß ich ihrer nimmermehr vergessen können / vielmehr dieselbe biß daher offt / wo Gelegenheit haben können / mündlich und schrifftlich zu widerholen / mich getrungen befunden habe. Wie sie dann gewiß eine unwidersprechliche und dabey wichtige Warheit in sich fassen / massen vielleicht aus denselben die Ursach sich finden lässet / warum unzehlichen Menschen ihr lesen der Schrifft ohne Frucht bleibe" (EGS II, S. 321). – Diese Passage hat Spener vor Aufnahme in seine Vorrede in einem Brief aus dem Jahre 1686 konzipiert (Bed. 4, 371–373), in dem er zu Fragen der Meditation und der Bibellektüre Stellung nimmt.

[147] Ebd. – QUACK, 249ff., verkennt diese Orientierung der Äußerungen Speners am Modell der Meditation und hält die von ihm als synergistisch eingestufte Aufforderung zur Mitarbeit am Werk des Heiligen Geistes für neuartig und bei Spener in dieser Form erstmals auftretend.

[148] A. Bernd, Die Betrachtung Des Leidens Christi, Als eine nöthige und nützliche Arbeit eines Christen in der Fasten [. . .] recommandirt und vorgeschlagen. Leipzig 1719, S. 358.

Bibellesen heranzuziehen, sondern auch die Casus-Conscientiae-Literatur und die Dekalogauslegungen. So wird die applizierende *ruminatio* etwa in einem Gutachten der Theologischen Fakultät Jena aus dem Jahre 1630 als zugehöriger Bestandteil der Bibellektüre gefordert[149]. Im Rahmen der Dekalogauslegungen gewinnt die Forderung der Meditation Raum in der Explikation des Zweiten Gebotes. Schon Luther hatte im Kleinen Katechismus das Verbot, den Namen Gottes unnützlich zu führen, durch die Position *anrufen, beten, loben und danken* ergänzt[150]. In den *Loci praecipui theologici* (1559) Melanchthons entsteht die Pflichtenreihe der 1) *praedicatio*, 2) *invocatio*, 3) *gratiarum actio* und 4) *confessio* des Namens Gottes[151]. Martin Chemnitz, dessen *Loci Theologici* auf einer Auslegung der *Loci* Melanchthons basieren, greift dessen Interpretation des Zweiten Gebots als Anleitung nicht nur zum rechten Umgang mit dem *Namen* Gottes, sondern auch mit seinem *Wort* auf. Er sieht im Zweiten Gebot zunächst 1) eine affektive Einstellung von *timor* und *reverentia* gegenüber dem Namen Gottes gefordert, die aus der Betrachtung der ungeheuren Wohltat der rettenden Selbstoffenbarung Gottes entspringt. An konkreten Verhaltensweisen fordert das Gebot 2) *invocatio*, 3) *gratiarum actio*, 4) *praedicatio*, 5) *confessio*, 6) *glorificatio* und 7) *testificatio in juramento legitimo*[152]. Die Forderung der *praedicatio* ist dabei ausdrücklich verstanden nicht nur als Forderung der öffentlichen Predigt (von der konkret das Dritte Gebot handelt), sondern der jedem Christen obliegenden Privatmeditation des Wortes Gottes[153]. Bei Chemnitz noch unter der Rubrik der *praedicatio* abgehandelt, gewinnt die Meditation im 17. Jahrhundert in der Dekalogauslegung einen eigenständigen Platz als göttlich sanktionierte Weise des Umgangs mit seinem Wort. Johann Conrad Dannhauer faßt in seinem *Collegium Decalogicum* (1638) die Doxologie als positive Forderung des Zweiten Gebots; die Doxologie besteht aus 1) *Oratio sive Precatio*, 2) *Lectio verbi divini*, 3) *Meditatio*, 4) *Confessio*, 5) *Verbi Praedicatio*, 6) *Auditus Verbi divini*, 7) *Benedictio in nomine Dei*[154]. In dieser Reihe spiegelt sich exakt die zeitgenössische Diskussion um den richtigen Umgang mit Gottes Wort. Der traditionell geforderten *Predigt* des Wortes ist das richtige *Zuhören* als eigenständige Arbeit an die Seite gestellt. Vor

---

[149] „Wenn nunmehr die Bibel aus der Hand geleget / soll nicht zugleich die Andacht mit hinweg geleget werden / sondern da soll ein Christ fleissig bey sich erwegen und ruminiren / was er in Gottes Wort gelesen und gelernet nach Weise und Art der reinen wiederkäuenden Thier im alten Testament [...]" (Georg Dedekenn, Thesaurus Consiliorum et Decisionum. Appendix nova. Hamburg 1671, S. 770).

[150] BSLK 508, 5–9.

[151] Melanchthons Werke in Auswahl. Bd. II.1. Gütersloh 1952, 295, 29–31 (= CR 21, 698).

[152] M. Chemnitz, Locorum Theologicorum Pars Secunda. Hg. v. Polycarp Leyser [zuerst 1591]. Frankfurt u. Wittenberg 1653, S. 44f.

[153] „Vera praedicatio, ut doctrina de Deo patefacta in verbo, non tantum in publico ministerio, quod proprie ad tertium praeceptum pertinet, proponatur; sed quisque pro suo loco & vocatione, meditetur in Lege Domini, & loquatur de testimoniis ejus, Psal. 119. reverenter & pure, & corruptelas fugiat & refutet. [...]" (Chemnitz, aaO., S. 44).

[154] J. C. Dannhauer, Collegium Decalogicum. Straßburg 1638. Disputatio Quinta: De ΔΟ-ΞΟΛΟΓΙΑΣ Secundo Praecepto mandatae aliquot Speciebus. – Ders., Deuteronomium Dannhawerianum. Straßburg 1669, S. 363–436.

allem aber sind *Lectio* und *Meditatio* von der Herrschaft der *praedicatio* emanzi-
piert und als notwendige Formen der Privaterbauung in eigenen Gliederungs-
punkten unmittelbar hinter die durch Luther geprägte Vorrangstellung der *oratio*
(*anrufen* etc.) getreten.

In dieser Weise dem Hören und Meditieren der Predigt gleichgestellt und als
eine von Gott geforderte Weise des täglichen Umgangs mit seinem Wort definiert, erscheint die private Bibelmeditation als notwendige Frömmigkeitsübung, die zudem durch die Forderung täglicher Ausübung gegenüber dem
sonntäglichen Predigthören stärkeres Gewicht erlangt. Diese Auffassung vertritt Johann Gerhard ebenso wie Ludwig Dunte[155]. Johann Schmidt beschreibt
Hören und Lesen des Wortes als die beiden geistlichen Flügel, die den Menschen
aus den Niederungen seiner irdischen Knechtschaft zu Gott emporheben[156], und
erklärt jeden für unselig, der die tägliche Bibelmeditation verweigert[157]. Justus
Gesenius betont, daß es Gottes Wille sei, sein Wort in der Predigt zu hören, aber
auch, „daß wir noch vber das drin lesen vnd forschen / daß wir für vns selbst drin
studiren vnd es betrachten"[158]. Jeder soll das Lesen lernen, Kinder sind
schon frühzeitig an die Lektüre der Bibel zu gewöhnen. Wer aus privatem
Umgang mit der Bibel vertraut ist, hat mehr Nutzen von der Predigt, ist
geschickter zum Gebet und stärker gefeit gegen Versuchungen[159]: darum „sollen
wir gerne lesen in Gottes Wort / vnd es ordinarie vnd täglich für vns selbst
meditiren vnd betrachten"[160].

4.5.2 Anleitungen zur Meditation

Die lutherischen Reformer haben die Meditation für sich entdeckt, sie haben
sie zu ihren Zwecken funktionalisiert und sie in entsprechender Weise in Predigten und Schriften propagiert. Dabei haben sie keine spezifisch lutherische Methode der Meditation entwickelt, sondern reichlich Anleihen aus anderen Konfessionen bezogen. „Modus Meditandi Christianae relictus est libertati", urteilt
Johann Conrad Dannhauer, und er sieht den Meditierenden durch diese Tätig-
keit geradezu konfessionsunabhängig auf den Weg der Wahrheit, der lu-

---

[155] Zu Gerhard vgl. oben, S. 46; zu Dunte vgl. oben, S. 58 ff.

[156] J. Schmidt, *Zelus Pietatis*, 1641, S. 29.

[157] Vgl. oben, S. 65.

[158] J. Gesenius, Praxis Devotionis, Hannover 1645, S. 106.

[159] *Praxis Devotionis*, S. 112 f. – Ähnlich ist die Argumentation von Johann Caspar Schade,
der seiner Anleitung zum Predigthören (s. oben, S. 88 Anm. 74) auch einen Unterricht zum
Bibellesen an die Seite stellte: „Keiner / er predige wenn er wolle / soll verabsäumen stets die
Leute zur Lesung der Schrifft anzuhalten / will er Hoffnung haben / daß seine Predigt einsten
mit desto grösserm Gehorsam und Begierde angenommen werde. [...] Es ist beydes euch von
GOtt anbefohlen / so wohl / daß ihr sein Wort / wenn es gelehret und geredet wird / anhören;
als auch lesen und selbsten betrachten sollet" (J. C. Schade, Einige treue und deutliche Anleitung oder Unterricht / Wie man die Bibel [...] lesen soll / Durch deren fleißige und gebührende
Betrachtung auff den rechten Weg des Glaubens / Heiligen Lebens / und ewigen Seeligkeit zu
kommen und zu verharren [...]. Leipzig 1691, S. 276 f.).

[160] *Praxis Devotionis*, S. 113.

therischen Wahrheit gezwungen: so habe der Jesuit Jeremias Drexel „quasi invitus" gegen die Anrufung der Heiligen meditiert und der spanische Dominikaner Luis de Granada gegen die Werkgerechtigkeit[161].

Das nach Zahl seiner Ausgaben am weitesten unter den deutschen Lutheranern verbreitete Lehrbuch der Meditation stammt von dem anglikanischen Bischof Joseph Hall. Dessen *Arte of Divine Meditation*[162], ein Versuch, gegen die in England verbreiteten jesuitischen Meditationstraktate eine spezifisch protestantische Form der Meditationsanleitung zu stellen, wurde seit 1631 in deutscher Übersetzung ohne Nennung ihres Autors als „Zweiter Teil" der *Praxis Pietatis* von Lewis Bayly angehängt und partizipierte seither an der immensen Verbreitung dieses Buches. Hall als Autor dieser *fürtrefflichen Ubung der Meditation* wurde nicht erst 1924 wiederentdeckt von Hans Leube, sondern bereits 1634 durch den in der internationalen Meditationsliteratur höchst versierten Johann Schmidt, der die Übersetzung von Halls *Arte* begrüßte: hier könne man die Kunst lernen, die David nach Ausweis des ersten Psalms so eifrig getrieben hat; zwar gebe es unterschiedliche Meditationsanleitungen in lateinischer Sprache, in deutscher sei jedoch außer einigen Hinweisen in Johann Arndts *Wahrem Christentum* noch nichts Vergleichbares erschienen[163].

Überhaupt erwies sich die englische Erbauungsliteratur, die seit den dreißiger Jahren in zunehmender Flut die deutschen Lutheraner erreichte, als ein Stimulans und Verstärker der Bemühungen, Meditation als ein probates Mittel zur Schaffung wahrer Christen und damit zur Reform von Frömmigkeit und Kirche zu etablieren[164]. Die in Deutschland populärsten englischen Schriften wiesen durchgängig einen von der Meditation geprägten Grundzug auf und arbeiteten mit meditativer Technik. *Sonthoms Güldenes Kleinod* gar, Baylys *Praxis Pietatis* an Verbreitung ebenbürtig und Jugendlektüre zahlloser lutherischer Theologen von Philipp Jakob Spener bis zu Johann Albrecht Bengel, ist eine ursprünglich jesuitische Schrift, die wesentlich auf der ignatianischen Meditationsmethode und dem *Libro de la oracion y meditacion* von Luis de Granada beruht[165]. Sowohl Baylys *Praxis Pietatis* als auch *Sonthoms Güldenes Kleinod* haben bei ihrer Verbreitung im lutherischen Deutschland weitere Meditationsschriften an sich gezogen. Seit ihrem ersten Erscheinen an einem lutherischen Druckort, seit der Ausgabe bei den Sternen in Lüneburg 1631 und damit noch vor Zufügung von Halls *Arte*

---

[161] J. C. Dannhauer, Collegium Decalogicum, Straßburg 1638, Bl. A 2[v].

[162] Zuerst erschienen London 1606. – Zu Halls *Arte* s. U. STRÄTER, *Sonthom, Bayly, Dyke und Hall. Studien zur Rezeption der englischen Erbauungsliteratur in Deutschland im 17. Jahrhundert.* Tübingen 1987, 83–96.

[163] Vorrede zu: Praxis Pietatis. Das ist: Vbung der GOttseligkeit / Erster vnd Ander Theil [...]. Straßburg 1634, Bl.)(5[r].

[164] Ich bin also nicht der Meinung, daß unter dem Gesichtspunkt der Meditation mit dem Vordringen von Übersetzungen englischer Erbauungsliteratur seit den dreißiger Jahren des 17. Jahrhunderts ein einschneidender Endpunkt zu setzen ist (anders K. ERDEI, Die Meditation – mentalitätsgeschichtliche Deutungen einer Gattung, in: Das Ende der Renaissance [s. oben, S. 4 Anm. 16], 91).

[165] STRÄTER, 60–70.

als Teil II, erhielt Baylys *Praxis Pietatis* als Beigabe einen *Traktat von der Christli-chen Andacht*[166], der Luis de Granadas *Libro de la oracion y meditacion* entstammt. Und *Sonthoms Güldenes Kleinod* enthält seit der Ausgabe Nürnberg 1657 im Anhang eine umfängliche Anleitung zum *Gespräch des Herzens mit Gott*, die Johann Michael Dilherr angefügt haben dürfte[167].

Wenn es um die Suche nach brauchbaren Meditationsanleitungen ging, richte-te sich der Blick der deutschen Lutheraner zuerst nach England. Der fromme Jurist und Staatstheoretiker Veit Ludwig von Seckendorff, der in seinem *Chri-stenstaat* 1685 das Fehlen einer ausführlichen *ars meditandi* in deutscher Sprache beklagte, verwies für Ansätze dazu nicht nur auf Arndt, sondern zu Recht auch auf das Vierte Buch von Richard Baxters *Ruhe der Heiligen*[168]. Beides aber war ihm nicht umfassend und präzise genug. In ausführlichem Referat führte er als ein Beispiel, wie er sich die Sache vorstellt, Halls *Arte of Divine Meditation* vor, die ihm aus einer französischen Ausgabe bekannt war. Damit zeigt er sich nicht nur als ein Kenner der internationalen Literatur, sondern auch als eines der wohl wenigen *gottseligen Gemüter*, die niemals Baylys *Praxis Pietatis* durchstudiert haben. Merkwürdigerweise scheint die Tatsache, daß Halls *Arte* in Tausenden von Exemplaren unter deutschen Lutheranern verbreitet war, auch dem Frank-furter Senior Johann Georg Pritius entgangen zu sein, der 1716 bei der postumen Edition von Speners *Soliloquia & Meditationes Sacrae* Halls Schrift zwar hervorge-hoben anführt, jedoch nicht auf eine deutsche Übersetzung verweist[169]. Dafür sind ihm weitere englische Meditationsanleitungen geläufig, die er dem Leser nennt: Schriften von Thomas White[170], Edmund Calamy[171], Richard Baxter[172],

---

[166] Ein sehr schönes Tractätlein Von der wahren Christlichen Andacht / Was sie sey? Von derer Nothwendigkeit: Auch wie man dieselbe erhalten vnd behalten könne / wird hierinnen sehr schön vnd herrlich außgeführet. Lüneburg 1631.

[167] Das Gespräch deß Hertzens / Oder: Das eiferige Gebet / welches aus geistlichen Betrach-tungen veranlasst in dem Sinne / sonder Rede zu Gott geschicket wird. Psalm 19/15. HERR / laß dir wolgefallen das Gespräch meines Hertzens / HERR mein Hort und mein Erlöser. [...]. Nürnberg 1657.

[168] V. L. v. Seckendorff, Christen=Staat / Worinn von dem Christenthum an sich selbst, und dessen Behauptung wider die Atheisten und dergleichen Leute; Wie auch von der Verbesserung so wohl des Welt= als Geistlichen Standes, nach dem Zweck des Christenthums gehandelt wird. [1685] Leipzig 1716, S. 905–916. – Zu Arndt vgl. oben, S. 37; zu Baxters *The Saints' Everlasting Rest* vgl. STRÄTER, 89f.

[169] Philipp Jakob Spener, SOLILOQVIA & MEDITATIONES SACRAE. Edidit & praefa-tus est Io. Georgivs Pritivs [...]. Frankfurt a. M. 1716: „Primo autem loco commemorandus nobis est IOSEPHVS HALLVS, vir inter episcopos Anglicanae ecclesiae famae eminentis, qui initio superioris saeculi Artem divinae meditationis emisit, cum aliis operibus eius postea editam & in linguam quoque Gallicam conversam" (Vorrede, Bl. ★★★ 1ʳ).

[170] Th. White, A Method and Instructions for the Art of Divine Meditation. With instances of the severall kindes of solemn meditation. London 1655.

[171] A Treatise of Meditation. – Gemeint ist vermutlich: E. Calamy, The Art of Divine Meditation. Or, a Discourse of the nature, necessity, and excellency thereof. London 1680.

[172] Neben den Anweisungen Baxters im Vierten Buch von *The Saints Everlasting Rest* (s. oben, Anm. 168), auf dessen Übersetzung er hinweist, nennt Pritius: R. Baxter, The Duty of

Nathanael Ranew[173] und Richard Allestree[174]; keine dieser Schriften aber hat für die Geschichte der Meditation im Luthertum des 17. Jahrhunderts irgendwelche Bedeutung gewonnen.

Neben den Engländern wurden auch die französischen Calvinisten in den Blick genommen. Seckendorff und Pritius nennen übereinstimmend Pierre Jurieu mit seinem *Traité de la dévotion*[175]. Eine weitere Schrift, die unter dem Titel *Kurzer Underricht von andächtiger Betrachtung* auch ins Deutsche übersetzt worden ist, führt Pritius an, wagt aber weder den Verfasser anzugeben noch den Übersetzer[176]; diese Schrift, deren im Jahre 1716 wohl noch erhältliche Ausgabe Berlin 1700 Pritius bibliographiert, war 1667 noch unter dem vollen Namen ihres Verfassers Jean de Labadie erschienen, nur der Übersetzer Philipp Jakob Spener hatte auch damals schon die Anonymität vorgezogen[177]. Labadies Traktat, hervorgegangen aus einer brieflichen Meditationsanleitung, war zuerst 1656 herausgekommen[178], sodann in gekürzter Form 1660 in Genf[179], gerade zur Zeit von Speners dortigem Studienaufenthalt. Was Labadie im ersten seiner drei Sendschreiben an Judith de la Chaussade de Challonges, das allein Spener übersetzt hat[180], über *oraison mentale* zu sagen hat, stellt seine Ansicht eher in den

---

Heavenly Meditation reviewd [...] at the invitation of Mr. Giles Firmin's exceptions in his book entituled The Real Christian. London 1671.

[173] N. Ranew, Solitude improved by Divine Meditation; or a Treatise proving the Duty, and demonstrating the Necessity, Excellency, Usefulness, Natures, Kinds, and Requisites of Divine Meditation. London 1670.

[174] The whole duty of divine meditation, described in all parts and branches. With meditations on several places of scripture, by the Author of the Whole Duty of Man. London 1694. – Autor der *Whole Duty of Man* war Richard Allestree.

[175] Seckendorff, S. 913f.; Pritius, Bl. ★★★ 3ᵛf. – Jurieus Traktat erschien zuerst Rouen 1674, Seckendorff nennt die Ausgabe ³1676; Pritius kennt auch eine deutsche Übersetzung: Ein fürtrefflicher Tractat von der Andacht, verfertiget durch Mr. Iurieu. Basel 1683.

[176] „Est vir ob ardentem feruorem, quo in procurandam emendationem ecclesiae accensus fuit, haud ignotus, qui scripta ad virginem nobilem de oratione epistola, quae huc pertinent, fere vniuersa exhausit, adeo accurata opera ea in re versatus, vt vir apud nostros non minus ob studium pietatis cum paucis comparandus dignum hunc librum existimauerit, quem ciuitate Germanica donaret" (Pritius, Bl. ★★★ 3ᵛ).

[177] Kurtzer Underricht von Andächtiger Betrachtunge / Wie solche Christlich und Gottselig angestellet und geübet werden solle. Verfasset in einem Sendschreiben H. Johann von Labadie, und Auß der Frantzösischen den Teutschen zum besten in unsere Sprache übersetzet. Samt einem Zusatz deß Ubersetzers von Gewißheit der Seeligkeit. Frankfurt a. M. 1667 (Grünberg Nr. 272; weitere Ausgaben: Berlin 1700, hg. v. Joachim Lange; Der geheime und vertrauliche Umgang einer gläubigen Seele mit Gott zur Prüfung, Stärkung und Fortgang im Christentum [...], hg. v. Joachim Lange, Halle 1719). – Zu dieser Schrift vgl. J. WALLMANN, Philipp Jakob Spener und die Anfänge des Pietismus, Tübingen ²1986, 146–149. 240f.

[178] J. de Labadie, Practique des Oraisons, mentale et vocale [...] contenue en trois lettres [...]. Montauban 1656. – Nachdem diese Schrift lange Zeit als verschollen galt, hat T. J. SAXBY ein Exemplar in einer Privatbibliothek nachgewiesen (The Quest for the New Jerusalem. Jean de Labadie and the Labadists, 1610–1744. Dordrecht u. a. 1987, 443 Nr. 31).

[179] J. de Labadie, La Pratique de l'Oraison et Meditation Chretienne, Adressée à une Personne de Pieté [...]. Genf 1660. – Diese Ausgabe enthält nur das erste der drei Sendschreiben der Ausgabe von 1656 und entspricht damit umfangmäßig der Übersetzung Speners.

[180] Trotz des gleichen Umfangs seiner Übersetzung halte ich es für nicht sehr wahrschein-

Traditionszusammenhang der Kontemplation[181], wie sie später Miguel de Molinos definiert hat[182], als den der Meditation. Zwar gibt Labadie einige Hinweise zu Ort, Zeit und äußeren Umständen der Betrachtung, letztlich aber nennt er keine bindenden Regeln. Ganz im Gegensatz zu Hall, der dem Schema Intellekt-Wille folgend einen diskursiven und einen affektiven Teil der Meditation unterscheidet, klammert Labadie den intellektuellen Bereich praktisch völlig aus. Seine *Betrachtung* zielt nicht auf Anverwandlung des Wortes Gottes und Ausrichtung des Willens, sondern auf innere geistliche Erfahrung der Nähe Gottes, auf *Schmecken* und *Sehen*[183]. Dazu bedient er sich nicht der *ruminatio*, des intellektuellen Wiederkäuens bis zum affektiven Empfinden, sondern empfiehlt eine stille, unmittelbar ins Herz hinein wirkende *Anschauung* und Aufnahme durch die körperlichen und geistlichen Sinne[184]. Der Erfolg der Betrachtung, die innerli-

---

lich, daß Spener nach der Ausgabe Genf 1660 übersetzt hat. Spener bezeichnet in seiner Vorrede Labadies Original als *pratique des deux oraisons mentale & vocale* (★ 5ʳ), bezieht sich also auf den Titel der Ausgabe von 1656, die er nachweislich gekannt hat (WALLMANN, 146 Anm. 83). Dem entspricht sein ausdrücklicher Hinweis, er habe das französische *oraison* sinngemäß als *Betrachtung* wiedergegeben, obwohl es auch *Gebet* heißt (*Kurtzer Underricht*, Bl. ★★ 2ʳ); die Ausgabe 1656 führt das *oraison* in der Doppelbedeutung von *oraison mentale* und *vocale* auf dem Titelblatt, während die Ausgabe 1660 den klaren Begriff *meditation* liefert, dessen Übersetzung mit *Betrachtung* selbstverständlich ist.

[181] Es ist nicht unbegründet, wenn ein Amsterdamer Nachdruck der *Pratique de l'oraison et meditation Chretienne* erscheint als *L'oraison et la Contemplation Chrestienne* (Amsterdam 1680).

[182] M. de Molinos, Guia spiritual, Rom 1675; die folgenden Zitate nach der lateinischen Übersetzung von August Hermann Francke, Manuductio spiritualis, Leipzig 1687: „10. Qvando intellectus mysteria sanctae nostrae fidei cum attentione considerat, ut veritatem eorum cognoscat, disserendo de particularibus eorum capitibus, ac ponderando circumstantias ad ciendos in voluntate affectus, proprie vocatur meditatio. 11. Qvando anima jam cognoscit veritatem (sive per habitum discursu acqvisitum, sive qvod peculiare lumen DOMINUS ipsi concesserit) oculosqve mentis fixos in eadem veritate tenet, eamqve sincere in qviete & silentio intuetur, ita ut non amplius necessariae ipsi sint considerationes aut discursus, aut aliae probationes, qvibus convincatur, voluntas autem amat, admiratur eam, eaqve gaudet: Ea vocatur proprie oratio fidei, oratio qvietis, recollectio interior, aut contemplatio acqvisita“ (S. 19f.). Eine noch höhere Stufe der Kontemplation bezeichnet Molinos als *Contemplatio perfecta & infusa*, „in qua (dicente S. Theresa) DEUS ad hominem loqvitur, suspendens ipsius intellectum, interrumpens ejus cogitationem [...]“ (S. 32f.).

[183] *Kurtzer Underricht*, S. 5f.: „Die Betrachtung aber ist eine Ubung [...] / in dero die Seele vor GOtt und dessen Angesicht stehet / ihn zu betrachten in sich selbs oder seinen Geheimnussen / ihn zu schauen in seinem Wesen / Personen / Eigenschafften oder Wercken: auch in dero sie an ihn gedencket und betrachtet / was er seye / Ihn zu schmecken und zu empfinden / ihm die schuldige Liebe und Ehre der Anbetung zu leisten; ja auff gewisse Art und Weise / wie solche seyn mag / so da mehr in Gottes als ihrem freyen Willen stehet / und mehr eine Gnaden=gabe / als Würckung eigener Kräfften ist / mit ihme sich zu unterreden / zu vereinigen / und nicht zu wol gegen ihm zu reden / als ihm zuzuhören / und seine göttliche und heilige Bewegungen deß Geistes anzunehmen“.

[184] „Zum ersten / bleibets dabey [...] / daß meiner Meynung nach die beste art der Betrachtung stehe darinn / daß mans ohn viel wesens schlechter ding thue / daß man bloß die Sache / den jenigen Spruch und Geheimnuß so wir vorhaben / oder vielmehr uns Gottes Geist vor Augen leget / gleichsam ansehe“ (*Kurtzer Underricht*, S. 203f.). Wie ein Bild das Auge einnimmt und dadurch die Seele ergreift, eine Musik ohne intellektuelle Zwischenschaltungen das Herz bewegt oder eine Speise im Mund Geschmack hervorruft: „Eben so leicht müsset ihr trachten /

che geistliche Erfahrung, ist unverfügbare Gnadengabe des Heiligen Geistes[185].
Die Vorbereitung des Menschen beschränkt sich im Wesentlichen auf Formen
der *purgatio*, die Reinigung von Herz und Leben, Zurückgezogenheit, Aufmerksamkeit auf göttliche Regungen und vor allem eine Haltung der Selbstverleugnung und Geduld, die nichts durch eigene Aktivitäten erzwingen will[186]. Ent-
sprechend dieser Forderung einer passiven Grundhaltung widmet sich Labadie
mit ausführlichem Trost und Rat den Fragen, die bei Ausbleiben der erhofften
Erfahrungen auftreten[187]. In der Betrachtung selbst ist der Führung des Heiligen
Geistes zu folgen. Damit wird der Meditationsgegenstand beliebig. Natur und
Schrift, Heilswahrheiten und Selbstbetrachtung richten die Gedanken auf
Gott[188], und die selbst begonnene Meditation hat höchstens den Charakter einer
Initialzündung, sie soll die Seele zu Gott aufschwingen in der Hoffnung, daß er
ihre Sehnsucht erfüllt und ihr entgegenkommt. Die wahre Betrachtung Gottes
aber ist unmittelbar und gegenstandslos[189]. In der betrachtenden Vereinigung
mit Gott ist die individuelle Existenz aufgehoben[190].

---

daß es euch werde / Gott / seine Werck und was göttlich ist / zu sehen / zu hören vnd zu
schmecken / vnd ist es so / daß etliche Heilige die rechte Betrachtung beschrieben haben / daß
sie seye ein blosses reines Ansehen / und ein lieblicher Geschmack Gottes: Da man heiliglich das
jenige in sich würcken lässet / so GOtt mit uns thut / und uns zu sich zeucht" (S. 204 f.).

[185] *Kurtzer Underricht*, S. 13: Die Bibel lehrt, „daß recht beten und Gott betrachten / nicht ein
Werck seye unserer Kräfften; noch eine Sache / so wir von uns selbs herzunehmen haben;
sondern eine lautere Gabe Gottes und seines Geistes".

[186] *Kurtzer Underricht*, S. 16 ff.

[187] *Kurtzer Underricht*, S. 36–120.

[188] *Kurtzer Underricht*, S. 197 f.: „Ich kans noch anders vortragen / daß alles was wir sehen /
hören / riechen / schmecken / fühlen / oder können sehen / schmecken / hören / fühlen und
riechen / könne eine rechtmässige Betrachtung uns geben. Die Natur ist uns ein offenes Buch
dazu / auch die Bibel ein ander groß Buch / ja fast alle Wissenschafften / und die Dinge / womit
sie umbgehen / gnugsame Anleitungen. Die göttliche Vorsehung und deren Ordnung / der
Himmel und die Gestirn; Lufft und Vögel; Erde / Früchten und Blumen; Meer / Fische und
Flüsse; wir selbs / unser Leben und Todt; endlich die Hölle und deren armselige Höllenbrände /
mit ihrer Verzweifflung und Jammer; hingegen der Himmel / mit allen Heiligen und dem
Allerheiligsten darinn; ihre Freude / ihre Herrlich= und Seeligkeit; sind lauter gnugsame
Materien / die dieser Ubung würdig. Aber Gott der über alles und in allem ist / ists billich mehr
als alles".

[189] *Kurtzer Underricht*, S. 213 f.: „je schlechter [= schlichter] und blosser die Betrachtung ist /
je besser ist sie: und je allgemeiner solche gehet / nicht auff etwas absonderliches / je göttlicher
ist sie auch / und demnach so viel besser. Es ist zwar dieses eine art auch der Betrachtung / da
man etwas absonderliches / eine absonderliche göttliche Eigenschafft bedencket / absonderlich
einen Spruch der Geheimnuß ansihet / daß auch durch dasselbige Gott die Seele einnehme / sich
ihr zu erkennen / zu lieben / anzubeten / zu hoffen oder zu förchten gebe / oder sie in der
Verwunderung / Lob oder Begierde zu etwas gutes halte; Aber über solche ist eine andere gantz
schlecht [= schlicht] / von allem gleichsam abgezogen / die nicht allein nichts cörperliches oder
mit Sinnen begreifflichs in sich hat / sondern auch von allen absonderlichen gewissen Gedanken sich abzeucht / daß sie nichts alleine betrachtet".

[190] *Kurtzer Underricht*, S. 217 f.: „Wird euch Gott dieses geben / so gibt er euch viel / und wo
er euch zu zeiten in diesen Stand kommen lässet / seyt ihr selig. Euer Geist wird sich leicht
erhoben finden / eure Kräfften angehalten / euer Verstand auch in dem göttlichen dunckel / so
etliche Heilige ein dunckeles Liecht zu nennen pflegten / erleuchtet / euer Hertz verzucket / euer

Wer wie Spener mit der Lektüre Johann Arndts aufgewachsen war, mochte bei Labadie viel Vertrautes finden. Dies liegt am gemeinsamen Hintergrund der Mystik, in den hier wie dort die wenigen konkreten Hinweise zur Meditation eingebettet sind. Während aber Arndt versucht hatte, die meditative Technik für die herzbewegende Applikation des Bibelwortes zu funktionalisieren, ist Labadies Ziel die mystische Erfahrung selbst; das Wort Gottes in Bibel und Predigt spielt bei ihm keine nennenswerte Rolle. Speners anders gerichtetes Interesse wird in seiner Vorrede deutlich, in der er korrigierend die mystischen Spitzen Labadies abstumpfen will, die – nicht ohne Grund – den Eindruck erwecken, Labadie rede von Erfahrungen aus unmittelbarer Eingebung des Heiligen Geistes: der Autor wolle denen, die bereits im Grund ihres Glaubens unterrichtet und versichert sind, eine Anleitung geben, die ihnen bekannten göttlichen Geheimnisse und Schriftstellen in ihrem Herzen zu erwägen, sich in deren stetiger Betrachtung zu erbauen und zu trösten und sich die göttliche Speise durch Wiederkäuen nützlich zu machen. Diesen Labadie fernliegenden Aspekt der *ruminatio* bringt Spener ein, indem er auf die Rolle der *memoria* verweist: *ruminiert* wird in der Betrachtung nicht nur der aktuell gelesene Text, sondern auch der erinnerte und aus der *memoria* reproduzierte. Das von Labadie anscheinend vorgesehene „Eingeben des Geistes" sei also an das gelesene oder erinnerte Schriftwort gebunden; solchen vom Geist gewirkten guten Gedanken nachzuhängen und sie nicht abzuweisen, werde von Labadie als Gottes Handeln bezeichnet[191]. Es ist offenkundig, daß Speners Interpretation vor einer genauen Nachprüfung keinen Bestand hat.

Zuletzt erscheinen bei Seckendorff und Pritius auch katholische Abhandlungen zur Meditation, allerdings sehr vage und verhalten; Seckendorff nennt den Kardinal Johannes Bona[192], Pritius den französischen Jesuiten Jean Rigoleuc[193], allerdings in der Vermittlung durch Pierre Poiret[194].

Auch wenn man in Rechnung stellt, daß nach 1685 noch weitere deutschsprachige Meditationsanleitungen im Raum des Luthertums erscheinen[195] – viel-

---

Wille erreget / ja alle eure Affecten und Begierden heiliglich mit GOtt auff gewisse art eingenommen / daß gar all das eurige in dem seinigen sich verliehre und verschlucket werde".

[191] *Kurtzer Underricht*, Bl. ★★ 4ʳ-★★ 5ᵛ.

[192] J. Bona, Via compendii ad Deum per motus anagogicos et preces iaculatorias. Rom 1657.

[193] Pritius nennt: Vie et traité spirituels, 1684. – Gemeint ist: Pierre Champion, La vie du Père J. Rigoleuc de la Compagnie de Jesus, avec ses traitez de devotion et ses lettres spirituelles. Paris 1676 u. ö.

[194] P. Poiret, La Théologie du Coeur ou Recueil de quelques traités, Vol. 1–2, 1690–1697.

[195] SCALA PARADISI, oder Him[m]els=Leiter / Das ist: Eine kurtze und herrliche Anweisung / Wie ein Mensch durch vier Stuffen zu wahrer Erkäntnüß Gottes kom[m]en kön[n]e; Welche von etlichen Dem heiligen Augustino / von andern Dem heiligen Bernhardo zugeschrieben wird. Zu Erbauung GOtt=suchender Seelen aus den[!] Lateinischen übersetzet. Leipzig 1690 (Hierbei handelt es sich um eine Übersetzung der *Scala Claustrialium*, MPL 184, 475–484, außer Augustin und Bernhard auch Guido dem Karthäuser zugeschrieben). – Caspar Calvoer, Güldenes Klee-Blat drey erbaulicher Büchlein. Als 1. Catechismus-Milch für die Kinder und Einfältige, sonderlich auß D. Lutheri und Gesenii Catechismus gezogen. 2. Speise der Starcken. Für die Erwachsene. 3. Gebahnter Weg zu der Ruhe in Gott; oder Andacht ohn

leicht als Reaktion auf das von Seckendorff monierte Defizit –, bleibt doch nicht unberechtigt, daß Seckendorff und Pritius eine vollständige *ars meditandi* aus der Feder eines lutherischen Theologen vermissen[196]: dergleichen aber stand bis dahin nicht im Zentrum des Interesses. Dafür gibt es wohl mehrere Erklärungen. Für ihren eigenen Bedarf, zu ihrer Information über Theorie und Technik der Meditation, als Anleitung für ihre privaten Übungen oder für ihre Produktion literarischer Meditationen konnten die lutherischen Theologen des 17. Jahrhunderts – wie alle Gebildeten ihrer Zeit – in der von Dannhauer konzedierten christlichen Freiheit auf die internationale Literatur zurückgreifen[197]. Daß sie dabei eine gründliche Kenntnis erwerben konnten, zeigt das Beispiel Johann Schmidts[198]. Auch Pritius wollte nicht daran zweifeln, daß die so zahlreichen gedruckten Meditationen der Lutheraner ihre Versiertheit in der *ars meditandi* unter Beweis stellten und daß lutherische Theologen, wenn sie nur ihr Interesse dorthin richten wollten, eine allen Ansprüchen genügende Meditationslehre verfassen könnten; er nennt Christian Scriver als jemanden, der diese Aufgabe in hervorragender Weise hätte bewältigen können[199]. Zudem aber war das Studium einer Meditationsanleitung nicht der einzige, wahrscheinlich nicht einmal der häufigste Weg, die Meditationskunst zu erlernen. Neben die *praecepta* treten die *exempla*, und der Weg, durch *imitatio* zur *aemulatio* zu gelangen, war im 17. Jahrhundert ein gängiger Weg des Lernens. Die im Druck herausgegebenen Meditationen sollten nicht nur der nachmeditierenden Andacht dienen, sondern wurden auch als Muster für spätere eigene Meditationen des Lesers angesehen und den theoretischen Anleitungen an die Seite gestellt[200]. Dies gilt in besonde-

---

Buch. Clausthal 1691 (Auszüge aus der Meditationsanleitung des *Klee-Blats* bringt W. Löhe, Sabbat und Vorsabbat. Eine Anweisung zum Herzensgebet (1843). In: Ders., Gesammelte Werke. Bd. 3.1. Neuendettelsau 1951, 75–96).

[196] Pritius, Bl. ★★ 8ᵛ: „Sed si circumspiciamus subsidia, quae in hoc proposito inservire nobis possent, apud nos adeo multa aut commoda non conspicientur; vt & illustris SECKENDOR-FIVS, quum de sacra meditatione nonnihil commendaturus esset, nondum se reperire potuisse scribat, quaestionem in nostra ecclesia de fructuose instituendis meditationibus sacris fuisse, provt decet, pertractatam".

[197] Einen Eindruck davon, was zur Zeit von Seckendorffs *Christenstaat* an Meditationsschriften in den Blick lutherischer Theologen gerückt sein konnte, vermittelt die *Bibliotheca Realis Theologica* des Lipenius (Frankfurt a. M. 1685). Hier finden sich, zumeist unter den Rubriken *Exercitationes Pietatis*, *Devotiones* und *Meditationes Sacrae*, in bunter Folge deutsche, englische, französische, italienische und spanische Titel aus allen Konfessionen, darunter die wichtigsten Meditationsanleitungen der katholischen Schulen der Spiritualität: neben dem die mittelalterliche Meditationskunst kompendienhaft erfassenden *Rosetum Exercitiorum Spiritualium* des Mauburnus die *Exercitia Spiritualia* des Ignatius von Loyola ebenso wie die Schriften von Garcia de Cisneros, Petrus de Alcantara, Luis de Granada, Gaspar Loarte, natürlich auch die Werke des Kardinals Bellarmin mit dem bekannten Traktat *De Ascensione Mentis ad Deum*.

[198] Vgl. oben, S. 67f.

[199] Pritius, Bl. ★★★ 4ᵛf. – Zu Christian Scriver, der mit *Gottholds zufälligen Andachten* (zuerst Magdeburg 1663) von Joseph Halls *Occasional Meditations* abhängig ist, vgl. STRÄTER, 96–101 und die dort, S. 99 Anm. 82 genannte Literatur.

[200] Vgl. Spener im Vorwort zu Labadies *Kurtzem Underricht*: „Wir finden deßwegen underschiedliche Exempel so alter als neuer geistreicher Männer / welche da unter ihren Schrifften

rer Weise für die „klassischen" pseudo-altkirchlichen und mittelalterlichen Sammlungen[201], aber auch für zeitgenössische Meditationen[202].

Was die Vermittlung der Meditation an die Gemeinde anlangt, scheint noch ein anderer Aspekt im Vordergrund zu stehen. Wenn auch ein großer theoretischer Traktat oder der Entwurf einer variabel anwendbaren lutherischen *ars meditandi* fehlen, so ist doch eine Fülle von Meditationsanleitungen im Raum des deutschen Luthertums festzustellen. Zum Beleg dieser Behauptung ist nicht nur auf die gepredigten Anleitungen zu verweisen, auf die als Predigt, Einzelschrift oder Vorrede gedruckten Anleitungen zum Hören der Predigt oder Lesen der Bibel[203], sondern in erster Linie auf die reichhaltige „Erbauungsliteratur" des 17. Jahrhunderts, die sich als *Meditationsanleitungen im Vollzug* präsentiert. In dieser eigentümlichen Form, eingebunden in die Zielsetzung der Bekehrung und Erbauung, bieten die Erbauungsschriften Anleitung zur Meditation im konkreten Fall, geben Themen an, setzen einzelne affektive Zielvorgaben und liefern das Material zur Betrachtung, zumeist in Form geeigneter Bibelsprüche[204]. Zur Illustration dieser Tatsache können ohne spezielle Auswahlkriterien ganz einfach die bekannten und auflagenstarken „Klassiker der lutherischen Erbauungsliteratur"[205] herangezogen werden, – soweit es sich dabei nicht ohne-

---

auch einige dergleichen *Meditationes* und Betrachtungen auffgezeichnet hinderlassen haben / damit sie andern auch ein theil deß Genusses der Lieblichkeit gönneten / die sie darinnen gefunden / zugleich auch etwa Exempel hinderliessen / denen andere folgen könten. Neben denen seynd andere / wiewol wenigere gewesen / welche wie etwa solche heilige Vbung anzustellen / gewissen Vnderricht denen jenigen / die einen Anmuth dazu haben / vorzuschreiben sich beflissen. Wo dann beyderseits gute Absicht billich ihr Lob verdienet" (Bl. ★ 4ᵛf). – Vgl. August Hermann Francke in der Vorrede zu den *Betrachtungen / Wie ein Mensch in sich selbst gehen / und sein Leben bessern soll*, Halle 1699, Bl. A 6ʳ, innerhalb eines Lobes der Meditation: „Weswegen denn auch verständige Lehrer allezeit darauff gedrungen / ja so gar auch die Art und Weise fürgeschrieben / wie eine göttliche Betrachtung heilsamlich anzustellen sey / oder auch ihre Betrachtungen ans Licht gegeben / damit ungeübte Anfänger ein Exempel vor sich hätten, darnach auch sie ihre Betrachtung anstellen könten".

201 Vgl. oben, S. 2f.

202 Speners eigene *Soliloquia & Meditationes Sacrae* sind von Pritius u. a. als Vorlage für Meditationen angeboten worden: „Ad argumentum vero huius libri vt redeamus, in eo luculentum, vt dicere occupauimus, exstare specimen voluit auctor, ex quo perspiciamus, quomodo de rebus sacris instituendae sint meditationes, & qua de re piae mentes colloqui secum soleant; quo certe conatu exemplum nobis insigne subministrauit, quod consectari pietatis verae studiosis cum fructu liceat" (Bl. ★★ 6ᵛf).

203 Vgl. oben die Kap. 4.2 und 4.5.1.

204 In diesen meditativen Grundzug integriert erscheinen dann auch die Formen der Rhetorik, die HANS-HENRIK KRUMMACHER in der Erbauungsliteratur beobachtet und die er der persuasiven Intention dieser Literatur zugeordnet hat, ohne allerdings die Einordnung der rhetorischen Elemente in den meditativen Rahmen zu berücksichtigen (Überlegungen zur literarischen Eigenart und Bedeutung der protestantischen Erbauungsliteratur im frühen 17. Jahrhundert. In: Acta Litteraria Academiae Scientiarum Hungaricae 26, 1984, 145–162).

205 Diese ohne Berücksichtigung der Meditation erfolgte Auswahl nach dem Art. „Erbauungsliteratur. III. 3: Klassiker der lutherischen Erbauungsliteratur", in: TRE 10, 1982, 57–62 (R. MOHR). Genannt werden für das 17. Jahrhundert Philipp Nicolai, Johann Arndt, Johann Gerhard, Joachim Lütkemann, Heinrich Müller.

hin um literarische Meditationen handelt[206]. Zu Johann Arndt und Johann Gerhard ist das Nötige bereits gesagt[207]. Aber auch für Heinrich Müllers *Himmlischer Liebeskuß*[208] und für Joachim Lütkemanns *Vorschmack göttlicher Güte*[209] ist der Sachverhalt klar.

Lütkemann stellt sein Buch unter die Kernstelle aller auf innerliche sensualistische Erfahrung abzielenden Meditationsschriften, Ps 34, 9: *Schmecket und sehet, wie freundlich der Herr ist*[210]. Nicht das äußere Bekenntnis, sondern erst die wahre Kenntnis Gottes, die sich für Lütkemann in der Erfahrung seiner Güte konkretisiert, macht einen Menschen zum Christen; denn nicht äußerer Zwang, sondern die Erfahrung der Güte Gottes macht einen Menschen frei von aller schädlichen Bindung an die Welt[211] und gibt ihm einen Vorgeschmack des ewigen Lebens[212], der ihn alles Gute allein bei Gott suchen und auf alles von Gott Trennende leicht verzichten läßt: „So kann man nun nicht anders schliessen, als daß der kein guter Christ sey, der nicht daran gedenket, wie er GOttes Güte erkenne, und in seinem Herzen schmecke und empfinde. Daher ist es wohl wehrt, zu untersuchen, wie man dazu komme, daß wir GOttes Güte im Herzen schmecken?"[213]. Der Ort, in dem Gott seine Güte offenbart, ist sein Wort. Diesem gilt es „nachzusinnen" auf eine Weise, die nicht allein auf die intellektuelle Erkenntnis zielt, sondern auf das Herz[214]. Das Herz muß von den Werken des Satans gereinigt werden, danach ist es bereit zur Meditation der Güte Gottes und der göttlichen Wohltaten in Schöpfung, Erlösung und Heiligung, die Lütkemann in seinen deutlich als

---

[206] Dies betrifft Philipp Nicolais *Freudenspiegel des ewigen Lebens* (vgl. oben, S. 16) und die Meditationen Johann Gerhards, aber auch Christian Scriver (vgl. oben, Anm. 199) wäre hier einzureihen gewesen.

[207] Vgl. oben, Kap. 3.1 und 3.2.

[208] Zuerst Rostock 1659. Benutzte Ausgabe: H. Müller, Himmlischer Liebes-Kuß. Erfurt 1742.

[209] Zuerst Wolfenbüttel 1653. Die häufige Datierung der Erstausgabe auf 1643 (so RGG³ 4, 471) ist unzutreffend. Nach eigener Aussage hat Lütkemann die Arbeit am *Vorschmack* erst während seiner Amtszeit als Wolfenbütteler Hofprediger, also erst nach 1649 begonnen (J. Lütkemann, Vorschmack Göttlicher Güte. Braunschweig 1740, Vorrede, Bl.)(4ʳ).

[210] *Vorschmack*, Teil 1, 1. Betrachtung (aaO., S. 1).

[211] „So kann einer auch endlich zu keiner wahren Gottseligkeit gelangen, wo man GOttes Güte nicht kennet und schmecket. Wie will man die Welt mit ihrer Lust überwinden, wenn GOttes Güte nicht erkannt wird? [...] Wann die Heftigkeit der Begierden aufsteiget; stünd einer unter Galgen und Rad, würde er sich doch schwerlich zähmen. Wenn er aber an die Güte GOttes gedenket, die er vorhin wohl gekannt und geschmecket hat, wird das Gedächtniß der Güte GOttes die Heftigkeit der bösen Begierden bald verzehren" (*Vorschmack*, Teil 1, 1. Betrachtung; aaO., S. 3).

[212] „Wer GOttes grosse Güte schmecket, hat in solcher Güte alles, und den rechten Vorschmack des ewigen Lebens, begehret nichts anders, fürchtet auch nichts anders" (*Vorschmack*, Teil 1, 1. Betrachtung; aaO., S. 4).

[213] *Vorschmack*, Teil 1, 1. Betrachtung (aaO., S. 5).

[214] *Vorschmack*, Teil 1, 1. Betrachtung (aaO., S. 6f.). „Hütet euch aber, daß ihr das Erkänntniß Göttlicher Güte nicht ein blosses Wort=Werk seyn lasset, sondern trachtet darnach, daß in euch entstehe eine lebendige und kräftige Empfindung der Leutseligkeit und Freundlichkeit GOttes" (aaO., S. 7).

„Betrachtung" überschriebenen Kapiteln aus Bibelzitaten vorstellt und thematisch zur individuellen Meditation vorbereitet.

Heinrich Müllers *Himmlischer Liebeskuß* ist nach gleichem Muster gearbeitet. Bei ihm manifestiert sich Gott in der Erfahrung seiner Liebe, die es zu betrachten gilt. In seinem programmatischen Ersten Kapitel stellt Müller seine Absicht heraus, über die Erkenntnis Gottes und seiner uns zugewandten Liebe die Gegenliebe des Menschen zu entzünden; das Medium dazu ist die Betrachtung der empfangenen Wohltaten göttlicher Liebe[215]. Über fünfundzwanzig Kapitel hin weist Müller die vielfachen Wohltaten Gottes an der menschlichen Seele auf, belegt sie aus Bibeltexten und mit Aufrufen an die eigene Erfahrung, fordert auf zum meditierenden Innehalten durch die Imperative *Gedenke, Betrachte, Erwäge* und zeigt affektive wie praktische Konsequenzen auf, die der fruchtbaren Betrachtung entspringen sollen[216]. In dreizehn Kapiteln des Zweiten Teils folgt eine diesen letzten Aspekt vertiefende handlungsorientierte Aufstellung von Lebens- und Frömmigkeitsformen, in denen sich die Gegenliebe der Seele ausdrücken kann. Letztlich weisen sowohl Lütkemanns *Vorschmack* als auch Müllers *Liebeskuß* innerhalb ihrer meditativen Gesamtanlage an geeigneter Stelle eigene kleine Meditationsanleitungen auf, die zur weiteren geistlichen Übung anweisen sollen[217].

Besonders in dieser Form von *Meditationsanleitungen im Vollzug*, die in den Hauptwerken der lutherischen Erbauungsliteratur greifbar wird, scheint die lutherische – und in ihrer Zielrichtung auf eine aus Betrachtung der göttlichen Liebe entspringende *compunctio amoris* und Herzenswende in der Gegenliebe die eigentlich „evangelische"[218] – Form und zugleich Funktionalisierung von Meditationsmethodik vor Augen zu liegen.

---

[215] „Nun aus der Liebe GOttes muß unsere Liebe angezündet werden, wanns nur der Mensch bedächte; denn gleichwie aus vielen Kohlen und Holtz ein groß Feuer wird, welches Flamme gar hoch in die Höhe fährt: so wird aus der Betrachtung der göttlichen Liebe in unsern Hertzen eine Gegen=Liebe angezündet. Darum solten wir offt und fleißig bedencken die Wohlthaten GOttes, sowohl die allgemeine, welche er dem gantzen menschlichen Geschlecht erwiesen, als auch die sonderbahre , die unsere Person angehen: So wohl die Liebe, die da leuchtet im Reich der Natur, als die im Reich der Gnaden leuchtet, und leuchten wird im Reich der Herrlichkeit. Und dazu wollen wir durch des Geistes Gnade kurtze Anleitung geben in folgenden Capiteln" (*Himmlischer Liebeskuß*, Teil 1, Kap. 1; aaO., S. 8).

[216] Vgl. vor allem die Anleitungen zur Passionsmeditation in: *Himmlischer Liebeskuß*, Teil 1, Kap. 6: Von der erlösenden Liebe GOttes.

[217] *Vorschmack*, Teil 2, 10. Betrachtung (Eine Ermahnung zur Liebe des Wortes GOttes und der Heiligen Sacramenten, als der Mittel, dadurch der Heilige Geist die Seligkeit in uns wirket) und erneut 19. Betrachtung (Von der süssen Erquickung des Geistes); *Liebeskuß*, Teil 1, Kap. 12 (Von dem inwendigen Krafft= und Hertzens=Prediger; oder, der innerlich lehrenden Liebe GOttes).

[218] Vgl. *Vorschmack*, Teil 1, 10. Betrachtung: „GOtt locket uns arme Sünder zur Busse, auf mancherley Weise, durch Dräuung und Verheissung, durch Zorn und Gnade, durch Strafe und Wohlthat. Es ist kein vergeblicher Schall, wenn GOtt dräuet, sondern es kömmt aus einem Göttlichen Eifer, daß das sündliche Herz erschrecke, so sichs aber verhärtet, geben die göttliche Dräuungen endlich ihre Kraft. Dafür muß sich ein Sünder hüten. Doch achte ich nicht, daß

Wenn Seckendorff 1685 den Wunsch nach einem „vollkommenen tractat, mit deutlichen exempeln und formulen"[219] äußert, scheint sich darin das weitergehende Interesse des gebildeten frommen „Laien" zu artikulieren, eine freie, vielseitig verwendbare Anleitung zum eigenen *exercitium pietatis* zu besitzen. Seckendorff zweifelt weder an der Verpflichtung aller Christen zur täglichen Meditation noch an deren Nutzen. Auch er selbst zeigt sich für seine geistlichen Übungen nicht angewiesen auf das Erscheinen einer klaren lutherischen Meditationsanleitung, empfindet aber an seiner bisherigen Praxis Mangel, den er beheben will[220]. Es klingt nach Ausdruck eigener Erfahrung, wenn Seckendorff die Schwierigkeit beschwört, sich auch nur eine Viertelstunde konzentrierter Meditation zu widmen, ohne daß die Gedanken abschweifen. Gerade diese Passagen bei Seckendorff geben Anlaß zu der Vermutung, daß noch ein anderes Problem im Hintergrund seines Verlangens nach Klärung steht: die Frage nach den Möglichkeiten besonderer geistlicher Erfahrungen.

Mit ihrem einladenden evangelischen Gestus, ihrer Aufforderung zum *Schmecken und Sehen* in der Betrachtung Gottes, hatten die lutherischen Erbauungsschriften einen Erwartungshorizont aufgerissen. Gerade eine so verbreitete Erbauungsschrift wie Lütkemanns *Vorschmack* hatte den nüchternen Rahmen einer affektiven Meditation weit überschritten und sich in starker Hinlehnung zur Mystik der kontemplativen Dimension geöffnet. In einer umfangreichen Betrachtung *Von der süssen Erquickung des Geistes*[221] beschwört Lütkemann eine spirituelle Erfahrung besonderer Qualität, die dem wiedergeborenen Gläubigen im Zuge seiner geistlichen Übung zuteil werden kann[222]. Diese besondere

---

durch Dräuung mehr gewonnen werde, als durch die Betrachtung und Empfindung göttlicher Gnade und Güte. Wenn die bösen Begierden recht aufsteigen, lassen sie durch keine Straffe sich aufhalten: sollten wir schon Feuer, Galgen und Rad vor uns sehen. Aber die Güte GOttes ist so feurig, so dieselbe ihre Strahlen lässet aufs Herz schiessen, daß wir zu Herzen fassen, was für ein Gut und Seeligkeit Er uns durch CHristum bereitet habe, daß leichtlich das Herz dadurch kann umgeschmolzen, und das Toben der fleischlichen Begierden gedämpfet werden" (aaO., S. 119f.). Vgl. im Kontrast dazu Luis de Granada: „Inter multa & diuersa media, quibus vti solet Omnipotens, ad refraenanda & mollienda hominum corda, eaque ad mandatorum suorum obseruantiam conuertenda, vnum, idque nequaquam minimum, est quod proponere consueuit illis supplicia, poenasque horribiles, quas transgressoribus legis, atque sibi immorigeris constituit. Quamuis enim huic malo non exiguum adfert remedium Spes futurorum bonorum, quae in alia vita iustis & bonis sunt praeparata, communiter tamen vehementius afficere nos solent tristia, quam quae laeta sunt, & iucunda" (Memoriale Vitae Christianae. Köln 1626, S. 382).

219 Seckendorff, S. 905.
220 Seckendorff, S. 905.
221 *Vorschmack*, Teil 2, 19. Betrachtung.
222 „Ob nun wol diese Gnaden und Freudenreiche Beywohnung Christi allen Gläubigen gemein ist; offenbahret sich doch dieselbige nicht allen, auch nicht allezeit auf gleiche Weise: dem einen gibt Christus so viel Erlabung, als ihm zu seiner matten Seelen genung ist; einem andern richtet er zu ein ganzes Maal und Wolleben in dem Uberfluß seiner Gnade. [...] Der höchste Grad der Offenbahrung, deren wir in diesem Leben fähig seyn, ist die übernatürliche Süßigkeit der himmlischen Erquickung, die sich den Gläubigen zu schmecken gibt, dem einen minder, dem andern mehr" (*Vorschmack*, Teil 2, 19. Betrachtung; aaO., S. 642).

Erfahrung, die Lütkemann als den *Vorschmack des ewigen Lebens* bezeichnet[223], ist unverfügbare Gabe des Heiligen Geistes, der selbst die Arbeit der *ruminatio* übernimmt und den Menschen zum überwältigenden Geschmack der göttlichen Nähe führt[224]. Voraussetzung auf seiten des Menschen ist allerdings die Übung der Meditation, durch die das Herz gereinigt und Christus die Tür geöffnet wird. Lütkemann unterstreicht diesen Aspekt, indem er eine kurze Anleitung zur Meditation einfügt[225]. Obwohl Lütkemann ausdrücklich betont, daß dieser *Vorschmack des ewigen Lebens* zur Seligkeit nicht erforderlich sei[226], und zur Geduld und Demut aufruft, war doch einer Form von Stufen-Spiritualität Vorschub geleistet, die sich einerseits mit einem christlichen Perfektionsstreben verband, andererseits zu schweren seelsorgerlichen Problemen Anlaß gab. Beide Phänomene zeigen sich parallel mit der Selbstkonstituierung besonderer Kreise frommer Seelen im letzten Drittel des 17. Jahrhunderts.

Spener setzte sich mit dieser Frage auseinander, als sein Korrespondenzpartner Johann Melchior Stenger ein Buch zu diesem Thema ankündigte[227]. Nachdrücklich mahnte er Stenger zur seelsorgerlichen Vorsicht[228]. Die Glaubensgewißheit ist unabhängig von allen Formen besonderer geistlicher Erfah-

---

[223] Diesen Begriff nennt auch Seckendorff, wo er von der Meditation handelt: „daß wir nemlich unsere gedancken zusammen halten, zu Gott richten, und einen vorschmack des ewigen Lebens, so in der *contemplation* und beschauung Gottes bestehen wird, empfinden möchten" (aaO., S. 470). – Zur Verwendung dieses Begriffs im Rahmen meditativer Schriften vor Lütkemann vgl.: Israel Murschel, Aurora sive Praegustus Vitae Aeternae. Das ist: Morgenröthe Oder Vorschmack deß ewigen Lebens [...]. Frankfurt a. M. 1650. – Dem Vorschmack des ewigen Lebens entspricht in der Anfechtung durch Entzug des Geschmacks göttlicher Gnade und durch das Bewußtsein der eigenen Sündhaftigkeit der Vorschmack des ewigen Todes: I. Murschel, Vespera Occidentis Gratiae Dei sive Praegustus Mortis Aeternae. Das ist: Untergang der Gnade Gottes. Oder Vorschmack deß ewigen Todes [...]. Frankfurt a. M. 1650.

[224] „Das Wort GOttes ist der Seelen Speise; wenn der heilige Geist diese Speise selbst käuet, und uns, als jungen Kindern, in den Mund streicht, so schmecken wir in demselben eine lebendige Kraft und himmlische Süßigkeit, daß wir nicht wissen, wie uns geschieht, können auch nicht sagen, was wir geschmecket haben. Da fliessen die Thränen der Liebe, und wir wissen nicht, woher sie kommen" (*Vorschmack*, Teil 2, 19. Betrachtung; aaO., S. 646).

[225] *Vorschmack*, aaO., S. 668–672.

[226] *Vorschmack*, aaO., S. 672.

[227] S. Speners Brief vom 12. 9. 1673 an Stenger (Spener, Briefe 1, Nr. 164, Z. 187–268). – Bei dem Buchprojekt handelt es sich um: J. M. Stenger, Das grosse Geheimnüß Innerlicher Versieglung durch den Geist der Kindschafft. [...]. Berlin 1674.

[228] Dabei beruft er sich auf seine eigene Praxis: „Novi exempla piarum animarum, quae in extremum moerorem demersae ex eo sunt, quum ab aliis audivissent, quae de dulcedine Spiritus et interno illo sensu alii praedicabant, nec tamen ipsi in se eadem sentirent, tanquam illo indicio patefieret, quod fides sua genuina non esset. His nunquam satisfeceris, nisi, quod res est, ostenderis paucorum isthoc ex liberrima dispensatione coelesti privilegium esse et praeterea plerumque alia iuxta se habere onera; non vero universalia filiorum DEI beneficia spectare". (Spener, Briefe 1, Nr. 164, Z. 231–238). – Zu einem konkreten Fall aus dieser Zeit vgl. Spener, Briefe 1, Nr. 167, Z. 30–40.

rungen und wird auch durch die Anfechtung nicht in Frage gestellt. Zwar könnten alle Christen das *testimonium Sancti Spiritus internum* erfahren, jedoch in höchst unterschiedlicher Intensität, und der *Vorschmack des ewigen Lebens*, von dem Lütkemann handelt, bleibt wenigen als eigene Erfahrung vorbehalten[229].

Versuche, den Sachverhalt für die lutherische Kirche allgemein und verbindlich zu klären, insbesondere auch eine sachgerechte Unterscheidung zwischen Meditation und Kontemplation zu finden, sind im entstehenden Streit zwischen Orthodoxie und Pietismus untergegangen. Einen praktisch schon nicht mehr relevant werdenden Endpunkt theoretischer Klärung setzte David Hollaz. Friedrich Kalb hat versucht, Hollaz als Zeugen für die Ansicht zu benennen, daß die lutherische Orthodoxie zwischen Meditation als einer strikt auf das Wort bezogenen Funktion des Intellekts und Kontemplation als einer unzulässigen mystischen Schauung unterschieden habe[230]. Diese Unterscheidung aber findet sich nicht in der Erstausgabe von Hollaz' *Examen Theologicum Acroamaticum* (1707)[231], sondern erst als nachträgliche Ergänzung in der postumen zweiten Ausgabe aus dem Jahre 1718[232]; ursprünglich stammt sie aus einer selbständigen Sammlung von *Quaestiones*, in denen sich Hollaz mit Formen des Enthusiasmus und der Berufung auf besondere Offenbarungen auseinandersetzte[233].

---

[229] „Manet ergo hoc firmum, esse aliquod testimonium internum sive operationem Spiritus S[ancti] per verbum efficacis in corde idque nos divinae gratiae certos reddere et solatio perfundere. Ab eo non equidem specie, sed gradu, lumine, suavitatis sensu differt πρόγευσις illa τῶν δυνάμεων μέλλοντος αἰῶνος, quam commendat D. Lütkemannus [...]. Progeusis ista aeternorum bonorum in excellentiori illo sensu tam non simpliciter necessaria est, ut dubium vix sit paucis admodum eam contingere: neque nostrum est illa quoque bellaria a Patre coelesti exigere, quorum dulcedinem a fratribus audimus laudari, modo non deficiat quotidianus ille cibus, quo fides nostra interius pascatur. Interim crediderim non facile quenquam nostrum esse, qui non aliquid tale aliquando senserit, quod exquisitiori suavitate alios plane perfundit: atque ita guttam, cum alii integrum calicem. Illa contenti simus, quibus DEUS ampliorem mensuram non dedit, et ita quoque gloriae suae atque nostrae saluti conducere intelligit" (Spener, Briefe 1, Nr. 164, Z. 200–204. 212–221).

[230] F. KALB, Die Lehre vom Kultus der lutherischen Kirche zur Zeit der Orthodoxie. Berlin 1959, 146f. – Dabei hat KALB offenbar nicht irritiert, daß Hollaz die Unterscheidung zwischen Meditation und Kontemplation von Molinos übernimmt, der im Luthertum erst mit Franckes Übersetzung von 1687 (s. oben, Anm. 182) diskutiert wird. Wenig gestört hat ihn auch, daß gerade die von ihm zitierte Definition der Meditation das Schwergewicht nicht auf die intellektuelle, sondern die affektive Dimension („ad ciendos in voluntate affectus") legt.

[231] D. Hollaz, Examen Theologicum Acroamaticum [...]. Stargard 1707 (Ndr. Darmstadt 1971).

[232] D. Hollaz, Examinis Theologici Acroamatici [...] Editio Altera [...] Repurgata Nec Non Aucta [...] Studio et Opera Johannis Henrici Hollazii [...]. Rostock und Leipzig 1718.

[233] D. Hollaz, Scrutinium Veritatis, complectens Pentadecada Quaestionum Theologicarum illustrium, quibus nonnullae Mysticorum Hypotheses perquiruntur et excutiuntur [...]. Wittenberg 1711, S. 49–68: *„Quaestio IIX. Estne Contemplatio DEI & rerum divinarum, quae vel absque specie & discursu, vel per novas species divinitus immissas fieri dicitur, praeferenda meditationi verbi divini?"*

4.6 Die Grenzen der Katechese und die Meditation des Katechismus

Der Katechismus nimmt im Reformschrifttum des 17. Jahrhunderts eine Mittelstellung ein zwischen dem öffentlichen und dem privaten Gottesdienst. Einerseits gilt er als das Textbuch der kirchlichen Unterweisung, der Katechese in Unterricht, Katechismuspredigt und Katechismusexamen, und als die Grundlage zum Verständnis der Predigten. Andererseits soll er die Dogmatik der Hauseltern für die private Unterweisung von Kindern und Gesinde sein. Und nicht zuletzt wird er als der Leitfaden zur individuellen Gewissenserforschung und zur Privatmeditation vorgestellt.

Für die Kritiker und Reformer des 17. Jahrhunderts war die grundlegende Bedeutung des Katechismus für alle weitere Arbeit evident. Schon das einfache intellektuelle Verständnis der Predigt setzte eine katechetische Grundbildung des Hörers und seine Fähigkeit voraus, kirchlich-religiöse Begrifflichkeit adäquat (und das hieß im 17. Jahrhundert auch: *iuxta analogiam fidei*) zu verstehen und die jeweils nach Maßgabe der Predigtperikope vorgetragene Lehre selbständig in das zugrunde liegende System kirchlicher Lehre einzuordnen.

Visitationen ebenso wie die tägliche Erfahrung der Pfarrer jedoch ließen im 17. Jahrhundert – nicht anders als in den Anfangsjahren der Reformation, in denen sich Luther durch Visitationsergebnisse zur Abfassung seiner Katechismen gedrängt sah – die düstersten Ahnungen Bestätigung finden. Klagen, daß die Gemeindeglieder selbst über die grundlegenden Heilswahrheiten kaum etwas wissen, durchziehen die kirchenkritische Literatur des ganzen Jahrhunderts: und entsprechend durchzieht die Forderung nach Intensivierung und Verbesserung der katechetischen Unterweisung die gesamte innerlutherische Reformliteratur seit Andreae. Von Anfang an werden dabei Katechismusunterricht und Predigt so aufeinander bezogen, daß jener Voraussetzungen zum gewinnreichen Hören der Predigt schaffen muß[234]. Diese Rückfrage vom Mißerfolg der Predigt zur katechetischen Grundlegung ist in der Literatur bisher vor allem an Äußerungen Philipp Jakob Speners aufgezeigt worden[235]. Dabei hat sich die historische Bestandsaufnahme stillschweigend verengt. Sicher wird man nicht behaupten können, erst Spener hätte Katechismus und Predigt in dieser funktionalen Relation gesehen. Schon Johann Valentin Andreae hatte in seinem Dialog „The-

---

[234] Es kann für rechtschaffenes Christentum kein besserer Grund gelegt werden als gute Katechismus-Übung, „indem so gar unsre predigten bey keinen andern alle die frucht bringen, die sie bringen solten, ja nicht recht verstanden werden, als bey und von denjenigen, welche die erste buchstaben der erkäntnüß und gleichsam die terminos in wohl angestellten examinibus gelernet haben: bey andern gehet das meiste vor den ohren vorbey, und wird nichts darvon gefasset. Welche aber in dem catechismo wol gegründet, können ihr lebtag die predigten mit mehrfachen nutzen hören" (Philipp Jakob Spener in einem Schreiben aus dem Jahre 1696: Bed. 4, [260–262] 260).

[235] Vgl. P. SCHICKETANZ, Speners Beitrag für die Erziehung der Gemeinde. In: PuN 12, 1986, [84–93] 91: „Spener würde die zentrale Stellung der Predigt in der evangelischen Kirche niemals angegriffen haben, er verschiebt aber die Akzente, wenn er den Katechismus-Unterricht im Grunde als Voraussetzung für die gehörte Predigt ansieht".

ophilus" das Predigtverhör des unglücklichen Georg unmittelbar in ein ebenso scheiterndes Katechismusverhör einmünden lassen und dann im Kontrast den katechismusfesten Eusebius als den gewinnreichen Predigthörer präsentiert[236]. In gleicher Weise bezieht der Lüneburger Generalsuperintendent Justus Gesenius, Verfasser der häufig aufgelegten *Kleinen Katechismus-Schule* Katechismusunterricht und Predigt aufeinander. In einem Schreiben an den Straßburger Kirchenpräsidenten Johann Schmidt, der die *Katechismus-Schule* für die Straßburger Kirche hatte nachdrucken lassen, klagt Gesenius über die einseitige Konzentration aller Bemühung auf die Predigt und die Vernachlässigung des Katechismusunterrichts, wo doch die Predigt (nur) denen nützlich sei, die schon im Katechismus hinreichend unterwiesen sind, dieser aber die Grundlegung und erste Stelle einnehme, auf der die Predigt aufzubauen habe[237]. Deutliche Worte findet Theophil Großgebauer in seiner *Wächterstimme*. Wo nicht bei den Kindern in der Schule ein solider Grund der Gottseligkeit gelegt ist, wo nicht die Sinne geübt und die Seelenkräfte Verstand, Wille und Gedächtnis bereitet sind, da ist das Hören der Predigt sinnlos, „die Predigt rauschet vorüber, die Rede fleust dahin wie Wasser, sie belustiget zwar, aber sie bauet nicht"[238]. Die Beispiele für die funktionale Zuordnung von Katechismusunterricht und Predigt ließen sich vermehren. Sie findet in der lutherischen Tradition ihren Ursprung schließlich in Luther selbst, der in aller Deutlichkeit gute Katechismuslehre mit dem erfolgreichen Hören der Predigt ursächlich verbunden hat. Seiner Gottesdienstordnung der Deutschen Messe stellt Luther den Wunsch nach einem guten Katechismusunterricht voran, da ohne diesen selbst mehrjähriges Predigthören ohne Wirkung bleibe[239].

Hier ist Spener also nicht innovativ, sondern exemplarisch, wenn er im Chor seiner Vorgänger und Mitstreiter auf der Suche nach Ursachen für die Wirkungslosigkeit der Predigt auch auf die mangelnde Vorbereitung der Zuhörer durch unzulänglichen Katechismusunterricht stößt. Ein wirklich neues Ver-

---

[236] J. V. Andreae, Theophilus (s. oben, S. 75 Anm. 6), S. 40 ff.

[237] J. Gesenius an J. Schmidt, Braunschweig, Sonntag Laetare (16.03.)1634: „Omnia in conciones versa sunt, ipsas quidem utiles Catechismo iam imbutis, imo necessarias et divinitus institutas; sed haec tamen docendi ratio, quam Catechismum dicimus, absque dubio prima esse debebat eique altera superstrui, ut natura ipsa et veteris Ecclesiae consuetudo docet; imprimis in illa iam grassante barbarie Christiani orbis, maxime Germanici, qui ex diuturno hoc civili et religioso bello hunc denique fructum percipit, ut ubique vigeat inscitia veri Christianismi" (SUB Hamburg, Sup. ep. 11, [293ᵛ–295ᵛ] 294ʳ). – Vgl. J. Gesenius, Kleine Catechismus Schule, Lüneburg 1635, Bl.): (5ʳf.: „Denn fasset man den Catechismum nit recht / vnd lernet jn nicht mit Verstande / so kan man auch nachmals die Predigten nit verstehen".

[238] *Wächterstimme* (s. oben, S. 78 Anm. 19), S. 34.

[239] M. Luther, Vorrede zur Deutschen Messe, 1526: „Wolt Got, das solch kinderspiel wol getrieben wurde; man solt ynn kurtzer zeyt grossen schatz von Christlichen leuten sehen, und das reyche seelen ynn der schrifft und erkentnis Gottis wurden, bis das sie selbs diser beutlin als locos communes mehr machten und die gantze schrifft dreyn fasseten; sonst gehets teglich zur predigt, und gehet widder davon, wie es hynzu gangen ist. [...] Also höret manchs mensch drey, vier jar predigen und lernt doch nicht / das auff eyn stuck des glaubens kund antworten, wie ich teglich wol erfare" (WA 19, 78, 15–23).

ständnis von katechetischer Aufgabe und Arbeit aber, nämlich die Erkenntnis ihrer affektiven Dimension und der Verpflichtung, nicht nur theoretisches Wissen, sondern lebendiges Herzenschristentum zu vermitteln, soll sich Spener 1677 bei einem denkwürdigen Besuch des niederländischen Theosophen Franciscus Mercurius van Helmont erschlossen haben, der auf der Durchreise in Frankfurt das von Spener gehaltene Katechismus-Examen in der Barfüsserkirche besuchte[240]: Im Gespräch mit Spener lobte er diese Einrichtung, dann jedoch seufzte er tief auf und fügte hinzu, bei allem Fleiß werde doch nur der Kopf mit Wissen gefüllt. Dreimal sprach er die Spener unvergeßliche Frage nach der Hauptsache aus: „Wie bringen wir den Kopff in das Hertz?"[241]

Diese Szene ist als der entscheidende Wendepunkt in Speners katechetischem Selbst- und Methodenverständnis gewertet worden. Will man der Literatur glauben, so hat Helmonts Frage Spener einen neuen Verständnishorizont von Katechese eröffnet, ihm als kritische Anfrage an seine Praxis die einseitig verstandesmäßige und doktrinäre Methode seiner katechetischen Arbeit aufgezeigt[242] und ihn in eine Phase selbstkritischen Grübelns gestürzt über die schuldbewußte Frage, ob er nicht den Verständnishorizont der Kinder überschreite und ihnen statt der nötigen Milch unverdauliche feste Speise biete[243]. Diese

---

[240] Vgl. neben den unten, Anm. 241 genannten Briefen Speners die Darstellung von Johann Adam Steinmetz in einer ausführlichen Anmerkung zur Lebensbeschreibung Speners durch Carl Hildebrand von Canstein, in: Ph. J. Spener, Kleine Geistliche Schriften, Teil 1, Magdeburg und Leipzig 1741 (Grünberg Nr. 309; vgl. Nr. 552), S. 40 f.

[241] Spener hat diese Begegnung verschiedentlich in seinen Briefen erwähnt. Als frühestes Zeugnis ist ein wohl an den Gothaer Kirchenrat und späteren Generalsuperintendenten Adam Tribbechovius (1641–1687) gerichteter Brief vom 28. Januar 1678 überliefert: „Ita superiori anno vir quidam, qui maiori Europae parte cum studio peragrata et eorum, quae Ecclesiae utilia sunt, satis callens hac etiam transibat. Cum me convenisset et pridie catechesin nostram publicam attente audivisset, institutum collaudavit tanquam tale, quo ad verum Christianismum paulatim homines ducerentur. Demum profundo emisso suspirio adiiciebat, omnia vero haec tantum cerebro et capiti inseruntur, quomodo vero cordi ipsi inseremus ista? *Wie bringen wir den Kopff in das Hertz?* Haerebunt mihi verba ea, quoad mihi memoriae quidquam haerebit, tam alte aculeus ille penetravit. Huc omnia nostra consilia conferamus; fateor enim me consilii hic inopem, quia, quaecunque mihi suggeruntur, video non sufficientia; quae vero sufficerent, nondum video" (Cons. 1, [344–347] 345). – Daß Helmont seine Frage dreimal wiederholt hat, erinnert Spener aus langem Abstand in Schreiben vom 7. August 1690 (Cons. 1, [405–409] 409) und aus dem Jahre 1700 (Bed. 4, [266–268] 266). – In einem Brief aus dem Jahre 1680 hat Spener ohne direkten Bezug auf Helmonts Besuch sein Bekenntnis zum Nutzen katechetischer Unterweisung so fortgeführt: „Wiewohl mir noch dieses immerdar in dem Sinn liegt / und ich so wohl mir als andern darinne gern geholffen sehen möchte / nach dem wir die jugend in solchen übungen durch Göttliche gnade zu einer ziemlichen wissenschafft und in einen fleiß an die schrifft bringen / weil aber solches noch allein so zureden in den kopff / das ist in verstand und gedächtniß / gehet / wie wir weiter *den kopff in das hertz bringen* / das ist / was sie nun wissen / auch in deroselben hertz zu lebendigem glauben und vertrauen eintrucken ..." (Bed. 3, [395–399] 396: 14. 07. 1680). – Vgl. ferner unten, Anm. 258.

[242] P. GRÜNBERG, Philipp Jakob Spener, Bd. 2, Göttingen 1905, 65 Anm. 1: „Es ist also nicht zutreffend, daß jener Ausspruch ‚Wie bringen wir den Kopf ins Herz?' gleichsam von Anfang Speners katechetisches Leitmotiv gewesen, vielmehr wird dieses Wort der doktrinären Art seiner eigenen Katechese gegenüber ihm von außen her als kritische Erwägung nahegebracht."

[243] GRÜNBERG 2, 65; ihm folgend W. JENTSCH, Einleitung zu: Ph. J. Spener, Schriften, hg. v.

Frage soll Spener die Problematik einer Zuordnung von kognitiven und affektiven Elementen des katechetischen Unterrichts bewußt gemacht haben[244].

Das alles ist ganz unwahrscheinlich und beruht wohl auf einer psychologisierenden Überinterpretation mißverstandener Quellenstücke. Weder die von Helmont gebrauchte Formulierung noch die aufgewiesene Problematik dürften Spener zu dieser Zeit derart „fabelhaft neu" erschienen sein. Spener selbst hatte 1667 in einer Vorrede betont, man müsse beim Katechismusunterricht und Examen darauf achten, „daß die Jugend aus unserm herrlichen Catechismo Lutheri nicht nur die Wort auswendig lernen / sondern auch deroselben Krafft und Safft in ihr Hertz fassen möge"[245]. Außerdem kannte er Friedrich Brecklings „Modus Catechizandi", der schon auf dem Titelblatt bezeichnet ist als eine „Einfältige Art und Weise, wie man den kleinen Catechismum Lutheri den Kindern und jungen Leuten recht vorkäuen, und lebendig ins Hertz schreiben und pflantzen soll"[246].

Was Helmont ausgesprochen hat, ist die Grundfrage der Reformer an die kirchliche Verkündigung: wie ist das Wissen vom Christentum, das in Verstand (*intellectus*) und Gedächtnis (*memoria*) eingegangen ist, weiter in das Herz, den Willen und die Affekte zu vermitteln[247]? Aber ist aus den Quellen zu belegen, daß Spener durch Helmonts Frage diese Vermittlung *innerhalb der katechetischen Arbeit* eingefordert sah? Diese Frage zu klären, muß wesentlich stärker als bisher der Kontext beobachtet werden, innerhalb dessen Spener Helmont zitiert.

In seinem nicht lange nach Helmonts Besuch geschriebenen Brief vom 28. Januar 1678, in dem Spener erstmals für uns greifbar über diese Begegnung berichtet[248], antwortet er auf eine Klage von Adam Tribbechovius, daß die kirchlichen Veranstaltungen (*exercitia*) mehr den Verstand und die Sinne der Zuhörer erreichen als deren Herz und Affekte, daß daher viele Christus-Schwätzer, wenige Christus-Verehrer zu finden seien[249]. Aus dem weiteren Zusam-

---

E. BEYREUTHER, Bd. II.1, Hildesheim-New York 1982 [enthält den Reprint von: Ph. J. Spener, Einfältige Erklärung Der Christlichen Lehr, Frankfurt a. M. 1677], 33.

[244] JENTSCH, 33f. – Insofern Spener sich in seiner Betrachtung der katechetischen Arbeit durchweg am Modell der Seelenkräfte und den Möglichkeiten ihrer Beeinflussung orientiert, sind moderne lernpsychologische Kategorien nicht geeignet zur Beschreibung seiner katechetischen Intention. Es ging Spener eben nicht um eine „Ausgewogenheit" von kognitiven und affektiven Elementen in der Katechese, sondern um die Frage, wie das Weitergreifen intellektueller Inhalte in den Affektbereich stimuliert werden könnte. Daher ist es völlig unsachgemäß, wenn JENTSCH kommentiert: „Spener hätte auch umgekehrt fragen können: ‚Wie bringen wir das Herz in den Kopf?'" (JENTSCH, 33).

[245] Vorrede vom 17. 12. 1667 zu: Andreas Cramer, Der gläubigen Kinder GOttes Ehrenstand und Pflicht. Frankfurt a. M. 1668 (zitiert nach der Ausgabe Dresden 1688, Bl. c 6ᵛ).

[246] Amsterdam 1662 (Bruckner Nr. 308). Spener lobt diesen Katechismus Brecklings in einem auf Anfang 1672 zu datierenden Schreiben an seinen Tübinger Verwandten Johann Conrad Brotbeck (Spener, Briefe 1, Nr. 120, Z. 70–78).

[247] Vgl. oben, S. 1.

[248] S. das Zitat aus diesem Brief oben, Anm. 241.

[249] „Quod vero conquereris, Frater Venerande, exercitiis nostris, imprimis Ecclesiasticis, plus moveri intellectum et sensus quam cor et affectus, unde Christologos multos habeamus,

menhang geht hervor, daß Spener unter den hier angesprochenen kirchlichen *exercitia* keineswegs nur katechetische Übungen verstanden wissen will. Vielmehr setzt er unter diesem Oberbegriff Predigt und Katechese parallel; entsprechend handelt er hier auch nicht von „Kindern" oder Katechumenen allein, sondern generell von der Gemeinde, den „auditores". Spener beruft sich auf die paulinische Unterscheidung des natürlichen und des geistlichen Menschen und ihrer unterschiedlichen Erkenntnisfähigkeit in geistlichen Dingen (1Kor 12, 12–15): nur der geistliche Mensch ist in der Lage, die geistlichen mysteria zu erkennen und zu beurteilen. So trifft Speners skeptischer Blick die ganze Gemeinde: besteht sie nicht überwiegend aus „natürlichen Menschen", denen die vorgetragenen höheren Geheimnisse des christlichen Glaubens unverständlich bleiben müssen, weil ihnen die nur durch den Heiligen Geist vermittelte geistliche Erkenntnis fehlt?[250] Auch bei seiner Übernahme des paulinischen Bildbereichs von Milch und fester Speise[251] hat Spener keine Frankfurter Kinder im Blick, die von der „doktrinären Art" seiner katechetischen Methode überfordert sind, sondern seine ganze Gemeinde, ja das gesamte durchschnittliche lutherische Kirchenchristentum. Wäre es nicht sinnvoll, fragt Spener, sich ähnlich wie Paulus in seiner Missionspredigt auf die wesentlichen Heilslehren zu konzentrieren[252] und zunächst nur diese *in Predigt und Katechese* vorzutragen und einzuschärfen und erst nach entsprechenden Fortschritten auf dem Weg der Erleuchtung durch den Heiligen Geist die gesamte Lehre auszubreiten?[253] Da die

---

paucos Christicolas: eadem mea querela est et gravissimum cordolium" (Cons. 1, [344–347] 345).

[250] Vgl. Cons. 1, 345 f.: „De eo non raro cogitavi et cum familiaribus sermocinatus sum, nos mysteria fidei sublimiora auditoribus nostris proponere multo antequam eorum sunt capaces. Novimus animalem hominem non percipere, quae sint Spiritus Dei, sed ad cognoscenda mysteria coelestia spiritualem sensum requiri. [...] Valde fallor, aut paucissimi auditorum nostrorum sunt, qui ultra id [346:] profecere, quod in Corinthiis Apostolus notaverat. Certe quotusquisque est, in quo non carnalis sensus quam spiritus plus observatur". – Vgl. Ph. J. Spener, Sendschreiben An Einen Christeyffrigen außländischen Theologum, Frankfurt a. M. 1677, S. 31 f., wo Spener sich in gleicher Weise äußert und indirekt den Perikopenzwang beklagt, der dazu führt, „daß wir den leuten viel mehrers von andern materien offt vortragen müssen / als sie fruchtbarlich begreiffen können / ehe sie jenes fundament gelegt / so nicht nur mit wissen und fassen der wort in die gedächtnuß geschiehet / sondern mit würcklicher übung".

[251] 1Kor 3, 1–3.

[252] Cons. 1, 345: „Unde Paulus inquit non potuisse se cum Corinthiis loqui tanquam cum spiritualibus, quos carnalis vita deprehenderit, sed coactum fuisse nonnisi lac illis propinare tanquam infantibus, adeo, ut nihil illis praedicaverit quam Christum crucifixum, adeoque, quid ille nobis morte sua factus sit, nimirum sapientia, iustitia, sanctificatio, redemtio, quod nos virtute mortis eius ipsi crucifigi, commori oporteat. Hoc unum Paulinae doctrinae apud Corinthios argumentum".

[253] AaO., S. 346: „Unde et concionum et catecheseos argumentum multo adhuc tempore illud unicum esse oporteret, ut peccatis morerentur et virtute resurrectionis Dominicae novam praeceptis et exemplis IESU conformem vitam ordirentur. In qua via postquam non parum progressi essent, Spiritus sanctus ductui sequaces ad sublimiora non iam in solo naturali lumine, sed divina gratia capienda praepararentur atque suo tempore idonei evaderent, quibus alia quoque proponeremus".

wichtigsten Heilslehren klar und deutlich in der Bibel ausgedrückt seien, meint Spener, könne man die „Milch" für die Anfänger im Glauben direkt und ohne zwischengeschaltete Auslegungen aus den vom Heiligen Geist gewirkten Worten der Schrift beziehen und so voranschreiten vom Bekannten zum Unbekannten, von dem, was unmittelbar das Herz bewegt, zu dem, was nicht ohne sachgemäße Vorbereitung so aufgefaßt werden kann, daß es den Affektbereich verändernd berührt. Die pastorale Aufgabe aber bestehe wohl weniger als allgemein angenommen darin, Bildungsarbeit zu leisten, als die Herzen zu erneuern[254].

Die Bewegung des Herzens, das Einprägen des lebenverändernden Evangeliums in die Herzen der Zuhörer, ist für Spener das Ziel aller Verkündigung überhaupt. An keiner der überlieferten Stellen, in denen Spener das Wort Helmonts zitiert, setzt er voraus, daß speziell der *Katechismusunterricht* den Zusammenhang von intellektuellem und affektivem Bereich herstellen und „den Kopf in das Herz" bringen könnte[255]; immer sieht er das *grundsätzliche* Problem angesprochen, wie ein intellektuell vermitteltes und rezipiertes Christentum zu einem affektiven Christentum der Tat und des Lebens werden kann. Spener hat in der von Helmont gesprochenen Sentenz griffig formuliert gefunden, woran er sich selbst in wiederholten Anläufen genähert hatte.

In Hinsicht auf dieses Grundproblem der Reformer aber, ein lebendiges, „wahres" Christentum zu schaffen, erweist sich die katechetische Arbeit für Spener nicht als verheißungsvoll unterschieden von anderen Formen kirchlicher Verkündigung. Wenn Spener in die katechetische Diskussion seiner Zeit ein neues Element eingebracht hat, dann ist dieses zuerst in seinem deutlichen Schlußstrich unter den intellektuellen Optimismus vieler Vorgänger in kirchenreformerischer Planung zu suchen. Wie Andreae, Gesenius und andere beklagt Spener den Tiefstand des Grundlagenwissens in den Gemeinden und der katechetischen Anstrengungen in der Pfarrerschaft; anders als Andreae jedoch und anders wohl auch als sein Zeitgenosse und Korrespondenzpartner Johann Olearius sieht Spener in einer Verbesserung und Intensivierung der katechetischen Arbeit zwar die elementare Voraussetzung, aber nicht das entscheidende Mittel kirchlicher Verbesserung[256].

---

[254] AaO., S. 346: „Ita a notioribus ad ignotiora procederemus et ab iis, quae confestim cor afficiunt, ad ea, quae non nisi a rite praeparatis ita capiuntur, ut vere inscribantur cordibus. Plus certe in hoc ad eum finem, ut non in solo cerebro excolendo, sed corde renovando occuparemur, situm arbitror, quam communiter existimamus".

[255] Ganz bezeichnend endet dieser Passus in Speners Brief mit dem Gebetswunsch: „Ducat nos in omnem veritatem Dominus et ostendat, qua via potissimum incedendum sit, ut *verbum, quod praedicamus*, cordibus ipsis instigamus altius!" (AaO., S. 346 f. Hervorhebung von mir). In diesem Zusammenhang ist also gar nicht exklusiv von der katechetischen Unterweisung die Rede, sondern von kirchlicher Verkündigung generell.

[256] Vgl. Speners Brief an [Johann Olearius] aus dem Jahre 1671 (Spener, Briefe 1, Nr. 112, Z. 23–28. 50–54), in dem Spener die Notwendigkeit unterstreicht, das *monstrum ignorantiae* aus der evangelischen Kirche zu vertreiben, zugleich aber dies für ungenügend erklärt: „Porro, sicuti ante omnia immane hoc ignorantiae monstrum ex Ecclesia eiici necesse est, ita non minori

Die Möglichkeiten katechetischer Arbeit hat Spener strikt auf die Bereiche von *intellectus* und *memoria* beschränkt gesehen. Sein Ziel war, diese Möglichkeiten voll zu nutzen, das häufig beobachtete tote Memorieren unverstandener Sätze zu überwinden und ein lebendiges intellektuelles Verständnis des katechetischen Stoffes zu erreichen.

Der Schritt, die christliche Lehre zu Leben werden zu lassen, die Botschaft als die den Willen bestimmende Kraft zu etablieren, war für Spener in bezug auf den Katechismus nicht anders zu vollziehen als in Hinsicht auf die Predigt oder die Bibel: das Wort Gottes wird lebendig durch die Kraft des Heiligen Geistes in der *ruminatio* und Meditation. Dies aber ist ein Geschehen in der subjektiven Sphäre. Wie der Prediger seinen Zuhörern durch *vorkäuen* der himmlischen Speise helfen kann[257], sich das Wort in der Nachbetrachtung zu applizieren, so kann es der Katechet durch gründliche, auf Verständnis abzielende Behandlung seines Stoffes. Eine direkte Zugriffsmöglichkeit des Pfarrers auf den Zuhörer aber gibt es nicht. Nach Formen pastoraler Aktivität befragt, hat Spener in der Regel seine Hilflosigkeit bekannt und die Bitte um das Wirken des Heiligen Geistes im Zuhörer als das beste Hilfsmittel dargestellt[258].

Es gibt praktisch nur eine Stelle, an der Spener die Frage Helmonts weitergehend reflektiert in Hinsicht auf mögliche Methoden, den Kopf in das Herz zu bringen. Dies geschieht in einem Brief aus dem Jahre 1690[259]. Aus der Erinnerung an Helmonts Besuch präzisiert Spener dessen Frage in der Terminologie: „Wie bringen wir den Kopff in das Hertz? nimirum ut, quae intelligunt nostri, etiam ament et agere velint". Speners Antwort: dies sei vor allem Gott zu überlassen; die Bitte zu Gott, er möge die Arbeit an den Zuhörern wirksam werden lassen, ist darum das wirksamste Mittel; dennoch, so schiebt Spener ein,

---

studio aliud monstrum oppugnandum credo, quod non minora damna rei sacrae infert, persuasionem videlicet de fide salvifica, quae humana tantum industria concipitur et literali cognitione, assensu in praeceptorum autoritatem resoluto atque secura in gratiam DEI extra praescriptum ab hoc ordinem confidentia constat. [...] Optarim ergo, uti una ex parte studetur informandis hominibus in cognitione veritatis, ita altera ex parte studiose caveri, ne securam et carnalem persuasionem homines pro fide accipiant. Frustra enim fuerimus, si ita etiam informati sint nostri, ut ab heterodoxorum erroribus nullum sit periculum, et tamen fide, quae creditur, salva fide, quae credit, vacui maneant".

[257] Vgl. oben, S. 100.

[258] In einem Brief aus dem Jahre 1686 formuliert Spener: „... da mir mein lebenlang nicht aus den gedancken kommet / was einmal ein verständiger mann / da ihm die hiesige manier der kinder=lehr wol gefiel / und er solches gegen mich bezeugte / ferner zu mir sagte: *Wie bringen wir aber den kopff* (oder das darein gefaßte) *in das hertz?* und sehe ich leider selbs bey den meisten / welche zu einer zimlich reichen buchstäblichen erkäntnüß gekommen sind / daß ihre hertzen noch wenig gerühret sind. Indessen lasse ich mich doch solches von der fortsetzung der examinum [...] nicht abschrecken / thue gemeiniglich nach den fragen zuletzt einige vermahnung / wie man die materie zur erbauung sich zu nutz zu machen habe / ohne welches sonsten das wissen vergebens seyn würde / nebens dem vermahne sie zu hertzlichem gebet / damit was ich ihnen sage / auch in das hertz kommen möge: über dieses weiß nichts weiters zu thun / als daß selbs den HErrn um seinen seegen anruffe / und der zeit erwarte / wann er solchen sehen wolle lassen" (Bed. 2, [380–386] 383).

[259] Cons. 1, 405–409 (Dresden, 07.08.1690); vgl. oben, Anm. 241.

ist bei aller (kirchlichen und schulischen) Arbeit stets nach Wegen zu suchen, nicht nur den Intellekt zu überzeugen, sondern auch den Willen zu bewegen[260]: „Ad quod forte nonnihil scripturam tractandi ratio, quam innui, conferre poterit". Mit diesen letzteren Worten bezieht sich Spener auf einen Ratschlag, den er in demselben Brief kurz zuvor zur Bibellektüre gegeben hat. In diesem Ratschlag betont Spener den Vorrang aller den Glauben erweckenden und stärkenden Passagen des Neuen Testaments vor jeglicher allgemeinen Bibellektüre und der Beschäftigung mit gesetzlichen Forderungen. Nur der Glaube ist die Quelle aller frommen Übungen und Taten. Spener empfiehlt die häufige und eindringliche Betrachtung der göttlichen Liebe in der Erlösungstat in der Hoffnung auf Entzündung von Gegenliebe; in der typischen Weise der Darbietung von Meditationsgegenständen fächert Spener in einem Grobraster Themen des zweiten Glaubensartikels auf[261]. Konkret auf die Bibellektüre bezogen schildert Spener das Beispiel eines Rektors, der mit interessierten Schülern in intensiver Auslegung einzelner neutestamentlicher Verse bis zum Ziel meditativer Erfahrung vordrang: zum Kauen und Wiederkäuen, zum inneren Kosten und Schmecken der Kraft des Wortes und schließlich zu dessen Anverwandlung in Fleisch und Blut, zur existenzbestimmenden Kraft[262]. Nicht das pastorale Handeln *am* Zuhörer, sondern das eigene Handeln *des* als Subjekt wiederentdeckten Zuhörers kann den Kopf ins Herz bringen. Folgerichtig schließt Spener in seine Bitte um göttlichen Segen zur Bewegung des Willens neben der Arbeit der Lehrer und Pfarrer die Arbeit der Zuhörer mit ein![263]

Während Spener für den Bereich der katechetischen Unterweisung der Jugend in Unterricht und Katechismusexamen das Schwergewicht auf das Memorieren und vor allem auf das Verstehen des katechetischen Stoffes legt und Formen der Meditation nur am Rande als verheißungsvolle Perspektive der intensiven Ar-

---

[260] „Id vero DEO commendandum arbitror, ut tamen omni studio omnem institutionem eo dirigamus, quo non solum *intellectum convincere*, sed et *voluntatem flectere* pro viribus laboremus" (Cons. 1, 409. Hervorhebung von mir).

[261] „Cur hoc suadeam, illud est, cum omne pietatis exercitium necessario ex fide profluat, sine hac autem agnita etiam officia nostra praestare non valeamus, ante omnia necessarium fuerit veram fidem in tenellis pectoribus confirmari, quod non rectius aut validius fit, quam si, quam nos dilexerit Pater in Filio suo, quae hic pro nobis egerit atque passus sit, qui immensi thesauri bonorum et salutis in baptismo nobis iam collati sint et fidei nostrae quotidie denuo offerantur, quam beatissimus in Iesu nostro, et quam verorum Christianorum axiomata omnibus seculi huius titulis aut opibus praecellant, saepissime admoneamur, haec autem cordibus insinuata fideliter fidei ignem quotidie novo fomento incendunt, ut paulatim in flammam erumpat brevi suo calore charitatis totum cor impleturam" (Cons. 1, 407 f.).

[262] „Maxima hinc utilitas redundabat ad omnes, non solum, ut, qui Theologiae aliquando operam navaturi essent, aliqua praeexercitamenta hermeneutica viderent illisque assuescerent, quorum in studiis Academicis deinde usum experturi essent longe uberrimum, verum etiam ut omnes discerent divina oracula et caelestes delicias non absque gustu deglutire, vix deinde digerenda, sed mandere et masticare ac ruminari hocque modo dulcedinem et virtutem earum interiorem degustare, quo facto, quae ita assumuntur, feliciter in succum et sanguinem convertuntur" (Cons. 1, 408).

[263] „Praecipua autem spes nostra sit in piis precibus, quibus *nostro et auditorum labori* caelestem virtutem στρεψιχάρδιον et benedictionem exoremus" (Cons. 1, 409; Hervorhebung von mir).

beit im kleinen Kreis erscheinen, ist ihm für den Bereich der privaten Andacht der Katechismus als Meditationsstoff selbstverständlich. Als er seine *Catechismus=Predigten*[264] der sächsischen Kurfürstin Anna Sophia widmet, schließt er mit dem Segenswunsch, „sich an allen göttlichen wolthaten / der schöpffung / erlösung und heiligung / so offt die betrachtungen davon angestellet werden / inniglich zu ergötzen / dero süssigkeit bey sich zu empfinden / und an dem innern menschen dadurch gestärcket zu werden"[265]. In einem privaten Schreiben an die Tochter des Herzogs von Holstein-Wiesenburg[266] hat Spener die tägliche Meditation der drei Artikel des Credo als ein kräftiges Mittel gepriesen, den Glauben zu stärken und die Versuchungen des unchristlichen Hoflebens abzuweisen. Am Beispiel des Artikels von der Erlösung gibt er ausführliche Anleitung zur Betrachtung der göttlichen Wohltaten nach Luthers Kleinem Katechismus.

Mit diesen Hinweisen zur Meditation der Hauptstücke des Katechismus reiht sich Spener in eine Tradition ein, die sich im Luthertum auf Luther selbst berufen kann[267]. Die Zehn Gebote, das *Vater Unser* und das Credo zählen zu den zentralen Meditationstexten der Christentumsgeschichte und sind auch im 17. Jahrhundert in dieser Funktion wiederentdeckt worden. In besonderer Weise verbindet sich der Gedanke der Katechismusmeditation mit der literarischen Form einer Katechismuserklärung, die den katechetischen Stoff in ein Frage- und Antwort-Schema zergliedert. Gerade die wohl bekannteste Erklärung dieser Art, Speners *Einfältige Erklärung*[268] (1677), die den Stoff der sechs Hauptstücke in 1283 Fragen und Antworten zerlegt, wird in der gegenwärtigen Forschung noch sehr unsicher dargestellt.

Die *Einfältige Erklärung* ist kein Katechismus und kein Lernbuch, sondern ein Handbuch für die Vorbereitung und Durchführung eines Katechismus-Examens. Sie bietet Gerüst und Baumaterial für dessen möglichen Ablauf. Nur aus dieser Zielsetzung kann auch das Fragen- und Antwort-Spiel verstanden werden. Es ist ein doppeltes Mißverständnis, wenn gegen Speners Fragen kritisch eingewendet wird, daß „einige wie Schreibtischfragen" wirken, „deren Beantwortungen dann auch am Schüler vorbei antworten"[269]. Denn zum einen han-

---

[264] Ph. J. Spener, Kurtze Catechismus=Predigten / Darinnen Die fünff Haupt=Stück / auß dem Catechismo / Und Die Hausz=Taffel / Samt Den Fest=Materien / Einfältig erkläret werden [...]. Frankfurt a. M. 1689 (Repr., eingel. v. W. Jentsch: Ph. J. Spener, Schriften, hg. von E. Beyreuther, Bd. II. 2, Hildesheim – New York 1982).

[265] Widmungsvorrede vom 06. 07. 1689, *Catechismus=Predigten*, Bl.)(3r.

[266] Spener an [Sophie Elisabeth von Holstein-Wiesenburg], 1672 (Spener, Briefe 1, Nr. 139).

[267] Vgl. M. Nicol, Meditation bei Luther, Göttingen 1984, Kap. 3.4.3: Katechismusmeditation (S. 150–167).

[268] Ph. J. Spener, Einfältige Erklärung Der Christlichen Lehr / Nach der Ordnung deß kleinen Catechismi deß theuren Manns GOttes LUTHERI. In Fragen und Antwort verfasset / Und mit nöthigen Zeugnüssen der Schrifft bewehret [...]. Frankfurt a. M. 1677 (Repr., eingel. v. W. Jentsch: Ph. J. Spener, Schriften, hg. von E. Beyreuther. Bd. II. 1, Hildesheim – New York 1982).

[269] W. Jentsch in der Einleitung zum Reprint der *Einfältigen Erklärung* (s. o., Anm. 268), 32.

delt es sich nicht um einen Katechismus in Form eines fiktiven Dialogs, bei dem die Fragen Schülerfragen repräsentieren sollen und die Antworten vom Lehrer stammen; sondern im Katechismusexamen ist immer der Schüler der Antwortende, und der Pfarrer fragt[270]. Die Fragen, durch die Spener seine *Einfältige Erklärung* strukturiert, beanspruchen überhaupt nicht, potentielle Schülerfragen zu sein. Ganz im Gegenteil. Sie fragen nicht nach dem, was ein Schüler wissen will, sondern nach dem, was er wissen soll. Und von daher zeigt sich das zweite Mißverständnis. Es darf nicht verwundern, daß zumindest einige von Speners Fragen wie „Schreibtischfragen" wirken, denn das sind sie allesamt[271]. Das zur Aufstellung dieser Fragen führende Prinzip ist eben nicht der mögliche Fragenhorizont eines idealtypischen Schülers, sondern eine dialektisch-rhetorische Analyse des jeweiligen Gegenstandes, wie sie Spener auch für die Gliederung seiner Predigten zu verwenden pflegte. Es geht hier also weniger um eine „Pädagogisierung" des Stoffes als um dessen „Rhetorisierung".

Diese Fragenstruktur gibt nun nicht nur dem Katechismusexamen einen meditativen Anstrich, indem die wiederholende Erschließung des Stoffes durch immer neue Aspekte eine der *ruminatio* ähnliche Verarbeitung hervorbringt, sondern dient zugleich in der privaten Andacht als Anleitung zur Meditation des Katechismus[272]. Das rhetorische Inventionsschema liegt dann wie auch sonst der intellektuellen Stufe der methodischen Meditation zu Grunde.

---

[270] „Die meiste arbeit muß also nicht auf die examinandos sondern den examinantem ankommen, daß er die fragen wohl erwege, und also einzurichten sich befleisse, daß jene leicht antworten können" (aus einem Schreiben Speners aus dem Jahre 1696 zur Frage „Wie die catechetische examina anzustellen: Bed. 4, [260–262] 261).

[271] „Es stehet daß meiste darinnen, wo man nun den verstand der jugend recht bey bringen will, daß man jede frage in dem catechismo in sehr viele fragen, gleichsam so viel als nur zeilen oder wort sind, zertheile, und die antwort fordere: auch einerley frage offtmahl variire, so dann sie meistens so formire, daß die befragte aus der frage leicht, was sie zu antworten haben, abnehmen können. Da vorher aber erfordert wird, daß man die materie, die man fragen will, erstlich auffs einfältigste und deutlichste vortrage und erkläre, damit sie die sache selbs einnehmen, und alsdann aus solcher erkäntnüß antworten" (Bed. 4, 261).

[272] Vgl. Tobias Wagner in seiner vierzig Jahre vor Speners *Einfältiger Erklärung* in gleicher Weise in einem Frage- und Antwortschema verfaßten Katechismuserklärung: „Dann was die Erklärungs=Fragen vnd Antwort belangen thut / seynd sie nicht gesetzt außwendig zu lernen / sondern allein zu lesen / zu betrachten / vnd zu sehen / was vnser Catechismus in so wenig Worten für ein vberreicher Seelenschatz[...]" (T. Wagner, Compendium Deß waaren Christenthums, Ulm 1644, S. 24f.). Wagner unterstrich die Funktionsmöglichkeit seines *Compendium* als eines Meditationshandbuchs, indem er eine ausführliche Anleitung zur Passionsmeditation einfügte (S. 117ff.). – Zu Spener vgl. WALLMANN, 218: Spener hat seine *Einfältige Erklärung* „ausdrücklich nur zum Lesen und Meditieren bestimmt". Spener hat diese Funktion in seiner *Einfältigen Erklärung* besonders für die Selbstprüfung und Gewissenserforschung expliziert: „Welches auch der vornehmste nutzen seyn mag / wo einer vor sich selbst diese Fragen brauchen wolte / daß er nemlich nicht nur allein die Fragen sonst erwege / sondern allemal in sich selbst gehe / wie er dasjenige / so er in den Zehen Geboten erken[n]t / geboten oder verboten zu seyn / bey sich befinde oder nicht: Ob er nach den früchten / die jeglicher Articul erfordert / bey sich den glauben zu haben oder nicht zu haben erkenne: wie er auch / die sachen in den übrigen Hauptstücken zu nutzen bringen könne:

4.7 Der Kampf um die Sonntagsheiligung

Kulminationspunkt aller Bestrebungen, die Wirkung der kirchlichen Verkündigung zu sichern, war die Inanspruchnahme des Sonntags für öffentliche und private *exercitia pietatis*. Der Kampf gegen die Profanierung des Sonntags gehört zu den bekanntesten Elementen der Kirchenkritik des 17. Jahrhunderts. Dieser Kampf hat eine Vielzahl nicht nur energischer Predigten über das Dritte Gebot und heftiger Klage- und Beschwerdeschriften, sondern auch obrigkeitlicher Aktenvorgänge und Edikte hervorgerufen, deren detaillierte Schilderungen der abzustellenden Mißbräuche eine gern zitierte Quelle zur Alltagsgeschichte des 17. Jahrhunderts bilden. Aber dieser Kampf gegen die „Sabbathschändungen" ist nur die Negativseite des eigentlichen Anliegens der Kirchenkritiker und -reformer: ihnen geht es um die *Heiligung* des Sonntags durch ganztägige Beschäftigung mit Gottes Wort, nicht durch den Kirchgang allein, sondern durch eine Vielzahl geistlicher Übungen, in deren Mittelpunkt die Meditation steht: als individuelle Vor – und Nachbereitung des öffentlichen Gottesdienstes ebenso wie als zentrale Form der Privaterbauung. In der Forderung einer Sonntagsheiligung, die neben dem öffentlichen Gottesdienst (*cultus publicus*) auch den privaten (*cultus privatus*) einfordert und beide zu einer einheitlichen Verpflichtung zusammenschließt, artikuliert sich ebenso die Erfahrung der Unzulänglichkeit der öffentlichen Predigt wie die Hoffnung auf Ersetzung des Defizits durch die Meditation.

In einem theologischen Gutachten zur Sonntagsheiligung zeigt Philipp Jakob Spener den Begründungszusammenhang auf[273]. Gott fordert von den Menschen, ihm zu dienen. Gott zu dienen heißt, seine Güte zu erkennen, dieser Güte in Glaube und Liebe zu antworten und sein Leben in Dankbarkeit zu führen. Dieses kann der Mensch aber nicht aus eigenen Kräften, sondern Gott selbst wirkt es durch die Mittel des Worts und des Sakraments. Zwar sind diese Mittel nicht von menschlicher Kraft abhängig, sie können aber in ihrer Wirkung gehindert werden durch Verweigerung oder durch Zerstörung des durch sie angefangenen Guten[274]. Der Sonntag ist verordnet, damit an diesem Tage der Mensch sich allein Gott widmet und Gott im Menschen ohne Hinderungen wirken kann[275]. Aller Erfahrung nach reicht die Predigt nicht aus. Ist es schon schwer genug, eine Rede zu verfolgen, und kaum möglich, etwas von ihrem Inhalt zu behalten, wenn man sich gleich anschließend anderen Gedanken wid-

---

Damit also auff solche selbst=prüffung gleich getrachtet werde hand anzulegen / zu der übung deßjenigen / was erlernet worden" (*Einfältige Erklärung*, Vorrede, Bl. [a 5]ʳ f).

[273] Ph. J. Spener, Theologische Bedencken IV [zitiert als: Bed. 4], Halle ³1715, S. 375–383.

[274] Bed. 4, 376f. – Zur Möglichkeit des Menschen, die Wirkung der Gnadenmittel zu verhindern, vgl. oben, S. 86.

[275] „Wo demnach GOTT von uns erfodert / daß wir den Sabbath / und also jetzt unseren Sontag heiligen sollen / so fodert er / daß wir ihn also zu seinem dienst von den andern tagen absondern sollen / daß wir an demselben ihm allein dienen / und damit wir ihm dienen mögen / seine mittel / durch die er uns heiligen / und also zu seinem dienst tüchtig machen will / also gebrauchen sollen / daß er dadurch in uns wircken möge / was ihm gefällig ist" (Bed. 4, 377).

met, so kann Gottes Absicht ohne nachbereitende Meditation und geistliche Übungen gar nicht erreicht werden, denn sein Wort zielt ja nicht bloß auf das Gedächtnis, sondern will das während der Arbeitswoche von weltlichen Geschäften erfüllte Herz erreichen. Dafür aber muß es in Ruhe erwogen und betrachtet, in der *ruminatio* verarbeitet und individuell appliziert werden: „Gewißlich wo dem göttlichen Wort nicht mit solcher nachbetrachtung (welche in aller einfalt geschehen mag / und nur solche hertzen erfodert / die das gehörte auff sich zu appliciren begehren) platz gelassen wird / und es seine krafft in uns erweise / wo wir die himmlische speise nicht wiederkäuen / so pflegts / wie wir leider vor augen sehen / täglich zu geschehen / daß manche leute viel hundert predigten nach einander hören / und gleichwohl nicht eine einige die krafft gehabt / sie zu bessern"[276]. Aber auch über die *ruminatio* und applizierende Meditation hinaus muß das begonnene Werk des Heiligen Geistes unterstützt werden, indem der ganze Tag seinem Wirken durch geistliche Übungen vorbehalten bleibt. So begründet Spener seine Auffassung, daß sich die im Dritten Gebot geforderte Sonntagsheiligung nicht erschöpfe in der Stunde des öffentlichen Gottesdienstes: „sondern es gehören noch weitere heilige übungen darzu / damit das gehör nicht unfruchtbar seye"[277]. Aus diesem Zweck des Sonntags ergibt sich auch die Definition der Entheiligung des Sonntags: alles, was die Heiligung des Tages durch geistliche Übungen hindert, entheiligt ihn und ist verboten[278]. Dies bedeutet, daß nicht nur körperliche Arbeit untersagt ist, sondern jegliche geistige oder körperliche Beschäftigung, gleich ob Arbeit oder Vergnügung, die von der Konzentration aller Seelenkräfte auf Gott und sein Wort ablenkt: „Wir müssen / wie unser seliger Herr Lutherus saget / von unserm thun lassen ab / das GOTT sein werck in uns hab"[279].

Speners geschlossene funktionale Begründung einer Pflicht zur ganztägigen Sonntagsheiligung aus der Notwendigkeit einer den *cultus publicus* ergänzenden Privaterbauung steht an einem Höhe- und Wendepunkt der innerlutherischen Diskussion über das Dritte Gebot. Für die einzelnen Elemente seiner Argumentation konnte sich Spener jedenfalls auf den Konsens einer Vielzahl lutherischer Theologen berufen, darunter seine Straßburger Lehrer Johann Schmidt[280] und Johann Conrad Dannhauer. Dannhauer forderte in seinem *Collegium Decalogicum* die Heiligung des ganzen Sonntags, nicht durch die schlichte Ruhe von der Arbeit, sondern durch den aktiven *cultus divini numinis*; diesen schulde der Christ Gott zwar immer, vor allem aber sonntags[281]. Neben dem *cultus externus publicus*, dem öffentlichen Gottesdienst, steht der *cultus externus privatus*, die schon am Samstagabend beginnende Vorbereitung des Hörers auf den öffentlichen Got-

---

[276] Bed. 4, 378.
[277] Bed. 4, 378.
[278] Bed. 4, 379.
[279] Bed. 4, 379. – Das Lutherzitat, während des 17. Jahrhunderts in fast allen Auslegungen des Dritten Gebots angeführt, stammt aus dem Lied: „Dies sind die heilgen zehn Gebot" (1524).
[280] Zu Schmidt vgl. unten, Anm. 308.
[281] J. C. Dannhauer, Collegium Decalogicum. Straßburg 1638, Bl. B 2ʳf.

tesdienst und die nachfolgenden geistlichen Übungen in Danksagung, Meditation, häuslichem Katechismus- oder Predigtexamen, geistlichen Gesängen und erbaulicher Lektüre[282]. Beide Formen des *cultus* müssen beseelt sein vom *cultus internus*, der *pia devotio*, ohne die aller Gottesdienst Heuchelei ist. Der Nürnberger Antistes Johann Michael Dilherr urteilte, es sei keine „stattliche Heiligung" des Sabbath, wenn man nur dem öffentlichen Gottesdienst etliche Stunden zueigne und sich hernach um andere Dinge kümmere. Der ganze Tag sei mit heiligen Übungen zu verbringen, und auch Ergötzlichkeiten, die an sich nicht sündhaft sind, gehören sich nicht für den Sonntag: „Denn so man solche kurtzweilige Sachen die andere Zeit fürnimt; verleuret sich allgemach die Andacht / und die Betrachtung erbaulicher und geistlicher Sachen; welche dem Sonntag zustehen: biß sie / gemeiniglich / sich in jrdische Sachen gantz versencket / und folgends nach und nach vergessen wird / was man vorher / in den Predigen / gehöret / und gelernet hat"[283].

So verständlich diese Argumentationen aus dem praktischen Anliegen der Reformer sind, so problematisch erwies sich ihr Versuch, die Übungen des *cultus privatus* unter Berufung auf das Dritte Gebot als notwendigen Bestandteil der Sonntagsheiligung gesetzlich zu verordnen.

Luther hatte betont, daß das Schwergewicht der Forderung des Dritten Gebotes nicht auf dem *Feiern*, dem Ruhen von der Arbeit, liege, sondern auf dem *Heiligen*. Diese Heiligung des Feiertages bestimmt Luther im Kleinen und im Großen Katechismus inhaltlich durch das Hören der Predigt und den Umgang mit Gottes Wort[284]. Dabei wird die Autorität des Sonntags einerseits stark relativiert. Dieser Tag ist keineswegs in besonderer Weise von Gott zu seinem Dienst bestimmt worden. Sich in Gottes Wort zu üben, ist vielmehr tägliche Pflicht des Christen[285]. Da aber die alltägliche Arbeit keine Zeit und Muße läßt, soll zumindest ein Tag in der Woche dem Gottesdienst und der Beschäftigung mit Gottes Wort dienen[286]. In einer eher pragmatisch glücklichen Koinzidenz als aus zwingenden exegetischen oder systematischen Gründen eignet sich dafür der eine Wochentag, der dem Menschen schon von Natur aus[287] zur Rekreation als

---

[282] *Collegium Decalogicum*, Bl. B 2^{v}f.

[283] J. M. Dilherr, Heilige Sonntagsfeier. Nürnberg ^{2}1652, S. 87f.

[284] Vgl. Luthers Erklärung zum Dritten Gebot im Kleinen Katechismus: „Wir sollen Gott fürchten und lieben, daß wir die Predigt und sein Wort nicht verachten, sondern dasselbige heilig halten, gerne hören und lernen" (BSLK 508, 14–17). Der Große Katechismus erklärt: „Wie gehet nu solchs Heiligen zu? Nicht also, daß man hinder dem Ofen sitze und kein grobe Erbeit tue oder ein Kranz aufsetze und sein beste Kleider anziehe, sondern (wie gesagt) daß man Gottes Wort handle und sich darin ube" (BSLK 582, 32–37). Vgl. BSLK 584, 17ff.

[285] „Und zwar wir Christen sollen immerdar solchen Feiertag halten, eitel heilig Ding treiben, das ist täglich mit Gottes Wort ümbgehen, im Herzen und Mund ümbtragen" (BSLK 582, 42–46).

[286] BSLK 582, 46ff.; vgl. BSLK 581, 15ff.

[287] Vgl. BSLK 581, 9ff.; dazu ebd., Anm. 12 mit einem Zitat aus WA 18, 81, 26ff.: „Daß man aber den Sabbath oder Sonntag auch feiert, ist nicht vonnöten noch umb Moses' Gepot willen, sondern daß die Natur auch gibt und lehret, man müsse ja zuweilen einen Tag rugen, daß Mensch und Vieh sich erquicke, wilche natürliche Ursache auch Mose in seinem Sabbath

arbeitsfreier Tag zusteht[288]; dieser Tag ist ohne Notwendigkeit aus alter Über-
einkunft der Sonntag und sollte es daher auch bleiben, damit keine Unordnung
einreißt[289]. Nachdem aber auf diese Weise Gottesdienst und Sonntag miteinander verbunden sind, gewinnt die Heiligung des Sonntags ihren vollen Ernst aus
der Autorität des Wortes Gottes, das an diesem Tag im Mittelpunkt stehen soll.
Gott wird alle strafen, droht Luther, die sein Wort verachten, indem sie Gottesdienst und Predigt fernbleiben und den Umgang mit seinem Wort vernachlässigen[290].

Zwei Fragen, die in der späteren Diskussion um die Sonntagsheiligung eine
wichtige Rolle spielen, sind von Luther nicht ausdrücklich thematisiert und
nicht eindeutig angesprochen worden: die Frage nach dem zeitlichen Umfang
der Heiligung durch die Beschäftigung mit Gottes Wort und die Frage nach dem
Verhältnis zwischen *cultus publicus* und *cultus privatus*. Klar ist, daß Luther die
Teilnahme am öffentlichen Gemeindegottesdienst fordert. Man soll am Sonntag
zusammenkommen, um Gottes Wort zu hören und zu behandeln, und danach
Gott loben, singen und beten[291]. Entsprechend stellt Luther fest, daß zur Heiligung des Sonntags Ort, Zeit, Personen und der ganze öffentliche Gottesdienst
geordnet sind[292]. Nun werden einerseits der öffentliche Gottesdienst und die
Predigt unter zweifachem Vorbehalt gesehen: der Sonntag ist der Tag des
Predigtamts, doch dieses „ümb des jungen Volks und armen Haufens willen";
und die Heiligung des Tages verbietet nicht, unumgängliche Arbeit zu verrichten[293]. Andererseits aber greift die Verpflichtung, sich an diesem Tage mit
Gottes Wort zu beschäftigen, offensichtlich über die Gottesdienstzeiten hinaus;
sie betrifft nicht nur das *Hören* des Wortes, sondern immer auch das *Lernen*[294]. So
rechnet Luther nicht nur diejenigen unter die Verächter des Wortes, die während
der Predigtzeit trunken in den Wirtshäusern sitzen, sondern auch die gewohn-
heitsmäßigen oberflächlichen Zuhörer, die den Gottesdienst als *opus operatum*
begehen und die Predigt ohne Nutzen hören[295]: „Darümb wisse, daß nicht
alleine ümb Hören zu tuen ist, sondern auch soll gelernet und behalten wer-

---

setzt, damit er den Sabbath, wie auch Christus Matth. 12. und Mar. 3. tut, unter den Menschen
setzt; denn wo er alleine umb der Ruge willen soll gehalten werden, ist's klar, daß, wer der Ruge
nicht bedarf, mag den Sabbath brechen und auf einen andern Tag dafur rugen, wie die Natur
gibt. [...]".

[288] „Also ist das die einfältige Meinung dieses Gepots, weil man sonst [= ohnehin] Feiertag
hält, daß man solche Feir anlege, Gottes Wort zu lernen [...]" (BSLK 582, 6 ff.).

[289] BSLK 582, 1 ff.

[290] BSLK 584, 31 ff.

[291] BSLK 581, 15 ff. Die lateinische Übersetzung verändert den Text zu: „ut conveniamus ad
audiendum et tractandum Dei verbum ac deinceps *Deum hymnis, psalmis et canticis laudemus*"
(BSLK 581, 84; Hervorhebung von mir).

[292] BSLK 584, 23 ff.

[293] BSLK 582, 6 ff.

[294] BSLK 582, 9; 585, 13. – Vgl. auch Luthers Erklärung im Kleinen Katechismus (s. oben,
Anm. 284).

[295] BSLK 584, 37 ff.

den"[296]. Gott wird Rechenschaft fordern über die Art und Weise, in der sein Wort gehört, gelernt und geehrt worden ist. Gottes Wort „handlet, prediget, höret, lieset oder bedenket"[297] man; man soll es als Schutzwehr gegen die Anfechtungen des Teufels ständig „im Herzen, Mund und fur den Ohren haben"[298]; es erweckt Verstand, Lust und Andacht und schafft ein reines Herz und reine Gedanken, „wo man's mit Ernst betrachtet, höret und handlet"[299]. Dieser Umgang mit Gottes Wort, der über das Hören des Wortes während der Predigt hinaus das „Lernen" und Einprägen in der *ruminatio*, das Lesen und Betrachten mit einschließt, ist Christenpflicht für jeden Tag, auf jeden Fall aber die richtige Art, den Feiertag zu heiligen. Tatsächlich klingt bei Luther auch der Gedanke an, daß der Feiertag ausschließlich der Beschäftigung mit Gottes Wort gewidmet sein soll: da wegen der Berufsarbeit die meisten nicht ständig mit Gottes Wort umgehen können, „müssen wir die Wochen etliche Stunde fur die Jugend oder zum wenigsten einen Tag fur den ganzen Haufen dazu brauchen, daß man sich alleine damit bekümmere und eben die zehen Gepot, den Glauben und Vaterunser treibe und also unser ganzes Leben und Wesen nach Gottes Wort richte"[300]. In diesem Sinne wird Luther mehr als hundert Jahre später von Johann Michael Dilherr als Autorität für die Behauptung einer ganztägigen Heiligung des Sonntags durch Beschäftigung mit Gottes Wort herangezogen[301].

Zunächst aber war in der lutherischen Lehrentwicklung weder von einer Pflicht zur ganztägigen Sonntagsheiligung die Rede noch vom *cultus privatus*. Melanchthon faßt in seinen *Loci Theologici* das Dritte Gebot als die Begründung des kirchlichen Predigtamts[302] und entwickelt erstmals eine Gegenüberstellung von Pflichten der Prediger und der Zuhörer. Martin Chemnitz führt diese Interpretation weiter. Abgesehen von dem durch das Neue Testament abrogierten Zeremonialgesetz (*Ceremoniale*), das die nur für das Alte Israel bindenden Bestimmungen enthält, fordert das Dritte Gebot in seinem Kernbestand als allzeit gültiges Moralgebot Gottes (*Morale*), das auch die Christen verpflichtet, die *conservatio publici ministerii, doctrinae & ceremoniarum divinitus traditarum*, ferner *reverentia & obedientia erga ministerium*[303]. Die Festlegung eines dazu bestimmten Tages ist funktional dem öffentlichen Gottesdienst und Predigtamt zugeordnet[304], das Verbot der Arbeit soll Behinderung des *officium publici ministerii*

---

[296] BSLK 585, 6 ff.

[297] BSLK 583, 37 f.

[298] BSLK 586, 6 f.

[299] BSLK 586, 10 ff.

[300] BSLK 582, 46 ff.

[301] J. M. Dilherr, Heilige Sonntagsfeier. Nürnberg ²1652, S. 61.

[302] „Ergo praeceptum de Sabbato praecipue concionatur de ministerio docendi et administrandi ceremonias divinitus institutas" (Melanchthon, Loci praecipui theologici 1559. In: Melanchthons Werke in Auswahl, Bd. II.1, Gütersloh 1952, 298, 9–11; CR 21, 700).

[303] M. Chemnitz, Locorum Theologicorum Pars Secunda. Hg. v. Polycarp Leyser [zuerst 1591]. Frankfurt und Wittenberg 1653, S. 52b.

[304] M. Chemnitz, aaO., S. 52b: „quod inter negotia hujus seculi, quibus haec vita carere non potest, tempus aliquod tribuendum est ministerio Verbi & ceremoniis, & quod ordinis & decoris causa prosit, huic rei certos dies esse destinatos".

vermeiden[305]. Ausführlicher als Melanchthon bringt Chemnitz die Pflichten der Prediger und der Zuhörer[306], deren Aufzählung in der folgenden Zeit zu umfangreichen Katalogen heranwuchs[307]. Unter die Pflichten des Zuhörers konnte dann im 17. Jahrhundert auch die Forderung der *ruminatio* als notwendiger Bestandteil der Sonntagsheiligung aufgenommen werden[308].

Zu Beginn des 17. Jahrhunderts beginnt sich im deutschen Luthertum eine Auslegung mit anderem Schwerpunkt zu verbreiten, die eine stärkere Rückbindung an den alttestamentlichen Wortlaut des Dritten Gebots aufweist. Auch diese Auslegung unterscheidet zwischen dem *Ceremoniale* und dem *Morale* des Gebots, versteht jedoch die Sabbathruhe (*quies Sabbathica*) gleichberechtigt neben der Heiligung (*sanctificatio*) als bindendes Moralgebot; in der Kombination beider Elemente wird neben der Pflicht zur Sonntagsheiligung durch Teilnahme am öffentlichen Gottesdienst sowohl die Pflicht der *ganztägigen* Heiligung durch den ergänzenden *cultus privatus* betont als auch das *generelle* Arbeitsverbot. Als *Ceremoniale* abrogiert ist demnach nur die Bestimmung des jüdischen Sabbath als des zu heiligenden Tages und die inhaltliche Konkretisierung der alttestamentlichen Sabbathruhe. Als verbindlich wird aber gesehen, daß nach Gottes Willen in jeder Woche zumindest ein Tag für den Gottesdienst von allen weltlichen Geschäften freigehalten werde zur Zusammenkunft in der Gemeinde, zum Hören des Wortes Gottes und zur Praktizierung dessen, was sonst noch zur Heiligung des Tages erforderlich ist.

Diese Auffassung vertritt Johann Gerhard in seiner *Schola Pietatis*[309]. Nachdrücklich mahnt er, nicht nach der Predigt sich dem Müßiggang oder dem Wohlleben zuzuwenden, sondern den ganzen Sabbath zu heiligen, das heißt: ihn mit „heiligen Werken" zuzubringen. Dabei fordert Gerhard zwar ganztägig „heilige Werke", wird aber zunächst kaum über eine Aufzählung der traditionellen Stücke des öffentlichen Gottesdienstes und der Pflichten von Prediger und

---

[305] „Ne operae, quae impediunt ministerium, sine causa contumaciter exerceantur. Nam si conveniendum est ad exercitia publici ministerii, necesse est relinquere illas operas, quae exercitia illa impediunt" (Chemnitz, aaO., S. 52b).

[306] Melanchthon, Loci praecipui theologici, aaO., 299, 13ff. (CR 21, 700f.). – Vgl. M. Chemnitz, Locorum Theologicorum Pars Secunda, S. 55 bf.

[307] Vgl. etwa die umfangreiche Abhandlung bei Johann Olearius, Universa Theologia Positiva, Polemica, Exegetica et Moralis. Halle 1678, S. 1702–1704, wo allein die Pflichten der Zuhörer während der Predigt in elf Forderungen abgehandelt werden.

[308] Johann Schmidt zum Beispiel zählt zu den Sonntagspflichten des Zuhörers den fleißigen Kirchgang, das andächtige Hören der Predigt nach vorherigem Gebet um rechtes Verständnis, das andächtige Gebet mit der Gemeinde, die häufige Teilnahme am Abendmahl und den Gehorsam gegen Gottes Wort „der gestalt / daß die zuhörer die angehörte Predigt mit sich jnn gutem gedächtnuß nach hauß nemen / dieselbe im hertzen behalten vnd bewegen / mit andern davon reden / jhre meditationes vnd betrachtungen halten / allerley Christliche gute werck [...] williglich leisten" (J. Schmidt, Christliche Weißheit, Straßburg 1635, S. 285). – Zur Heiligung des Sonntags generell zitiert Schmidt Luthers Erklärung zum Dritten Gebot im Kleinen Katechismus und fügt hinzu, daß der Straßburger Katechismus ergänzt: „vnd vnser leben darnach / nemlich nach dem Wort Gottes / richten vnnd auch am feyrtage heilige vbungen haben" (aaO., S. 283).

[309] J. Gerhard, Schola Pietatis (1622). Buch III, Kap. 25 [Ausgabe Nürnberg 1709, S. 644ff.].

Hörer hinaus konkret. Dies mag daran liegen, daß er sich teilweise eng an Chemnitz anschließt. Aber schon in der Anlehnung an Chemnitz beginnt seine Interpretation. Deutlich wendet sich Gerhard gegen ein äußerliches Verständnis des Dritten Gebots. Die Heiligung des Sabbaths besteht nicht allein in der äußeren Feier und der Arbeitsruhe, sondern ist ein innerliches Geschehen auf dem Feld der Seelenkräfte. Dies unterstreicht er in Aufnahme von Formulierungen, mit denen Chemnitz in den *Loci Theologici* die andächtige Betrachtung zum Grundzug der Heiligung bestimmt[310], und zieht den Schluß, daß die rechte Heiligung des Sabbaths „in der innerlichen Veränderung deß Hertzens und Gemüte"[311] besteht. Damit hat Gerhard der gesamten Sonntagsheiligung einen Grundzug meditativer Andacht verliehen, den Chemnitz ursprünglich im Gegensatz zur bloß körperlichen Anwesenheit für den öffentlichen Gottesdienst gefordert hatte[312]. Konkretisiert wird diese meditative Dimension der Sonntagsheiligung von Gerhard aber nicht im Rahmen seiner grundsätzlichen Abhandlung über die Heiligung des Sabbaths, sondern in zwei eigenen Kapiteln, die dem *äußeren* einen *inneren* oder *geistlichen* Sabbath ergänzend gegenüberstellen[313]. Dieser *geistliche Sabbath* fordert seine eigenen Pflichten im Inneren des Menschen, nämlich 1) die Enthaltung von Werken des Fleisches und des eigenen Willens (*ab operibus carnis cessatio*), 2) die Ruhe der Seele in Gott (*animae in DEO quietatio*) und 3) die Betrachtung der göttlichen Wohltaten (*beneficiorum divinorum*

---

310 Gerhard, Schola Pietatis, ebd. (aaO., S. 655): „weil GOtt der HErr spricht: *Gedencke / daß du den Sabbath heiligest /* so hat Er hiemit begegnen wollen dem *falschen Wahn der Heuchler /* als ob die Heiligung des Sabbaths allein *in äusserlicher Feyre* bestehe. Denn eben darum brauchet Er das Wort / *Gedencke /* daß er uns lehre / die rechte Feyre und Heiligung deß Sabbaths bestehe *nicht vornemlich in der äusserlichen Ruhe und Enthaltung von der Arbeit /* oder in den *äusserlichen Ceremonien /* viel weniger *in Veränderung der Kleider und Speise /* sondern in *der Betrachtung der Heiligung /* daß wir mit *Danckbarkeit und Andacht* betrachten und bedencken / daß GOtt der HErr uns heiligen wolle" (Hervorhebungen im Original). – Vgl. M. Chemnitz, Locorum Theologicorum Pars Secunda, S. 53 a: „Praevidit enim [Deus] futuram hypocrisin in externa observatione Sabbathi, ideo verbo Recordandi usus statim in principio, ut ostenderet, veram sanctificationem Sabbathi principaliter non consistere in otio, vestitu & externis ceremoniis: sed in recordatione, id est, actione mentis, voluntatis & cordis: ut scilicet animus distractus curis, & occupatus actionibus necessariis hujus vitae, colligatur ad recordationem & meditationem sanctificationis, quod Deus sit, qui sanctificet, &c."

311 *Schola Pietatis* ebd. (aaO., S. 655).

312 Entsprechend dieser Ausdehnung auf den ganzen Tag spricht Gerhard nicht nur von otium, vestitum und ceremoniae, sondern auch von der Arbeitsruhe und der Speise (vgl. die Zitate oben, Anm. 310)

313 J. Gerhard, Schola Pietatis. Buch 3, Kap. 27 (Von dem geistlichen Sabbat / was für Ursachen einen Liebhaber der Gottseligkeit darzu bewegen sollen) und 28 (Worinnen der geistliche Sabbat bestehe / und welcher Gestalt ein Liebhaber der Gottseligkeit denselben halten soll). Gerhard ordnet die beiden species vom Sabbath einander so zu: „Es hat GOtt der HErr selber in seinem Wort auf die *geistliche Deutung des Sabbats* uns gewiesen / darum sollen wir das Gebot vom Sabbat *nicht allein von der äusserlichen Feyer deß Sabbats* verstehen / sondern auch *auf den innerlichen und geistlichen Sabbat der Seelen* deuten / denn die äusserliche Feyre und Heiligung deß Sabbats ist von GOtt darzu verordnet / daß Er uns dadurch wolle heiligen / und den innerlichen geistlichen Sabbat in unsern Hertzen anrichten" (*Schola Pietatis*, Buch 3, Kap. 27; aaO., S. 661 f.).

meditatio)[314]. Diesem innerlichen Seelensabbath, in dem Gott in der menschlichen Seele wirken will, dient die Ruhe des äußeren. Hintergrund der Rede vom *geistlichen Sabbath* ist wohl Luthers Verwendung dieses Begriffs in seiner Predigt über das Dritte Gebot aus dem Jahre 1525[315]. Von geistlichen Übungen als Aufgabe des Christen am Sonntag ist bei Luther aber nur am Rande die Rede[316]. Sein *geistlicher Sabbath* ist keine komplementäre Innenseite der äußeren Sonntagsheiligung, sondern bezeichnet eine ideale christliche Grundhaltung, in der aller Eigenwille abstirbt, ruht und schweigt und Gott allein im Menschen wirkt[317], biblisch exemplifiziert durch Paulus (Gal 2, 19f.; 6, 14)[318]. Nicht besondere fromme Übungen, sondern gerade die tägliche Berufsarbeit, so getan als Gottes Werk, ist Werk dieses *geistlichen Sabbaths*, der alle Tage gefordert ist[319].

Die – auch von Gerhard nicht ignorierte – Tatsache, daß der *geistliche Sabbath* jeden Tag gefordert war, erschwerte seine präzise Zuordnung zur Sonntagsheiligung. In der Literatur zur Sonntagsheiligung wurde er als eigene *species* des Sabbath etabliert[320], dabei auch gegenüber Luthers Vorstellung erheblich banalisiert zur Forderung, sich von Sünden freizuhalten und sein Herz Gottes Wirken

---

[314] „Willt du GOtt dem HErrn einen wolgefälligen Sabbath halten / *so gehe in das Kämmerlein deines Hertzens* / und betrachte inniglich / wie vielerley *grosse Wolthaten* Er dir erzeiget / dardurch wird dein Hertz zur inniglichen *Danckbarkeit* bewogen werden. [. . .]" (*Schola Pietatis*, Kap. 28; aaO., S. 665).

[315] WA 16, 464–485 (Aland Nr. Pr 535). In dieser Predigt entwickelt Luther verschärfend Gedanken weiter, die er fünf Jahre zuvor im Sermon *Von den guten Werken* (Aland Nr. 761) formuliert hatte.

[316] Am Schluß der Predigt zeigt Luther den Zusammenhang der drei Gebote der ersten Tafel und benennt als Werke des Dritten Gebots: „Gottes dienst uben mit betten, predig hören, tichten und betrachten Gottes wolthat, darzu sich casteyen und sein fleisch zu zwingen" (WA 16, 485, 7f.).

[317] Vgl. WA 16, 482, 19f.: „Gott spricht zu uns: halt still, heilige mir den Sabbath, las mich erbeyten".

[318] WA 16, 480, 24ff.

[319] WA 16, 483, 21ff. Luther formuliert als Maxime: „Denn sol der rechte Sabbath gehalten werden, so mus der alte Adam mit seinem dünckel gedempfft und getödtet seyn, das also ynnwendig ym hertzen nichts geschehe, es thue es denn Gott selber, auff das also ein yglicher ynn seinem stand gewiss sey, es gefalle Gott sein thun" (WA 16, 483, 24–28). Wie wenig dies zu tun hat mit einer durch Arbeitsverbot charakterisierten Sonntagsheiligung im Sinne Johann Gerhards zeigt Luthers anschließende Exemplifizierung seiner Maxime an einem Ständeschema; vgl. etwa WA 16, 483, 31–33: „Also eine magd, wenn sie das hauss keret, kochet, wart des viehs, soll auch den trotz haben, das sie da den rechten Sabbath halte und ynn Gottes befel gehe, wenn sie treulich ausrichtet, was yhr befohlen ist".

[320] J. M. Dilherr, Heilige Sonntagsfeier, Nürnberg ²1652, listet an einem Endpunkt der Entwicklung sechs species von Sabbath auf: 1) den Sabbath der Schöpfung (Gen 2, 2f.); 2) den Mosaischen Sabbath (Dtn 20, 8); den Sabbath der Erlösung (Lk 23, 53 [recte: 54]), an dem Christus auferstanden ist und den Menschen eine ewige Ruhe erworben hat; 4) den Apostolischen oder Christlichen Sabbath, der von den Aposteln statt des Mosaischen angeordnet ist (hierfür kann Dilherr keine Bibelstelle benennen!); 5) den Geistlichen oder innerlichen Sabbath, „daran wir / von allen unsern fleischlichen Begierden / und sündlichen Wercken / ruhen und feiren / und GOtt in uns wircken lassen sollen: welchen Sabbath wir stätig halten sollen: und ohne diesen Geistlichen und innerlichen Sabbath / hat GOTT weder an dem Mosaischen / noch

zu öffnen[321]. Daß seine Forderungen zwar ständig gelten, am Sonntag aber „besonders", konnte wiederum aus dem Alten Testament begründet werden, das für den Sabbath doppelte Opfer vorsah[322]. Aber die Funktionalisierung des lutherischen *geistlichen Sabbath* war nur *eine* Möglichkeit, die Meditation in die Sonntagsheiligung verbindlich zu integrieren. Eine andere nutzte die Einforderung des *cultus privatus*, die aus der Verpflichtung, den *ganzen* Tag zu heiligen, abgeleitet wurde. Dabei erfuhr im Verlauf weniger Jahrzehnte die Einschätzung des *cultus privatus* in seinem Verhältnis zum *cultus publicus* eine deutliche Aufwertung, die in Relation zu den zunehmenden Zweifeln an der Effizienz der Predigt steht. Der dänische Lutheraner Brochmand, dessen Dogmatik auch im deutschen Luthertum verbreitet war[323], ordnete 1633 die Privaterbauung als zweitbeste Form der Heiligung hinter den öffentlichen Gottesdienst; wo die Pflicht zur ganztägigen Sonntagsheiligung durch geistliche Übungen nicht in der Kirche abzuleisten ist, soll zumindest der *cultus privatus* stattfinden[324]. Heinrich Müller in seinem *Himmlischen Liebeskuß* (1659) rechnet unter die Sabbathschänder ganz selbstverständlich auch den, der am Sonntag „keine heilige Übungen und Christliche Betrachtungen hat"[325]. Für Philipp Jakob Spener schließlich ist sogar der Erfolg des *cultus publicus* nicht zu erreichen, wenn er nicht vom *cultus privatus* umrahmt und unterstützt wird[326].

---

an dem Apostolischen oder Christlichen Sabbath / iemals einen Gefallen gehabt" (S. 26 f.); 6) den ewigen und himmlischen Sabbath (S. 20 ff.).

[321] Schon Gerhard interpretiert die *Enthaltung von Werken des Fleisches und des verkehrten eigenen Willens* als *Enthaltung von Sünden*, damit Gott im Menschen wirken kann (*Schola Pietatis*, Buch 3, Kap. 28; aaO., S. 663 f.; vgl. auch die oben, Anm. 320 zitierte Definition von Dilherr). Luther aber hatte nicht gefordert, sich der Sünden zu enthalten, damit Gott wirken kann, sondern alles, was nicht durch Gott gewirkt ist, zur Sünde erklärt; vgl. WA 16, 484, 20–22: „Und wenn du mit einer predige kündest die gantze welt selig machen und hast den befehl nicht, so las es nur anstehen, denn du wirst den rechten Sabbath brechen, und wirt Gott nicht gefallen". – Philipp Jakob Spener hat diese Auffassung Luthers später als Warnung vor unautorisiertem Reformaktivismus genutzt (s. Speners Brief an Gottlieb Spizel vom 3. 6. 1673: Spener, Briefe 1, Nr. 156, Z. 63–79).

[322] Vgl. J. Gesenius, Praxis Devotionis, Hannover 1645, S. 23: „Also sollen wir auch unsere Geistlichen Opffer deß Gebetts / danckens vnd lobens / der Verlesung vnd Betrachtung Heil. Göttlicher Schrifft dupliren oder verdoppeln [. . .]".

[323] Caspar Erasmus Brochmand, Universae Theologiae SYSTEMA. Kopenhagen 1633; Leipzig 1638; Ulm 1638 (u. ö.).

[324] „Sanctificatio Sabbathi jubet totum diem impendere sacris exercitiis, quae in publico coetu celebrantur: aut, si hoc non conceditur, saltem insumere totum diem privatae verbi Divini & operum Divinorum meditationi" (Brochmand, Systema, Teil 2, locus de lege; zitiert nach Dilherr, S. 138).

[325] H. Müller, Himmlischer Liebeskuß (zitiert nach der Ausgabe Erfurt 1742, S. 377).

[326] Vgl. etwa Speners Äußerung in einem Brief an [Tobias Wagner] in Tübingen aus dem Jahre 1673: „Sanctificationem autem intelligendam esse non, quae tantum fiat publica concione et auditione et reliquo, qui in congregatione instituitur, cultu, sed necessario addendam privatam meditationem et ruminationem verbi divini cum aliis inde dependentibus pietatis et sanctificationis exercitiis, quae etiam nisi accedant unius alteriusve horulae cultui publico impensae, haudquaquam ille fructus deprehendetur, qui respondeat Dei nos sanctificare volentis saluberrimo consilio" (Spener, Briefe 1, Nr. 170, Z. 51–57).

Nicht die Heiligung (*sanctificatio*) des Sonntags durch Privaterbauung und andächtige Betrachtungen ließ sich obrigkeitlich erzwingen, wohl aber – ebenso wie der sonntägliche Kirchgang – die Sonntagsruhe (*quies*) durch Verbot jeglicher Arbeit und öffentlicher Lustbarkeiten[327]. Diesen Weg, durch die *quies Sabbathica* einen Freiraum zu schaffen, der durch die Übungen des *cultus privatus* zu füllen war, haben im 17. Jahrhundert in verstärkter Intensität praktisch alle Kirchenreformer von Johann Valentin Andreae bis zu Philipp Jakob Spener zu gehen versucht. Waren die Befürworter der strikten Sonntagsruhe bis über die Jahrhundertmitte hinaus zumindest theologisch in der Offensive, aber auch in der praktischen Umsetzung ihrer Forderungen in obrigkeitliche Edikte nicht erfolglos – daß diese Edikte oft nicht eingehalten wurden, steht auf einem anderen Blatt[328] –, so gerieten sie mit ihrer zunehmenden Konzentration auf die Erzwingung einer gesetzlich verordneten Sonntagsruhe[329] im letzten Drittel des 17. Jahrhunderts politisch und auch theologisch in die Defensive. Das Problem

---

[327] Dieser Kampf führte bisweilen zu einer solchen Betonung der Sonntags*ruhe*, daß sich die Zuordnung von Ruhe und Heiligung des Tages verschob. In manchen Schriften erschien gar die Sonntagsruhe nicht mehr als ein notwendiger Freiraum um der sonntäglichen Andacht willen, sondern die Formen der Privaterbauung als ein Mittel, die Langeweile eines arbeitsfreien Tages auf ehrbare Weise zu bekämpfen. Mit dieser Argumentation versuchten sich offenbar vor allem die Verfasser und Verleger von Erbauungsschriften einen Markt zu sichern. Deutlich wird der Nürnberger Verleger Sandrart in einer postumen Ausgabe der Anleitung zur Sonntagsheiligung von Sigismund von Birken, wenn er sich gegen die Zeitgenossen wendet, die nach oberflächlichem Kirchgang ihre Zeit mit Spielen, Lustwandeln, Völlerei und eitler Kurzweil vertun und sich damit entschuldigen, sie hätten nicht gewußt, womit sie sonst den Sonntag zubringen sollten. Sandrart weiß Rat: „Hiezu nun dienen folgende Andachten ..." (S. von Birken, Heiliger Sonntags-Handel und Kirch-Wandel / Oder: Anweisung / wie man den Sonntag mit Andacht zubringen / und in der Kirche sich GOTT-gefällig verhalten solle [...]. Nürnberg 1681, Bl.)(6ᵛ). – Doch nicht nur die gelesene und nachmeditierte, auch die eigene Privatmeditation und die *ruminatio* der Predigt wurden der Klage über die feiertägliche Leere entgegengehalten. Wer nach der Predigt dem gehörten Wort weiter nachdenkt, es meditiert, mit anderen davon redet und die Seinen darin weiter unterrichtet, belehrte Johann Conrad Zeller die württembergischen Gemeinden, „dem wird die Weil an dem Sonntag nicht zu lang werden / sondern mit Betrachtung deß Worts Gottes / darzu nicht wenig Zeit erfordert wird / und andern Christlichen Vbungen / die Zeit schon wissen hinzubringen / und wird dardurch vollkommen werden / zu allen guten Wercken geschickt" (J. C. Zeller, Bekantnus Von dem Wochentlichen Sabbath [s. unten, Anm. 346], S. 60).

[328] Obrigkeitliche Ordnungen gibt es genug, urteilte der Jurist und Erbauungsschriftsteller Ahasver Fritsch, sie bleiben nur zumeist wirkungslos, da ihre Einhaltung nicht überwacht wird: „Dahero kompt es / daß man in gemein zu sagen pflegt: Diese oder jene Ordnung währet nicht länger denn 14. Tage. Item / es sey vergeblich / viel Ordnunge zu machen / weil doch niemand dieselben halte" (A. Fritsch, Kurtze und ohnvorgreiffliche Erörter= und Beantwortung Sechs und Funfftzig General=FRAGEN / über den Punct / Was und wie viel ein jeder Christlicher Regent / so wohl dessen Diener und Beambte / zu mehrer Erbauung des waren Christenthums [...] beyzutragen schuldig? [...]. Jena 1673, Bl. C 4ᵛ).

[329] Anzumerken ist, daß diese Konzentration einen kräftigen Rückenwind erfahren hat durch die Bekanntschaft mit den gleichzeitigen englischen Bestrebungen zur Sabbathruhe, die in Deutschland durch die verbreitete englische Erbauungsliteratur bekannt waren. Vgl. etwa das Kapitel zur Sonntagsheiligung in Theophil Großgebauers *Wächterstimme aus dem verwüsteten Zion*, Frankfurt a. M. 1661 (Kap. 13).

war, daß die Forderung der ganztägigen Sonntagsruhe und -heiligung im Luthertum weder aus dem Dritten Gebot noch etwa aus der Lehre vom Wort Gottes dogmatisch zu erzwingen war, sondern auf einem stillschweigenden Konsens beruhte. Dieser Konsens aber wurde aufgekündigt, als unter dem Druck aktueller Streitigkeiten die Frage der Sonntagsheiligung grundsätzlich aufgerollt wurde. Hintergrund dieser Streitigkeiten, die erstmals in den siebziger Jahren aufbrachen, war nicht nur der latente Widerstand einer im Grunde schon weitgehend säkularisierten Bevölkerung gegen das Verbot, den arbeitsfreien Tag zumindest nach dem öffentlichen Gottesdienst nach eigenem Gutdünken zu gestalten, sondern in erster Linie wirtschaftliche Interessen vor allem in den Handelsstädten, denn mit der Frage einer absoluten Verbindlichkeit strikter Sonntagsruhe verbinden sich ja die handfesten Fragen, ob es erlaubt ist, am Sonntag Gaststätten und Läden zu öffnen, Handel und Meßgeschäfte zu treiben und Verhandlungen zu führen. Aus den Anfängen dieses Streits[330] ist eine briefliche Disputation erhalten zwischen dem Frankfurter Senior Philipp Jakob Spener und seinem ehemaligen Straßburger Lehrer Sebastian Schmidt[331], in der Schmidt alle Versuche zurückwies, das praktisch-theologisch motivierte Interesse der Reformer an Übungen der Privaterbauung als dogmatisch verbindlich hinzustellen.

Schmidt bestritt, daß die ganztägige Sonntagsruhe das *morale praeceptum* des Dritten Gebots sei, das die Christen bindet. Vielmehr fordere das *Morale* die Sonntagsheiligung durch den öffentlichen Gottesdienst[332]. Spener versuchte in seiner Antwort, die Sonntagsruhe als geboten zu verteidigen, indem er auf den naheliegenden Gedanken verfiel, die ansonsten anderen species des Sabbaths koordinierte Form des *geistlichen Sabbaths* als das *Formale* den äußerlichen Formen der Sonntagsheiligung vorzuordnen und diese, vor allem den öffentlichen Gottesdienst (*cultus publicus*), als das *Materiale* aufzufassen. Dazu berief er sich auf Martin Chemnitz, den er im Sinne Johann Gerhards verstand, und faßte seine

---

[330] Äußerer Anlaß des Streits war die Amtsenthebung des Augsburger Diaconus Johann Jacob Beyer Ende 1669, der in Ausübung des Elenchus Personalis gegen Angehörige des Rates – unter anderem auch in Fragen der Sonntagsheiligung – die Grenzen des Zuträglichen überschritten hatte. Als Gegner der obrigkeitlichen Maßnahmen zur Sonntagsheiligung verbreiteten, Grund der Absetzung Beyers sei sein Eifer für die strikte Sonntagsruhe gewesen, richtete sich das Interesse der Theologen auf die Professoren Sebastian Schmidt in Straßburg und Tobias Wagner in Tübingen, die als auswärtige Gutachter im Fall Beyer fungiert hatten. Spener, der um den weiteren Erfolg seiner in Frankfurt a. M. gegen die sonntäglichen Meß- und Handelsgeschäfte begonnenen Bemühungen fürchtete, bat seinen ehemaligen Lehrer Schmidt um Präzisierung seiner Position. – Zum Fall Beyer und zum Briefwechsel Spener-Schmidt s. J. WALLMANN, Philipp Jacob Spener und die Anfänge des Pietismus. Tübingen ²1986, 222–226; D. BLAUFUSS, Reichstadt und Pietismus. Philipp Jacob Spener und Gottlieb Spizel aus Augsburg. Neustadt a. d. A. 1977, 190–208.

[331] Speners Briefe an Sebastian Schmidt datieren vom 21. 12. 1669 (Spener, Briefe 1, Nr. 49), 29. 1. 1670 (Nr. 53), 27. 2. 1670 (Nr. 56), 11. 6. 1670 (Nr. 68); Schmidts Antworten vom 4. 2. 1670 (Nr. 54), 10. 3. 1670 (Nr. 58) und 25. 6. 1670 (Nr. 71 [nur in Auszügen gedruckt]; Cons. 2, 50–59).

[332] Spener, Briefe 1, Nr. 54 (4. 2. 1670), Z. 56–60.

Position so zusammen: Das *Morale* des Dritten Gebotes fordert die Sonntagsheiligung, deren *Formale* aber ist nach Chemnitz die Ausrichtung der Seelenkräfte
auf die *Recordatio* und *Meditatio* oder, in Speners eigenen Worten, die *quies animi
Deo suo illa imprimis die vacantis atque adeo ab omni opere cessantis, quod istam
notabiliter turbat*[333]. Diese auf Gott gerichtete Herzens- und Seelenruhe sei damit,
so Spener, die zentrale Forderung des Gebots, und er könne nicht sehen, wie
diese Forderung durch einen ein- oder zweistündigen Gottesdienst erfüllt werde. Mit seinem Versuch, die Forderung der ganztägigen Sonntagsheiligung, die
in Kreisen der Reformer bis dahin eher aus einem Konglomerat verschiedener
Argumentationen begründet und von allgemeinem Konsens getragen wurde,
aus dem Dritten Gebot in strenger philosophischer Deduktion zu erhärten,
begab sich Spener auf ein gefährliches Terrain, und Schmidt scheute sich nicht,
den Konsens mit wissenschaftlichem Impetus zu kündigen und – „seponamus
auctoritates cum honore"[334] – auf die Unklarheiten und Widersprüche der
Beweisführung hinzuweisen. Gegen Spener macht er geltend, daß *cultus internus*
und *devotio* Forderungen der beiden ersten Gebote sind, mithin nicht *Formale* des
Dritten sein können. Das *Formale* gibt per definitionem das *esse et distinguere*
einer Sache an; was aber als sein Proprium das Dritte Gebot von den beiden
anderen der ersten Tafel des Dekalogs unterscheidet, ist die Anordnung des
cultus publicus[335]. Aber Spener ging es nicht um eine regelgerechte philosophische Disputation, sondern darum, den *cultus privatus* als notwendige Christenpflicht aus dem Dritten Gebot zu beweisen. Als er das Scheitern seiner
Argumentation mit dem *Formale* des Gebots erkannte, brachte er, von Schmidt
provoziert[336], sein Anliegen offen heraus: „Sanctificatio Sabbati praeter cultum
publicum privata etiam exercitia pietatis requirit"[337]. Diese These begründete
Spener mit dem inzwischen traditionellen Argument, da Gott die Heiligung des
Tages gefordert habe, nicht die weniger Stunden, sei auch die Zeit, während der
kein öffentlicher Gottesdienst stattfinde, durch fromme Übungen zu heiligen,
nun eben privat. In seiner spottfunkelnden Antwort wies Schmidt die Inkonse-
quenz dieser oft wiederholten Schlußfolgerung nach; wenn man sich überhaupt
einigen könne, wieviele Stunden ein *Tag* umfasse und von wann bis wann sie zu
zählen, auch wieviele davon mit Gottesdienst zu verbringen seien, dann müsse
man halt bei einer Pflicht zur Heiligung des *ganzen* Tages die Unsitte der kurzen
Gottesdienste ändern und die Dauer des *cultus publicus* entsprechend ausdeh-

---

[333] Spener, Briefe 1, Nr. 56 (27. 2. 1670), Z. 44–79. bes. Z. 49f.

[334] Cons. 2, 55 (25. 6. 1670).

[335] Spener, Briefe 1, Nr. 58 (10. 3. 1670). – Cons. 2, 52f. (25. 6. 1670). Schmidt erinnert
daran, daß auch Chemnitz die *recordatio* und *meditatio* nicht gefordert hat als Gegensatz zum
cultus publicus, sondern für diesen als Gegensatz zur veräußerlichten Feier.

[336] In seinem Schreiben vom 10. 3. 1670 (Nr. 58, Z. 66–71) griff Schmidt zurück auf den
Nachsatz, den Spener seiner anfänglichen Berufung auf die *quies animi* als *Formale* des Dritten
Gebots hatte folgen lassen: er könne nicht sehen, „qua ratione cultus divinus publicus unius vel
alterius horae praecepto satisfaciat". „Atqui nec probas, quod non satisfaciat", entgegnete
Schmidt.

[337] Spener, Briefe 1, Nr. 68, Z. 122f. (11. 6. 1670).

nen[338]. An letzter Stelle, aber in ausführlicher Darlegung, bringt Spener das auf der Erfahrung der Kirchenkritiker und – reformer seit Anfang des Jahrhunderts beruhende Argument, daß ohne vor – und nachbereitende private *exercitia pietatis*, ohne *oratio, lectio* und *meditatio* der *cultus publicus* nicht angemessen geleistet werden und nicht zu seinem Erfolg kommen kann: das Herz muß auf die Predigt gerichtet, das Gehörte in eifriger *ruminatio* appliziert werden; wo nicht die im Gottesdienst entzündeten Flämmchen der geistlichen Erkenntnis in vertiefender Meditation genährt werden, sondern sofort nach dem Kirchgang weltliche Gedanken zerstreuend dazwischentreten, ist alle Arbeit vergeblich[339]. Auch auf dieses Argument antwortet Schmidt nicht ohne einen Unterton von Ironie, wenn er Spener verhalten vor einer synergistischen Festlegung des Heiligen Geistes warnt: wollte Spener behaupten, die dreitausend Juden, die sich nach der Pfingstpredigt des Apostels Petrus haben taufen lassen[340], seien alle durch private *exercitia* vorbereitet erschienen und hätten vor der Taufe zuerst in ihren Häusern die Predigt *ruminierend* verarbeitet?[341] Aber zugleich räumt Schmidt ein: „Interim non nego prodesse privata exercitia et suadenda esse serio"[342].

In der brieflichen Disputation zwischen Spener und Schmidt trafen unterschiedliche Interessen aufeinander. Wiederholt deutete Schmidt an, Speners Eifer um die Sonntagsheiligung zu billigen und zu teilen. Auch die von Spener geforderten Übungen der Privaterbauung und Meditation hieß er gut und urteilte, besser als mit solchen Übungen könne man den Sonntag gar nicht

---

[338] „Ita potius concluderem: tota dies sanctificata est, ergo tota die exercendus est cultus publicus. Quid respondebis hic? Tota die non solere exerceri cultum publicum? Exerceatur ergo, inquam, et mutetur consuetudo in melius. Non potest, inquis. Quid ni? inquam. Si namque cultus privatus exerceri potest legendo, orando, gratias agendo, canendo: potest iisdem etiam exerceri publicus. Habeatur ergo una vel altera concio: reliquum tempus exigatur examinando catechesin aut contenta concionis, canendo choraliter aut figuraliter, orando, praelegendo capita biblica etc." (Cons. 2, 55).

[339] „Sine quo ipse cultus publicus externus non potest rite peragi et parum etiam proficit, id una cum cultu publico externo praecipitur: verum sine privatis exercitiis pietatis, orationis, lectionis, meditationis, non potest publicus externus cultus decenter peragi; illis enim cor nostrum praeparandum est, ut salutariter audiat verbum et reliquis peragendis idoneum fiat: tum sine illis parum proficit cultus publicus: nisi enim audita repetantur et fideli ruminatione arctius imprimantur, frustranea opera est, si quis semel rem audiverit, praesertim cum quotidie experiamur, quam difficulter capiamus, quae Dei sunt, et quam cito desinant motus sancti in auditione verbi excitati, si, quamprimum homo templo egressus est, aliis cogitationibus turbentur nec, qui sensit, ulterius suscitare eos igniculos coelestes, qui pectori illapsi sunt, pergat. Nemo vero negat, hoc si fieri debeat, non parum temporis ad illud deposci" (Spener, Briefe 1, Nr. 68, Z. 125–137).

[340] Apg 2, 14ff.

[341] „Unde, quaeso, de ea certus es? num Spiritum Sanctum ad hoc obligare audes, ut non operetur in hominibus sub cultu publico, si privatus non praecesserit aut subsecutus fuerit? ergone etiam Iudaei Actor. 2 conversi ad tria millia omnes venerunt praeparati exercitiis privatis? num omnes, antequam baptizati sunt publice, prius domum iverunt et ruminati sunt concionem Petrinam? Non dices, credo" (Cons. 2, 56).

[342] Cons. 2, 56.

zubringen[343]. Aber alle Versuche, die ganztägige Sonntagsruhe und den von den Reformern als notwendig angesehenen *cultus privatus* über das Dritte Gebot als gottgewollte, verbindliche Pflicht jedes Christen gesetzlich einzufordern, wies er in aller Schärfe als exegetisch und dogmatisch unhaltbar zurück. In den folgenden Jahren schlossen sich weitere lutherische Theologen Schmidts Auffassung an. Die Sonntagsheiligung blieb bis ins 18. Jahrhundert hinein ein akademisches Diskussionsthema, das auch in den Juristischen Fakultäten Disputationen über das *Ius Sabbathicum* hervorrief[344]. Dabei rückten Fragen über die Autorität und Einsetzung des Sonntags in den Vordergrund, die zwischen Spener und Schmidt nur am Rande verhandelt worden waren. Der von Spener befürchtete große öffentliche Streit über die Sonntagsheiligung blieb aus[345], die Auseinandersetzung war im wesentlichen auf den Kreis der Theologen beschränkt. In öffentlichen Schriften dominierte noch einmal die „alte Lehre" zur Bekräftigung der Sonntagsheiligung[346], und selbst ein so konsequenter Theologe wie Sebastian Schmidt, der die falsche Begründung einer guten Sache entschieden zurückwies, hatte offenbar Hemmungen, in einer Zeit abbröckelnder Kirchlichkeit auch nur indirekt Argumente zur Profanierung des Sonntags zu liefern[347].

---

[343] Spener, Briefe 1, Nr. 58, 64f.

[344] Umfangreiche Berichte zum Sabbathstreit, in dem auch Christian Thomasius Stellung bezog, enthalten die *Unschuldigen Nachrichten von alten und neuen Theologischen Sachen* der Jahre 1702 und 1703. Vgl. ferner außer der unten, Anm. 346, genannten Literatur: Controversia De Sabbatho Christianorum secundum ductum Librorum Symbolicorum, ut & Orthodoxae fidei addictos Theologos tam vetustiores qvam recentiores Decisa a J.M.D., Leipzig 1704.

[345] Zu Speners Befürchtungen s. WALLMANN, 225.

[346] Vor allem in Württemberg reagierte man unmittelbar auf die Gerüchte über eine Infragestellung der Sonntagsheiligung; zur Unterrichtung der Gemeinden erschien eine deutschsprachige Schrift von Johann Conrad Zeller: Widerholte Christliche und beständige Bekantnus Der wahren Evangelischen Kirchen in dem Herzogthum Würtemberg / Von dem Wochentlichen Sabbath / Vöst gegründet in dem Heiligen Wort Gottes / auß den Schrifften der Alten und Newen reiner Würtembergischer und anderer Theologorum heraußgezogen [...]. Tübingen 1672. In dieser Schrift, die von Herzog Eberhard III. in Auftrag gegeben worden war, „nachdem zu dieser Zeit eine gefährliche Strittigkeit wegen des Wochentlichen Sabbaths in dem Neuen Testament / und seiner Feyer / sich erhoben / und ungleiche Reden von demselben / der Evangelischen Kirchen in dero Herzogthum zuwider / wollen auff die Bahn kommen" [Bl.)(3ᵛf], führt Zeller das ganze bekannte Repertoire an Argumenten ins Feld. – Im akademischen Bereich ließ Johann Adam Osiander gleichfalls in fürstlichem Auftrag über den Sabbath disputieren: Dissertatio De Sabbatho, Jussu Serenissimi Ducis Wirtembergici habita [...]. [Resp.: Johann Eberhard Brauch]. Tübingen 1672 (52 S.). Diese Dissertation wurde überarbeitet und stark erweitert zu: J. A. Osiander, Dissertationes De Sabbatho. Tübingen 1672 (280 S. + Register). – Zum drohenden Streit zwischen den Fakultäten Tübingen und Straßburg vgl. F. FRITZ, Die württembergischen Pfarrer. In: BWKG 31, 1927, 179–182. – Vgl. ferner für Hessen: Kilian Rudrauff, Alte Hessische Glaubenslehre in 20 theologischen Gewissens=Fragen von der Sabbaths=Feyer. Gießen 1688.

[347] Schmidt verzichtete in einer für das streitfreudige 17. Jahrhundert beachtlichen Zurückhaltung auf die Publizierung seiner Thesen und übersandte ein Manuskript zur Sonntagsheiligung an die Fakultäten Tübingen, Wittenberg und Leipzig zur internen Diskussion (D. BLAUFUSS, Reichsstadt, 199 Anm. 57b). – Daß auch eine Auseinandersetzung zwischen Tobias Wagner und Johann Conrad Zeller innerhalb der Theologischen Fakultät Tübingen auf den Austausch von Manuskripten beschränkt blieb, ist wohl einem obrigkeitlichen Druckverbot

Auch über dreißig Jahre nach Beginn des Streits hielt der Jurist Conrad Ludwig Wagner in Halle, der in einer unter Johann Samuel Stryk gehaltenen Disputation auf Luther und die *Confessio Augustana* verwies und jegliche alttestamentliche Begründung der Sonntagsheiligung verwarf[348], an den Forderungen von Sonntagsruhe und Arbeitsverbot fest; er begründete sie strikt aus der Notwendigkeit des Gottesdienstes, der *ruminatio* und des sie fördernden Gebets[349].

Während aus dem Freundeskreis Speners in den siebziger Jahren weitere Schriften zur Sonntagsheiligung erschienen[350], hielt sich Spener selbst zurück. Der Streit um die Herleitung der Sonntagsheiligung interessiere ihn letztlich wenig, äußerte er im privaten Briefwechsel, wenn nur der Heiligung selbst kein Abbruch geschieht[351]. In seinen Predigten, aber auch in seinen Katechismus-Erklärungen, blieb er bei seiner Auffassung. Wallmann hat darauf hingewiesen, daß die Frage der Sonntagsheiligung, die in praktisch allen Reformschriften des 17. Jahrhunderts eine wichtige Rolle spielt, in Speners *Pia Desideria* (1675) nicht angesprochen wird[352]. Ein Grund für diese auffällige Auslassung liegt sicher in Speners Sorge, mit diesem Thema ein derzeit zu heißes Eisen anzufassen. Andererseits hatte sich Spener bis 1675 – und darin liegt ein wesentlicher innovativer Grundzug der *Pia Desideria* – so gründlich von dem Gedanken getrennt, Kirchen*reform* durch Kirchen*zucht* betreiben zu wollen, daß eine gesetzlich zu verordnende *quies Sabbathica* wohl als konkrete praktische Aufgabe

---

zuzuschreiben (Vgl. F. FRITZ aaO., 181 Anm. 225 mit Angaben zu einem Manuskript Zellers, das sich gegen eine ungedruckte *Censur* Wagners richtet; BLAUFUSS aaO., 195 Anm. 34 a).

[348] J. S. Stryk [Praes.] und C. L. Wagner [Resp.], Dissertatio Ivris Ecclesiastici Inavgvralis De Ivre Sabbathi [...]. Halle [1702]. – Gegen diese Auffassung wandte sich Johann David Schwerdtner, Vindiciae Moralitatis Diei Dominicae, Ab Objectionibus variorum, cumprimis iis, Qvas Dissertatio Inauguralis, De Iure Sabbathi, Halae Saxonum hoc anno habita, Tum ex Pandectis sacris, tum B. Lutheri Scriptis desumtas proposuit [...]. Pirna 1703.

[349] „Adhuc puto abstinendum esse eo die a laboribus ordinariis, verum non ex obligatione legis Mosaicae, a qua liberati sumus, sed ex alio fundamento, scilicet ex indole cultus divini in novo testam[ento] requisiti. Et primo quidem, quia iste dies statutus est publicae informationis & admonitionis causa, [...] per operas privatas & domesticas autem aliquis impeditur congregationibus publicis interesse, ab his merito abstinere & primum ea curare debet, quae regni Dei sunt. Matth. VI. 33. Deinde cum ista, quae publice inculcata sunt, ruminatione opus habeant, & necessum etiam sit, vt supersit tempus precibus, quibus auxilium & vires a Deo implorare queamus, omnino res ipsa postulat, vt reliquum diei dominici spatium huic rei destinandum laboribus secularibus non impediatur" (*Dissertatio*, S. 41 f.).

[350] Christian Kortholt, Öffentlicher Gottesdienst der alten Christen, dem heutigen, was die Sontags=Feyer betrifft, entgegen gestellet. Frankfurt a. M. 1672. – Anton Reiser, Sabbathisch und Sonntägliches Liecht und Recht. Frankfurt a. M. 1677. Zu Reisers Schrift vgl. P. SCHATTENMANN, Eigenart und Geschichte des deutschen Frühpietismus. In: BWKG 40, 1936, [1–32] 18–20.

[351] „Si quaestio de eo tantum agitetur, qua autoritate septenarius nitatur vel quid Ecclesiae universae in ea determinatione licuerit, non ego multum pugnarim, sed quemvis suo patiar abundare sensu, modo sua integra integro diei dominico religio constet neque ille licentiae profanantium exponatur aut sanctificatio ad cultum modo publicum, cuius absque privato usus adeo magnus non erit, restringatur" (an Gottlieb Spizel, 3. 6. 1673: Spener, Briefe 1, Nr. 156, Z. 54–59).

[352] WALLMANN, 225 f.

des kirchenleitenden Amtes präsent blieb[353], aber keine Perspektive als Mittel einer Reform bot, die freiwillig und von innen heraus erwachsen sollte, aus dem Evangelium, nicht aus dem Gesetz.

4.8 Zusammenfassung

Das Einströmen von Terminologie, Theorie und Methodik der Meditation in das deutsche Luthertum erfolgte auf breiter Front und auf Grund einer allseits hoch gespannten Erfolgserwartung, allerdings weder gleichmäßig noch etwa einer einheitlichen Konzeption folgend. Das Sorgenkind des Jahrhunderts, die öffentliche Gemeindepredigt, blieb trotz mancher auch grundsätzlicher Infragestellung zumindest nominell im Zentrum der Bemühungen und sollte durch allerhand Hilfen und flankierende Maßnahmen in ihrer Effizienz gestärkt werden. Der Auffassung folgend, daß der Erfolg einer Predigt wesentlich von der Aufnahme und Verarbeitung des Wortes durch den Zuhörer abhängt, galten nur einige dieser Hilfen und Maßnahmen als vom Pfarrer, die meisten aber als vom Zuhörer zu leisten. Die Empfehlungen für das fruchtbare Hören der Predigt, schnell zu *Forderungen* an den Predighörer angewachsen, führten von der schlichten Mahnung, das Wort Gottes mit offenen Ohren anzuhören und es „ins Herz zu senken", zu einer Abfolge detaillierter Verhaltensvorschriften, in denen die Predigtrezeption des Hörers zum Spiegelbild der Predigtproduktion des Pfarrers wurde. In den Handbüchern der christlichen Lebensführung entstand parallel zum „Predigtauftritt" des Pfarrers in der Kirche ein vielstufiges System der begleitenden Gebete, Memoriervorgänge und Betrachtungen des Zuhörers. Parallel zum Prozeß der Meditation und Konzipierung der Predigt sollte, wie die Schriften zur Sonntagsheiligung darlegten, der Prozeß der Vorbereitung des Hörers auf Gottesdienst, Predigt und Abendmahl erfolgen; daran aber sollten sich noch die umfassenden *exercitia pietatis* zur Nachbereitung des Gehörten und zur Unterstützung der Wirkung des Heiligen Geistes anschließen. Hinter diesen als notwendig verkündeten Übungen des *cultus privatus* rückte die Predigt, allen Beschwörungen ihrer unangefochtenen Stellung zum Trotz, zwangsläufig in den Hintergrund. In den Vordergrund traten die Formen und Medien individuellerer Verkündigung, die der meditierenden Applikation besser entsprachen als die dahinfliessende Predigt.

Die Lehre von der *efficacia verbi divini* hatte wohl die Wirkung des Heiligen Geistes an das äußere Wort Gottes gebunden, dieses aber zugleich mit dem Wort der Heiligen Schrift identifiziert; dabei war dem Wirken des Heiligen Geistes

---

[353] Spener selbst setzte sich unentwegt bei seinen jeweiligen Obrigkeiten für die strikte Sonntagsheiligung ein. Noch 1704 als Berliner Propst richtete er an König Friedrich I. die Bitte, die sonntäglichen Übungen der Landmiliz auf einen Wochentag zu verlegen; zwar seien die Übungen erst nach der Vesperpredigt angesetzt, sie hinderten aber doch die Andacht in der Predigt und vor allem das fernere Nachsinnen und Betrachten des Gehörten sowie jegliche weiteren geistlichen Übungen (LBed 2, [7–10] 9: 24. 4. 1704).

gleiche Kraft beigemessen worden unabhängig davon, ob dieses Wort gehört, gelesen oder erinnert wurde. Damit war der Predigt im Grunde ihre singuläre Stellung entzogen. Neben die Aufforderung, auch privat die Bibel zu lesen und zu meditieren, trat schon bald die Mahnung, sich nicht dem Predigthören zu entziehen[354].

Gegenüber der predigtgeschichtlichen Literatur bleibt festzuhalten, daß dieser Zug zu individualisierbaren Formen der Verkündigung, das Drängen auf Privaterbauung, Lektüre und Meditation der Bibel, nicht erst von der Frömmigkeit des Pietismus ausgeht, durch die der öffentliche Gemeindegottesdienst relativiert worden sei, sondern von den Reformkreisen der lutherischen Orthodoxie befürwortet und nach Kräften vorangetrieben worden ist als Reaktion auf das von ihnen beobachtete und beklagte Versagen der öffentlichen Predigt[355].

Angesichts der während des ganzen Jahrhunderts so vielfältigen und wiederkehrenden Aufforderungen zur Meditation und wiederholter Klagen über ihre Unbekanntheit und Vernachlässigung drängt sich die Frage auf: ist denn im Luthertum des 17. Jahrhunderts überhaupt meditiert worden? Eine zuverlässige, über den gesamten Zeitraum und für alle Schichten des Volkes hinreichend breit gestreute Quellengrundlage zur Beantwortung dieser Frage ist nicht vorhanden. Dennoch lassen sich Aussagen treffen. Einen Anhaltspunkt geben die Klagen bisweilen selbst. Wenn Evenius sich darüber beschwert, daß geistlichen Übungen täglich nur noch zwei- bis dreimal je eine Viertelstunde eingeräumt wird[356], läßt er einen für den Maßstab späterer Jahrzehnte staunenswerten allgemeinen Eifer in seiner Gemeinde ahnen. Für die Theologen und generell für die Bildungsschicht und das obere und mittlere Bürgertum ist die Ausübung eines religiösen *cultus privatus* und speziell der Meditation vielfach nachweisbar. Quellen hierfür sind nicht nur die Veröffentlichungen eigener Meditationen durch den Druck, sondern auch die so zahlreichen Hinweise auf Formen der Privaterbauung in Briefen, Widmungsvorreden[357] und vor allem in Leichpredigten.

---

354 Vgl. Justus Gesenius, Praxis Devotionis, Hannover 1645: „GOttes Wort muß man nicht allein lesen / sondern auch anhören" (S. 41). Gott selbst hat das Predigtamt eingesetzt und die lebendige Stimme des Predigers verordnet; niemand darf sich vom öffentlichen Gottesdienst dispensieren mit dem Argument, er könne Gottes Wort besser zu Hause lesen: „Nein / lieber Mensch / GOtt hat dir das hören anbefohlen [...]". Wer Gott nicht auch in der Gemeinde bekennen will durch das Hören der Predigt, der verleugnet ihn.

355 Ich bin also nicht der Meinung von ALFRED NIEBERGALL: „Die die pietistische Predigt erfüllende Frömmigkeit mit ihrer Intention zum religiösen Individualismus führt die Gefahr herauf, daß die Predigt im Gemeindegottesdienst nicht mehr den selbstverständlichen und ausschließlichen Mittelpunkt des Gemeindelebens überhaupt darstellt, sondern daß daneben die private Erbauung und die Erbauung in Konventikeln ein eigenes Gewicht erhält und damit die Bedeutung der Predigt und ihren öffentlich-kirchlichen Einfluß verringert" (A. NIEBERGALL, Die Geschichte der christlichen Predigt. In: Leiturgia. Handbuch des Evangelischen Gottesdienstes. Bd. 2. Kassel 1955, [181–354] 304). – Diese Verringerung hatte schon zuvor stattgefunden.

356 S. oben, S. 80.

357 Johann Schmidt würdigt in der Widmungsvorrede seines *Agon Christianus* die Privatübungen der Herzogin Anna Sabina von Württemberg: es sei stadtbekannt, „welcher gestalt

Leichpredigten sind zwar im 17. Jahrhundert vielfach unter Beschuß gekommen, weil sie unterschiedslos jeden selig nennen, der nur verstorben ist, und sein Eulogium als Christenmensch verbreiten. Mögen sie auch in dieser Hinsicht bisweilen wenig zuverlässig sein, so ist ihnen sicher Glauben zu schenken, wenn sie, was häufig zu beobachten ist[358], ausdrücklich die *exercitia pietatis* des Verstorbenen und nicht selten auch die Bücher nennen, in deren Betrachtung – außer der Bibel – Trost in der letzten Zeit gesucht wurde. Für andere bürgerliche Schichten und erst recht für die Landbevölkerung fließen die Quellen spärlich[359]. Dennoch tauchen Spuren der Meditation immer wieder auch an unerwarteten Orten auf.

Eine der schönsten Autobiographien des 17. Jahrhunderts ist die erst 1915 aus einem Manuskript in der damaligen Königlichen Bibliothek in Berlin edierte Lebensbeschreibung des Meisters Johann Dietz (1665–1738)[360], der als Feldscher bei den Brandenburgischen Truppen im Türkenkrieg diente, als Schiffsarzt den Walfang im Eismeer erlebte und schließlich nach zahlreichen Abenteuern in seiner Geburtsstadt Halle a. S. seine eigene Barbierstube eröffnete. Dietz berichtet, wie er einstmals in Lappland, wo sein Walfänger auf einen Konvoi wartete, Hafen und Küste erkundete:

> „Als ich mich satt gessen hatte, stieg ich noch höher auf den Felsen an der See, so mich däuchte, daß die Felsen über die untern Wolken gingen. [...] Ich sahe sehr weit ins Meer. Und kam mir vor: daß vom Strand das Meer, gleich einem Berg, immer höher und höher war, und in der Ferne eine kleine Rundung hatte.

Ewer Fürstl. Gn. die abgewichene Jahr vber / vnd so lang Sie in hiesiger Stadt jhre Wohnung gehabt / all jhre Gemütsfrewde in anhörung der Predigten / im Gebet / in betrachtung Göttlichen Worts gesucht / auch dieses für jhren besten Schatz geachtet / daß Sie / durch Göttliche Providentz / an einen solchen Ort kommen / da Sie das Wort Gottes reichlich alle Tage anhören können: So haben Sie auch darneben Jhre heilige privat-meditationes vnd übungen daheim / deß Tages zu gewissen Stunden / theils bey sich selbst / in dero Gemach / theils mit vnd sampt dero Fürstlichen lieben Kindern / jungen Printzen vnd Fräwlein / auch Dienern vnd gantzem Hoffgesind / angestellet" (J. Schmidt, Agon Christianus. Straßburg 1640, Bl. c 2ʳ). – Vgl. Speners Erinnerung an seinen verstorbenen Freund, den Frankfurter Patrizier Johann Vincenz Baur von Eyseneck: Spener lobt dessen „liebe zum Göttlichen wort / dasselbige nicht nur offentlich mit andacht zuhören / sondern dem gehörten zu hauß ferner nachzudencken / in der heiligen Schrifft und gottseligen Büchern (unter welchen er deß seeligen Johann Arnden geistreiche Bücher von dem wahren Christenthumb ihm sonderbar befohlen seyn ließ) zu lesen / das gelesene zubetrachten / und also immer mehr und mehr in der geistlichen wahren erkantnuß zu wachsen" (Ph. J. Spener, Erste Geistliche Schrifften. Bd. 1. Frankfurt a. M. 1699, S. 219f.).

[358] Diese Auskunft verdanke ich Jill Bepler, die in einem DFG-Projekt mit der Auswertung der Stolbergschen Leichpredigtsammlung in der Herzog August Bibliothek Wolfenbüttel betraut ist. Leider sind die in den Personalia der Predigten genannten Formen der Privaterbauung nicht in das Raster aufgenommen, nach dem die Daten der Predigten erfaßt werden.

[359] Offenbar bringt der Pietismus in die durch seine Konventikel erfaßten Kreise unterschiedlicher sozialer Herkunft und Bildung ein verstärktes Interesse an Meditation, entzieht damit aber dieser Übung zugleich die Akzeptanz für weitere Kreise (s. unten, Kap. 5.3).

[360] Meister Johann Dietz (des Großen Kurfürsten Feldscher und Königlicher Hofbarbier) erzählt sein Leben. Hg. v. E. CONSENTIUS. München 1915.

Ich satzte mich auf den Absatz der Klippe nieder und betrachtete tief die göttliche Allmacht, Weisheit, Gütigkeit, daß dieses große Wundergebäude alles umb der Menschen willen zum Preis seines heiligen Namens erschaffen. Insonderheit betrachtet' ich die unaussprechliche Liebe GOttes, wie er den armen, gefallenen Menschen durch sich selbst in JEsu CHristo (der selbst von dem Vater ist, wie Johannes schreibt, in der Menschwerdung und in der Jungfrau Maria durch seinen Geist in einer heiligen Empfindlichkeit im Blut und Leibe der Jungfrau Maria als wahrer Mensch geboren) wiedrum von des Teufels Tyrannei erlöset. [...]

Hier konnte ich das große Geheimnis der heiligen Dreieinigkeit mir vorstellen. Hier bekam ich Licht, wie es einigermaßen mit der Wundergeburt JEsu könnte sein. Doch will ich meine Hand auf den Mund legen und nicht mehr davon schreiben und sprechen mit Paulo: ,Wie gar unerforschlich und unbegreiflich, HErr, sind Deine Wege, o welch eine Tiefe &c.'"[361].

Obwohl die Praktizierung von Meditation in vielen Einzelfällen aus den Quellen gesichert ist und für die religiös und kirchlich eingebundene Bildungsschicht mit einiger Sicherheit für das ganze Jahrhundert angenommen werden kann, ist nicht davon zu sprechen, daß die Meditation als eine Übung praktizierter Frömmigkeit auch nur annähernd die Verbreitung in alle Volksschichten gefunden hätte, die ihre Befürworter anstrebten. Vielmehr vollzieht sich offensichtlich im letzten Drittel des Jahrhunderts eine tiefere Scheidung zwischen einer der Kirche und ihrer Verkündigung weitgehend indifferent gegenüberstehenden Mehrheit und den sich untereinander enger zusammenschließenden Kreisen der *Frommen*, die verstärkt auch nach Wegen zu einer Vertiefung ihrer spirituellen Praxis suchten. Diese Suche findet ihren Ausdruck im Verlangen nach Seelenführung und der Frage nach der Möglichkeit besonderer geistlicher Erfahrung. Mit den Schriften der Arndt-Schüler Joachim Lütkemann und Heinrich Müller findet eine Wiederanknüpfung an die unklaren kontemplativen Verheißungen des *Wahren Christentums* statt, ein Bogenschlag hinter den kirchen- und methodenorientierten „späten Arndt" zurück zu der Beschwörung einer vom Heiligen Geist gewirkten *Leichtigkeit der Betrachtung*. Diese Schriften, die vom Evangelium aus und von der Meditation der den Menschen erwiesenen Gnadengaben Gottes auf die Erweckung der Gegenliebe zielen, betonen die Möglichkeit besonderer geistlicher Erfahrungen und stecken einen weiten Erwartungshorizont ab, der wegen der mangelnden Instrumentalisierung und Praktikabilität ihrer Anweisungen zur Betrachtung kaum eingelöst werden

---

[361] Dietz, S. 169f. – Wie tief Dietz in seine Meditation versunken war, zeigt der Ausklang dieser erinnerten Geschichte:

„Bei dieser hohen Spekulation fuhr dicht bei mir aus einem Loch oder Kluft ein erschröcklich großer Adler mit großem Gereusche aus, in die Luft übers Meer. Ich erschrak, daß ich fast des Todes war; zumal er mich fast mit seinen weitausbreitenden Flügeln angestoßen.

Ich vermeinet' nicht anders: es wär der leidige Teufel, welchen es verdrossen, daß ich in diesem hohen Geheimnis spekulieret hatte. Jedoch sahe ich ihm lange nach und bedachte: daß es ein würklicher Adler (welches daherum viel giebt) war.

Hier brach ich ab und stieg den Felsen herunter an das Schiffe und that meine Verrichtung" (aaO., 170f.).

kann[362]. Dennoch entsprechen ihre Prinzipien: ihr Einladungscharakter, ihre weitgehende Zurücknahme der gesetzlichen Drohung, ihre auf individuelle Zwiesprache mit dem Leser ausgerichtete Seelenführung in besonderer Weise der kirchlichen Situation seit den sechziger Jahren des 17. Jahrhunderts. Im Jahrzehnt nach dem Erscheinen von Großgebauers *Wächterstimme* reift die Erkenntnis, daß eine Reform von Frömmigkeit und Kirche auf gesetzlich-obrigkeitlichem Wege nicht zu realisieren ist[363], daß der von Andreae entworfene christliche Idealstaat trotz eines Fritsch, Seckendorff oder anderer christlicher *Politici* unter den Bedingungen des säkularisierten politischen Denkens nicht mehr zu erwarten, daß Kirche genötigt sei, ihre eigenen Trümpfe zu spielen. Die Umsetzung dieser Erkenntnis in ein Kirchenreformprogramm neuer Art ist in Speners *Pia Desideria* realisiert.

---

[362] Vgl. oben, S. 116f. (zu Seckendorff).
[363] Vgl. unten, Kap. 5.1.

5. Philipp Jakob Spener und das Ende des gesetzlichen Weges zur Kirchenreform

5.1 Spener versus Großgebauer: der „evangelische Weg" der Reform

Philipp Jakob Spener (1635–1705)[1] ist mit seiner Kritik- und Reformschrift *Pia Desideria* (1675 erschienen als Vorrede zu Johann Arndts *Postille*) zum Begründer des lutherischen Pietismus geworden und hat damit eine neue und historisch folgenreiche Phase in dem das ganze 17. Jahrhundert durchziehenden Kampf um eine Reform des christlichen Lebens eingeleitet. Johann Arndts *Wahres Christentum* und die englischen Erbauungsschriften zählten seit seiner Kindheit zu Speners Lektüre[2]; in Straßburg saß er unter der Kanzel Johann Schmidts, den er wegen seiner Frömmigkeit schätzte und als Vatergestalt verehrte[3].

Mit der Meditation ist Spener früh vertraut gewesen. Während seiner Straßburger Studienzeit hat er seine sonntäglichen Betrachtungen in lateinischer Sprache schriftlich festgehalten und die Aufzeichnungen aufbewahrt; sie wurden 1716 postum von Johann Georg Pritius veröffentlicht[4]. Diese *Soliloquia et Meditationes sacrae* Speners enthalten Meditationen über die Hauptstücke der christlichen Lehre, Buß- und Passionsbetrachtungen; teilweise sind sie geprägt von einer Jesus-Frömmigkeit in Art und Stil Bernhards von Clairvaux[5].

Ausgeführte Meditationen Speners sind nicht nur in den *postum edierten Soliloquia* enthalten. Es ist schon die Rede gewesen von Speners Übersetzung der Meditationsanleitung Jean de Labadies, dem *Kurtzen Underricht von Andächtiger Betrachtunge*[6], an der Speners ausgeprägtes Interesse an dieser Art praktizierter Frömmigkeit besonders augenfällig wird. Im Anhang zu dieser Übersetzung findet sich ein langes Gedicht Speners unter dem Titel „Betrachtung der Gewißheit und Grundes unserer Seeligkeit"[7]. Dieses Gedicht ist erneut abgedruckt

---

[1] Zum folgenden s. J. WALLMANN, Philipp Jakob Spener und die Anfänge des Pietismus. Tübingen ²1986.

[2] Vgl. WALLMANN, 48–55.

[3] Zu Johann Schmidt s. oben, Kap. 3.4.

[4] Ph. J. Spener, SOLILOQVIA & MEDITATIONES SACRAE (s. oben, S. 107 Anm. 169). – Die Vorrede von Pritius stammt vom 19. September 1715.

[5] Zu Entstehung und Inhalt der *Soliloquia et Meditationes* Speners s. WALLMANN, 89–92.

[6] S. oben, S. 108–111, insbes. S. 108 Anm. 177.

[7] Kurtzer Underricht, S. 254–304. Das Gedicht ist ausdrücklich gekennzeichnet als „Zusatz des Übersetzers" und schon auf dem Titelblatt so angekündigt. – Zu diesem Gedicht vgl. WALLMANN, 241.

worden in der Sammlung von Speners *Kleinen Geistlichen Schriften* und nach diesem Druck von Grünberg in seiner Spener-Bibliographie unter die Lehrgedichte eingeordnet worden[8].

Spener hat nicht nur in seiner frühen Zeit, sondern zeitlebens die Meditation als eine persönliche Frömmigkeitsübung geschätzt und sie auch intensiv weiterempfohlen, ja ihr eine wichtige Rolle für sein Kirchenreformprogramm beigemessen.

Die erste Reformschrift, mit der sich Spener nach vielen internen Klagen über den zerrütteten Zustand der Kirche an die Öffentlichkeit wagte, sind nicht die *Pia Desideria* von 1675, sondern seine auf den 17. Dezember 1667 datierte Vorrede zu einer Sammlung von fünf Traktaten des Mühlhausener Pfarrers und Superintendenten Andreas Cramer, die er unter dem Titel „Der gläubigen Kinder Gottes Ehrenstand und Pflicht" herausgab[9]. Spener war sich des Ernstes seines Schrittes wohl bewußt. Er rechnete anfangs durchaus mit Widerspruch gegen seine in der Vorrede publizierte These und auch mit Lehrverdächtigungen und Anfeindungen, wie sie Johann Arndt getroffen hatten[10]. Erst spät übersandte er Separata der Vorrede an ausgewählte Freunde und bat sie um ihre Stellungnahme. Die Vorrede zu Cramer wurde zum Schibboleth, an dem Spener seinen Korrespondentenkreis auf die Bereitschaft zu kirchenreformerischem Handeln testete.

Die Vorrede zu den Schriften Cramers ist nicht nur ein Ertrag von zuvor im Stillen gereiften Gedanken Speners, sie ist vor allem eine Antwort und ein kritischer Alternativentwurf zu der bis dahin profiliertesten Anklage- und Reformschrift des 17. Jahrhunderts: zu Theophil Großgebauers *Wächterstimme aus dem verwüsteten Zion* mitsamt dem zugehörigen *Treuen Unterricht von der Wiedergeburt*[11]. Sieht man von Speners chiliastischer *Hoffnung besserer Zeiten* ab, mit der er den *piis desideriis* der Frommen selbst angesichts quälender Erfolglosigkeit aller Reformbestrebungen eine Zukunftsperspektive aufriß, sieht man zunächst nur auf die Grundsätze des Kirchenreformprogramms, so hat Spener in der Vorrede zu den Schriften Cramers den entscheidenden Schritt der Neuerung getan, dem gegenüber die praktischen Vorschläge von 1675 nur noch als Konkretisierung eines im großen Entwurf schon verkündeten Programms anzusehen sind.

Großgebauers *Wächterstimme* ist der Höhepunkt der prediger- und obrigkeitsorientierten Reformliteratur. Trotz der gelegentlichen Berufung auf das allgemeine Priestertum der Gläubigen ist der Predigthörer nicht wirklich als Subjekt in den Blick genommen, sondern als Objekt umfassender Maßnahmen zu seiner Erziehung und Kontrolle. Großgebauers erste Klage gilt dem Mangel an Aufer-

---

[8] Grünberg Nr. 148a.

[9] A. Cramer, Der gläubigen Kinder Gottes Ehrenstand und Pflicht. Frankfurt a. M. 1668 (Grünberg Nr. 228). – Im folgenden zitiere ich aus der Ausgabe Dresden 1688. – Zur Vorrede vgl. WALLMANN, 241–243.

[10] Vgl. den Brief Speners vom 24. 10. 1668 an [Johann Conrad Brotbeck] (Spener, Briefe 1, Nr. 27, Z. 44–61).

[11] Zur *Wächterstimme* s. oben, S. 78 Anm. 19.

zucht der Kinder und dem Mangel an Aufsicht über die Gemeinde; ohne Aufsicht und Kontrolle bleibt das Wort der Predigt tummes Salz[12]. Großgebauers Ideal ist eine Gemeindestruktur, bei der jeweils circa einhundert Gemeindeglieder unter ständiger Aufsicht von jeweils vier Ältesten oder Hirten stehen[13]. Nicht zufällig endet Großgebauers *Wächterstimme* mit der Klage über mangelnde Unterstützung durch die Obrigkeit. Denn letztlich fordert die Realisierung von Großgebauers Programm nicht weniger als eine umfassende Strukturreform der Kirche: die Einrichtung kleiner Seelsorgebezirke, die Einführung des Ältestenamtes, eine gewaltige Personalaufstockung und eine Neuregelung der kirchlichen Finanzausstattung. Gleich drei Kapitel widmet er den Fragen der Kirchendisziplin, eines Kirchengerichts und der Kirchen-Beichte. Straffe Handhabung der Kirchendisziplin, urteilt Großgebauer, schaffe mehr Nutzen als tausend Predigten[14]. Mit diesen Schwerpunkten zeigt sich die *Wächterstimme* in ihrer Konsequenz nicht nur als Höhepunkt der obrigkeitlich orientierten Reformliteratur, die von autoritativ betriebenen, globalen Maßnahmen der Kirchenzucht eine Besserung erwartet oder solche Maßnahmen zumindest einfordert, sondern vor allem auch als der Höhepunkt des im theologischen Sinne gesetzlichen Weges der Kirchenreform.

Mit seiner *Wächterstimme* verbunden hat Großgebauer einen *Treuen Unterricht von der Wiedergeburt*, eine Schrift, in der er aus der alltäglichen Erfahrung des unchristlichen Christentums seiner doch sämtlich getauften Gemeindeglieder zu einer Leugnung der Taufwiedergeburt und der Forderung einer eigens notwendigen Bekehrungs-Wiedergeburt gelangt ist. Da an so vielen Getauften die Kennzeichen der Wiedergeburt, – Glauben, gottseliges Leben und der neue Gehorsam –, nicht zu verspüren waren, folgerte Großgebauer, daß die Taufe nicht das eigentliche Bad der Wiedergeburt sein könne. Pointiert legt er dar, daß die Wiedergeburt nur aus dem im Glauben ergriffenen Wort Gottes kommen könne und einen eigenen, bewußten und datierbaren Akt erfordert.

Speners Vorrede zu den Schriften Cramers zeigt sich im Vergleich als genaue Alternative zu Großgebauer. Ausdrücklich greift er Großgebauers Themenfrage auf, die im kirchlichen Amt auch zu seiner eigenen geworden ist: wie es komme, daß bei dem vielen Predigen die Menschen doch nicht frommer werden[15]. Im Gegensatz zu Großgebauers dreizehn Ursachen und Kritikpunkten jedoch bringt Spener das Problem auf *einen* Punkt: die Frage des Glaubens. Christliches Leben ist die Folge des Glaubens. Was nicht aus dem Glauben kommt, ist nach Röm 14, 23 Sünde vor Gott. Wo also Menschen lebendiges, tätiges Christentum entwickeln sollen, müssen sie zuerst zu wahrem, lebendigem Glauben gebracht werden[16]. Dieser Glaube aber ist die Frucht des Evange-

---

[12] *Wächterstimme*, Kap. 4 (aaO., S. 74).
[13] *Wächterstimme*, Kap. 4 (aaO., S. 64).
[14] *Wächterstimme*, Kap. 8 (aaO., S. 158).
[15] Vgl. oben, S. 78.
[16] „Dahero so müssen wir durch das Evangelium erst Christen bekommen / ehe wir gutes und Gott=gefälliges Leben von ihnen fordern" (Vorrede, Bl. b 9ʳ).

liums, nicht des Gesetzes. Implizit knüpft Spener an Arndt an, wenn er fordert, erst müsse durch das Evangelium der gute Baum gesetzt werden, ehe man von ihm Früchte erwarten kann (Mt 12, 33)[17].

Wie sehr seit den Tagen Johann Arndts bis hin zu Großgebauer der Gedanke von Kirchenreform und Besserung des christlichen Lebens eine gesetzliche Richtung genommen hat, wird deutlich an Speners ausdrücklicher Rechtfertigung seines „evangelischen" Ansatzes: manchem möge wohl der Gedanke fremd erscheinen, das Evangelium als Quellgrund der guten Werke anzunehmen, gälten doch gemeinhin gottseliges Leben und gute Werke als Ergebnis des Gesetzes[18]. Natürlich habe das Gesetz seine unanfechtbare Stellung im *usus elenchticus* bei der anfänglichen Bekehrung eines Menschen, auch als Zuchtmittel zur Unterdrückung des *Alten Adam* und als Richtschnur der zu tuenden Werke[19], „aber mit allen seinen Kräfften vermag es nicht ein einig gutes Werck bey uns zu wegen zu bringen"; dies schafft vielmehr der Glaube, wie Luther in seiner Vorrede zum Römerbrief deutlich bezeugt hat[20]. Aus dieser Position wendet sich Spener entschieden gegen jeden Versuch, durch Moralpredigten[21] oder die alleinige Predigt des Gesetzes eine Besserung erzielen zu wollen[22]. Erst müssen

---

[17] Vorrede, Bl. b 11ʳ. – Vgl. J. Arndt, Sendschreiben an Balthasar Mentzer, 29.10. 1620, gedruckt als das *Siebende Sendschreiben* in: *Wahres Christentum*, Buch VI.2 (aaO., S. [173–177] 175): „Daher entspriessen letzlich die guten Wercke und Früchte der Rechtfertigung, nemlich von den Bäumen, die recht gepflanzet und neu zugerichtet worden. Ist demnach der Gärtner Auslachens werth, wie heutiges Tages die meisten sind, welche wollen Früchte haben, und doch keine Bäume pflantzen, und wollen durch das Gesetz erzwingen, was doch ein Werck göttlicher Gnaden und des Heiligen Geistes ist". Diese Passage steht im Zusammenhang einer Apologie Arndts gegen den Vorwurf, er wolle auf die Übung des Christentums drängen ohne Berücksichtigung der Gnadenmittel Wort und Sakrament. Dagegen unterstreicht Arndt die Notwendigkeit der Selbst- und Gotteserkenntnis und der ernsthaften Meditation des Wortes Gottes.

[18] Vorrede, Bl. b 9ᵛ.

[19] Vorrede, Bl. b 9ᵛ–b 10ᵛ.

[20] Vorrede, Bl. b 10ᵛ. – Zum dogmatischen Hintergrund vgl. auch BSLK 965, 36ff. – Vgl. Speners Äußerungen in einem Brief aus dem Jahre 1672 an [Sophie Elisabeth von Holstein-Wiesenburg]: „Die göttliche gebot und in der schrifft enthaltene lebens=regeln weisen uns wol, wie wir uns halten, wovor wir uns hüten, und wessen wir uns befleissen sollen, aber sie geben uns keine geistliche kräfften, dasjenige zu thun, was sie von uns erfordern: sondern jemehr sie fordern, und wir aber unser unvermögen dagegen sehen, so vielmehr unwillen entstehet gemeiniglich in unserm hertzen. Es ist aber der glaub allein dasjenige gut, welches uns nicht nur allein einen trieb, unserm GOtt gefällig zu dienen, gibet, sondern welches auch neue kräfften würcket, dasjenige in unserer schwachheit anfangen zu leisten, was von uns erfordert wird. Daher uns die stärckung des glaubens am allermeisten angelegen seyn muß, als welches die öffnung einer reichen quell ist, dero es nachmal an wasser nicht manglen wird. Nun mag der glaube nicht herrlicher gestärcket werden, als mit täglicher andächtiger betrachtung der von GOTT empfangener wolthaten" (Spener, Briefe i, Nr. 139, Z. 61–73).

[21] „Denn in den moralibus werden wirs / wie sehr wir uns befleissen / nicht höher bringen / als die Heydnische Philosophi es bereits in genere paraenetico gebracht haben: Ja mit dem Gesetz allein / werden wir auch nicht mehr als auffs höchste Erbare Heyden machen können" (Vorrede, Bl. c 6ʳ).

[22] „Aus welchem allen folget / daß / wo wir 1000. Jahr das Gesetz allein trieben / und allen Ernst brauchten / wir vielleicht ziemlich Heuchler / aber nicht einen einigen frommen Chri-

durch das Evangelium Christen geschaffen werden, dann kann man erwarten, daß sie wie Christen leben[23].

Damit ist Spener zu der Feststellung gedrängt, die Arndt[24] an den Rand und Großgebauer zum Beschreiten eines dogmatischen Irrweges gebracht hatte: daß die Masse der Kirchenchristen trotz ihrer Taufe und trotz mehr oder minder geduldigem Predigthören eben keine *wirklichen Christen* sind, die den lebendigen, rechtfertigenden Glauben haben. Diese Feststellung trifft Spener ohne Zögern. Wahre Christen sind so dünn gesät, daß man sie fast mit der Laterne suchen muß[25]. Aber er wird von ihr nicht in dogmatische Probleme gestürzt. Wie sehr Spener bei Abfassung seiner Vorrede Großgebauers *Wächterstimme* im Blick hatte, wird ganz deutlich an der sonst unverständlichen Intensität, mit der er die Lehre von der Taufwiedergeburt verteidigt[26]. Spener konnte den empirischen Befund des Mangels an wahrem Glauben mit der Beharrung auf der Taufwiedergeburt vereinbaren, weil ihm seit seiner Straßburger Zeit die Lehre von der Wiederholbarkeit der Wiedergeburt nach Gal 4, 19 vertraut war[27]: die Taufe bedeutete wirklich das Bad der Wiedergeburt, in ihr legt der Heilige Geist in einer die Einsicht des Verstandes übersteigenden Weise den Grund des Glaubens; die meisten Menschen jedoch denken nicht daran, daß bei einsetzender Verständnisfähigkeit dieser Glaube gepflegt und durch Unterricht und Beschäftigung mit dem Worte Gottes neu erweckt werden muß. So verlieren sie die Taufgnade, die ihnen zuteil geworden war, und müssen sie im Akt von Buße und Bekehrung wiedergewinnen. Jeder angebliche Christ sollte sich gemäß 2Kor 13, 5 prüfen, ob er wirklich im Glauben stehe, und aus dem Ergebnis seine Konsequenzen ziehen. Tatsächlich mangelt es einem Teil der Kirchenchristen schon an der Voraussetzung des Glaubens, der *notitia*. Andere berufen sich auf Kenntnisse und stimmen den gewußten Lehren zu (*notitia* und *assensus*), applizieren sie aber nicht auf ihre eigene Existenz; sie „fassen solchen Schatz nicht in ihre

---

sten=Menschen machen [...] würden" (Vorrede, Bl. b 10ᵛf). – Mit einer solchen Formulierung scheint sich Spener sogar von seinem verehrten Lehrer Johann Schmidt absetzen zu wollen, der im Rückblick auf seine ja überwiegend gesetzlichen Bußpredigten zu dem Schluß kommt, der größte Haufe bleibe bei seiner gewohnten weltlichen Lebensweise und bedecke höchstens die Untugenden des Herzens mit äußerlicher Heuchelei (Johann Schmidt, Agon Christianus, Straßburg 1640, Bl. c 1ʳ).

[23] „Dieses alles dienet dazu / daß wir sehen / die Ursach und Hülffe der beklagten Gottlosigkeit seye nicht bloß oder vornemlich bey dem Gesetz / sondern vielmehr dem Evangelio zu suchen; und daß wir müssen rechtschaffene Christen haben / ehe wir die eyfferige Ubung ihrer Christen=Pflicht von ihnen erwarten können" (Vorrede, Bl. b 11ʳ).

[24] S. oben, S. 42, zu Arndts Schwanken zwischen einem spiritualistischen und dem orthodoxen Verständnis des Wortes Gottes.

[25] Diese Formulierung, die Spener in seinem Brief vom 27. 2. 1670 an Sebastian Schmidt (s. oben, S. 139 Anm. 331) verwendet, stützt sich auf Diogenes Laertius 6, 41.

[26] Vorrede, Bl. b 11ᵛf: „Nun läugnen wir freilich nicht / daß alle junge Kinder / die getaufft werden / Krafft solcher Tauffe Christum anziehen [...]"; erneut Bl. c 2ᵛ: „Ich wiederhole nochmahl obiges / daß ich der Krafft der Tauffe nichts entziehe [...]".

[27] Über dieses Thema hielt Spener 1664 die zu seinem Promotionsverfahren gehörigen öffentlichen *lectiones cursoriae* (WALLMANN, 171–175).

Hertzen / betrachten ihn nicht fleißig / und eignen ihn ihnen selbsten nicht mit
dem Ernst und Eyffer zu / wie sie thun würden / wo sie recht die Vortrefligkeit
der erworbenen Güter erkennten / und an denenselben alle ihre Vergnügung
[...] suchten"[28]. Diese Formulierung Speners trägt nicht zufällig das Gewand
der Meditationsterminologie.

Für Spener besteht eine natürliche, geradezu selbstverständliche funktionale
Verbindung zwischen Glauben und Meditation. Die Meditation ist das Mittel,
die Heilszusagen sich persönlich anzuverwandeln; sie hat ihren Ort bei der
Erweckung des Glaubens ebenso wie bei seiner Kräftigung und Erhaltung, sie
hilft in der Anfechtung, bietet Schutz gegen Verflachung des Glaubens und
macht gefeit gegen die Versuchungen der Weltlust. Es entspricht Speners „evan-
gelischem" Ansatz, daß er sich den hauptsächlichen Effekt nicht von der strafdrohenden Bußmeditation verspricht, sondern von der Betrachtung der göttlichen Wohltaten, von der meditativen Erfahrung des Heils und dem „Schmek-
ken", dem „Vorschmack" der künftigen Seligkeit[29]. Nicht die Angst, sondern
die Freude und die meditative Vorwegnahme der künftigen Vollendung des
Heils sollen die Christen zu dankbarem Gehorsam bringen. Es ist deutlich, wie
Spener an dieser Stelle Motive Joachim Lütkemanns aufnimmt[30], dessen *Vorschmack göttlicher Güte* er geschätzt und als einen der ersten Texte in seinem
Frankfurter Collegium Pietatis hat lesen und durchmeditieren lassen[31].

Das wichtigste Meditationsthema aber, das Spener in den ersten Jahren seiner
Frankfurter Amtstätigkeit beschäftigte und das er auch in seiner Vorrede zu den
Schriften Cramers anklingen läßt, ist das Thema der „Taufseligkeit". Ganz im
Gegensatz zu Großgebauer, dem die Wirksamkeit der Taufe fraglich geworden
war, verteidigt Spener nicht nur die Lehre von der Taufwiedergeburt, sondern
erhebt die Taufe darüber hinaus zur Grundlage von Glaubensgewißheit[32] und
christlicher Selbstvergewisserung. Daß die Christen in der Taufe bereits das
volle Heil und die Seligkeit vermittelt bekommen, die von der himmlischen nur
graduell, nicht aber wesensmäßig unterschieden ist, hatte Spener bereits von
seinem Straßburger Lehrer Dannhauer gehört, dann aus den Schriften des
Stephan Praetorius besser verstanden und bei Andreas Cramer in einer dogmatisch weniger angefochtenen Umgebung, als sie Praetorius bot, wiedergefunden[33]. Diese Lehre von der Taufseligkeit erscheint bei Spener in signifikanter
Weise mit grundsätzlichen Äußerungen zur Meditation verbunden, – und zwar

---

[28] Vorrede, Bl. c 1[v].

[29] Vorrede, Bl. c 2[r]: Spener sieht die Ursache für das oberflächliche Hören des Wortes Gottes
in der Tatsache, daß vieler Menschen Herz „die Süßigkeit jener himmlischen Schätze / die der
Glaube ihme zueignet / nie geschmecket / oder doch den Geschmack derselben wiederum
verlohren hat".

[30] Zu Lütkemann s. oben, S. 114f.

[31] Vgl. unten, S. 162.

[32] Zur Betrachtung der Taufgnade riet Spener 1674 in einem seelsorgerlichen Trostbrief an
einen angefochtenen Amtsbruder; dabei empfahl er ihm die Lektüre von Praetorius/Statius und
Cramer (Spener, Briefe 1, Nr. 177, bes. Z. 263–306).

[33] WALLMANN, 242f. – Zu Stephan Praetorius vgl. unten, S. 164.

als Widmungsvorrede zu einem Meditationstraktat. Die von Spener besorgte Übersetzung der Meditationsanleitung Jean de Labadies[34] enthält nämlich nicht nur die namentlich nicht gezeichnete Vorrede Speners als Übersetzer, sondern auch eine auf den 26. Januar 1667 datierte Widmungsvorrede an die Töchter der Frankfurter Ratsherren Konrad Stein und Achilles Uffenbach[35]; unterzeichnet ist die Vorrede mit dem Namen des Frankfurter Verlegers Johann Gerlin. Ohne Gerlins möglichen theologischen Kenntnissen Abbruch tun zu wollen, kann doch kaum ein Zweifel daran bestehen, daß auch diese Vorrede von Spener verfaßt ist. Den Reichtum der göttlichen Güte könne man vor allem daran erkennen, läßt Spener schreiben, daß Gott die Menschen nicht erst in der Vollendung ihre Seligkeit, zu der sie bestimmt sind, geniessen lassen will, sondern schon in diesem Leben[36]. Dies wird erfahrbar, indem die Seele durch Gebrauch der dazu eingesetzten Mittel einen „Vorgeschmack" der künftigen Vollendung fühlt und *schmeckt und sieht, wie freundlich der Herr ist* (Ps 34, 9). Wie in der Vorrede zu den Schriften Cramers wird hier der *Vorschmack* zum entscheidenden Element der Hinführung und Kräftigung im wahren Christentum. Als Mittel dazu nennt Spener traditionsgemäß: gottseliges Lesen des Wortes Gottes, andächtiges Hören der Predigten, würdigen Gebrauch des Abendmahls, eifriges Gebet und insbesondere die Meditation, denn sie ist es „welche uns dasselbe als gleichsam gegenwärtig darstellet / was etwa noch künfftig ist"[37]. Durch die Meditation ist der Christ auf Erden gleichsam schon im Himmel und erfährt gewissermaßen in der Vorwegnahme späterer himmlischer Güter die Kompensation und die Bestätigung für sein in dieser Welt durch Selbstverleugnung isoliertes Leben.

Abkehr vom Vorrang der Gesetzespredigt, Abkehr von der mit ihr verbundenen Zuflucht bei dem Appell zu obrigkeitlichen Zuchtmaßnahmen, dafür ernsthafte Rückkehr zu der lutherischen Vorordnung des Glaubens vor die Werke und zum Vertrauen auf die Kraft des Evangeliums sind die Reformgrundsätze Speners schon kurz nach seinem Frankfurter Amtsantritt. Diese Grundsätze sind formuliert in Auseinandersetzung mit Großgebauer, entstanden aber aus der Gewißheit einer jedem Christen im Evangelium zugesprochenen und in der Taufe schon so vollständig vermittelten Seligkeit und Herrlichkeit, daß, wer

---

[34] J. de Labadie, Kurtzer Underricht von Andächtiger Betrachtunge, Frankfurt a. M. 1667 (s. dazu oben, S. 108 ff.).

[35] Zu diesen beiden Frankfurter Patriziern und ihrer Bedeutung für Spener vgl. WALLMANN, 275 f. Konrad Stein (1604–1670) gehörte zu den Anregern des Frankfurter Collegium Pietatis, zwei Söhne von Achilles Uffenbach (1611–1677) zu den ersten Teilnehmern.

[36] *Kurtzer Underricht*, Widmungsvorrede, Bl. *2ᵛ. – Der Begriff der Taufseligkeit selbst fällt an dieser Stelle nicht. Der Sache nach ist aber diese Lehre angesprochen, und Spener belegt sie in der Widmungsvorrede mit Röm 8, 24 (Wir sind wohl selig, doch in der Hoffnung) und Tit 3, 5 (Nach seiner Barmherzigkeit macht er uns selig durch das Bad der Wiedergeburt), zwei Zitaten, die er auch in einem wichtigen Brief, in dem er die Lehre von der Taufseligkeit erläutert und verteidigt, in gleicher Weise einsetzt (Brief vom 10. März 1671 an einen Freund: Spener, Briefe 1, Nr. 97).

[37] *Kurtzer Underricht*, Widmungsvorrede, Bl. *3 ᵛf.

sich dieser Tatsache nur bewußt ist und sie als seine Existenzgrundlage ergreift, gar nicht anders kann, als sich als ein Himmelsbürger im Exil zu verstehen, alle Schätze dieser Welt gering achten muß gegenüber dem ihm schon zuteil gewordenen Gut und in dankbarem Gehorsam gegenüber Gott freiwillig *der gläubigen Kinder Gottes Ehrenstand und Pflicht* – dieser Titel ist ja von Spener formuliert – wahrzunehmen weiß. Die Selbstverständigung aber über diesen vom Evangelium zugesprochenen Tatbestand, seine Realisierung zum lebensprägenden Prinzip, geschieht vor allem in der Meditation. Wer täglich etwa nach Anleitung des lutherischen Kleinen Katechismus die Wohltaten Gottes in Schöpfung, Erlösung und Heiligung auf sich selbst applizierend betrachtet, der findet eine kräftige Glaubensstärkung und sieht sich in seinem Christenstand weit über alle weltlichen Verlockungen erhaben, für den kann als Lebensziel nur das Streben nach wahrer Gottseligkeit sinnvoll sein[38]. Der Gestus des *contemptus mundi* und die *Imitatio Christi* sollen so nicht als Gesetz von außen erzwungen werden, sondern als einleuchtende, selbstverständliche Folge aus der wahren Erkenntnis der Herrlichkeit des Christenstandes entspringen: „Daher keine heiligere übung, als solche offtere und tägliche betrachtung seyn mag"[39].

5.2 Collegium Pietatis und Meditation

Die *Collegia Pietatis*, neben der chiliastischen *Hoffnung besserer Zeiten* eine der beiden unverwechselbaren *notae* des sich auf Spener berufenden lutherischen Pietismus[40], nehmen eine Mittelstellung zwischen dem öffentlichen Gottes-

---

[38] Spener hat dies ausführlich dargestellt in seinem schon zitierten Schreiben an Sophie Elisabeth von Holstein-Wiesenburg (s. oben, S. 152 Anm. 20): „Reitzet mich also die welt mit vorhaltung ihrer eingebildeten ehre, respects, nutzens und lust: und ich sehe hingegen, wie hoch die ehre seye, zu dero ich durch die erlösung gebracht bin; so kan ich großmüthig verachten alles, was die welt hoch schätzet, und in solcher verachtung mich so viel leichter dessen enthalten, wozu mich jene mit vorhaltung ihrer vermeinten güter locket. Ich bin ja nicht zu dergleichen eiteln, sondern recht wahren, ewigen und himmlischen gütern, ehre, herrlichkeit und freude von meinem Heyland erlöset. Warum solte ich mich dann also verringern, und um einen schatten das wahre gut fahren lassen?" (Brief Nr. 139, Z. 144–152).

[39] AaO., Z. 194f.

[40] Die Entwicklung des Spenerschen *Collegium Pietatis* ist einigermaßen kompliziert verlaufen von einem an Spener herangetragenen Vorschlag zur Gründung einer exklusiven Privatgesellschaft zur Stiftung und Vertiefung gegenseitiger christlicher Freundschaft und Liebe über die Stufe einer halböffentlichen Erbauungsstunde zum gemeinsamen Studium von Erbauungsbüchern bis zur „Umbildung des Kollegiums in eine Gemeindeversammlung, in der die Bibel ausgelegt und besprochen wird" (WALLMANN, 297) und deren Propagierung als ein Mittel der Kirchenreform in Speners *Pia Desideria*. Komplizierend tritt hinzu, daß weder die erste Anregung noch die entscheidende Umwidmung des Frankfurter Kollegiums zu einer Gemeindeversammlung nach urkirchlichem Vorbild (1Kor 14) von Spener selbst stammt, sondern offenbar von Johann Jakob Schütz an ihn herangetragen worden ist. Spener aber hat nicht nur ausgeführt, sondern er hat verändert, eigene Akzente gesetzt, interpretiert und die rechtliche und vor

dienst und der Privaterbauung des Einzelnen ein. Von Anfang an wurden die *Collegia* in einen Zusammenhang mit dem *cultus publicus* und der öffentlichen Gemeindepredigt gestellt; ihre Befürworter und ihre Gegner sahen in ihnen je nach Standpunkt eine den öffentlichen Gottesdienst und die Predigt ergänzende oder mit ihr konkurrierende Einrichtung. Spener betonte im Herbst 1670, wenige Monate nach Konstituierung des ersten Kollegiums in Frankfurt, das er selbst lieber ein *exercitium pietatis* als ein *Collegium* nennen wollte, den ergänzenden und fördernden Effekt seiner Übung: wer ihr beiwohnt, wird eher noch eifriger den öffentlichen Gottesdienst besuchen als ihn vernachlässigen, und er wird mehr Gewinn aus ihm ziehen[41]. Als er 1677 einräumen muß, daß schon einmal ein Teilnehmer des Kollegiums äußert, durch diese Übung größeren Gewinn zu empfinden als durch viele Predigten, will er darin keine Herabsetzung der Institution der öffentlichen Predigt sehen[42], läßt aber die alte Klage folgen: „Utinam tam facile esset conciones nostras etiam in eum redigere modum, ut earum fructus foret uberior"[43].

Die Debatte um Nutzen und Legitimität von *Collegia Pietatis*, die sich unmittelbar nach Bekanntwerden der ersten Konstituierung eines solchen Kollegiums entzündet und nach Speners *Pia Desideria* (1675) ein Hauptstreitpunkt zwischen den nunmehr entstehenden Fronten von Orthodoxie und Pietismus wird, verläuft vor dem Hintergrund der allgemein gewordenen Klage über die Wirkungslosigkeit der kirchlichen Verkündigung in der normalen Gemeindepredigt und der seit über einem halben Jahrhundert unternommenen Versuche, die „Zuhörer" unmittelbar in die Verantwortung zu nehmen und ihnen *exercitia pietatis*

---

allem theologische Verantwortung für die Einrichtung, seit 1675 auch für die öffentliche Empfehlung des Kollegiums übernommen. Ausführlich unterrichtet über die Entwicklung des Spenerschen Kollegiums: J. WALLMANN, Philipp Jakob Spener und die Anfänge des Pietismus, Tübingen ²1986, 264–324. – Die folgende Darstellung nimmt das Frankfurter Kollegium Speners nur unter dem Gesichtspunkt der Meditation in den Blick. Dabei werden die Interpretationen des Kollegiums herangezogen, mit denen Spener das Kollegium in seine eigene Reformkonzeption einbaute und gegenüber anderen Theologen rechtfertigte und anpries.

[41] „Caeterum privati hi congressus nihil detrahunt publicis ad audiendum verbum divinum et reliqua peragenda sacra congregationibus: quin potius has diligentius frequentant et illis amplius proficere laborant, qui nullam lubentes occasionem transmittunt hoc semper agendi, quod unum necessarium putant" (Spener an [Balthasar Bebel, Herbst 1670]: Spener, Briefe 1, Nr. 84, Z. 96–100).

[42] Spener an [Sebastian Schmidt], 21.09. 1677: Cons. 3 [175–178] 177b: „Conventus Ecclesiae solennes nemo in contemtum adduci patietur, cum et conciones in prima Ecclesia conventuum pars fuerit et unitarum precum magnam vim esse universi persuasi simus. Si quis aliquando tali colloquio quam pluribus concionibus plus profecisse existimet, quos tamen sermones audire nollem, ea ratione excusarem, sicuti saepissime pii homines in hac civitate fassi sunt uno Catechetico examine audito quam pluribus concionibus plus se profecisse, quamvis conciones ob hoc non negligerent". – Zu ähnlichen Äußerungen über den Vorzug des Katechismus-Examens vor der Predigt vgl. oben, S. 98 f.

[43] Ebd.

anzuempfehlen, durch die sie einen eigenen, das „Herz" öffnenden Zugang zum Angebot der göttlichen Gnade finden und realisieren.

Spener rechtfertigte 1670 die Gründung seines *exercitium pietatis* mit Hinweis auf Kol 3, 16[44]. Diese Stelle ist neben Eph 5, 19 in der Reformliteratur eine Kernstelle für die Forderung einer Ergänzung des Predigthörens durch private Bibellektüre, Meditation[45], geistliche Übungen und *gottselige Gespräche*, wie sie insbesondere als eines der Mittel zur Sonntagsheiligung vorgeschlagen wurden. So forderte Heinrich Müller in seinem *Himmlischen Liebeskuß* unter Berufung auf Eph 5, 19 und Kol 3, 16 die gegenseitige Erbauung der Frommen untereinander aus Gottes Wort[46]; nicht nur für sich allein sollen sie Freude an Gottes Wort finden, sondern sich auch gegenseitig unterweisen, trösten und ermahnen und zusammenkommen, um sich über das Reich Gottes miteinander zu unterhalten[47].

Ähnlich wie die Vorwegnahme der himmlischen Güter in der meditativen Erfahrung der Liebe und Güte Gottes konnte im 17. Jahrhundert auch das gottselige Gespräch seelenverwandter Christen als ein *Vorschmack des Ewigen Lebens* bezeichnet werden. Diese Titulierung findet sich sowohl bei Tobias

---

[44] Spener an Johann Ludwig Hartmann, 9.11. 1670 (Spener, Briefe 1, Nr. 83. Z. 42f.); an [Balthasar Bebel, Herbst 1670] (Nr. 84, Z. 53).

[45] Vgl. dazu oben, S. 62f. Anm. 168 und S. 86f. zu Johann Schmidt.

[46] H. Müller, Himmlischer Liebeskuß, Teil 1, Kap. 9, § 39 (Zitate nach der Ausgabe Erfurt 1742): „Die Frommen sollen sich mit einander aus GOttes Wort erbauen. Hierzu dienet, daß die Frommen allenthalben anfangen unter einander zu reden von GOttes Wort, von Psalmen, Lobgesängen und geistlichen Sachen, die der Seelen erbaulich seyn, Eph. 5, 19. Was der Apostel an seine Colosser schreibt, das gehet uns auch an, Col. 3, 16. *Lasset das Wort Christi unter euch reichlich wohnen in aller Weisheit, lehret und vermahnet euch selbst mit Psalmen und Lobgesängen und geistlichen lieblichen Liedern.* Bey dem Welt=Kinde ist das Wort nur ein Nachtgast in einer Herberge, bey den Gottseligen hat es seine bleibende Wohnung. Ein Welt=Mann höret wol tausend Predigten ohne Verstand, treibet seine Spötterey damit. Ein Christ verstehet es, und wird durch solchen Verstand zu einer himmlischen Lebens=Weisheit geführet. Beym Welt= Menschen wohnet das Wort sehr sparsam, er achtets nicht, er dencket wenig daran. GOTTes Kinder haben ihre Lust daran, reden Tag und Nacht davon. Ja sie haben nicht allein Lust daran für sich selbsten, sondern erlustigen auch andere damit" (aaO., S. 132f.). – Müller greift hier zunächst in ähnlichen Wendungen wie Johann Schmidt (s. oben, S. 86f.) den Gedanken auf, daß das Wort Gottes im Menschen durch die *ruminatio* Wohnung fassen soll; sodann wendet er sich zum Mittel der gegenseitigen Erbauung durch gottselige Gespräche. Auch hierbei bleibt das Grundmotiv der Meditation gewahrt: „Es muß einer dem andern mit dem gottseligen Gespräch darzu dienen, daß das Feuer angezündet werde [. . .]".

[47] Liebeskuß, S. 133: „gleichwie in der Natur gleiches zu gleichem gefüget wird, durch die wunderliche verborgene Zuneigung, also hangen die gottsfürchtige himmlische Gemüther an einander, und stehet fein, wenn die Frommen offt zusammen kommen, mit einander von Christi Reich reden, nachdem sie die Anmuthung ihres Hertzens darzu treibet. Da ist der Segen des himmlischen Vaters, wie Jacob spricht, 1. B. Mos. 49, 1. Versammlet euch, meine Kinder, daß euch euer Vater segne. Da ist die Freundschafft des HErrn Christi, Matth. 18, 20. Wo ihrer zween oder drey in meinem Namen versammlet seyn, da bin ich mitten unter ihnen. [. . .]".

Wagner[48] als auch bei Spener[49]. Speners Korrespondenzpartner, der Jurist und Erbauungsschriftsteller Ahasver Fritsch, der den Vorschlag zur Einrichtung von *Collegia Pietatis* durch seine Abhandlung über die *Christ-schuldige Erbauung des Nächsten durch gottselige Gespräche* unterstützen wollte, sah eine so enge Verwandtschaft zwischen solchen Gesprächen und der Meditation, daß er eine Auslegung zu Kol 3, 16 über den Nutzen der Meditation kurzerhand umwidmete und für seine Argumentation okkupierte: „Es ist unmöglich / (wie ein bekannter Theologus an einem orte merckwürdigst schreibet) wann man sich nicht zum offtern in gottseligen Gedancken (und Gesprächen) übet / und bedächtlich meditiret / was man auß GOttes Wort gehöret / oder gelesen / *daß wir sonderlich können gebessert werden.* Es berühret schwerlich das Hertz / geschweige / daß es durchdringen / und etwas drinnen fruchten solle: es wird nicht verdauet / und bleibet halb rohe / darumb muß es durch solche Gedancken (und Gespräche) *gleichsam wiederkäuet* werden / sollen wir anders dardurch *geistliche Nahrung* empfangen / wachsen und zunehmen / wie solches durch reine Thiere im Alten Testament ist abgebildet worden. Das Wort muß nicht allein *reichlich / reichlich / reichlich* bey uns seyn / sondern in uns wohnen"[50].

Auch in den *Pia Desideria*, in denen für Spener 1Kor 14 zur biblischen Begründung der nunmehr als „kirchliches Verfassungsinstitut"[51] dargestellten *Collegia* geworden ist, verzichtet er nicht auf die Einbettung seines Vorschlags in den traditionellen Begründungsrahmen aus Predigtkritik und Propagierung von komplementären Veranstaltungen nach Kol 3, 16: „Nun solte es zwar scheinen", argumentiert Spener, „daß das Wort GOttes reichlich gnug unter uns wohnete / indem an unterschiedlichen orten (und zwar auch in hiesiger Stadt) täglich / anderswo gleichwol zum öfftern / von der Cantzel gepredigt wird / wo wir aber der Sache reifflich nachdencken / werden wir auch in diesem stück vieles finden / das noch weiter nöthig seye. Ich verwerffe die haltende Predigten durchauß nicht / da auß einem gewissen vorgelegten Text und dessen erklärung die Christliche Gemeinde unterrichtet werde / als der ich selbs dergleichen vortrage und verrichte. Aber ich finde nicht / daß dieses gnug sey"[52]. Unter den ersten

---

[48] „Obwolen die waare Freundschafft der Kinder Gottes / vielmehr bestehet in der Zuneigung deß Gemüths / als Gegenwart deß Leibs / so ist doch die leibliche Gegenwart / da man einander sehen / hören / die erbawliche Gemüths=Gedancken durch Conversation gegenwärtig eröffnen / bey liebreichen Hertzen schon in dieser Welt / wie schlecht es auch wegen der Menschen falschheit und boßheit darinnen steht und gehet / gleichsam ein jrrdisches Paradiesz / und wann es ἀνυποκρίτως, hertzlich und ohne falsch daher geht / ein Vorgeschmack desz Ewigen Lebens [...]" (T. Wagner, Compendium Deß waaren Christenthums. Ulm 1644, S. 1f.).

[49] „Es ist zwahr vergnüglich, und ein vorgeschmack des ewigen lebens, wo man schon hier auff der welt solche fromme seelen, die der welt abgestorben, das ewige allein lassen ihre freude seyn, umb sich hat, und von denselben täglich erbauet werden kan [...]" (Spener an [Sophie Elisabeth von Holstein-Wiesenburg], Juni/Juli 1673: Spener, Briefe 1, Nr. 159, Z. 30–33).

[50] A. Fritsch, Von Christ=schuldiger Erbauung deß Nächsten durch gottselige Gespräche [...]. Frankfurt a. M. 1676, S. 20f.

[51] WALLMANN, 296.

[52] PD 54, 2–10.

Reformgedanken der *Pia Desideria*, den er in Anlehnung an Kol 3, 16 als die
Aufgabe, „das Wort GOttes reichlicher unter uns zu bringen"[53], beschreibt,
subsumiert Spener als konkrete Vorschläge die intensivere Anleitung zur Privat-
lektüre der Bibel, die öffentliche *lectio continua* in der Kirche und an dritter Stelle
die Einrichtung von Versammlungen zur gemeinsamen Besprechung der Bibel
nach 1Kor 14. Ausdrücklich bietet Spener diese Versammlungen an als Antwort
auf die alte Klage über die mangelnden Differenzierungsmöglichkeiten der
Predigt[54] und betont ihre Mittelstellung zwischen *cultus publicus* und Hausan-
dacht: während die öffentliche Predigt auf den Einzelnen keine Rücksicht nehmen kann und vieles unverstanden vorbeifließt, fehlt in der privaten Hausan-
dacht oft der kompetente Berater und geistliche Seelenführer[55]. Die unter Leitung des Predigers stehende Versammlung jedoch, in der jeder das Wort ergrei-
fen, Fragen stellen und im Rahmen der nötigen Bescheidenheit Beiträge leisten
darf, verbindet die als notwendig erkannte individuelle Dimension der Verkündigung mit der sicheren Führung durch das kirchliche Amt. Abschließend
bemüht sich Spener, den Eindruck einer unerhörten Neuigkeit seines Vorschlags aufzufangen, indem er sich erneut auf Kol 3, 16, den Konsens der
Reformer über die Notwendigkeit des täglichen Umgangs mit der Bibel[56] und
auf Luthers Mahnung zur Bibellektüre beruft. Tatsächlich hat Spener den Zusammenhang seiner Übung mit der öffentlichen Predigt dadurch verstärkt, daß
er nicht nur biblische Texte eingebracht, sondern im Kollegium auch eine
Wiederholung, Zusammenfassung und Erklärung jeweils seiner letzten Sonn-
tagspredigt gegeben hat. Damit erweckt das Kollegium den Eindruck einer
öffentlichen *ruminatio* der Predigt und einer gemeinsamen Bibelmeditation.

In dieser Form, als ein die Predigt ergänzendes *exercitium pietatis*, hat sich
Spener das Kollegium von der Theologischen Fakultät Kiel approbieren lassen.
In ihrem Gutachten vom 7. März 1676 sehen die Kieler Theologen die Intention
des Kollegiums im Bemühen um Wachstum der Teilnehmer in der Erkenntnis
göttlicher Wahrheiten und im christlichen Leben und Wandel, „in dem theils
durch andächtige wiederholung der Predigten / selbe desto beständiger ins
Gedächtnüß gefasset / und gleichsam in succum & sanguinem convertiret werden; theils durch kurtze und deutliche erklärung der Bücher Neuen Testaments /
und darüber angestellte gottselige Unterredung die Gemeinde zur heiligen
Schrifft [...] je mehr und mehr gewähnet / zu fleissiger lesung und betrachtung
derselben immer weiter auffgemuntert / und solcher gestalt von tag zu tag im
glauben besser gegründet / und zu sorgfältiger einrichtung eines GOtt gefälligen
Wandels unablässig angefrischet wird"[57].

---

[53] PD 53, 31f.
[54] Vgl. oben, S. 97ff.
[55] PD 56, 22–32.
[56] Hierbei setzt Spener voraus, daß der fleißige Umgang mit Gottes Wort „nicht nur bloß in
anhörung der Predigten bestehet / sondern auch lesen / betrachten / darvon unterreden Psalm 1/
2. in sich fasset" (PD 57, 1f.).
[57] Das Kieler Responsum ist gedruckt bei A. Fritsch (s. oben, Anm. 50), S. 65–70 (das Zitat

In dieser Form und Begründung als eine die Predigt unterstützende Maßnahme hat auch der spätere Gegner Speners Johann Benedikt Carpzov noch 1685 das Kollegium mit starken Worten verteidigt und befürwortet. Aus Eph 5, 19, dem er im Verlauf seiner Argumentation noch Kol 3, 16 zugesellt, zeigt Carpzov auf, „wie rathsam es sey / daß man nechst den ordentlichen predigten über die gewöhnlichen catechismus examina / die man mit kindern und einfältigen leuten hält / auch andere versamlungen anstelle / darinnen die predigten wiederholet / die sprüche der heiligen schrifft untersuchet / die unterlauffenden scrupel benommen / die zweifelsfragen beantwortet / und andere zur erbauung des Christenthums nöthige dinge / nicht nur unter den lehrern in gegenwart der zuhörer / sondern auch zwischen lehrern und zuhörern / jedoch in gewisser ordnung / gehandelt würden [...]"[58]. Spener hat Carpzov später gern daran erinnert, daß dieser den Nutzen der *Collegia* so hoch bewertet hat, daß darin „gewißlich ein gemeiner mann in einer stunde mehr als sonst aus zehen predigten lernet"[59].

Spener bezweckte allerdings in seiner Übung kein intellektuelles Lernen, sondern, wie das Kieler Responsum richtig aufgefaßt hatte, die ruminierende Anverwandlung des Wortes Gottes. Ganz anders, als es sich die Initiatoren und ersten Teilnehmer des Frankfurter Kollegiums, die dann auch bald fortblieben, ursprünglich gewünscht hatten, drängte Spener den Gedanken einer frommen und gebildeten Sozietät[60] in den Hintergrund, öffnete die Übung für die *indocti* und *simpliciores*[61] und formte sie konsequent um zu einer didaktischen Veranstaltung, in der er vorführte, wie die Lehren des Christentums in das eigene Leben zu ziehen und auf praktisches Christentum hin fruchtbar zu machen seien. Ziel der Übung sei nicht, erläuterte Spener schon im Januar 1671, die Glaubensartikel zu diskutieren, sondern das bekannte Glaubenswissen fruchtbar zu machen zur Stärkung des Glaubens, zum Anreiz größeren Glaubenseifers und zum Trost in Widerwärtigkeiten[62]. In einem langen Exkurs stellt er grundsätzlich seine Position dar: das Elend des Christentums wird nicht durch mangelndes Wissen über

aaO., S. 65f.). – Es liegt handschriftlich vor im Archiv der Franckeschen Stiftungen, Halle (Saale), D 69, Bl. 152–159.

[58] J. B. Carpzov, Außerlesene Tugendsprüche / aus der heil. Schrifft zusammen gesuchet / und gründlich erkläret. [...]. Leipzig 1685, S. 442.

[59] Ph. J. Spener, Gründliche Beantwortung Einer mit Lästerungen angefüllten Schrifft [...]. Frankfurt a. M. 1693, S. 147f. – Das Zitat stammt aus den *Tugendsprüchen*, S. 448.

[60] Zur ursprünglichen Intention der ersten Anreger des Frankfurter Kollegiums s. WALL- MANN, 269–271. 281f. – Die Statuten eines *Collegium Philadelphicum*, einer frommen Sozietät von Akademikern, die sich zur praktischen Übung des Christentums, zur Bibellektüre und auch zur gegenseitigen sozialen Absicherung formieren wollte, sind in den Jahren 1630/31 von den Theologischen Fakultäten Wittenberg und Jena begutachtet und das Anliegen positiv beurteilt worden. Die Jenaer Fakultät hat in ihr Gutachten eine Anleitung zum Bibellesen eingefügt (vgl. oben, S. 104). Das Wittenberger Gutachten vom 14. 3. 1631 ist gedruckt in den *Consilia Theologica Witebergensia*, Frankfurt a. M. 1664, Teil 3, S. 117–121; 1671 erschienen die Jenaer Gutachten vom 7. 6. 1630 und 5. 8. 1630 in: Georg Dedekenn, Thesaurus Consiliorum et Decisionum. Appendix Nova. Hamburg 1671, S. 755–774.

[61] WALLMANN, 292f.

[62] Spener an [Balthasar Bebel], 20. 1. 1671 (Spener, Briefe 1, Nr. 91, Z. 102ff.).

die kirchliche Lehre verursacht, sondern dadurch, daß dieses Wissen im Kopf
bleibt und nicht das Leben bestimmt. Was der Intellekt ergreift, muß durch
intensive *ruminatio* in Fleisch und Blut verwandelt werden[63]. Nicht darauf
kommt es im Christentum an, viel zu wissen, sondern das Gewußte fruchtbar
werden zu lassen. So treibe man im Kollegium nichts anderes, als was Spener
auch in seinen Predigten einzuschärfen sich zunehmend bemühe, nämlich das
Wort Gottes durch Meditieren und Hören in sich wirksam werden zu lassen[64]:
„Meditamur ergo et confabulamur de hoc unico, qua ratione ad curam hanc ex
aliis aliisve fidei articulis ὁρμητήρια accedant: quae nobis σχηματισμὸν seculi
magis magisque invisum reddere, ab eius concupiscentiis abducere et, ut serio
uni necessario incumbamus, nos impellere debeant: tum, quibus imprimis medi-
is sanctum, quod quisque coepit, propositum in effectum deduci et qua ratione
potissima impedimenta divina ope removeri queant"[65]. Diese Zielsetzung des
Kollegiums gleicht in auffälliger Weise der Schrittfolge jener Erbauungsbücher,
die in einzelnen *Betrachtungen* Gründe und Motive zur wahren Gottseligkeit
nennen, die Mittel dazu angeben und die möglichen Hindernisse auszuräumen
anleiten. Tatsächlich wurden ja in den Anfangsjahren des Kollegiums Lütkemanns *Vorschmack göttlicher Güte* und Baylys *Praxis Pietatis* durchgearbeitet und
offenbar im Rahmen der Möglichkeiten nachmeditiert[66]. Diese Grundstruktur
des Kollegiums als einer zur Meditation anleitenden Übung blieb auch nach
Weglegen der Erbauungsbücher zugunsten der Bibel erhalten. Die Unterrichtung in Glaubenslehren überlasse man Predigt und Katechese, schreibt Spener
1677 an Sebastian Schmidt, daher gehe selten jemand gelehrter aus den Versammlungen, als er gekommen war, häufig aber jemand mit kräftiger Erschütterung des Herzens[67].

---

[63] Ebd., Z. 195−198: „Sed, quae intellectus capit, diligenti ruminatione in succum et sanguinem convertenda sunt, et non tam, ut multa sciamus, quam, quae scimus, cum fructu sciamus,
curandum".

[64] „Unde omne, quod in hoc exercitio agimus, paucis illis absolvitur (quod in publicis
concionibus etiam magis magisque inculcare laboro), ut doceamus et discamus, quam non in
otiosa speculatione carnalis cordis sine divina mutatione fides consistat, sed quam necessarium
sit, ut verbum meditantes vel audientes illud eo efficax in nobis esse patiamur, ut in nobis imago
divina subinde amplius renovetur et eius effectus, quantum in hoc imperfectionis statu fieri
valet, tota in vita exsplendescant. Ad quod quotidiana expolitione et longe intensiori cura opus
sit, quam vulgus eorum, qui quam maxime iuxta carnem viventes Christiani tamen vocari
amant, sibi imaginantur" (Ebd., Z. 214−222).

[65] Ebd., Z. 223−228.

[66] Als drittes Buch las man im Kollegium: Nikolaus Hunnius, Epitome Credendorum, Oder
Kurtzer Inhalt Christlicher Lehre (zuerst 1625). Vgl. WALLMANN, 279. − Nicht gelesen wurde
im Kollegium das Buch, in dem die von Spener angesetzte Struktur des Dreischritts am
eindringlichsten realisiert ist: *Sonthoms Güldenes Kleinod* (vgl. oben, S. 106), das von Spener
allerdings in gleichzeitigen Briefen empfohlen wurde.

[67] Spener an [Sebastian Schmidt], 21. 09. 1677: Cons. 3 [175−178] 176b: „Informationem
autem fidei ipsam Catecheticis exercitiis et concionibus solennibus reservamus, unde raro
quispiam doctior abit ex nostris congressibus, saepius vero aliqui non sine insigni cordis
commotione ad agenda ea, quorum est necessitas ostensa et, qua ratione in praxin deduci
valeant, consilia suppeditata sunt".

Über das Verfahren im Kollegium berichtet Spener in zahlreichen seiner Briefe und in seinem apologetischen *Sendschreiben* aus dem Jahre 1677[68]. Nach anfänglicher Verlesung einer zusammenhängenden Perikope und einleitenden Erläuterungen geht Spener versweise vor, indem er den jeweiligen Vers wiederholt, seine eigenen Gedanken dazu vorträgt und dann den Teilnehmern Gelegenheit gibt, zu fragen oder anzumerken, was ihnen zum Verständnis oder zur Nutzanwendung des Verses für die Erbauung wichtig erscheint. Spener selbst korrigiert, wo es nötig ist, bekräftigt, faßt die Ergebnisse abschließend unter praktisch-paränetischer Abzweckung zusammen und schließt mit einem Gebet. Der meditative Charakter dieser Übung drückt sich nicht nur in diesem praxisorientierten Wiederkäuen einzelner Bibelverse aus, sondern auch in der Tatsache, daß die Behandlung der Bibeltexte durch die Setzung thematischer Schwerpunkte dominiert und schließlich in den Hintergrund gedrängt wird.

Neben der allgemeinen Ausrichtung der Gespräche auf die Notwendigkeit und Möglichkeit des wahren Christentums nennt Spener als bevorzugten Themenbereich des Kollegiums die Glückseligkeit der wahren Christen schon in diesem Leben, die ihren Ausdruck findet in der Ruhe der Seele in Gott, in der Versicherung der Gnade Gottes in ihren Herzen, im Licht der Erkenntnis Gottes und in der Erfahrung der Überlegenheit der himmlischen Güter über die irdischen[69]. Diese thematische Orientierung hat im Frankfurter Kollegium völlig die Oberhand gewonnen über den Gedanken, die Bibel lesen zu wollen. Spener hat zu einzelnen Fragen lange, über mehrere Versammlungen hinweg dauernde Unterrichtungen gegeben, deren Nachschriften er später als Bücher herausgab[70]. In einer späten Definition von *collegium pietatis* redet Spener nicht mehr von einer Veranstaltung, in der Prediger oder dazu befähigte Gemeindeglieder unter Leitung des Predigers „die Heilige Schrifft vor sich nehmen / darauß offentlich lesen / und über jegliche stelle derselben von dem einfältigen verstand / und was in jeglichem zu allerhand

---

[68] Ph. J. Spener, Sendschreiben An Einen Christeyffrigen außländischen Theologum, betreffende die falsche außgesprengte aufflagen / wegen seiner Lehre / und so genanter Collegiorum pietatis [...]. Frankfurt a. M. 1677.

[69] „Nechst denen angezeigten materien / die wir am liebsten und offtersten zu treiben pflegen / von der nothwendigkeit und möglichkeit eines recht ernstlichen Christenthumbs / suchen wir auch offters den discurs dahin zu lencken / von dem grossen nutzen eines solchen Christlichen lebens / und wie die gerechten es nicht nur gut werden haben / *zu der Zeit der erquickung vor dem angesicht des HErrn* / sondern wie auch der zustand eines wahren Christen [...] in dem Geist betrachtet / in dieser zeit / recht glückselig seye: Was es vor ein gut sey umb die wahre ruhe der seelen in ihrem Gott / umb die versicherung der gnade Gottes in dem Hertzen / umb das göttliche liecht / welches der HErr bey denjenigen entzündet / und ihnen zuverstehen gibet / was fleisch und blut nicht zu erkennen vermag / umb ihre freudigkeit in aller beschwerde und leiden dieses lebens: Und also wie der treue Vater denen jenigen / die umb seinet und seines befehls willen die vergängliche lust dieser welt verleugnen / so viel bessere güter gebe / die sie nach dem sie sie einmal erkandt / umb aller welt gut nicht wiederumb verwechseln oder vertauschen würden" (*Sendschreiben*, S. 58f.).

[70] Ph. J. Spener, Der innerliche und geistliche Friede (s. unten, Anm. 73). – Ders., Natur und Gnade / Oder Unterscheid der Wercke / So aus natürlichen kräfften und aus den gnaden= würckungen des Heiligen Geistes herkommen [...]. Frankfurt a. M. 1687.

unser erbauung dienlich wäre / brüderlich sich unterredeten"[71], sondern will seinen Vorschlag in den *Pia Desideria* verstanden wissen als eine Einrichtung, „da unter der direction eines oder mehrer prediger andre zuhörer zu gewissen zeiten zusammen kommen / da dann aus göttlichem wort von dem prediger erbauliche materien vorgetragen werden / den andern männern aber freystehet [...] das ihrige zur gemeinen erbauung mit beyzutragen"[72].

Die von Spener mitgeteilten Lieblingsthemen des Frankfurter Kollegiums sind typische Themen der Selbstbetrachtung und der Meditation. *Thematisch* hat sich das Frankfurter Kollegium – trotz seiner völligen Umorientierung in der Jahreswende 1674/75 und seiner Neubegründung als Mittel der Kirchenreform nach apostolischem Vorbild – im Grunde gar nicht von dem Weg entfernt, den es mit der Lektüre Lütkemanns eingeschlagen hatte. Der Gedanke, christliches Leben und *contemptus mundi* ohne Zwang aus der Erfahrung göttlicher Güte evozieren zu wollen, mußte zwangsläufig zur Frage nach den Möglichkeiten solcher Erfahrungen führen. Ein Beispiel für die Fragestellung im Kollegium ist die von Spener und „mehrern guten Freunden" vorgetragene Anleitung, „wie man zu dem wahren frieden Gottes gelangen / auch in demselben erhalten werden / und zunehmen möge", die nachmals von Spener überarbeitet und in den Druck gegeben wurde.

Diese Schrift, *Der innerliche und geistliche Friede*[73], deren zitierte Autoritäten neben der Bibel Lütkemanns *Vorschmack*[74], Praetorius/Statius[75], Paul Egard[76] und Luther[77] sind, entwirft das Ideal eines zurückgezogenen, durch Weltverachtung und Selbstverleugnung bestimmten kontemplativen Christentums[78], das

---

[71] So 1675 in den *Pia Desideria*: PD 55, 26–29.

[72] *Gründliche Beantwortung* (1693), S. 146.

[73] Ph. J. Spener, Der innerliche und geistliche Friede Oder der Friede Gottes [...]. Frankfurt a. M. 1686 (Grünberg Nr. 168. – Zitate nach der Ausgabe Frankfurt a. M. ³1696). – In der Vorrede wendet sich Spener nicht, wie in seinen sonstigen Schriften, an den „Christlichen lieben Leser", sondern an die nunmehr auch personell erfaßbaren Kreise der Gleichgesinnten, die er anredet als: „Liebste Brüder und Schwestern in unserm Friedenfürsten JEsu".

[74] Zitiert *Friede*, S. 36. 125. 153. 175. 197. 224. 247. – Zu Lütkemanns *Vorschmack* vgl. oben, S. 114f.

[75] M. Statius, Geistliche Schatzkammer der Gläubigen (zuerst 1636), eine dogmatisch korrigierte Neubearbeitung von: St. Praetorius, 58. Schöne / Außerlesene / Geist= und Trostreiche Tractätlein [...]. Lüneburg 1622. – Zitiert *Friede*, S. 46. 62. 99. 118f. 225. 235. – Zur Bedeutung von Statius/Praetorius für Spener s. WALLMANN, 241–243.

[76] Spener bezieht sich auf den ersten Band seiner eigenen Ausgabe der Schriften Egards: P. Egard, Auserlesene Schriften. Frankfurt a. M. 1679 (Grünberg Nr. 234). – Zitiert *Friede*, S. 236.

[77] Luther wird aaO., S. 186 und vor allem im abschließenden Kapitel „Von vortrefflichkeit dieses friedens und dessen erkantnuß" zitiert (*Friede*, 227ff. 244).

[78] Neben der Empfehlung innerer Haltungen wie Genügsamkeit in Gott, Selbstverleugnung, Geringschätzung weltlicher Güter, Reinigung des Herzens, Verleugnung der Bauchsorge und Vermeidung der Vermessenheit rät Spener zur Mäßigung der Geschäfte, zur Enthaltung von zu viel Gesellschaft und zum Verzicht auf unnützes Reden. In diesem Zusammenhang betont er auch den Nutzen klösterlicher Einrichtungen zum zurückgezogenen Gottesdienst, wenn Gelübde und aller Aberglaube ferngehalten werden (*Friede*, S. 176f.).

aus der Empfindung göttlicher Regungen im Herzen seine Vergewisserung und seine Resistenz gegen die Anfechtungen der Welt erfährt. Ausdruck der intakten Beziehung zwischen Gott und Mensch ist der Friede, der in der Versöhnung Gottes mit der Welt in Christus seine objektive, in der glaubenden Annahme dieses Friedens und der Gegenliebe zu Gott seine subjektive Dimension entfaltet, der ein Zustand der Seelenruhe und Gelassenheit entspricht[79]. Der Weg zu diesem innerlichen Frieden führt in wahrer Buße und Bekehrung über die Reue zum lebendigen Fiduzialglauben; das Mittel zu seiner Teilhabe ist das Wort Gottes, vor allem das Evangelium. Methodischer Grundzug dieser Anleitung zum Seelenfrieden ist die Meditation[80]. Sie führt in der vorbereitenden Phase der Reue durch rückhaltlose Selbstprüfung bis zur Erfahrung der Höllenangst[81]. Aus der Betrachtung des Evangeliums erwächst dann der geistliche Frieden. Spener nennt als Meditationsthemen die *Ursachen des Heils* und die *Güter des Heils*, darunter an erster Stelle die erworbene Seligkeit[82], die als Vorschmack der künftigen Güter erfahrbar werden kann[83], aber auch in betonter Weise den Artikel von der Rechtfertigung[84]. Auch die dem Wort Gottes entspringenden kirchlichen Handlungsformen Absolution, Segen, Taufe und Abendmahl sind Anlaß und Motiv der Betrachtung. Wie bei Lütkemann, so hat allerdings auch im *innerlichen Frieden* die strikt an das Wort gebundene Betrachtung nicht die Funktion, Willen und Affekte auszurichten, sondern das Herz auf den Empfang göttlicher Regungen und Empfindungen, hier: der Erfahrung des innerlichen und geistlichen Friedens vorzubereiten. Mit der Aufforderung zum andächtigen Gebet dringt das Element der Selbstbeobachtung vor, die Konzentration auf das eigene Innere[85]. Da Gott auf Betrachtungen und Gebet hin im Herzen des

---

[79] Mit Worten Lütkemanns bezeichnet Spener diese subjektive Dimension auch als den „frieden im gewissen" und die „ruhe und stilligkeit im gemüthe" (*Friede*, S. 36).

[80] Diesen Charakter der Schrift läßt Spener schon in der Vorrede kräftig anklingen: „Lasset uns also / Meine Lieben / fleissig seyn / zu betrachten unsers theuren Heylandes vortrefflichen sieg und die gesamte damit uns verdiente güter / sonderlich aber diesen frieden / als eine herrliche crone derselben / damit solches werth davon in unseren hertzen lebendig werde / und wir kosten mögen die süssigkeit dieses honigs / der uns alle zeit so viel anmuthiger schmäcket / als mehr wir ihn kauen und in dem mund behalten" (*Friede*, S. 18).

[81] *Friede*, S. 50–55. – Dabei sieht Spener die Tiefe der Höllenangst in Korrespondenz stehen zur späteren Erfahrung des Trostes.

[82] „Wie nun die betrachtung der ursach unsers Heils auß dem Evangelio von solcher grossen krafft ist / so ist nit weniger zu sagen von der betrachtung der güter unsers Heils / die durch Christi tod erworben / und durch seine aufferstehung uns gebracht worden sind: Also wer in dem frieden bekräfftiget werden will / betrachte auß göttlichem wort ferner die grosse seeligkeit / die der HERR seinen kindern gibt / ja bereits gegeben und geschencket hat" (*Friede*, S. 65 f.). – Hintergrund ist wieder die von Spener hochgeschätzte Lehre von der Taufseligkeit (s. oben, S. 153 ff.), deren Betrachtung er als ein Mittel zur Hochschätzung der geistlichen und Geringschätzung der weltlichen Güter später (*Friede*, S. 146) erneut anführt.

[83] *Friede*, S. 66.

[84] *Friede*, S. 67–72.

[85] „Wie nun solche beobachtung des hertzens bey allem gebet / da auch um etwas äusserliches gebeten wird / uns nöthig ist / so ist sie soviel mehr nöthig bey dem gebet um diesen frieden / der etwas innerliches ist / und nicht anders als in der seele gefühlet wird; daß wir wol acht geben

Menschen antwortet, gilt besondere Aufmerksamkeit der Beobachtung des eigenen Herzens: dessen Regungen sind zu prüfen, ob sie in der Erfahrung des geistlichen Friedens die Gegenwart Gottes kundtun[86].

Das Frankfurter Kollegium hat sich jener Erwartung besonderer Erfahrungen göttlicher Gegenwart geöffnet, vor deren Überbetonung Spener aus seelsorgerlichen Gründen verschiedentlich gewarnt hat[87]. Auch der *innerliche Friede* enthält seelsorgerliche Einschübe zum Trost derer, die nicht dergleichen Erfahrungen machen können[88]. Offensichtlich aber sind die Teilnehmer des Spenerschen Kollegiums dabei geblieben, sich ihres Gnadenstandes als Christen an geistlichen Erfahrungen vergewissern und durch *Betrachtungen* den *Vorschmack des ewigen Lebens* genießen zu wollen. Spener selbst teilt in einem Schreiben aus dem Jahre 1678 eine kritische Feststellung seines Schwagers Johann Heinrich Horb über den Frankfurter Kreis mit, die den Sachverhalt zu treffen scheint und offenbar auch in den nachfolgenden Jahren nichts von ihrer Gültigkeit verloren hat: „Die liebe Leut kommen zuviel zusammen, reden zuviel, klagen zuviel, urtheilen zuviel: Sie sehen einander zuviel nach, sie suchen das rechte Wesen in einer beständigen Erhebung des Gemüths durch Betrachtungen [...]. Das Christenthum in einer beständigen Süssigkeit und fühlender Vergnügung zu suchen ist kindisch, Christo zu folgen, und dabey nichts suchen, ist männlich"[89].

/ ob der Geist deß HERRN auff unser gebet eine regung in dem hertzen erwecken wolle / da wir anfiengen etwas mehr von solchem frieden zuspüren / und solches gefühl alsdann weiter zunehmen würde / wo wir jener bewegung nachsetzten [...]" (*Friede*, S. 91 f.).

[86] *Friede*, S. 92–97.

[87] Vgl. oben, S. 117 f.

[88] „Wie wir nun also von diesem frieden und dessen beforderungs mitteln gehandlet haben / so ist noch ferner hinzu zusetzen / daß zwar solcher friede ordentlicher weiß empfindlich seye / und seyn solle / es könne aber auch an der empfindlichkeit desselben manglen / nicht nur den jenigen / die solchen auch wahrhafftig nicht in sich haben / sondern auch bey wahren glaubigen / bey welchen also der friede sowol als andere früchte deß Geistes / Galat. 5/22. sich nothwendig finden muß" (*Friede*, S. 108). – Vgl. *Friede*, S. 108–113. 190–199.

[89] Cons. 1, [131–134] 132f. – Auf diese Kritik Horbs hat zuerst hingewiesen A. RITSCHL, Geschichte des Pietismus. Bd. 2.1. Bonn 1884 (Ndr. Berlin 1966), 142f.

Quellen- und Literaturverzeichnis

a) Verzeichnis der abgekürzt zitierten Quellen und Literatur

ADB	Allgemeine Deutsche Biographie, Bd. 1–456, Leipzig 1875–1912 (Ndr. Berlin 1967–1971).
Aland Nr.	[bezieht sich auf:] Aland Kurt, Hilfsbuch zum Lutherstudium. Bearb. i. Verb. m. Ernst Otto Reichert und Gerhard Jordan, Witten ³1970.
Bed.	Spener, Philipp Jakob, Theologische Bedencken / Und andere Brieffliche Antworten, Teil 1–4, Halle 1700–1702 (²1707–1709; ³1712–1715).
Bruckner	Bruckner, John, A Bibliographical Catalogue of seventeenth-century German Books published in Holland, The Hague – Paris 1971 (Anglia Germanica, Bd. XIII).
BSLK	Die Bekenntnisschriften der evangelisch-lutherischen Kirche. Herausgegeben im Gedenkjahr der Augsburgischen Konfession 1930, Göttingen ⁸1979.
Cons.	Spener, Philipp Jakob, Consilia et Iudicia Theologica Latina, Tom. 1–3, Frankfurt a. M. 1709.
CR 21	Philippi Melanthonis Opera Quae supersunt omnia, post Carol. Gottl. Bretschneiderum ed. Henricus Ernestus Bindseil. Vol. 21. Braunschweig 1854 (Ndr. New York-London; Frankfurt a. M. 1963) (Corpus Reformatorum, 21).
Dünnhaupt	Dünnhaupt, Gerhard, Personalbibliographien zu den Drucken des Barock. Zweite, verb. u. wesentl. verm. Auflage des Bibliographischen Handbuches der Barockliteratur. Stuttgart 1990–91 (Hiersemanns Bibliographische Handbücher, Bd. 9. I–V).
EGS	Spener, Philipp Jakob, Erste geistliche Schrifften, Frankfurt a. M. 1699.
Grimm, DWB	Grimm, Jakob, u. Wilhelm Grimm, Deutsches Wörterbuch, Bd. 1–32, Leipzig 1854–1961.
Grünberg Nr.	[bezieht sich auf:] Spener-Bibliographie, in: P. Grünberg, Philipp Jakob Spener, Bd. 3, Göttingen 1906, S. 206–388.
KGS	Spener, Philipp Jakob, Kleine Geistliche Schriften, hg. von Johann Adam Steinmetz, 2 Teile, Magdeburg u. Leipzig 1741–42.
LBed.	Spener, Philipp Jakob, Letzte Theologische Bedencken, Halle 1711 (²1721).
Lipenius	Lipenius, Martin, Bibliotheca Realis Theologica, Bd. 1–2, Frankfurt a. M. 1685 (Ndr. Hildesheim – New York 1973).
Migne PL	Migne, Jacques Paul, Patrologiae cursus completus [...]. Series Latina [...]. Bd. 1–221 u. Erg. – Bd. 1 ff., Paris 1844–1865. 1958 ff.
NDB	Neue Deutsche Biographie, Bd. 1 ff., Berlin 1953 ff.
PD	Spener, Philipp Jakob, Pia Desideria, hg. v. Kurt Aland, Berlin ³1964 (Kleine Texte für Vorlesungen und Übungen, 170).
PrGK	Gesamtkatalog der Preussischen Bibliotheken [ab Bd. 9: Deutscher Gesamtkatalog], hg. v. d. Preussischen Staatsbibliothek, Bd. 1–15, Berlin 1931–1979.
PuN	Pietismus und Neuzeit. Ein Jahrbuch zur Geschichte des neueren Prote-

	stantismus, Bd. 1–3 (1974–1976) Witten 1974–1976, Bd. 4 ff. (1977 ff.) Göttingen 1979 ff.
RE³	Realencyklopädie für protestantische Theologie und Kirche, 3. verb. u. verm. Auflage, Bd. 1–24, Leipzig 1896–1913.
RGG²	Die Religion in Geschichte und Gegenwart. 2., völlig neu bearb. Auflage, Bd. 1–5 u. Reg.-Bd., Tübingen 1927–1932.
RGG³	Die Religion in Geschichte und Gegenwart. 3., völlig neu bearb. Auflage, Bd. 1–6 u. Reg. – Bd., Tübingen 1957–1965.
Sommervogel	de Backer, Augustin, u. Aloys de Backer, Bibliothèque de la Compagnie de Jésus. Nouvelle édition par Carlos Sommervogel, Bd. 1–12, Bruxelles-Paris 1890–1932 (Ndr. Louvain 1960).
Spener, Briefe 1	Spener, Philipp Jakob, Briefe aus der Frankfurter Zeit 1666–1686. Band 1: 1666–1674. Hg. v. Johannes Wallmann in Zusammenarbeit m. Udo Sträter u. Markus Matthias. Tübingen 1992.
TRE	Theologische Realenzyklopädie, Bd. 1 ff., Berlin-New York 1977 ff.
WA	D. Martin Luthers Werke. Kritische Gesamtausgabe. Bd. 1–58. 60, Weimar 1883 ff.

b) Quellenverzeichnis

ANDREAE, Johann Valentin: Theophilus. Eingel. und hg. von Richard van Dülmen. Stuttgart 1973 [Quellen und Forschungen zur Württembergischen Kirchengeschichte, Bd. 5].

ARNDT, Johann: Sechs Bücher Vom Wahren Christenthum; Nebst desselben Paradies=Gärtlein [...]. Mit Fleiß durchgesehen und herausgegeben von Gotthilf August Francken [...]. Halle 1743.

DERS.: POSTILLA, Oder Auslegung der Sontages und aller Festen Evangelien [...]. Lüneburg 1645.

[‹Pseudo-›AUGUSTINUS]: Die liebe Alte andacht. S. AVGUSTINI Bischoffs zu Hyppon des heiligen reinen vnd fürnemesten Kirchenlerers Buch: SOLILOQVIORVM ANIMAE AD DEVM. Das ist / Geheime andechtige Gesprech / vnd innige vnterredungen Christlicher Seelen mit Gott. Voller seliger Leren vnd reichen Trostes: zu diesen letzten zeiten sehr nötig vnd nützlich zu lesen / zu beten vnd zu gebrauchen: Verdeudschet: Durch Heinrich Räteln zu Sagan / in NiederSchlesien. Wittenberg 1589.

[DERS.]: MEDITATIONES SOLILOQUIA Vnd MANUAL S. AUGUSTINI Das ist: Andächtige Geist= vn[d] Trostreiche Gebet S. AUGUSTINI, Darin begriffen: I. Allerley Gottselige Erinnerungen von Gott vn[d] göttlichen Dingen. II. Heimlich Gespräch der Seelen mit Gott. III. Handbüchlein / Vom Wort GOttes oder Anschawung des HERRN Christi. Vor Jahren aus dem Latein in gut Deutsch bracht / Durch Heinrich Rätell von Sagan. Jetzt aber aus guter Wolmeynung zu dieser jämmerlichen betrübte[n] Zeit / zu Befoderung wahrer Busse vnd Gottseligkeit hervor gesucht. Lüneburg: Stern 1630.

[DERS.:] Augustinische Andachts=Flamme / Das ist: MANUALE, Oder Hand=Buch / Des uralten heiligen Kirchen=Lehrers Augustini / Nebst dem Lateinischen Text und dessen Deutscher Übersetzung / mit 37. Sinnbildern gezieret / wie auch mit beygefügter Erklährung und gezeigten Christlichen Brauch und Anwendung / herfürgegeben von M. Johan[n] Gottfried Oleario [...]. Nürnberg 1666.

BELLARMIN, Robert: De Ascensione Mentis in Deum per scalas creatarum. In: Opervm [...] Tomus Septimvs. Köln 1617. Sp. 1311–1426.

BERND, Adam: Eine Predigt Vor die Vergeßlichen Zuhörer, Damit dieselben ins künfftige mehr, als bißher auß den Predigten behalten mögen, Gehalten Am Sonntage Sexagesima A. 1715. Leipzig 1719.

DERS.: Ein rechtschaffner Kirchen=Gänger, Wie derselbige Vor / in und nach der Kirchen beschaffen. Leipzig 1719.

DERS.: Die Betrachtung Des Leidens Christi, Als eine nöthige und nützliche Arbeit eines

Christen in der Fasten, Der Gemeine GOttes In der Peters=Kirchen zu Leipzig Anno. 1714 Am Sonntage Quinquagesima recommandirt und vorgeschlagen. Leipzig 1719.

Betrachtungen Wie ein Mensch in sich selbst gehen / und sein Leben bessern soll / Aus dem Italiänischen übersetzet Und nebst einer Vorrede von Herrn M. August Hermann Francken [...]. Halle 1699.

Birken, Sigmund von: Heiliger Sonntags-Handel und Kirch-Wandel / Oder: Anweisung / wie man den Sonntag mit Andacht zubringen / und in der Kirche sich GOTT-gefällig verhalten solle: Nach den Hauptstücken Christlicher Lehre eingerichtet / auch mit Sinnbild- und Geschicht-Kupfern neben neuen Liedern gezieret [...]. Samt dem gewöhnlichen Kirch-Lieder-Büchlein. Nürnberg 1681.

Bona, Johannes: Handleytung Zum Himmel / In sich begreiffend den Kern der H. Vätter und Alten Philosophen. Durch Johannem Bonam hiebevor in Lateinischer Sprach verfasset. Nunmehr in die Teutsche übersetzet und in Truck verfertiget. Frankfurt a. M. 1663.

Ders.: MANUDUCTIO AD COELUM, Medullam continens Sanctorum Patrum, et veterum Philosophorum. LA CONDUITE AU CIEL Ou est reafermè L'esprit de Saints Peres, et des anciens Philosophes. Handleytung Zum Himmel In sich begreiffend den Kern der H. Vätter und Alten Philosophen AUCTORE D. IOANNE BONA Congr. Reform. S. Berardi[!] Abbate generali. Wolfenbüttel 1669.

Breckling, Friedrich: Modus Catechizandi: Einfältige Art und Weise / wie man den kleinen Catechismum Lutheri den Kindern und jungen Leuten recht vorkäuen / und lebendig ins Hertz schreiben und pflantzen soll [...]. Amsterdam 1662.

Briegisches Bedencken s. Christ=Fürstliches Bedencken und Ausschreiben.

Buscher, Anton: Schola Pietatis, Apostolische vnterweisung zur Gottseligkeit [...]. Lüneburg 1623.

Ders.: Geistlich Hertz= vnd Haußkirch / Wie das Reich GOttes in vns nach Anlaß der Zeit / Orts / vnd Geschäffte alle Stunde des Tages / vnd alle Tage der Wochen durch Andacht vnd Gebet zu bawen / Damit Die Zeit zum Ewigen / das Sichtbare zum Vnsichtbaren führe / das Fleisch getödtet / vnd der Geist lebendig / die Vereinigung mit CHristo erkandt / vnd die Gottseligkeit geübet werde. Sampt einer Vorrede Von Vrsachen des jetzt falschen Christenthumbs / vnd von Nutz deß noch wahren Christenthumbs / [...] Johann Arndes. Auch von Nutz vnd Gebrauch dieses Büchleins. JESV zu Ehren / die Gemein zu lehren / die Andacht sonderlich der Geistlichen zuerregen [...]. Lüneburg 1624.

Calvoer, Caspar: Güldenes Klee-Blat drey erbaulicher Büchlein. Als 1. Catechismus-Milch für die Kinder und Einfältige, sonderlich auß D. Lutheri und Gesenii Catechismis gezogen. 2. Speise der Starcken. Für die Erwachsene. 3. Gebahnter Weg zu der Ruhe in Gott; oder Andacht ohn Buch. Clausthal 1691.

Carpzov, Johann Benedikt: Außerlesene Tugendsprüche / aus der heil. Schrifft zusammen gesucht / und gründlich erkläret. Sampt einer kurtzen anführung für newangehende Prediger / wie nach anleitung dieser erkläreten Sprüche die Sonn= und Festtags Evangelien durchs gantze jahr erbawlich abzuhandeln [...]. Leipzig 1685.

Chemnitz, Martin: LOCI THEOLOGICI [...] QUIBUS ET LOCI COMMUNES D. PHILIPPI MELANCHTHONIS PERSPICVE ECPLICANtur, & quasi integrum Christianae doctrinae corpus, Ecclesiae DEI sincere proponitur, Editi opera & studio POLYCARPI LEYSERI D. Editio novissima [...]. Frankfurt und Wittenberg 1653.

Christ=Fürstliches Bedencken und Ausschreiben / Von Nohtwendiger Ergreiffung derjenigen Mittel / wodurch Gottes gerechtes Gerichte / gefasseter Zorn / und endliche Straffe / (uber itzige Welt) mit rechtem Ansehen erkennet: Auch endlich / Wo nicht abgewendet / doch etlicher massen vermiltert werden möge. Zu heylwertiger Erinnerung / und höchstnötiger Verbesserung / des so übel bedienten Christenthums. Aus dem Original genommen / und an den Tag gegeben. Durch AMADEUM von Friedeleben [d. i.: Abraham von Franckenberg]. Leipzig 1690 [verfaßt 1623/27; zuerst gedruckt 1646].

CONSILIA THEOLOGICA WITEBERGENSIA, Das ist / Wittenbergische Geistliche Rathschläge Deß theuren Mannes GOttes / D. MARTINI LUTHERI, seiner Collegen, und treuen Nachfolger [...]. Frankfurt a. M. [und Nürnberg] 1664.

CRAMER, Andreas: Der gläubigen Kinder GOttes Ehrenstand und Pflicht / auch Dero Auffmunterung zur Beständigkeit in Verfolgungen / Zu Aufferbauung und Ubung des wahren Christenthums [...]. [Frankfurt a. M. 1668. ²1669] Dresden 1688.

DANNHAUER, Johann Conrad: COLLEGIVM DECALOGICVM Quo Vndeviginti Disputationibus, DECALOGUS SINAITICVS EXPLICATVR. Straßburg 1638.

DERS.: Catechismus Milch oder der Erklärung deß christlichen Catechismi Theil I [-X]. Straßburg 1642–1673.

DERS.: [HODOSOPHIA] CHRISTIANA seu THEOLOGIA POSITIVA [...]. EDITIO SECVNDA AVCTIOR ET CORRECTIOR [...]. Straßburg 1666.

DERS.: DEUTERONOMIUM DANNHAWERIANUM. id est: COLLEGIUM DECALOGICUM denuo Typis traditum [...]. Straßburg 1669.

DEDEKENN, Georg: Thesaurus Consiliorum et Decisionum [...]. Appendix Nova. Hamburg 1671.

DIETZ, Johann: Meister Johann Dietz (des Großen Kurfürsten Feldscher und Königlicher Hofbarbier) erzählt sein Leben. Hg. v. Ernst Consentius. München 1915.

DILHERR, Johann Michael: Heilige Sonntagsfeier / auß heiliger Schrifft / alten Kirchen=Vättern / und andern reinen Lehrern [...]. Nürnberg 1649. – [Dass.:] Samt einer neuen Zugabe etlicher schöner Lieder / und zwoer Predigen[!] / 1. Von rechter Anhörung deß Worts Gottes / 2. Von den Kirchweihen [...]. Nürnberg ²1652.

DUNTE, Ludwig: Wahre und rechtmessige Ubung Des Christenthumbs / welche bestehet in Gottseligem Leben / offentlichem Gottesdienst / demütiger Busse / würdigem Gebrauch des heiligen Abendmahls / und seeligem Abschied von der Welt / In sieben Bücher ordentlich verfasset [...] mit einer besondern Vorrede des Seel. Herrn D. NICOLAI HUNNII [...] jetzo auff vielfältiges Begehren wieder auffgelegt. Wittenberg 1678 [zuerst Lübeck 1630].

EVENIUS, Sigismund: SPECULUM INTIMAE CORRUPTIONIS, Das ist: Spiegel des Verderbniß. Allen und jeden Ständen der wahren Christenheit zur gründlichen Beschawung vnd Nachrichtung / Forderst aber zur Auffmunterung vnd Sorgfältigkeit / in diesen betrübten Zeiten / Sonderlich aber zur Abwendung des Fewereyferigen entbranten göttlichen Zorns / vnd allerhand schweren anjetzo druckenden / vnd vorstehenden zeitlichen / gewißlich aber befürchtenden ewigen Straffen. Durch D.S.H.S.E. der Schulen inbrünstigen Liebhaber. Mit einer Dedication Schrifft an Herrn M. Johannem Saubertum, Predigern zu Nürnberg. Lüneburg 1640.

FEHLAU, Georg: Heilige Morgen= und Abendwache und Gott-gefälliger Tag und selige Nacht / Das ist / Ein Tägliches Lehr=Buch In welchem Der Morgen= und Abend-Segen Herrn M. Lutheri erklähret / und nach deßen Anleitung in XI. Capitteln (derer Summa im anfang zu sehen) gelehret wird: Wie ein jeglicher Christ jeden Tag soll Heilig anfangen / Christlich zubringen / Selig vollenden / und darauf Getrost schlaffen. Dem seynd beygefüget H. Ludovici Vivis verdeutschte kurtze / aber sehr Geistreiche Andachten und Gebete von dem Morgen an bis in die Nacht. [...]. Amsterdam 1661.

FRANCKE, August Hermann: Werke in Auswahl. Hg. v. Erhard Peschke. Berlin 1969.

FRITSCH, Ahasver: Der Sündliche Kirchen=Schläffer. Zur Warnung vorgestellet [...]. [Jena 1672] Jena 1675.

DERS.: Kurtze und ohnvorgreifliche Erörter= und Beantwortung Sechs und Funfftzig General=FRAGEN / über den Punct / Was und wie viel ein jeder Christlicher Regent / so wohl dessen Diener und Beambte / zu mehrer Erbauung des waren Christenthums derer Unterthanen / Ambts und Gewissens halber / beyzutragen schuldig? [...]. Jena 1673.

DERS.: Tractätlein / Von Christ=schuldiger Erbauung deß Nächsten durch gottselige Gespräche. [...] Frankfurt a. M. 1676. Leipzig 1690.

DERS.: Drey Nützliche und Erbauliche Tractätlein / Deren das I. Die leider! heutiges Tages Verschmähete Heilige Pietät / Und Wahre Gottesfurcht. II. Das von Türcken und Heyden Beschämte Christenthum. Wie auch III. Die Qvaal der Frommen [...]. Leipzig 1690.

GERHARD, Johann: Quinquaginta Meditationes Sacrae ad veram pietatem excitandam, & interioris hominis profectum promovendum accommodatae. [1606] Jena 1622.

DERS.: Exercitium Pietatis Qvotidianum Qvadripartitum; peccatorum confessiones, gratiarum actiones, precationes & obsecrationes complectens. Jena 1629.

DERS.: Schola Pietatis. Das ist: Christliche und Heilsame Unterrichtung / Was für Ursachen einen jeden wahren Christen zur Gottseeligkeit bewegen sollen / auch welcher Gestalt er sich an derselben üben soll. [...]. [1622]. Nürnberg 1709.

GESENIUS, Justus: Kleine Catechismus Schule. Das ist: Kurtzer Unterricht / wie die Catechismus=Lehre bey der Jugend vnd den Einfältigen zu treiben. Hervor gegeben / auffs newe vbersehen vnd augirt [...]. Sampt einer Vorrede / Herrn D. Johannis Schmidt / deß Kirchen=Convents Praesidenten in Straßburg. Straßburg 1635.

DERS.: Praxis Devotionis, Oder Vbung Christlicher Andacht: In dreyen Tractätlein außgeführet Worunter Das Erste vom Gebett / Das Ander vom Heil. Abendmahl / Das Dritte von Heiligung deß Sabbaths oder Feyertags handelt. Hannover 1645.

GROSSGEBAUER, Theophil: Wächterstimme aus dem verwüsteten Zion. Das ist: Treuherzige und nothwendige Entdeckung, aus was Ursachen die vielfältige Predigt des Worts Gottes, bey Evangelischen Gemeinen, wenig zur Bekehrung und Gottseligkeit fruchte, und warum Evangelische Gemeinen, bey den heutigen Predigten des heiligen Wortes Gottes, ungeistlicher und ungöttlicher werden? samt einem treuen Unterricht von der Wiedergeburt. [Frankfurt a. M. 1661]. Gedr. in: Ders.: Drey Geistreiche Schrifften [...]. Schwerin [4]1753, a2ʳ–b8ᵛ u. 1–632.

[HALL, Joseph: The Arte of Divine Meditation, deutsch]: PRAXIS PIETATIS. Das ist: Vbung der GOttseligkeit / [Erster vnd] Ander Theil.[...] Straßburg 1634.

HOLLAZ, David: EXAMEN THEOLOGICUM ACROAMATICUM [...]. Stargard 1707 (Ndr. Darmstadt 1971). – Rostock und Leipzig [2]1718.

DERS.: SCRUTINIUM VERITATIS, COMPLECTENS PENTADECADA, QUAESTIONUM THEOLOGICORUM ILLUSTRIUM, QUIBUS NONNULLAE MYSTICORUM HYPOTHESES PERQUIRUNTUR, ET EXCUTIUNTUR [...]. Wittenberg 1711.

HYPERIUS, Andreas: Ein treuer und Christlicher Raht / Wie man die Heilige Schrifft täglich lesen und betrachten solle / allen Ständen der Christen=Menschen sehr nützlich und nohtwendig / In zweyen Büchern abverfasset. Erstlich in Latein beschrieben / von D. Andrea Hyperio, nachgehends verdeutscht von Georgio Nigrino; Jetztmals aber / um deß gemeinen Nutzens willen / wiederum zum Truck befördert / in der Verdeutschung verbessert / und mit einer Vorrede versehen von Elia Veieln / der Heil. Schrifft D. Ulm 1672.

IGNATIUS von Loyola: Exercitia Spiritualia. Rom 1969 (Monumenta Historica Societatis Iesu, 100).

KORTHOLT, Christian: PASTOR FIDELIS, sive, DE OFFICIO MINISTRORUM ECCLESIAE OPUSCULUM. Hamburg 1698.

LABADIE, Jean de: Kurtzer Unterricht von Andächtiger Betrachtunge / Wie solche Christlich und Gottselig angestellet und geübet werden solle. Verfasset in einem Sendschreiben H. Johann von Labadie, und Auß der Frantzösischen den Teutschen zum besten in unsere Sprache übersetzet. Samt einem Zusatz deß Ubersetzers von Gewißheit der Seeligkeit. Frankfurt a. M. 1667

LIPENIUS, Martin: Bibliotheca Realis Theologica, Bd. 1–2, Frankfurt a. M. 1685 (Ndr. Hildesheim – New York 1973).

LÖHE, Wilhelm: Gesammelte Werke, hg. v. Klaus Ganzert. Bd. 3.1. u. 3.2. Neuendettelsau 1951 u. 1958.

LÜTKEMANN, Joachim: Vorschmack Göttlicher Güte. [Wolfenbüttel 1653] Braunschweig 1740.

LUIS DE GRANADA: Obras. Edicion critica y completa por Fray Justo. Vol. 2. Madrid 1906. Ders.: Operum Tomus III, opuscula spiritualia continens. Köln 1626.

MEISNER, Balthasar: PIA DESIDERIA, Paulo ante beatum obitum ab ipso manifestata & delineata, ac insimul Consilia THEOLOGICA, de quibusdam Defectibus in & ab Ecclesiis Evangelicorum tollendis. Edita Cura M. G. W. Frankfurt a. M. 1679.

MELANCHTHON, Philipp: Melanchthons Werke in Auswahl, hg. v. Robert Stupperich. Bd. II. 1.2, hg. v. Hans Engelland. Gütersloh 1952.

MOLINOS, Miguel de: Manuductio Spiritualis, extricans animam, eamque per viam interiorem ad acquirendam contemplationis perfectionem, ac diuitem pacis interioris thesaurum deducens, una cum Tractatu Ejusdem de Quotidiana Communione, Fideliter & stylo Mysticorum conformiter in latinam linguam translata a M. Aug. Hermanno Franckio. Liber, in quo praecipua Eorum, qui vulgo Quietistae vocantur, Dogmata declarantur. Leipzig 1687.

DERS.: Geistlicher Weg=Weiser / Die Seele von den sinnlichen Dingen abzuziehen, und durch den innerlichen Weg zur völligen Beschauung und innern Ruhe zu führen: Aus fremden Sprachen in die Hochteutsche übersetzt, Und ehemals Nebst des AUTORIS Lebens=Lauf und Send=Schreiben von seinem inwendigen Zustand herausgegeben, In dieser dritten Ausfertigung aber mit einer Anleitung zu unanstößiger Lesung dieses Buchs vermehrt Von Gottfried Arnold / Kön. Preuß. INSPECTORE. Frankfurt a. M. 1712.

MOLLER, Martin: Meditationes sanctorum Patrum. Schöne / Andechtige Gebet / Tröstliche Sprüche / Gottselige Gedancken / Trewe Bußvermanungen / Hertzliche Dancksagungen / vnd allerley nützliche vbungen des Glaubens. Aus den heyligen Altvätern Augustino, Bernhardo, Taulero vnd andern / fleissig vnd ordentlich zusammen getragen vnd verdeutschet [...]. [zuerst Görlitz 1584] Görlitz 1590. [Teil II:] Altera Pars Meditationum ex sanctis Patribus. Ander Theyl Andechtiger schöner Gebet [...] Aus den heyligen Altvätern Cypriano, Hieronymo, Augustino, Bernhardo, vnd andern [...] Allen andechtigen Hertzen / zum Christlichen Leben vnd seligen Sterben./ gantz nützlich zubrauchen. Görlitz 1591.

MÜLLER, Heinrich: Himmlischer Liebes=Kuß / Oder Ubung deß wahren Christenthumbs / fliessend auß der Erfahrung Göttlicher Liebe. [Frankfurt a. M. und Rostock 1659] Erfurt 1742.

MURSCHEL, Israel: AURORA sive PRAEGUSTUS VITAE AETERNAE. Das ist: Morgenröthe Oder Vorschmack deß ewigen Lebens. [...]. Mit einer Vorrede Herrn Johannis Georgii Dorschei [...]. Frankfurt a. M. 1650.

DERS.: VESPERA OCCIDENTIS GRATIAE DEI. sive PRAEGUSTUS MORTIS ETERNAE. Das ist: Untergang der Gnaden Sonne Gottes. Oder Vorschmack deß ewigen Todes. [...] Mit einer Vorrede Herrn Johannis Georgii Dorschei [...]. Frankfurt a. M. 1650.

NICOLAI, Philipp: FrewdenSpiegel deß ewigen Lebens. Das ist: Gründtliche Beschreibung deß herrlichen Wesens im ewigen Leben / sampt allen desselbigen Eygenschafften vnd Zuständen / auß Gottes Wort richtig vnd verständtlich eyngeführet. Auch fernere / wolgegründte Anzeig vnd Erklärung / was es allbereit für dem jüngsten Tage für schöne vnd herrliche Gelegenheit habe mit den außerwehlten Seelen im himmlischen Paradeiß. Allen betrübten Christen / so in diesem Jammerthal / das Elendt auff mancherley Wege bauwen müssen / zu seligem vnd lebendigem Trost zusammen gefasset [...]. Frankfurt a. M. 1599 [Faks.-Ndr. Soest 1963 (Soester wissenschaftliche Beiträge, Bd. 23)].

NITSCH, Georg: Mysta in Pulpito simplex, seu Dissertatio theologica, De Simplicitate, Quam Ecclesiasticus praesul, in suggesto, Nunquam non, sollicitus ac satagentius observare debet [...]. Wolfenbüttel 1716.

OETINGER, Friedrich Christoph: Selbstbiographie. Genealogie der reellen Gedanken eines Gottesgelehrten. Hg. v. Julius Roessle. Metzingen [2]1978 (Zeugnisse der Schwabenväter, 1).

OLEARIUS, Johann: UNIVERSA THEOLOGIA POSITIVA, POLEMICA, EXEGETICA ET MORALIS, Ejusque Fructus ASCETICA, CATECHETICA, PARACLETICA atqve CASISTICA [...]. Halle 1678.

OSIANDER, Johann Adam [Praes.] / BRAUCH, Johann Eberhard [Resp.]: Disputatio De Sabbatho, Jussu Serenissimi Ducis Wirtembergici, habita [...]. Tübingen 1672.

DERS.: Dissertationes De Sabbatho [...]. Tübingen 1672.

QUISTORP, Johann: EPISTOLA AD SACROS ANTISTITES ECCLESIARUM DUCATUS MECKLENBURGICI [...]. Rostock 1659.

REISER, Anton: Gravamina non injusta: oder Rechtmässige Beschwerden / über den heute zu Tag sehr zerrütteten Zustand deß Evang. Kirchen=Wesens [...]. Frankfurt a. M. 1676.

SCALA PARADISI, oder Himmels=Leiter / Das ist: Eine kurtze und herrliche Anweisung / Wie ein Mensch durch vier Stuffen zu wahrer Erkäntniß Gottes kommen könne; Welche von etlichen Dem heiligen Augustino / von andern Dem heiligen Bernhardo zugeschrieben wird. Zu

Erbauung GOtt=suchender Seelen aus den [!] Lateinischen ins Deutsche übersetzet. Leipzig 1690.

SCHADE, Johann Caspar: Die Frage Was fehlet mir noch? (Matth. XIX. v. 10.) beantwortet. Oder Ein wolgemeinter Entwurff deren vornehmsten und nothwendigsten Stücke / Die Zu einem wahren Christen gehören und erfordert werden / insgemein aber bey denen durch äusserl. Schein sich selbst betriegenden Nahmen=Christen fehlen und vermisset werden. In Frage und Antwort nach Anleitung der Ordnung des kleinen Catechismi [...]. Leipzig ³1690.

DERS.: Einige treue und deutliche Anleitung oder Unterricht / Wie man die Bibel [...] lesen soll / Durch deren fleißige und gebührende Betrachtung auff den rechten Weg des Glaubens / Heiligen Lebens / und ewigen Seeligkeit zu kommen und zu verharren / Allen sonderlich hierinnen Ungeübten und Einfältigen zum besten gestellet / ausgeführet / und mit etlichen angehängten Exempeln erläutert [...]. Leipzig 1691.

DERS.: Wie die Predigten Göttliches Wortes anzuhören / Daß durch solches 1. Der Glaube gewircket / 2. Das Hertz geändert / 3. Das Leben gebessert / und also 4. Die Seele zum Himmel erbauet werde / In dreyen darüber gehaltenen Predigten darinnen Wie GOTTES Wort 1. Glaubig anzunehmen / 2. Fleißig zu bewahren / Und 3. Treulich auszuüben; gehandelt Nebst einem Anhang einer nothwendigen Erinnerung. [...]. Berlin 1694.

SCHARFF, Heinrich Wilhelm: Die Lünische Rechnung / Vorstellend Die Pflichten des Predigers / und seiner Zuhörer [...]. Lüneburg 1696.

SCHMIDT, Johann: Christliche Weißheit Nach anleitung Deß Göttlichen Wunsches Deüt: cap: 32. v. 29. O daß sie Weise weren, &c. [...]. Straßburg 1635.

DERS.: Sechs Christliche Predigten Von deß Heiligen Psalters Namen / Vrsprung / Inhalt / Nutz vnd Frucht /&c. Nach anleitung Der Apostolischen Vermahnungswort Coloss. 3. vers. 16. Lasset das Wort Christi vnter euch reichlich wohnen / &c. Hiebevor zum Eingang vnd vorbereitung / auff die Erklärung deß lieben Psalters gehalten [...]. Straßburg 1637.

DERS.: AGON CHRISTIANUS, Oder Christliches Eingen nach der engen Pforten der Seeligkeit. Wie dasselbe von vnserm getrewen Heyland Christo / Lucae cap. 13. vers. 23. vnd 24. Auff die vorgelegte Frage: Ob wenig seelig werden? Männiglich vor Augen gestellet / vnd ernstlich anbefohlen wird. Aller weltlichen Sicherheit / welche zu diesen letzten Zeiten vberhand genommen / zustewren: hingegen aber die seeligmachende Forcht deß HErrn / vnd Christlich=vorsichtigen Wandel auffzurichten / In zwelff vnterschiedenen Predigten einfältig erkläret / vnd auff begehren in Truck gegeben [...]. Straßburg 1640.

DERS.: LIBELLUS REPUDII Oder Schrecklicher Scheid= vnd Absagbrieff deß eiverigen / gerechten Gottes / an alle Vnbußfertige vnd Heuchler. Begriffen im Buch der Richter cap. 10. Ich wil nicht mehr helffen / gehet hin &c. Hiebevor in Neun vnterschiedenen Predigten offentlich erkläret / Vnd jetzo fürnemlich Dem grossen sichern / gottlosen Hauffen dieser letzten argen Welt / welcher ohn auffrichtige hertzliche Buß gantz vergeblich auff Göttliche Hülffe vnd Frieden wartet / zur trewhertzigen wolmeynenden Warnung: Doch auch zugleich Allen Bußfertigen vnd Glaubigen zum beständigen Trost in Truck gegeben [...]. Straßburg 1640.

DERS.: ZELUS PIETATIS Oder Eiverige übung wahrer Gottseeligkeit / worinn dieselbe bestehe / welcher gestalt sie anzustellen vnd fortzusetzen. Nach anleitung deß 4. vnd 5. Versiculs im 119. Psalm: Du hast geboten fleissig zuhalten deine Befehl: O daß mein Leben deine Rechte mit gantzem Ernst hielte! Hiebevor in zwelff Predigten erkläret / Vnd jetzo Gottseelig=einfältigen Hertzen zum Vnterricht vnd Trost: Den Heuchlern aber / welche den blossen Schein eines Gottseeligen Wesens führen / zu trewhertziger Warnung Auff begehren in Truck gegeben [...]. Straßburg 1641.

[DERS.]: [Vorrede zu Joseph Hall, The Arte of Divine Meditation, deutsch: s. Hall]

SCHUPP, Balthasar: Gedenck daran Hamburg. Oder eine Catechismus Predigt / von dem dritten Gebot [...]. Hamburg ²1657.

SCHWERDTNER, Johann David: VINDICIAE MORALITATIS DIEI DOMINICAE, Ab OBJECTIONIBUS VARIORUM, cumprimis iis, Qvas DISSERTATIO INAUGURALIS, DE JURE SABBATHI [...] proposuit. Pirna 1703.

SECKENDORFF, Veit Ludwig von: Christen=Staat / Worinn von dem Christenthum an sich selbst, und dessen Behauptung wider die Atheisten und dergleichen Leute; Wie auch von der Verbesserung so wohl des Welt= als Geistlichen Standes, nach dem Zweck des Christenthums gehandelt wird. [1685] Leipzig 1716.

SPENER, Philipp Jakob: Drey Christliche Predigten von Versuchungen / sonderlich Von der Anfechtung böser / gottloser und lästerlicher Gedancken [...]. Frankfurt a. M. 1673 [abgedruckt in: Ders.: Erste Geistliche Schriften I, Frankfurt a. M. 1699, S. 215–362].

DERS.: Pia Desideria [1675], hg. v. Kurt Aland. Berlin ^{3}1964 (Kleine Texte für Vorlesungen und Übungen, 170).

DERS.: Das Geistliche Priesterthum Auß Göttlichem Wort Kürtzlich beschrieben / und mit einstimmenden Zeugnüssen Gottseliger Lehrer bekräfftiget [...]. Frankfurt a. M. 1677.

DERS.: Einfältige Erklärung Der Christlichen Lehr / Nach der Ordnung deß theuren Manns GOttes LUTHERI. In Fragen und Antwort verfasset / Und mit nöthigen Zeugnüssen der Schrifft bewehret [...]. Frankfurt a. M. 1677 [Ndr.: Philipp Jakob Spener: Schriften. Hg. v. Erich Beyreuther. Erste Abteilung, Bd. II. 1. Eingel. v. Werner Jentsch. Hildesheim u. New York 1982].

DERS.: Sendschreiben An Einen Christeyffrigen außländischen Theologum, betreffende die falsche außgesprengte aufflagen / wegen seiner Lehre / und so genanter Collegiorum pietatis, mit treulicher erzehlung dessen / was zu Franckfurth am Mayn in solcher sache gethan oder nicht gethan werde. Frankfurt a. M. 1677.

DERS.: Tabulae Catecheticae, Quibus Quinque Capita Catechismi Minoris Magni Nostri Lutheri et subnexa Tabula Oeconomica, In certa pensa distributa, adjectis etiam Materiis Festalibus, Illorum inprimis commodo, qui examina instituere student, simplici Methodo tractantur. Frankfurt a. M. 1683.

DERS.: Der innerliche und geistliche Friede [...]. Frankfurt a. M. [1686] ^{3}1696.

DERS.: Die Evangelische Glaubens=Lehre / In einem jahrgang der Predigten Bey den Sonn= und Fest=täglichen ordenlichen Evangelien [...] vorgetragen [...]. Frankfurt a. M. 1688.

DERS.: Kurtze Catechismus=Predigten / Darinnen Die fünff Haupt=Stück / auß dem Catechismo / Und Die Hausz=Taffel / Samt Den Fest=Materien / Einfältig erkläret werden [...]. Frankfurt a. M. 1689 [Ndr.: Philipp Jakob Spener: Schriften. Hg. v. Erich Beyreuther. Erste Abteilung. Bd. II. 2. Eingel. v. Werner Jentsch. Hildesheim – New York 1982).

DERS.: Sprüche Heiliger Schrifft / welche von welt=leuten mehrmal zur hegung der sicherheit / und wider die so nothwendigkeit als möglichkeit des wahren innerlichen und thätigen Christenthums / mißbraucht zu werden pflegen / kürtzlich / aber gründlich gerettet [...]. Frankfurt a. M. 1693.

DERS.: Gründliche Beantwortung Einer mit Lästerungen angefüllten Schrifft / (unter dem Titul: Außführliche Beschreibung Deß Unfugs der Pietisten m. f. w.) Zu Rettung der Warheit / und so seiner als unterschiedlicher anderer Christlicher Freunde Unschuld. Frankfurt a. M. 1693.

DERS.: Warhafftige Erzehlung / Dessen was wegen des so genannten Pietismi in Teutschland von einiger Zeit vorgegangen / Auß Gelegenheit Hn. Gerhard Craesi seiner Historiae Quackerianae einverleibter Historiae Pietistarum und zu dero Verbesserung Auffgesetzt. Frankfurt a. M. 1697.

DERS.: Erste geistliche Schrifften. Frankfurt a. M. 1699.

DERS.: Theologische Bedencken / Und andere Brieffliche Antworten, Teil 1–4, Halle 1700–1702 (^{2}1707–1709; ^{3}1712–1715).

DERS.: Consilia et Iudicia Theologica Latina. Tom. 1–3. Frankfurt a. M. 1709.

DERS.: Letzte Theologische Bedencken. Halle 1711 (^{2}1721).

DERS.: SOLILOQUIA & MEDITATIONES SACRAE. Edidit & praefatus est IO. GEORGIVS PRITIVS, D. [...]. Frankfurt a. M. 1716.

DERS.: Kleine Geistliche Schriften. Hg. von Johann Adam Steinmetz. 2 Teile. Magdeburg u. Leipzig 1741–42.

[DERS.]: [Vorrede zu Labadie, Jean de: Kurtzer Underricht, s. Labadie].

DERS.: [Vorrede zu Cramer, Andreas: Der gläubigen Kinder Gottes Ehrenstand und Pflicht, s. Cramer].

STENGER, Johann Melchior: Das grosse Geheimnüß Innerlicher Versieglung durch den Geist der Kindschafft. Etlicher massen in einer übern Beschluß der Epistel auff Quasimod. gehaltenen Predigt erkläret [...]. Berlin 1674.

STRYK, Johann Samuel [Praes.] / WAGNER, Conrad Ludwig [Resp.]: DISSERTATIO IVRIS ECCLESIASTICI INAVGVRALIS De IVRE SABBATHI [...]. Halle 1702.

TARNOW, Paul: De Sacrosancto Ministerio, Libri Tres. Rostock 1623.

USHER, James: A METHOD FOR MEDITATION OR A Manuall of Divine Duties [...]. London 1651.

WAGNER, Tobias: Compendium Deß waaren Christenthums: Das ist: CHristliche Hauß= Vbung deß Württembergischen Catechismi / wie namlich die Eltern denselbigen auch daheim in den Häusern mit jhren Kindern vnd Gesind rechtschaffen sollen treiben / Damit selbige bey dieser bösen Welt / so wol in der waaren Religion / als in Gottseligem Leben / gründlich vnterrichtet / hingegen vor aller Verführung zur Vngerechtigkeit / vnd im schwang gehenden Gottlosem Wesen / durch die Gnad GOttes trewlich verwahret werden. Für die Evangelische Gemeind / löblicher deß H. Reichs Stadt Eßlingen / auffs einfältigst vnd gründlichst verfast vnd beschrieben [...]. Ulm 1644.

ZEIBICH, Christoph Heinrich: Piis Desideriis Expetita Audientium Phylacteria Ut maiori quam hactenus cum fructu tot in Ecclesia conciones unum fere quod superest alicubi locorum docentibus aedificandi medium audiantur eademque cum [...] Pastoribus suae fidei commissis tum quotquot sunt omnibus tum qui inprimis hoc anno apud nos ex tractu Torgaviensi conciones quas circulares vocant habituri sunt communicata [...]. Leipzig 1720.

ZELLER, Johann Conrad: Widerholte Christliche und beständige Bekantnus Der wahren Evangelischen Kirchen im Herzogthum Würtemberg / Von dem Wochentlichen Sabbath / Vöst gegründet in dem Heiligen Wort Gottes / auß den Schrifften der Alten und Newen reiner Würtembergischer und anderer Theologorum heraußgezogen / Und auff gnädigstes Anbefehlen [...] HERRN EBERHARDI III. Hertzogen zu Würtemberg und Teckh etc. In unterschiedlichen Fragen gestellet und in Druck gegeben [...]. Tübingen 1672.

ZELTNER, Gustav Georg: DE CORRUPTELIS & MEDELIS THEOLOGIAE Dissertatio Gemina, quarum Priori De CONSANGVINITATE THEOLOGIAE MYSTICAE ac METAPHYSICAE SCHOLAST. Posteriori De GENVINA & SPVRIIS THEOLOGIAM DOCENDI METHODIS agitur. Accessere Schediasma de Scriptoribus Piorum Desideriorum [...]. Nürnberg 1706.

c) Literaturverzeichnis

ALTHAUS, PAUL D. Ä.: Forschungen zur Evangelischen Gebetsliteratur. Gütersloh 1927.

AXMACHER, ELKE: Praxis Evangeliorum. Theologie und Frömmigkeit bei Martin Moller (1547–1606). Göttingen 1989 (Forschungen zur Kirchen- und Dogmengeschichte, 43).

DIES.: Die Rezeption mittelalterlicher Mystik durch Martin Moller. In: Jahrbuch für Schlesische Kirchengeschichte 68, 1989, 7–26.

BARNER, WILFRIED: Barockrhetorik. Untersuchungen zu ihren geschichtlichen Grundlagen. Tübingen 1970.

BENRATH, GUSTAV ADOLF: Die Lehre außerhalb der Konfessionskirchen. In: Handbuch der Dogmen- und Theologiegeschichte, hg. v. Carl Andresen. Bd. 2. Göttingen 1980, 560–664.

BEYREUTHER, ERICH: Der junge Zinzendorf. Marburg 1957.

DERS.: Geschichte des Pietismus. Stuttgart 1978.

BLAUFUSS, DIETRICH: Reichsstadt und Pietismus. Philipp Jacob Spener und Gottlieb Spizel aus Augsburg. Neustadt a. d. Aisch 1977 (Einzelarbeiten aus der Kirchengeschichte Bayerns, 53).

BRAW, CHRISTIAN: Bücher im Staube. Die Theologie Johann Arndts in ihrem Verhältnis zur Mystik. Leiden 1985 (Studies in Medieval and Reformation Thought, 39).

BRECHT, MARTIN: Neue Frömmigkeit und Gemeindesituation bei Martin Moller (1547–1606). In: Krisenbewußtsein und Krisenbewältigung in der Frühen Neuzeit – Crisis in Early

Modern Europe. FS Hans-Christoph Rublack. Hg. v. Monika Hagenmaier u. Sabine Holtz, Frankfurt a. M. [u. a.] 1992. 217–229.

BRENNER, HARTMUT: Protestantische Orthodoxie und Islam. Die Herausforderung der türkischen Religion im Spiegel evangelischer Theologen des ausgehenden 16. und des 17. Jahrhunderts. Diss. theol. [masch.] Heidelberg 1968.

COHEN, FRITZ G.: The structures of German meditative poetry. In: Michigan Germanic Studies 12, 1986, 34–51.

DALY, PETER MAURICE: Dichtung und Emblematik bei Catharina Regina von Greiffenberg. Bonn 1979 (Studien zur Germanistik, Anglistik und Komparatistik, 36).

DÜLMEN, RICHARD VAN: Religion und Gesellschaft. Beiträge zu einer Religionsgeschichte der Neuzeit. Frankfurt a. M. 1989.

ERDEI, KLARA: Auf dem Wege zu sich selbst: Die Meditation im 16. Jahrhundert. Eine funktionsanalytische Gattungsbeschreibung. Wiesbaden 1990 (Wolfenbütteler Abhandlungen zur Renaissanceforschung, 8).

DIES.: Die Meditation – mentalitätsgeschichtliche Deutungen einer Gattung. In: Das Ende der Renaissance: Europäische Kultur um 1600. Vorträge, hg. v. August Buck und Tibor Klaniczay. Wiesbaden 1987 (Wolfenbütteler Abhandlungen zur Renaissanceforschung, 6).

DIES.: Méditations calvinistes sur les psaumes dans la littérature française du XVIe siècle. In: Acta Litteraria Academiae Scientiarum Hungaricae 24, 1982, 117–155.

FRITZ, FRIEDRICH: Die württembergischen Pfarrer im Zeitalter des dreißigjährigen Krieges. In: Blätter für württembergische Kirchengeschichte 29, 1925, 129–168; 30, 1926, 42–87. 179–197; 31, 1927, 78–101. 167–192; 32, 1928, 289–311; 33, 1929, 41–132. 191–296; 34, 1930, 121–139. 153–211.

GRÜNBERG, PAUL, Philipp Jakob Spener, 3 Bde. Göttingen 1893–1906 (Ndr. Hildesheim 1988).

HAMM, BERNDT: Johann Arndts Wortverständnis. Ein Beitrag zu den Anfängen des Pietismus. In: PuN 8, 1982, 43–73.

HENKE, ERNST LUDWIG THEODOR: Georg Calixt und seine Zeit. Bd. 2. Halle 1860.

HIRSCH, EMANUEL: Hilfsbuch zum Studium der Dogmatik. Die Dogmatik der Reformatoren und der altevangelischen Lehrer quellenmäßig belegt und verdeutscht. Berlin ⁴1964 (Ndr. 1974).

HORNIG, GOTTFRIED: Lehre und Bekenntnis im Protestantismus. In: Handbuch der Dogmen- und Theologiegeschichte, hg. v. Carl Andresen. Bd. 3. Göttingen 1984, 71–287.

JANAUSCHEK, LEOPOLD: Bibliographia Bernhardina. Wien 1891 (Ndr. Hildesheim 1959).

JENTSCH, WERNER: Einleitung. In: Philipp Jacob Spener. Schriften, hg. v. Erich Beyreuther. Bd. II.1. Hildesheim-New York 1982, 1–55.

KALB, FRIEDRICH: Die Lehre vom Kultus der lutherischen Kirche zur Zeit der Orthodoxie. Berlin 1959 (Arbeiten zur Geschichte und Theologie des Luthertums, 3).

KOCH, ERNST: Therapeutische Theologie. Die Meditationes sacrae von Johann Gerhard. In: PuN 13, 1987, 25–46.

KÖHLER, WALTHER: Die Anfänge des Pietismus in Gießen 1689–1695. In: Die Universität Gießen von 1607 bis 1907. Festschrift zur dritten Jahrhundertfeier, hg. v. d. Universität Gießen. Bd. 2. Gießen 1907, 135–244.

KOEPP, WILHELM: Johann Arndt. Eine Untersuchung über die Mystik im Luthertum. Berlin 1912 (Neue Studien zur Geschichte der Theologie und der Kirche, 13) (Ndr. Aalen 1973).

KÖSTER, BEATE: Die Lutherbibel im frühen Pietismus. Bielefeld 1984 (Texte und Arbeiten zur Bibel, 1).

KOFFMANE, GUSTAV: Die religiösen Bewegungen in der evangelischen Kirche Schlesiens während des siebzehnten Jahrhunderts. Breslau 1880.

KRAUSE, GERHARD: Andreas Gerhard Hyperius. Leben-Bilder-Schriften. Tübingen 1977 (Beiträge zur Historischen Theologie, 56).

KRUMMACHER, HANS-HENRIK: Überlegungen zur literarischen Eigenart und Bedeutung der protestantischen Erbauungsliteratur im frühen 17. Jahrhundert. In: Acta Litteraria Academiae Scientiarum Hungaricae 26, 1984, 145–162.

LAUSBERG, HEINRICH: Handbuch der literarischen Rhetorik. Eine Grundlegung der Literaturwissenschaft. 2 Bde. München 1960.

LEHMANN, HARTMUT: Das Zeitalter des Absolutismus. Gottesgnadentum und Kriegsnot. Stuttgart u. a. 1980 (Christentum und Gesellschaft, 9).

LEUBE, HANS: Die Reformideen in der deutschen lutherischen Kirche zur Zeit der Orthodoxie. Leipzig 1924.

LUND, ERIC: Johann Arndt and the Development of a Lutheran Spiritual Tradition. Diss. phil. Yale 1979.

MARTZ, LOUIS L.: The Poetry of Meditation. A Study in English Religious Literature of the Seventeenth Century. New Haven – London ²1962.

DERS.: The Meditative Poem. An Anthology of Seventeenth-Century Verse. New York 1963.

DERS.: The Paradise Within. Studies in Vaughan, Traherne and Milton. New Haven – London 1964.

MOHR, RUDOLF: Art. „Erbauungsliteratur. III. Reformations- und Neuzeit". In: TRE 10, 1982, 51–80

NICOL, MARTIN: Meditation bei Luther. Göttingen 1984 (Forschungen zur Kirchen- und Dogmengeschichte, 34).

NIEBERGALL, ALFRED: Die Geschichte der christlichen Predigt. In: Leiturgia. Handbuch des Evangelischen Gottesdienstes. Kassel 1955, 181–353.

QUACK, JÜRGEN: Evangelische Bibelvorreden von der Reformation bis zur Aufklärung. Gütersloh 1975 (Quellen und Forschungen zur Reformationsgeschichte, 43).

RECKE, JOHANN FRIEDRICH VON, und KARL EDUARD NAPIERSKY: Allgemeines Schriftsteller- und Gelehrten Lexikon der Provinzen Livland, Esthland und Kurland. Bd. 1. Mitau 1827 (Ndr. Berlin 1966).

RITSCHL, ALBRECHT: Geschichte des Pietismus. 3 Bde. Bonn 1880–1886 (Ndr. Berlin 1966).

RUHBACH, GERHARD: Meditation als Meditation der Heiligen Schrift. Ein Gang durch die Kirchengeschichte. In: Theologische Beiträge 9, 1978, 97–109.

RUPPERT, FIDELIS: Meditatio-Ruminatio. Zu einem Grundbegriff christlicher Meditation. In: Erbe und Auftrag. Benediktinische Monatsschrift 53, 1977, 83–93.

SAXBY, T. J.: The Quest for the New Jerusalem, Jean de Labadie and the Labadists, 1610–1744. Dordrecht-Boston-Lancaster 1987 (International Archives of the History of Ideas, 115).

SCHÄR, HANS: Protestantische Haltung und Meditation. In: Meditation in Religion und Psychotherapie. Ein Tagungsbericht, hg. v. Wilhelm Bitter. Stuttgart ²1973, 194–212.

SCHATTENMANN, PAUL: Dr. Johann Ludwig Hartmann, Superintendent in Rothenburg (1640–1680). Ein Beitrag zur Kirchengeschichte des 17. Jahrhunderts. Rothenburg o. T. 1921.

DERS.: Eigenart und Geschichte des deutschen Frühpietismus mit besonderer Berücksichtigung von Württembergisch Franken. In: Blätter für württembergische Kirchengeschichte, 40, 1936, 1–32.

SCHIAN, MARTIN: Orthodoxie und Pietismus im Kampf um die Predigt. Ein Beitrag zur Geschichte des endenden 17. und des beginnenden 18. Jahrhunderts. Gießen 1912 (Studien zur Geschichte des neueren Protestantismus, 7).

SCHICKETANZ, PETER: Speners Beitrag für die Erziehung der Gemeinde. In: PuN 12, 1986, 84–93.

SCHINDLER, MARVIN S.: The Sonnets of Andreas Gryphius. Use of Poetic Word in the Seventeenth Century. Gainesville 1971.

SCHLEIFF, ARNOLD: Selbstkritik der lutherischen Kirchen im 17. Jahrhundert. Berlin 1937 (Neue Deutsche Forschungen. Abteilung Religions- und Kirchengeschichte, 6).

SCHMALTZ, KARL: Kirchengeschichte Mecklenburgs. Bd. 3. Berlin 1952.

SCHMID, HEINRICH: Die Dogmatik der evangelisch-lutherischen Kirche dargestellt und aus den Quellen belegt. Hg. v. Horst Georg Pöhlmann. Gütersloh ⁹1979.

SCHÜTZ, WERNER: Geschichte der christlichen Predigt. Berlin-New York 1972 (Sammlung Göschen, 7201).

SCHWAGER, HANS-JOACHIM: Johann Arndts Bemühungen um die rechte Gestaltung des Neuen Lebens der Gläubigen. Gütersloh 1961.

STOEFFLER, F. ERNEST: The Rise of Lutheran Evangelical Pietism. Leiden ²1971.

STRÄTER, UDO: Sonthom, Bayly, Dyke und Hall. Studien zur Rezeption der englischen Erbauungsliteratur in Deutschland im 17. Jahrhundert. Tübingen 1987 (Beiträge zur Historischen Theologie, 71).

THOMAS, KEITH: Religion and the Decline of Magic. Studies in Popular Beliefs in Sixteenth and Seventeenth-Century England. Harmondsworth ⁶1984.

WALLMANN, JOHANNES: Philipp Jakob Spener und die Anfänge des Pietismus, Tübingen ²1986 (Beiträge zur historischen Theologie, 42).

DERS.: Der Theologiebegriff bei Johann Gerhard und Georg Calixt. Tübingen 1961 (Beiträge zur Historischen Theologie, 30).

DERS.: Johann Arndt und die protestantische Frömmigkeit. Zur Rezeption der mittelalterlichen Mystik im Luthertum. In: Chloe. Beihefte zum Daphnis. Bd. 2: Frömmigkeit in der frühen Neuzeit. Studien zur religiösen Literatur des 17. Jahrhunderts in Deutschland. Hg. v. Dieter Breuer. Amsterdam 1984, 50–74.

DERS.: Johann Arndt und die protestantische Frömmigkeit. In Memoriam Winfried Zeller. In: Jahrbuch der Hessischen Kirchengeschichtlichen Vereinigung 35, 1985, 371–379.

DERS.: Pietismus und Spiritualismus. Ludwig Brunnquells radikalpietistische Kritik an Speners Pia Desideria. In: Von Wittenberg nach Memphis. Festschrift Reinhard Schwarz. Göttingen 1989, 229–343.

WEBER, EDMUND: Johann Arndts Vier Bücher vom wahren Christentum als Beitrag zur protestantischen Irenik des 17. Jahrhunderts. Eine quellenkritische Untersuchung. Hildesheim ³1978 (Studia Irenica, 2).

WEHLER, HANS-ULRICH: Deutsche Gesellschaftsgeschichte. Bd. 1. München 1987.

WESTENDORF, CRAIG: The Parable of the Sower (Luke 8: 4–15) in the Seventeenth Century. In: Lutheran Quarterly 3, 1989, 49–64.

ZELLER, WINFRIED (HG.): Der Protestantismus des 17. Jahrhunderts. Bremen 1962 (Klassiker des Protestantismus, 5).

DERS.: Theologie und Frömmigkeit. Gesammelte Aufsätze, hg. v. Bernd Jaspert. Bd. 2. Marburg 1978.

Bibelstellenregister

Register der Namen und Orte

Krause, Gerhard 101
Krummacher, Hans-Henrik 113

Labadie, Jean de 84, 85, 108, 109, 110, 111,
112, 149, 155
Lange, Joachim 108
Lausberg, Heinrich 81
Lehmann, Hartmut 9, 10, 11, 12, 13, 14, 15,
16, 17
Leipzig 37, 41, 53, 76, 80, 89, 90, 102, 103,
105, 107, 109, 111, 118, 121, 137, 142, 161
Leube, Hans 1, 19, 29, 30, 43, 55, 73, 76, 77,
81, 106
Leyser, Polycarp 104, 133
Lipenius, Martin 54, 88, 101, 112
Loarte, Gaspar 112
Löhe, Wilhelm 112
London 99, 106, 107, 108
Lübeck 54, 55
Lüneburg 2, 3, 41, 43, 54, 77, 88, 98, 106,
107, 120, 164
Lütkemann, Joachim 113–118, 147, 154,
162, 164, 165
Luis de Granada 68, 93, 106, 107, 112, 116
Lund, Eric 34
Luther, Martin 5, 12, 13, 29, 46, 48, 75, 80,
83, 93, 98, 101, 102, 104, 105, 119, 120,
122, 127, 130, 131, 132, 133, 136, 137, 143,
152, 156, 160, 164

Magdeburg 34, 112, 121
Martz, Louis L. 4
Mauburnus, Johannes 112
May, Johann Heinrich 76
Meisner, Balthasar 81
Melanchthon, Philipp 29, 104, 133, 134
Mentzer, Balthasar 34, 36, 152
Merlau, Johanna Eleonore von 20
Meyfart, Johann Matthäus 11
Middelburg 85
Milton, John 4
Mitau 54
Möring, Nikolaus 22
Mohr, Rudolf 113
Molinos, Miguel de 109, 118
Moller, Martin 2, 5, 6, 7, 25, 26–29
Montauban 108
Moscherosch, Hans-Michael 68
Mühlhausen 78, 150
Mülhausen 101
Müller, Heinrich 22, 41, 87, 113, 114, 115,
137, 147, 158

Murschel, Israel 117
Musculus, Andreas 2, 25, 28

Napiersky, Karl Eduard 54
Neumark, Georg 11
Neustadt 37
Nicol, Martin 5, 29, 101, 127
Nicolai, Philipp 11, 12, 16, 24, 113, 114
Niebergall, Alfred 145
Nigrinus, Georgius 101
Nitsch, Georg 74
Nürnberg 3, 30, 44, 46, 61, 86, 107, 131, 133,
134, 136, 138

Oehler, Viktor Friedrich 75
Oldenburg 54
Olearius, Johann 124, 134
Olearius, Johann Gottfried 3
Osiander, Johann Adam 142
Osiander, Lucas 35
Oxford 68

Paracelsus, Theophrastus 35, 43
Pareus, David 98
Paris 111
Peschke, Erhard 102
Petrus de Alcantara 112
Pirna 143
Pöhlmann, Horst Georg 72
Poiret, Pierre 111
Praetorius, Stephan 154, 164
Pritius, Johann Georg 107, 108, 111, 112,
113, 149

Quack, Jürgen 103
Quistorp, Johann 77, 80

Rätel(l), Heinrich 2
Rahtmann, Hermann 69
Ranew, Nathanael 108
Rappoltstein 19
Recke, Johann Friedrich von 54
Reiser, Anton 143
Reval 54, 55, 68
Rigoleuc, Jean 111
Ritschl, Albrecht 3, 166
Rom 109, 111
Rostock 24, 74, 77, 78, 93, 114, 118
Rothenburg 85
Rouen 108
Rublack, Hans-Christoph 9
Rudolstadt 77
Rudrauff, Kilian 142

Sachregister

Beiträge zur historischen Theologie

Alphabetisches Verzeichnis

KLEFFMANN, TOM: Die Erbsündenlehre in sprachtheologischem Horizont. 1994. *Band 86.*

KNUDSEN, CHRISTIAN: siehe BAYER, OSWALD

KOCH, DIETRICH-ALEX: Die Schrift als Zeuge des Evangeliums. 1986. *Band 69.*

KOCH, GERHARD: Die Auferstehung Jesu Christi. 1959, ²1965. *Band 27.*

KÖPF, ULRICH: Die Anfänge der theologischen Wissenschaftstheorie im 13. Jahrhundert. 1974. *Band 49.*

–: Religiöse Erfahrung in der Theologie Bernhards von Clairvaux. 1980. *Band 61.*

KORSCH, DIETRICH: Glaubensgewißheit und Selbstbewußtsein. 1989. *Band 76.*

KRAFT, HEINRICH: Kaiser Konstantins religiöse Entwicklung. 1955. *Band 20.*

KRAUSE, GERHARD: Studien zu Luthers Auslegung der Kleinen Propheten. 1962. *Band 33.*

–: Andreas Gerhard Hyperius. 1977. *Band 56.*

KRAUSE, G.: siehe HYPERIUS, ANDREAS G.

KRÜGER, FRIEDHELM: Humanistische Evanglienauslegung. 1986. *Band 68.*

LERCH, DAVID: Isaaks Opferung, christlich gedeutet. 1950. *Band 12.*

LINDEMANN, ANDREAS: Paulus im ältesten Christentum. 1979. *Band 58.*

MARKSCHIES, CHRISTOPH: Ambrosius von Mailand und die Trinitätstheologie. 1995. *Band 90.*

MAUSER, ULRICH: Gottesbild und Menschwerdung. 1971. *Band 43.*

MOSTERT, WALTER: Menschwerdung. 1971. *Band 57.*

OHST, MARTIN: Schleiermacher und die Bekenntnisschriften. 1989. *Band 77.*

–: Pflichtbeichte. 1995. *Band 89.*

OSBORN, ERIC F.: Justin Martyr. 1973. *Band 47.*

PFLEIDERER, GEORG: Theologie als Wirklichkeitswissenschaft. 1992. *Band 82.*

RAEDER, SIEGFRIED: Das Hebräische bei Luther, untersucht bis zum Ende der ersten Psalmenvorlesung. 1961. *Band 31.*

–: Die Benutzung des masoretischen Textes bei Luther in der Zeit zwischen der ersten und zweiten Psalmenvorlesung (1515–1518). 1967. *Band 38.*

–: Grammatica Theologica. 1977. *Band 51.*

SCHÄFER, ROLF: Christologie und Sittlichkeit in Melanchthons frühen Loci. 1961. *Band 29.*

–: Ritschl. 1968. *Band 41.*

SCHRÖDER, RICHARD: Johann Gerhards lutherische Christologie und die aristotelische Metaphysik. 1983. *Band 67.*

SCHWARZ, REINHARD: Die apokalyptische Theologie Thomas Müntzers und der Taboriten. 1977. *Band 55.*

SENFT, CHRISTOPH: Wahrhaftigkeit und Wahrheit. 1956. *Band 22.*

STRÄTER, UDO: Sonthom, Bayly, Dyke und Hall. 1987. *Band 71.*

–: Meditation und Kirchenreform in der lutherischen Kirche des 17. Jahrhunderts. 1995. *Band 91.*

WALLMANN, JOHANNES: Der Theologiebegriff bei Johann Gerhard und Georg Calixt. 1961. *Band 30.*

–: Philipp Jakob Spener und die Anfänge des Pietismus. 1970, ²1986. *Band 42.*

WERBECK, WILFRID: Jakobus Perez von Valencia. 1959. *Band 28.*

ZIEBRITZKI, HENNING: Heiliger Geist und Weltseele. 1994. *Band 84.*

ZSCHOCH, HELLMUT: Klosterreform und monastische Spiritualität im 15. Jahrhundert. 1988. *Band 75.*

–: Reformatorische Existenz und konfessionale Identität. 1995. *Band 88.*

ZURMÜHLEN, KARL H.: Nos extra nos. 1972. *Band 46.*

–: Reformatorische Vernunftkritik und neuzeitliches Denken. 1980. *Band 59.*

Den Gesamtkatalog schickt Ihnen der Verlag
J. C. B. Mohr (Paul Siebeck), Postfach 2040, D-72010 Tübingen.

DATE DUE

			Printed in USA